Die Kehrseite der Medaille

ALFRED FRANZ KIESL

## DIE KEHRSEITE DER MEDAILLE

Die **Einseitigkeit** des naturwissenschaftlichen, reduktionistischen Weltbildes und dessen Auswirkungen auf die wichtigsten Lebensbereiche des Menschen

Eine kritische Analyse der Not-*wendigkeit,* dieses einseitige Weltbild durch die esoterischen Weisheitslehren aller Völker, Zeiten und Kulturen zu ergänzen.

2. überarbeitete und weit ergänzte Auflage

Bibliografische Information der Deutschen Nationalbibliothek
Die Deutsche Nationalbibliothek verzeichnet diese Publikation in der
Deutschen Nationalbibliografie; detaillierte bibliografische Daten sind im
Internet über http://dnb.dnb.de abrufbar.

© 2016 Alfred Franz Kiesl
Satz, Umschlaggestaltung, Herstellung und Verlag:
BoD – Books on Demand
ISBN 978-3-7412-6026-1

# Inhalt

| | | |
|---|---|---|
| Einleitung | | 9 |
| I | Das naturwissenschaftliche Weltbild | 29 |
| | „Was überhaupt ist eine Wissenschaft?" | 29 |
| | Das alte Weltbild der Physik | 30 |
| | Das neue Weltbild der Physik | 38 |
| II | Konsequenzen des naturwissenschaftlichen Weltbildes | 45 |
| | Konsequenzen für die Religion | 45 |
| | Konsequenzen für das alltägliche Leben | 61 |
| | Konsequenzen für die Medizin | 78 |
| | Konsequenzen für Psychologie und Psychotherapie | 104 |
| III | Krankheit und Heilung aus biblischer Sicht | 123 |
| IV | Pseudoesoterik – New-Age – Positives Denken und Ähnliches | 131 |
| V | Das esoterische Weltbild | 139 |
| | Die Frage nach dem Sinn des Lebens | 139 |
| | Die Philosophia perennis, die ewige Philosophie | 141 |
| | Der Mythos erzählt die Geschichte von der Wahrheit | 151 |
| | Wozu die Schöpfung und was ist Evolution? | 156 |
| | Der Schöpfungsbericht der Bibel und der Sündenfall des Menschen | 162 |
| | Die Geburt des „Bösen" | 174 |
| | Sünde und Schuld sind metaphysische Begriffe, und keine moralischen | 191 |
| | Gott und Teufel sind „Brüder" | 195 |
| | Das Resonanzgesetz | 208 |
| | Unsere reale Welt ist nicht *wirklich* | 210 |

|      | Den Zufall gibt es nicht – oder was ist Zufall? | 214 |
|------|---|---|
|      | Unsere Umwelt, ein riesengroßer Spiegel | 217 |
|      | Über das Warum und das Wozu unserer Existenz | 219 |
|      | Der wahre Kern jeder Hochreligion | 222 |
| VI   | Das Alte Testament | 227 |
| VII  | Christentum – Kirche – Neues Testament | 245 |
|      | Zur Geschichte der christlichen Kirchen | 245 |
|      | Die Kirche und das weibliche Prinzip | 250 |
|      | Die Kirche und das Böse | 257 |
|      | Wissenschaftliche Theologie und Metaphysik | 262 |
|      | Das *Wesen* Gottes aus heutiger theologischer Sicht | 266 |
|      | Die Schöpfung aus Sicht heutiger christlicher Theologie und Kirche | 269 |
|      | Die Schöpfung aus wissenschaftlicher Sicht | 271 |
|      | Weltverbesserung – Nächstenliebe – Sozialarbeit | 281 |
|      | Weg und Ausweg | 286 |
|      | Jesus der Christus | 287 |
|      | Selbsterlösung oder Fremderlösung? | 295 |
|      | Das Kirchenjahr | 298 |
|      | Die Karwoche | 310 |
|      | Die Petruskirche und Johannes | 318 |
|      | Kirche am Scheideweg | 323 |
| VIII | Esoterisches Christentum | 325 |
| IX   | Nachwort | 337 |
| X    | Anhang | 341 |
|      | Endnoten | 349 |
|      | Literaturverzeichnis | 355 |

„Wir müssen den Menschen befreien von dem Kosmos, den die Physiker und Astronomen konstruiert haben, von einem Kosmos, in den er seit der Renaissance eingesperrt ist. Trotz all ihrer Schönheit und Größe ist die Welt der toten Materie zu eng für den Menschen. Sie entspricht ihm ebensowenig wie seine gesellschaftliche und seine wirtschaftliche Ordnung. Wir dürfen an dem Dogma ihres ausschließlichen Realitätsanspruchs nicht länger festhalten, denn wir wissen, daß ihre Grenzen nicht unsere Grenzen sind, daß uns andere Dimensionen offenstehen als nur die des physikalischen Kontinuums. Der Geist des Menschen reicht über Raum und Zeit hinaus in eine andere Welt. Er selbst ist diese Welt, und es steht ihm frei, ihre unendlichen Zyklen zu durchlaufen. Den Zyklus der Schönheit, der sich den Denkern, den Künstlern und den Dichtern erschließt, den Zyklus der Liebe, dem Opfermut, Heroismus und Entsagung entspringen. Den Zyklus der Gnade, welcher der höchste Lohn derer ist, die leidenschaftlich nach Wesen und Ursprung aller Dinge suchten. Wir müssen aufstehen und uns auf den Weg machen. Uns befreien vom blinden Glauben an die Technologie. Den Reichtum unserer Fähigkeiten in ihrer ganzen Vielfalt zur Verwirklichung bringen"

*Alexis Carrel*

„Der Augenblick ist gekommen, sich endlich bewußt zu werden, daß jede Interpretation des Universums, sogar die positivistische, um befriedigend zu sein, nicht nur die Außen-, sondern auch die Innenseite aller Dinge berücksichtigen muß – den Geist in gleichem Maße wie die Materie. Die wahre Physik ist jene, der es eines Tages gelingen wird, den Menschen in seiner Gesamtheit in ihre kohärente Darstellung der Welt zu integrieren"

*Pierre Teilhard de Chardin.*

# Einleitung

Wenn wir uns heute in unserer Welt ein wenig umsehen und nach einem gültigen Weltbild Ausschau halten, dann könnte vielleicht die Frage auftauchen, wozu eine solche Suche notwendig sei? Wir haben doch ein modernes naturwissenschaftliches Weltbild, das „beste" und „erwiesenermaßen gültigste" Weltbild, das der Mensch im Laufe seiner Entwicklung je besessen hat. Ich bin überzeugt, dass viele Menschen in der westlichen Zivilisation diese Ansicht vertreten und an dieses Weltbild glauben, da doch der Augenschein es angeblich täglich bestätigt. Der Mensch unserer Tage ist von diesem Weltbild dermaßen überzeugt, dass er die nachweisbare Einseitigkeit dieses Denksystems entweder gar nicht wahrnimmt, oder sie einfach nicht zur Kenntnis nimmt. Die Grundlage dieses Weltbildes bildet die Materie, wobei der Begriff: „Welt-bild" eigentlich schon zeigen könnte, dass ein Bild – abgesehen von einem konkreten Bild – in Wirklichkeit etwas Geistiges symbolisiert.

Es ist ein echtes Anliegen dieses Buches, dieses Weltbild der Wissenschaft, also im Wesentlichen der *reduktionistischen Natur*wissenschaft, einer kritischen Analyse zu unterziehen, aber nicht mit der Absicht es abzuwerten, sondern es bezüglich seines Anspruchs auf Allgemeingültigkeit zu hinterfragen bzw. zu relativieren. Auch wenn hier primär die Naturwissenschaft gemeint ist, so ist nicht zu leugnen, dass diese inzwischen ihren ursprünglich sich selbst gesteckten Rahmen in vielen Bereichen überschritten, und auch die Geisteswissenschaften durchdrungen hat.

Angesichts einer weitverbreiteten Wissenschaftsgläubigkeit des westlichen Menschen, der auch fest vom Fortschritt der Wissenschaft überzeugt ist, also kein leichtes Unterfangen. Es wird notwendig sein, die *Auswirkungen* des wissenschaftlichen Denkansatzes auf alle wesentlichen Gebiete unseres Lebens zu untersuchen, um ein Bild davon zu bekommen, welch schwerwiegende Folgen dieses Denken – unabhängig von seinen großartigen Erfolgen – im Verlauf der Geschichte des Abendlandes nach sich gezogen hat.

Nicht Polemik ist angesagt, sondern nüchterne Analyse. Diese wird allerdings an vielen Stellen sehr kritisch ausfallen und es wird notwendig sein, diese Kritik auch entsprechend zu begründen. Dabei geht es mir aber – und das ist wichtig zu betonen – um eine Kritik am Weltbild der Wissenschaft und nicht um Kritik an Menschen, die für ihr persönliches Leben dieses Weltbild vertreten.

Wenn diese Wissenschaft bzw. ihre „Gläubigen" der Meinung sind, dieser ihr Denkansatz hätte universale Gültigkeit, dann erscheint es angebracht, diesen Anspruch kritisch zu hinterfragen. Der menschliche *Geist* kann mehr erfassen und erkennen als heutige Wissenschaft bezüglich eines *ganzheitlichen* Weltbildes ihm vermittelt.

Wenn der Mensch von heute auch glaubt, dass wir im Besitz des größten Wissens seit Menschengedenken wären, – wobei dies für den quantitativen Aspekt zutreffen mag, nicht aber für den qualitativen –, so ist diese Ansicht schlicht ein Irrtum. Wir wissen heute sehr viel über Unwesentliches, und wir werden bald alles über *nichts* wissen.

Um solche Behauptungen aufstellen zu können, braucht man gar kein Wissenschaftler zu sein, *denn die uralten Weisheitslehren der Menschheit zeigen* – wenn man den Blick dafür entwickelt –, dass die Verhältnisse bezüglich *echten* Wissens eher umgekehrt liegen. Wir haben heute nicht das höchste Wissen aller Zeiten, sondern wir haben es weitgehend verloren.

Ich werde versuchen, Belege für diese Behauptungen anzuführen. Um Missverständnissen vorzubeugen, möchte ich betonen, dass es nicht um Anschuldigung dieser Wissenschaft geht, sondern um eine kritische Analyse, denn vieles, was diese Wissenschaft „entdeckt" und „erfunden" hat, möchten wir alle nicht mehr missen. Mir geht es primär darum, die *Einseitigkeit* dieses Weltbildes aufzuzeigen. Einseitigkeit besagt schon vom Wort her, dass hier eben nur eine Seite gesehen wird und nicht das Ganze. Diese eine Seite bildet die Materie, und wie uns die Quantenphysik heute offenbart, *gibt es in Wirklichkeit gar keine Materie*, was im weiteren Verlauf noch zu betrachten sein wird.

Es ist das *wissenschaftliche* Weltbild, das sich auf seine Fahnen geschrieben hat, dass der Sinn unseres Lebens in der Erfüllung unserer vorwiegend materiellen Wünsche liegt, wobei diese Wissenschaft mit Hilfe von funktionalen Maßnahmen dafür sorgt – z.B. auf Kosten der Umwelt –, diese Ansprüche auch realisierbar zu machen. Das „Zauberwort" dafür, dies Alles auch erfüllbar zu machen, heißt „Fortschritt", wobei niemand so recht weiß, wohin wir schreiten. Fortschritt um des Fortschrittes willen, wozu? Wenn das Ziel des Fortschritts wieder Fortschritt ist, dann beißt sich irgendwann die Katze in den eigenen Schwanz.

Diesem „Ziel" liegt ein *lineares* Zeitmodell zugrunde, wobei es weder Zeit – wie sich noch zeigen wird – noch Linearität von Zeit gibt. Es gibt nur *Rhythmus* und *Zyklus,* und aus dieser Sicht ist auch die Forderung nach permanentem Wirtschaftswachstum ein Nonsens sondergleichen. Die natürliche Folge von Konjunktur ist irgendwann auch Rezession bzw. Depression, doch wenn sich eine solche abzuzeichnen beginnt, leuchten alle Warnlichter, so, als wenn es das einfach nicht geben dürfte.

Wir wissenschaftsgläubigen Menschen unserer Tage haben uns derart weit von der *Wirklichkeit* dieser Welt entfernt, dass man vergeblich in der Geschichte der Menschheit suchen könnte, um eine Parallele zu dieser Entfremdung zu finden. Wir leben an der Wirklichkeit dieser Welt dermaßen vorbei – und dies wird im Verlauf dieser Analyse immer deutlicher werden –, dass man schon sehr berechtigte Zweifel an der „Großartigkeit" dieses wissenschaftlichen Weltbildes anzumelden gezwungen ist.

Die Auswirkungen dieses *einseitigen* Denkansatzes betreffen nicht nur unseren „goldenen Westen", sondern gerade heute werden die Folgen dieses Denkansatzes weltweit in drastischer Weise sichtbar. Alle ernst zu nehmenden Fachleute sind sich im Wesentlichen darüber einig, dass die laufende Terrorwelle unter anderem darin wurzelt, dass ein diabolisch agierender reicher Westen mit Hilfe einer diabolischen Wissenschaft sich an dieser Welt bereichert hat, so, als würde die ganze Welt diesem reichen Westen allein gehören. Aus schlechtem Gewissen fallen hin und wieder ein paar Brosamen für die Völker der „unterentwickelten

Welt" ab. Die ganz selbstverständliche und gerechtfertigte Forderung nach gerechtem Lohn und gerechten Erzeugerpreisen wird wohl eingestanden aber halbherzig, und damit nicht verwirklicht. Macht, Profitgier, Egoismus und Dummheit halten diesen Wahnsinn aufrecht und wir selbst sind heilfroh, dass wir zum reichen, wissenschaftlichen Westen gehören. Wohlstand, ständiges Wirtschaftswachstum auf Kosten der Umwelt, billige Preise auf Kosten der Erzeuger – weil entsprechende Lobbys den Gewinn einheimsen –, Risikofreiheit mit Hilfe verschiedenster Versicherungen gegen alle möglichen Gefährdungen unserer *materiellen* Existenz, das sind die „Götter" unserer Zeit, auch wenn die Welt dabei zugrunde geht. Es ist dieser *reduktionistische, materialistische* Denkansatz, der langsam aber sicher diese Welt zerstört, zerstückelt, weil ihm die andere Seite, die *Sinnhaftigkeit* des Handelns und die not-*wendige Einsicht* fehlt.

Die Denkvoraussetzungen für diese Zustände hat diese reduktionistische Wissenschaft geschaffen mit ihrem *allein* auf die *materielle* Welt ausgerichteten Weltbild und dem daraus entspringenden Handeln. Die Folgen wie Massenproduktion, Massentierhaltung und daraus entstehende Seuchen und andere gesundheitliche Gefahren, die wollen wir nicht, die soll dann der Staat mit Hilfe von funktionalen Maßnahmen beseitigen; übrigens – und das ist das Groteske daran – mit Hilfe jener Wissenschaft, die die Denkvoraussetzungen für diese Folgen geschaffen hat. Folgen für unsere Erde und ihre Bewohner.

Wir werden nur sehr schnell unruhig und aus unserer Lethargie aufgeschreckt, wenn sich Ereignisse wie die des 11. September 2001 sowie inzwischen sich laufend ereignende Terrorakte einstellen. Schnell wird dann der „Schuldige" festgemacht und mit Waffen bekämpft, die ebenfalls diese Wissenschaft erfunden und deren Erzeugung mit Hilfe der Technik möglich gemacht hat, zur Absicherung dieses einseitigen Systems. Es wird uns sogar in Aussicht gestellt, damit das „Böse" aus der Welt zu schaffen; dasselbe haben unsere christlichen Kirchen schon 2000 Jahre lang vergeblich versucht.

Terror*bekämpfung* mit Waffengewalt *allein*, auch wenn diese noch so überlegen sein mag, ist letztlich aussichtslos, wenn nicht parallel dazu die *Hintergründe* der Entstehung des Terrors erkannt und entsprechende Maßnahmen ergriffen werden.

Allen Verwicklungen innerhalb unserer menschlichen Existenz liegen immer falsche bzw. nicht mit der *Wirklichkeit* übereinstimmende Weltbilder zugrunde. Falsche Weltbilder entspringen aber oft falschen Gottesbildern. Hier bilden die heutigen christlichen Kirchen weltweit keine Ausnahme. Auch sie haben sich einem der *Wirklichkeit* nicht mehr entsprechenden Gottesbild verschrieben, wobei sie vorgeben, im alleinigen Besitz der Wahrheit zu sein und einen Alleinvertretungsanspruch in Sachen Religion erheben zu dürfen.

Auch wenn solche Aussagen an dieser Stelle nur Behauptungen sein können, werden diese Themen im Laufe der weiteren Ausführungen Gegenstand gründlicher Analyse sein, um sie auch entsprechend belegen zu können.

Fanatisierte fundamentalistische „religiöse" Gruppen gegen fanatischen, auf *einseitiger* Wissenschaft basierenden Global-Kapitalismus; gegen das Erste protestieren wir, das Zweite ist uns willkommen, weil wir selbst davon profitieren. Wenn es uns nicht gelingt, die heute auf der Welt bestehende große Kluft zwischen Armen und Reichen auf sinnvolle Weise *auszugleichen,* werden die Folgen sowohl eine Zunahme der Radikalisierung als auch ein weiteres Anwachsen des Leids vieler Menschen auf dieser Welt sein.

Um Missverständnissen vorzubeugen: Es sollen damit keineswegs solche ebenfalls einseitigen und fanatischen Terroranschläge gut geheißen werden. Es zeigt sich an ihnen „nur" die *Kehrseite der Medaille*. Es gleicht sich letztlich alles *Un*-gleichgewicht wieder aus, auch wenn es oft den Anschein hat, als gäbe es Ausnahmen von dieser *Gesetzmäßigkeit;* doch der Schein trügt, weil hier oft Kräfte am Werke sind, die über größere Zeiträume wirksam sind.

Es hat schließlich *alles* seinen Preis!

Großteils entspringen solch tragische Konflikte Weltanschauungsdifferenzen, wobei letztlich lediglich *formale* Unterschiede den Ausschlag für die Katastrophe geben. Es sind also sehr oft diese *formalen* Auffassungsunterschiede zwischen den verschiedenen Weltreligionen in ihrer *exoterischen* Ausformung, die zu Auseinandersetzungen und Kriegen führen. Man kann daraus auch ersehen, wie wichtig, ja wie essentiell das Thema *Religion* für den Menschen ist, sonst bräuchten sich nicht Streit, Hass und Krieg daran entzünden.

Das Fatale an diesen Religionskriegen ist aber der Umstand, dass hier immer um die formale *„Verpackung"* der verschiedenen Religionen gestritten wird und die Verantwortlichen sich nicht die Mühe machen, einmal diese *formale* Einkleidung zu entfernen um zu sehen, welch *Inhalt* sich darin verbirgt. Man würde erkennen können, dass sich in jeder wohl verschiedenen religiösen *Form* aller Hochreligionen der gleiche *Inhalt* verbirgt, nämlich der *esoterische Kern* jeder dieser Religionen. Dieser innere esoterische Kern enthält die *eine gleiche Wahrheit*, weil es nur *eine* Wahrheit geben kann. Auch der Islam, der zurzeit aufgrund der Ereignisse des 11. Sept. 2001 und vieler anderer Terroranschläge ins Kreuzfeuer der Kritik geraten ist, enthält diesen esoterischen Kern. Er nennt sich *„Sufismus"* und auch hier zeigt sich das Bild, das entsteht, wenn sich Religionen zu weit von diesem Kern entfernen.

Wenn wir uns heute fragen, wie es zu all diesen grässlichen Terrorszenen kommen konnte, zu denen sich dann verschiedenste „islamische" Gruppen bekennen und sich auf den „Heiligen Krieg", den Dschihad berufen, dann scheint es, als würden wir diesem Wahnsinn hilflos ausgesetzt sein, auch wenn der betroffene Westen mit aller Macht und den modernsten Waffen dagegen kämpft.

Wir dürfen nicht übersehen, dass diese Terroristen davon überzeugt sind, Gott damit einen Dienst zu erweisen und daher mit Todesmut in diesen Kampf ziehen, was man von der betroffenen Gegenseite nicht behaupten kann. Man versucht mit militärischer Überlegenheit dagegen anzukämpfen, aber man möchte – wenn möglich – keine Opfer an Menschenleben riskieren. Ein Vorgehen, das sich gemessen am überlegenen Waffenaufwand als relativ unwirksam erweist. Es liegt an der unterschiedlichen Motivation der beteiligten Kämpfer; die einen verstehen sich als Kämpfer für ihre Religion, die anderen als Verteidiger ihres Wohlstandes, ihrer Sicherheit und ihres Friedens.

Offensichtlich liegen die wahren Gründe für diese große Auseinandersetzung doch tiefer. Auf Seite der Terroristen ist ein intensives bis fanatisches Bekenntnis – manchmal vielleicht auch nur vorgegeben – für das Thema Religion nicht zu übersehen, während auf Seite des Westens dieses Thema weitgehend an Bedeutung eingebüßt zu haben scheint. Hier herrscht „Gott" Fortschritt auf der Grundlage eines *einseitigen*, reduktionistischen, materialistischen Weltbildes, mit dessen Hilfe es der „reiche Westen" zu großem materiellen Wohlstand gebracht hat auf Kosten eines *wahren Lebenssinnes, so wie auf Kosten von Mutter Erde.*

So herrscht in den Ländern, in denen sich der Terrorismus vorwiegend entwickelt hat, oft tiefe Armut aber große Gutgläubigkeit – in krassem Gegensatz zum reichen Westen. Dies bringt viel Sprengstoff, der sich in für uns unverständlichem Hass auf die „Ungläubigen" entlädt, der aber trotz Allem mit nichts zu rechtfertigen ist, weil er einer Verwechslung der *Ebenen* entspringt.

Dazu Rüdiger Dahlke: „Im Sufismus, der esoterischen Strömung des Islam, wird der Heilige Krieg als Kampf gegen das eigene Ego begriffen. Wenn das Ego besiegt und vernichtet wird, löst es sich mit all seinen Grenzen und Beschränkungen gleichsam in Wohlgefallen auf, und die größere Wirklichkeit der Befreiung tritt ein. Man erkennt, dass alles eins ist und man schon immer mit allen und allem verbunden war. Für das Bewusstsein gibt es nun keine Grenzen mehr.

So heißt es im Koran, dass, wer in diesem (inneren) Krieg fällt, zur Belohnung in den siebten und damit höchsten Himmel gelangt. Ein Krieger des Lichts, der sein Leben der Erleuchtung weiht und dabei heldenhaft fällt, wird das nicht umsonst getan haben. Er bekommt bei nächster Gelegenheit die beste Chance, sein

Werk zu vollenden. So oder so ähnlich lehren es auch andere Religionen. Daraus nun die Vorstellung abzuleiten, man käme in den höchsten Himmel, wenn man sich als Selbstmordterrorist in die Luft sprengt und dabei noch ein paar Gegner mit in den Tod reißt, ist geradezu lächerlich. Aber nicht so für islamische Fundamentalisten, wie man Anfang des dritten Jahrtausends wieder auf so schreckliche Weise in Palästina sehen kann.

Fundamentalisten versuchen, in der konkreten Welt etwas zu erreichen, das für die Bewusstseinsebenen bestimmt ist. Diese Verwechslung sollte uns eigentlich Nähe und Solidarität zu ihnen spüren lassen, denn wir machen ja ständig genau denselben Fehler, wenn wir versuchen, Einheit und Allverbundenheit, Grenzen- und Schrankenlosigkeit in der Welt zu organisieren. Naiv wundern wir uns dann – ähnlich wie wohl die Terroristen unter den Fundamentalisten –, dass die Ergebnisse so miserabel ausfallen und alles schlimmer statt besser wird.

Fundamentalisten leben in der besonderen Gefahr, dass sie sich sicher wähnen, Gott auf ihrer Seite zu haben. Selbst wenn sie gegen den Rest der Welt stehen – und dazu noch gegen die Mehrheit der eigenen Glaubensbrüder wie etwa die Taliban in Afghanistan –, fühlen sie sich stark und jeder Herausforderung gewachsen. Aus dieser Verwechslung der Ebenen stammt wohl auch der Todesmut, mit dem sie bis zum letzten Blutstropfen für ihre Ziele kämpfen, die sie immer auch als die Gottes (miss-)verstehen.

Fundamentalisten denken nicht mehr nach, sie wähnen sich sicher. Aber machen wir es besser mit unserer modernen Idee, durch eine Freihandelszone die ganze Welt zu befreien? Bezogen auf den Liberalismus eines Adam Smith sind auch wir Fundamentalisten. Muss die Welt denn unbedingt am Liberalismus genesen, auch wenn sie dabei so unübersehbar Schaden nimmt? Wir hätten jede Menge Anschauungsmaterial, das uns eines Besseren belehren könnte. Wir bräuchten nur hinzuschauen.

Unsere eigene wie auch die Chance aller Fundamentalisten wäre es, aus dem gut gemeinten Traum, der sich längst zum

Albtraum für die Welt entwickelt hat, aufzuwachen und wieder nachzudenken. Die Grundannahmen gilt es neuerlich zu überprüfen."[1]

Immer ist es das *Ego,* das sich in Konkurrenz und Machtwahn verstrickt; ein Umstand, den man auch an den Macht*habern* in diesen Ländern aus denen zurzeit die Menschen flüchten, unschwer erkennen kann. Das von diesem Flüchtlingsstrom überschwemmte Europa ist sichtlich überfordert, diese Menschen menschenwürdig aufzunehmen, weil einzelne Staaten dieses Europas offensichtlich den Sinn dieser *Union* noch nicht verstanden haben und in erster Linie ihre wirtschaftlichen und politischen *Eigen*interessen im Sinn haben; die so wichtige *Solidarität,* die mit diesem Zusammenschluss gestärkt werden soll, existiert lediglich am Papier, wird aber in der Praxis nicht verwirklicht. Die Verursacher dieser Tragödie, die *ego*manen Machthaber in den Ländern aus denen die Menschen flüchten müssen, wären not-wendigerweise zu *ent*machten. Die Menschen in den östlichen Durchzugsländern, denen die egoistischen Eigeninteressen wichtiger sind als die angestrebte Solidarität, sollten daran erinnert werden, wie ihnen in Österreich und auch anderswo wirksam geholfen wurde, als viele Menschen aus diesen Ländern aufgrund von Kriegen in ihren Staaten in den Westen flüchten mussten. Auch hierzulande gibt es genügend Menschen, die es richtig finden, dass auch um Österreich ein Zaun gebaut wird. Natürlich sollte auch nicht übersehen werden, dass ein Asylrecht für Kriegsflüchtlinge nicht automatisch auch für Wirtschaftsflüchtlinge gilt. Für diese gilt es andere Lösungsansätze zu entwickeln.

An dieser Stelle ist es vielleicht angebracht, einen „offenen Brief im Zorn" des ehemaligen CDU-Abgeordneten Jürgen Todenhöfer aus dem „Dahlke Blog" zu zitieren in dem es heißt:

„Sehr geehrte Präsidenten und Regierungschefs! Ihr habt mit eurer jahrzehntelangen Kriegs-und Ausbeutungspolitik Millionen Menschen im Mittleren Osten und in Afrika ins Elend gestoßen. Wegen euch flüchten weltweit die Menschen. Jeder dritte Flüchtling in Deutschland stammt aus Syrien, Irak und Afghanistan. Aus

Afrika kommt jeder fünfte Flüchtling. Eure Kriege sind auch Ursache des weltweiten Terrorismus. Statt ein paar hundert internationalen Terroristen wie vor 15 Jahren haben wir jetzt über 100.000. Wie ein Bumerang schlägt eure zynische Rücksichtslosigkeit jetzt auf uns zurück. Wie üblich denkt ihr nicht daran, eure Politik wirklich zu ändern. Ihr kuriert nur an den Symptomen herum. Die Sicherheitslage wird dadurch jeden Tag gefährlicher und chaotischer. Immer neue Kriege, Terrorwellen und Flüchtlingskatastrophen werden die Zukunft unseres Planeten bestimmen. Auch an Europas Türen wird der Krieg eines Tages wieder klopfen. Jeder Geschäftsmann, der so handeln würde, wäre längst gefeuert oder säße im Gefängnis. Ihr seid totale Versager. Die Völker des Mittleren Ostens und Afrikas, deren Länder ihr zerstört und ausgeplündert habt sowie die Menschen Europas, die jetzt unzählige verzweifelte Flüchtlinge aufnehmen, zahlen für eure Politik einen hohen Preis. Ihr aber wascht eure Hände in Unschuld. Ihr gehört vor den Internationalen Strafgerichtshof. Und jeder eurer politischen Mitläufer müsste eigentlich den Unterhalt von mindestens 100 Flüchtlingsfamilien finanzieren. Im Grunde müssten sich die Menschen dieser Welt jetzt erheben und euch Kriegstreibern und Ausbeutern Widerstand leisten. Wie einst Gandhi – gewaltlos, in "zivilem Ungehorsam". „Wir müssten neue Bewegungen und Parteien gründen. Bewegungen für Gerechtigkeit und Menschlichkeit. Die Kriege in anderen Ländern genauso unter Strafe stellen, wie Mord und Totschlag im eigenen Land. Und euch, die verantwortlichen für Krieg und Ausbeutung, für immer zum Teufel jagen. Es reicht! Haut ab! Die Welt wäre ohne euch viel schöner".

Jürgen Todenhöfer hat diesen Brief auf seiner facebook-Seite veröffentlicht und die folgenden Zeilen darunter gestellt:

„Liebe Freunde, ich weiß, man sollte im Zorn nie Briefe schreiben. Doch das Leben ist viel zu kurz, um immer um die Wahrheit herumzureden. Ist eure Empörung nicht auch so groß, dass ihr aufschreien möchtet über so viel Verantwortungslosigkeit? Über das unendliche Leid, das diese Politiker angerichtet haben? Über die Millionen Toten? Haben die Kriegspolitiker wirklich geglaubt, man könne jahrzehntelang ungestraft auf andere Völker einprügeln und sich die Taschen voll machen? Wir dürfen das nicht länger zulassen! Im Namen der Menschlichkeit rufe ich euch zu: WEHRT EUCH"!

Euer JT

Jeder menschlich denkende Leser wird diesem leidenschaftlichen Appell zustimmen müssen, aber wir dürfen nicht übersehen, dass sich in der Psyche des Menschen neben bewussten Beweggründen unbewusste Abgründe befinden, die um der Bewusstwerdung willen – weil es sich bei ihnen um in uns *verdrängte* Urprinzipien handelt –, sich in *pervertierter* Form Ausdruck verschaffen und viel Unheil anrichten. Diese verdrängten Energien werden über den Umweg der Projektion dann an Menschen und Umständen im Außen festgemacht. Es geht daher primär darum, diese Projektionen in uns zurück zu nehmen, um zu erkennen, dass es sich bei ihnen um in uns abgelehnte Bewusstseinsinhalte handelt, die in uns integriert, das heißt – im Sinne der Feindesliebe Jesu – „geliebt" werden wollen. Das ist eine der schwierigsten Aufforderungen, die uns Jesus hinterlassen hat. Diese von Jesus verlangte Feindesliebe meint also die Integration der in uns abgelehnten und verdrängten Bewusstseinsbereiche, die uns so lange im Außen begegnen müssen, bis wir diese Aufgabe erfüllt haben. Wir machen analog im Kleinen oft nichts anderes als diese zu Recht im obigen Beitrag angeprangerten Machthaber und Politiker. Die Aufforderung Jesu gilt im Kleinen, wie im Großen. Daran mag sichtbar werden, wie schwierig der Weg des Menschen durch die Welt der *Polarität* ist; der *Polarität* die nur im Bewusstsein des Menschen „nach" dem *Sündenfall* besteht. Dieser geschieht jeden Tag neu, weil es sich beim Sündenfall nicht um ein historisches Ereignis handelt, sondern um ein, in diesem wahren Mythos exakt beschriebenes, *archetypisches* Geschehen.

Funktionale Maßnahmen allein und seien sie noch so gut gemeint, können diese Probleme nicht lösen solange die zugrunde liegenden *seelischen und geistigen Gesetzmäßigkeiten* nicht erkannt werden; eine Aufforderung sowohl an die Täter wie auch an die Opfer.

Der Weg des Menschen durch die Polarität, durch die Welt der Gegensätze gehört zum Schwierigsten, was es gibt und nur die schrittweise vollzogene Bewusstseinsentwicklung über viele Inkarnationen hinweg ist allein in der Lage, diese Gegensätze wieder zu vereinen. Diese gesetzmäßigen Zusammenhänge ein wenig zu erhellen, ist eines der Anliegen dieses Buches.

An den oben aufgezeigten Verwicklungen zeigt sich, wohin falsch verstandene Religion führen kann; immer entstehen solche Missverständnisse, wenn, wie schon betont, *Ebenen* d.h. *Denke*benen verwechselt werden.

Auch im Christentum hat es dunkle Epochen gegeben, wenn wir nur an Kreuzzüge, Verfolgung, Ausrottung Andersgläubiger, Zwangsbekehrungen mit Mitteln von Folter, Gewalt und Inquisition denken. Auch diese Verirrungen sind dieser Verwechslung von Ebenen entsprungen.

> *Man kann Gott keinen Dienst erweisen, indem man seine Geschöpfe quält!*

Diese Einleitung könnte nun zu falschen Schlüssen führen, wenn daraus abgeleitet wird, dass dies alles nicht geschehen „dürfte" und mit funktionalen Maßnahmen allein zu verhindern wäre. Die Tatsache, dass und warum es doch geschieht, soll einen Schwerpunkt in den weiteren Ausführungen dieses Buches bilden; die Theorie des *Zufalls* wird sich dabei als der sinn*loseste* Versuch einer sinn*vollen* Weltdeutung darstellen.

Ich möchte daher schon an dieser Stelle auf eine *Gesetzmäßigkeit* aufmerksam machen, die das Grundthema dieses Buches bilden wird, das *Gesetz* der Polarität. Entsprechend dieser *Grundgesetzlichkeit* unserer Welt gleichen sich alle Einseitigkeiten letztlich wieder aus.

Für den westlichen, wissenschaftsgläubigen Menschen, der die

Welt einseitig durch die Brille von Intellekt und Ratio betrachtet und sich damit gehörig in die polare Welt verwickelt hat, indem er einseitig auf den männlichen Pol gesetzt hat, gibt es nur eine Chance, dieser Einseitigkeit zu entrinnen, nämlich indem es ihm gelingt, den so lange vernachlässigten und mit Füßen getretenen *weiblichen* Pol der *Wirklichkeit* auf allen Ebenen des Lebens wieder in sich heim zu holen. Diese Integration des weiblichen Pols, um wieder ganz zu werden, ist die dringendste Aufgabe für unsere der männlichen Wissenschaft auf den Leim gegangene Kultur und Gesellschaft. Diese Forderung betrifft selbstverständlich nicht nur den Mann, sondern auch die Frau. Was hier mit „männlich" und „weiblich" bezeichnet wird, meint den *Archetyp* des männlichen und weiblichen *Prinzips* und nicht den konkreten Mann oder die konkrete Frau. So wurde es auch der katholischen Kirche zum Verhängnis, dass sie diese Zusammenhänge nicht mehr verstanden hat, als sie das weibliche *Prinzip* – zu dem ja die *mater*-ielle, von Satan beherrschte Welt gehört –, mit der konkreten Frau gleichgesetzt hat. Der Versuch, „das Böse" mit der Vernichtung der Frau zu bekämpfen, der sich beispielsweise in der Inquisition manifestierte, zeigte wenig Erfolg.

*„Ich bin ein Teil von jener Kraft, die stets das Böse will, und stets das Gute schafft".*

Diese tiefe Wahrheit lässt Goethe seinen Mephisto sprechen. Daher gilt es auch mit Verurteilungen dieser Wissenschaft sehr vorsichtig umzugehen. Aus dem not-wendigen *Scheitern* dieses *einseitigen* Weltbildes kann und wird auch Gutes hervor gehen.

Das Scheitern (des Egos) gehört zur polaren Welt. Sinnvoll wird es aber nur dann, wenn wir das Not-*wendige* daraus lernen. Primär ist das Vorgehen der Wissenschaft diabolisch, weil sie mit ihrem einseitigen Weltbild versucht, in dieser polaren Welt *allein* mit funktionalen Maßnahmen das „Böse" aus der Welt zu schaffen, was nie gelingen kann; aber über den Umweg des not-wendigen Scheiterns können (könnten) sehr essentielle Erfahrungen gewonnen werden. Die uneffektivste Haltung zum oft haarsträubenden Vorgehen der Wissenschaft ist ein Appell an die Moral der Wissenschaft.

„Moral ist die Weisheit der Erfahrung, der Erinnerung, die uns nicht sagen kann, wie wir leben sollen, sondern wie wir weiter tot bleiben können".
*Alan Watts*

Den Versuch, sich auf die Moral zu berufen, vertreten unsere Kirchen. Ihr Misserfolg mit dieser „Weisheit" sollte uns zu denken geben; sie ist Ausdruck ihres falsch verstandenen Christentums.

Doch: *„An ihren Früchten sollt ihr sie erkennen!*

*Das Licht wird in der Finsternis gefunden, und nicht im Licht!*

Mit dieser Ambivalenz müssen wir leben lernen. Es geht letztlich und allein um *Bewusstwerdung* und diese ist nur über den meist leidvollen Umweg über das Scheitern unseres Egos zu erreichen und nicht auf direktem Wege. Sich dieser Grundgesetzlichkeit unserer Welt bewusst zu stellen und auf diese Weise unser Bewusstsein ständig in kleinen Schritten zu erweitern, ist aber wesentlich sinnvoller, als dem unerfüllbaren Traum einer „heilen Welt" nachzujagen, weil es diese „heile Welt" nicht gibt. Denn *heil* können wir nur in unserer Seele, d.h. in unserem Bewusstsein werden. Es genügt, ehrlich hinzu*schauen* und unser Handeln ständig daran zu messen, ob es unserer *Ent*-wicklung dient oder weiter in die *Ver*-wicklung führt. Wir brauchen keine guten *Vor*-sätze fassen, es genügt, hinzu*schauen*, uns bewusst bei all unseren Handlungen ehrlich zuzu*schauen*. Die *not*-wendigen Korrekturen geschehen ganz von selbst und nicht durch gute *Vor*-sätze. Hin-*schauen*, An-*schauen*, Zu-*schauen* und dabei ehrlich zu uns selbst zu sein, bringt letztlich die notwendigen inneren Wandlungen. Dieses *Schauen* spielt aus gutem Grunde auch in den östlichen Weisheitslehren *die* entscheidende Rolle.

Wir werden später noch ausführlich auf diese Zusammenhänge zu sprechen kommen.

Ganz anders zur Welt eingestellt wie unsere heutige Zeit war der *mythologisch* ausgerichtete Mensch älterer Kulturen, für den wir vielleicht gerade noch ein mitleidiges Lächeln übrig haben ob seiner angeblichen Rückständigkeit im Vergleich zu unserer „Fortschrittskultur". Wie viel könnten wir Heutigen von diesen Menschen und Kulturen lernen. Der mythologische Mensch sah diese Welt als den *formalen Ausdruck* der Gottheit, er fühlte sich von den Formen dieser Welt angesprochen, er *antwortete* auf *formale* Art und Weise über *Kult* und *Ritual*. Er übernahm damit Ver-*antwort*-ung für sein Leben, im Gegensatz zu uns Heutigen. Arbeit war für ihn Gottesdienst und nicht eine dumme Last. Dadurch konnte der Mensch in diesen Kulturen in seinem Leben Sinn stiften, sich geborgen fühlen in dieser von uns oft als sehr verbesserungswürdig empfundenen Welt. Dieser Mensch konnte auf Drogen zum Zwecke der Verdrängung sinnlosen Lebens verzichten, er verwendete Rauschmittel ganz bewusst und gezielt, eingebunden in religiösen Kult, in religiöses Ritual. Er hatte noch echte Kultur, die sich von Kult und Ritual ableitete, im Gegensatz zu unserem heutigen Kultur*betrieb,* verbunden mit entsprechendem *Personen*kult. Auch Fortschritt war für den mythologisch ausgerichteten Menschen kein Thema, wo hingegen unser Fortschrittswahn meist nur mehr Ersatz für *echten Fortschritt* im Sinne von *Entwicklung* darstellt. Es wäre also notwendig, unseren auf Wissenschaftsgläubigkeit aufgebauten Standort einmal zu hinterfragen, um ein wenig innehalten zu können und diese Ersatzgläubigkeit auf ihre Sinnhaftigkeit hin zu überprüfen bzw. dieses Weltbild einmal in Frage zu stellen, um eine Neu*orientierung vornehmen zu können. Es geht nicht um ein „zurück auf die Bäume", auch nicht um Rückschritt, sondern um eine ehrliche Bestandsaufnahme dessen, was uns die Wissenschaft wirklich unter dem Strich in Bezug auf *Sinn, Geborgenheit* und *Glück* gebracht hat. Wir haben uns einlullen lassen von den Thesen dieser gescheiten Wissenschaft, leider auch unsere christlichen Kirchen.

Ich werde darauf noch eingehend zu sprechen kommen, weil ich der Ansicht bin, dass im Zuge der Verwissenschaftlichung der christlichen Religion durch die wissenschaftliche Theologie – die mit ihrer „historisch-kritischen Methode" wohl einiges Licht in die geschichtlichen Überlieferungen gebracht hat –, das *Wesentliche* und damit auch die *Wahrheit des Christentums* – wie sich noch zeigen wird –, verloren ging. Gerade religiöse Fragen werden einen wichtigen Teil dieses Buches einnehmen, weil ich überzeugt bin, dass richtig verstandene Religion zum Wesentlichsten gehört, was die menschliche Existenz erhellen kann. Wenn wir uns aber in unserer wissenschaftsgläubigen Welt umsehen, dann müssen wir ehrlicherweise feststellen, dass uns *Religion* abhanden gekommen ist. Einerseits herrscht völliges Desinteresse an diesem Thema und andererseits wird uns eine Religion für Kinder angeboten, die ihrer *Essenz* beraubt worden ist, indem sie kräftig *ent*mythologisiert worden ist; und daher ist sie nicht mehr sinnstiftend und nicht mehr tragfähig. Inquisition in der katholischen Kirche sowie deren Kreuzzüge, heutige Glaubenskriege und „islamistischer" Terror stellen uns das *Thema Religion* aber auf drastische Art und Weise vor Augen, – wie sich doch die Bilder gleichen.

Es ist aber nicht nur das Thema Religion, das es zu hinterfragen gilt. Auch wissenschaftliche Medizin, Psychologie und Psychotherapie, die wichtige und wertvolle Beiträge für unser Leben erarbeitet haben, gehen doch gerade aufgrund ihres vorwiegend wissenschaftlichen Blickwinkels, sehr oft am Wesentlichen in diesen Bereichen vorbei. Es herrschen heute vielfach naive Vorstellungen und Erwartungen an das Leben in dieser polaren Welt. Es wird niemals gelingen, aus dieser Welt ein irdisches Paradies zu machen, niemals gelingen, Krankheit aus der Welt zu schaffen, auch wenn sich diese Wissenschaft noch so ehrlich anstrengt; weil sie das Kranksein des Menschen nicht mehr versteht, weil sie keine gültige Philosophie über die Existenz des Menschen besitzt. Echte Philosophie und echte Religion wissen um den Sinn unserer Existenz, der Mythos erzählt uns die Geschichte von der Wahrheit, aber gerade den Mythos hat diese Wissenschaft im Zusammenwirken mit Theologie und Kirche getötet, indem sie in einem Anflug von falscher Klugheit die religiösen Texte *ent*mythologisiert hat. Darauf ist man heute paradoxerweise auch noch stolz.

Doch: *„An ihren Früchten sollt ihr sie erkennen."* Dieser Ausspruch Jesu wird sich noch an so manchen Stellen dieser Abhandlung finden, weil er jenseits aller rationalen Argumente das wesentliche Kriterium dafür bildet, die verschiedensten Theorien und Lösungsansätze für unsere Probleme und Leiden, auf ihren Wahrheitsgehalt hin zu überprüfen.

Viele flüchten heute in die Esoterik, ohne zu wissen, was Esoterik wirklich bedeutet, und so wird auch dieser Begriff pervertiert und die wahre Lehre entstellt. Es wird *Pseudo*esoterik daraus – was unübersehbar in Esokitsch und Esoboom zum Ausdruck kommt – worauf sich dann (in diesem Fall zu Recht) Theologie und Kirchen ablehnend „einschießen". Die Kirche hat diese Zusammenhänge längst aus dem Auge verloren und bietet heute Religion aus zweiter Hand. Ihre Theologie lehrt aus Mangel an Einsicht in die wirklichen religiösen Zusammenhänge heute ein im Wesentlichen falsches, nicht mehr der Wahrheit entsprechendes Gottesbild, mit allen sich daraus ergebenden Konsequenzen für das so wichtige und essentielle Thema Religion. Aus diesem Grunde wird die Darstellung des *Esoterischen Weltbildes* im Sinne der *östlichen Weisheitstraditionen*, im Sinne der *Philosophia perennis* einen entsprechenden Schwerpunkt dieses Buches bilden.

Vor diesem Hintergrund mag es auch notwendig und sinnvoll sein, unsere religiösen Quellen – Altes- und Neues Testament – einer *inneren*, d.h. *esoterischen* Betrachtung bzw. Deutung zu unterziehen. Aus einer solchen Auseinandersetzung – vor allem wenn Theologie und Kirchen sie vornehmen würden – könnten sich auch Perspektiven für eine Erneuerung des religiösen Lebens im wissenschaftsgläubigen Westen herausbilden, womit auch ein sinnvoller Ausweg aus der schweren Krise der christlichen Kirchen sichtbar werden würde. Ein solcher

Ausweg könnte darin bestehen, dass an der Schwelle zum dritten Jahrtausend die Kirche sich wieder den Quellen zuwendet, von denen sie vor 2000 Jahren ihren Ausgang genommen hat, nämlich einem *esoterischen* Christentum. Ohne Verständnis über den Sinn unseres Lebens – der *nur* in der Religion zu finden ist –, sind wir im Sinne des bekannten Biochemikers Jacques Monod dazu verurteilt, wirklich zu Zigeunern am Rande des Universums zu verkommen und darauf angewiesen, vergeblich unser Heil von der Wissenschaft zu erhoffen und zu erwarten.

Gott sei Dank sind aber aus dieser Disziplin auch echte Genies hervorgegangen, die die *Einseitigkeit* dieses Weltbildes erkannt und weitgehend ad absurdum geführt haben, und sich dadurch in eine erfreuliche Nähe zu den oben angesprochenen esoterischen Weisheitstraditionen gebracht haben, worüber im Kapitel über alte und neue Physik noch ausführlich zu sprechen sein wird.

Es geht – wie schon mehrmals angesprochen – nicht um eine Verteufelung dieser Wissenschaft; wesentlich und wichtig wäre eine schon lange fällige, dringend not-*wendige* und sinnvolle *Ergänzung* durch die Forschungsergebnisse der neuen Physik – die noch nicht in unser tägliches Leben Einzug gehalten haben – sowie durch die Erkenntnisse der uralten Weisheitslehren aller Völker, Zeiten und Kulturen. Nicht: entweder Wissenschaft oder Religion ist das Thema, sondern: *sowohl* Wissenschaft im Sinne der neuen Physik und darüber hinaus *als auch* Religion im Sinne von *Re*-ligio, d.h. einer Wiederverbindung mit dem göttlichen Urgrund im Sinne der Weisheitslehren und Mythen in ihrer wahren Bedeutung.

So möchte ich dieses Buch verstanden wissen und den Versuch wagen, ein wenig zu einer sinnvollen Synthese von Wissenschaft und Religion beizutragen. Wenn ich also in der Folge von Wissenschaft rede, dann meine ich im Wesentlichen den *einseitigen reduktionistischen* naturwissenschaftlichen Denkansatz, der auch in die so genannten Geisteswissenschaften hinein reicht. Mit diesem Denkansatz lassen sich die schwerwiegenden Probleme in der Welt nicht verstehen, weil diese mehr verlangen als Intellekt und Ratio zu leisten vermögen. Die *wahre* Grundlage für ein *ganzheitliches* Weltbild beinhaltet – neben der *Bibel* in ihrer *Ur*fassung –, die Königin aller Wissenschaften, die *Astrologie* in einem recht verstandenen Sinne, die als *ganzheitliche* Wissenschaft die *Ur-Prinzipien symbolisiert* aus denen sich unsere Welt gestaltet. Sie ist in diesem Sinne ein Abbildungssystem der *Wirklichkeit* – dazu später mehr.

Ich möchte die Leserin, den Leser nur lediglich ersuchen, den folgenden Ausführungen eine gewisse Offenheit entgegen zu bringen, sie aus *ihrer* Sicht als Hypothesen aufzufassen, und erst im Nachhinein sich selbst ein Bild davon zu machen.

# I  Das naturwissenschaftliche Weltbild

## „Was überhaupt ist eine Wissenschaft?"

Dazu ein Zitat eines bekannten Wissenschaftlers von Rang, Prof. Rupert Riedl: „Zunächst scheint die Antwort einfach. Aber der Volksmund weiß zudem, daß man aus allem eine Wissenschaft machen kann. Fachlich ist sie durch Forschung, Lehre und Literatur methodisch gewonnenes und geordnetes Wissen; *sciencia* oder *episteme,* im Gegensatz zum Meinen und Vermuten, *opinio* und *doxa.* Das ist zudem mit dem Wunsch verbunden, das Erkannte und Geordnete auf Erklärungen zuzuführen. Im Ganzen aber ist eine Wissenschaft, ob Astronomie oder Astrologie, das, was man für eine solche hält, oder vereinbarungsgemäß aus dem Rahmen ihrer Würden nicht ausschließt: eine Wertung. Besser wäre sie bestimmt, wenn man die Wissenschaften in einem Gradienten zwischen Ratlosigkeit und Trivialität nach dem Umfang und der Verlässlichkeit der Prognosen taxiert, die sie zulassen. Denn schon die Alchemisten haben vielerlei richtig prognostiziert, und die Seefahrer sich, nach einem Ptolemäischen Weltbild der sieben Kristallschalen des Himmels, ebenso gut orientiert. Noch mehr ist Wissenschaft eine Herausforderung des uns gegebenen Intellekts, und zwar insofern, als sie sich all ihrer Ratlosigkeit nicht schämt, aber sich wegen behaupteter Trivialitäten schämen würde. Das Schöne an ihr ist das Spiel, diese Herausforderung anzunehmen, das Hässliche ihre Anmaßung." [1]

Ihre Anmaßung, sich zum Maß betreffend allgemeingültigen Wissens zu erheben, ist das Problem und gleichzeitig das derer, die an sie glauben, weil dieser überhöhte Anspruch durch die Wirklichkeit nicht gedeckt ist.

In den Kapiteln über die Konsequenzen des naturwissenschaftlichen Weltbildes sollte klar werden, was mit dieser Kritik gemeint ist. Die Wissenschaft hat Großartiges geleistet, leider hat sie in vielen Bereichen jenen Rahmen überschritten, den sie sich ursprünglich selbst gesteckt hat, nämlich das *„Wie"* funktioniert diese Welt zu erforschen, was sie ja weitgehend geleistet hat. Das „Warum" und „Wozu" hatte sie sinnvoller Weise ursprünglich auch der Philosophie und der Religion überlassen, diese sich selbst auferlegte Beschränkung aber immer wieder überschritten. Auch wenn diese Disziplinen in ihrem heutigen Zustand sinnvolle Antworten nicht mehr zu leisten vermögen, läge die Befassung mit diesen Fragen dennoch in ihrem Zuständigkeitsbereich.

## Das alte Weltbild der Physik

War es bisher die Kirche mit ihrer Schöpfungslehre, die sie aus der Bibel ableitete und die das Denken der Menschen lange Zeit bestimmte, so kam es in der Folge zu einer neuen Weltanschauung – nämlich dem Weltbild der Naturwissenschaft –, weil der von der Kirche angebotene naive Kinderglaube betreffend einer religiösen Begründung dieser unserer Welt für den „aufgeklärten" Menschen nicht mehr tragbar war. Doch mit dieser Weltanschauung der neu aufkommenden Wissenschaft, kamen wir buchstäblich vom Regen in die Traufe. Wollten viele Menschen an die mit ihrer Vernunft oft unvereinbaren Glaubenssätze einer schwach gewordenen Kirche nicht mehr so recht glauben, war es nun diese von der Kirche selbst ungewollt auf den Plan gerufene Wissenschaft, die uns mit neuen Welterklärungsversuchen und Theorien anfangs zu begeistern schien, in der Folge aber ebenso zu einer Glaubensangelegenheit wurde, weil so manche Theorien von heute, sich als der Irrtum von morgen herausstellten – ein Wesensmerkmal dieser Wissenschaft bis heute. Der Mensch, der an die Lehren der christlichen Kirchen glaubte, war anfangs noch eingebunden in ein Lehrsystem, das ein gewisses Geborgenheitsgefühl, einen sogenannten „Halt im Glauben" vermitteln konnte. Mit zunehmender Forschung der Naturwissenschaft aber wurden auch diese „Sicherheiten" Schritt für Schritt untergraben begründet mit dem Hinweis, dass man die neuen Theorien mit der wissenschaftlichen Denkweise stichhaltig „beweisen" könne.

Die neuen Theorien erfüllten ein wichtiges Kriterium, nämlich mit dem „gesunden Menschenverstand" vereinbar zu sein. Fast 300 Jahre beherrschte dieses wissenschaftliche Weltbild in der Folge das Denken des „aufgeklärten" Menschen. „Über einen sehr alten Gegenstand entwickeln wir eine ganz neue Wissenschaft" schrieb Galileo Galilei in seinen Untersuchungen über die Bewegungsgesetze. Er war sozusagen der erste „moderne" Physiker, der erste systematische Experimentator. Er lebte von 1564 bis 1642. Diesen Umstand drückt der Autor des Buches „Das Ende des naturwissenschaftlichen Zeitalters" Prof. Herbert Pietschmann treffend aus: „Ganz klar gesagt beruht der große Schritt zur Naturwissenschaft, den Galilei vollzog, auf dem Verzicht auf Erfahrung. Es widerspricht natürlich unserer unmittelbaren Erfahrung, dass sich die Erde mit großer Geschwindigkeit bewegt, aber darauf kommt es eben nicht mehr an. Es geht nicht mehr darum, Ordnung in das Chaos der Erlebnisse und Erfahrungen zu bringen, nein, wir sind anspruchsvoller geworden. Es geht nun darum, ein Modell der Welt zu konstruieren, das wir uns vorstellen können, das es uns gestattet, die Welt „in den Griff" zu bekommen. Dieses neue „Weltbild", dieses Modell der Welt, muß daher *einfach* sein, um tatsächlich die ganze Welt beschreiben zu können."[2] Sein Werk „Dialog über die beiden großen Weltsysteme" im Jahre 1632, forderte 1633 einen Prozess der Inquisition heraus, mit dem Ergebnis, dass Galilei der Kopernikanischen Lehre abschwören musste. Jedenfalls brachten ihn seine Entdeckungen in einen krassen Widerspruch zur damaligen Kirche. Mit Galilei, dem eigentlichen Begründer der sogenannten „Neuen Wissenschaft", vollzog sich ein krasser Wandel im wissenschaftlichen Denken. Nicht mehr die menschliche Erfahrung war Grundlage dieses Denkens, sondern Messbarkeit. Seit der kopernikanischen Wende wissen wir, dass sich nicht die Sonne um die Erde dreht, sondern gerade umgekehrt, die Erde um die Sonne.

Nach der geozentrischen Sichtweise gehört es zur menschlichen Erfahrung, dass die Sonne und die Gestirne auf- und untergehen. Von der Erde aus betrachtet, ein ganz natürlicher und selbstverständlicher Vorgang, wobei wir die Drehbewegung unserer Erde sowohl um ihre eigene Achse als auch um die Sonne nicht direkt wahrnehmen, sondern nur an den Gestirnen, dem Wechsel von Tag und Nacht sowie an den Jahreszeiten. Nachdem wir ja nicht auf der Sonne leben, ist diese objektive Feststellung nur relativ für den Menschen wichtig. Aus dieser Erkenntnis heraus arbeitet die Astrologie – die Königin der Wissenschaften – noch immer mit der geozentrischen Sichtweise und liefert trotzdem – oder gerade deswegen – wahre Ergebnisse in einem weit umfassenderen Sinne, was die *Inhalte* betrifft. Die Planeten bewegen sich ja auch vor einem Hintergrund – dem Tierkreis –, den es als materielle Tatsache ebenso wenig gibt, sondern der astronomisch einem vom Menschen eingeführten Messkreis bzw. astrologisch, einer Projektion der Innenwelt des Menschen auf den Makrokosmos entspricht.

Wie schon angedeutet, ist Einfachheit ein weiteres wichtiges Kriterium der Wissenschaft, um es dem Menschen leichter zu machen, sich die Welt vorstellen zu können, sie beschreiben zu können, experimentieren zu können. Die Parole Galileis: „Alles was messbar ist, messen, und was nicht messbar ist, messbar machen", ist eine problematische Forderung, denn: Heißt das, dass in der Folge nur mehr messbaren Phänomenen Realität zuzubilligen ist, dann ist obige Forderung unannehmbar. Intelligenz z.B. ist messbar und im so genannten Intelligenzquotienten fassbar; Intuition, eine Fähigkeit der rechten Gehirnhälfte, dagegen nicht. Die im Gefolge wissenschaftlichen Denkens auftretende *Über*bewertung linkshemisphärischer Eigenschaften des menschlichen Gehirns führte zu einer *Einseitigkeit* des wissenschaftlichen Weltbildes insgesamt – mit all seinen schwerwiegenden Folgen.

Nach Galilei war es Newton, der große englische Physiker des 17. Jahrhunderts, der auf Galilei aufbauend, sein mechanistisches Universum begründete, das uns Jahrhunderte beherrschen sollte.

Nach Newton betonte dann Descartes: „Die Methode der Naturwissenschaft ist die Austreibung der Geister aus der Natur", was nach *H. Pietschmann* in: „Das Ende des naturwissenschaftlichen

Zeitalters" – bedeuten sollte: „Elimination der Widersprüche aus dem Modell der Wirklichkeit."

Herbert Pietschmann: *„Dies ist der zentrale Ansatz der Naturwissenschaft.* Wir können nun auch Galileis Forderung, „was nicht messbar ist, messbar machen" so deuten, dass wir sagen: Widersprüche müssen eliminiert werden. Erst dann ist etwas messbar geworden, wenn alle Widersprüche eliminiert sind. Widerspruch ist hier ganz allgemein verstanden. Auch das Element der Vereinheitlichung, das Vereinen verschiedenster Phänomene unter einheitlichem Gesichtspunkt, ist eine solche Elimination des Widerspruches." [3]

Wenn wir aber die Widersprüche eliminieren, dann entstellen und verfälschen wir die Wirklichkeit, zu deren Wesen ja der Widerspruch bzw. die Ambivalenz gehören.

Pietschmann weiter:„Die Methode ist also ganz auf Zweckmäßigkeit, Nützlichkeit ausgerichtet und hat damit auch glänzenden Erfolg. Die Voraussagen der Naturwissenschaft für experimentelle Ergebnisse stimmen, die Produkte der Technologie funktionieren. Immer weitere Bereiche der Wirklichkeit werden widerspruchsfrei im Modell erfaßt, immer mehr wird die Natur umgestaltet und – im Sinne des Experimentes – vereinfacht.

Und G. W. Friedrich Hegel: „Etwas ist also lebendig, nur insoferne es den Widerspruch in sich enthält" [4]

*Ein*-atmen und *Aus*-atmen sind Gegensätze, enthalten also offensichtlich diesen Widerspruch, der das Kennzeichen alles Lebendigen darstellt und sich im *rhythmischen* Wechsel beider Pole ausdrückt, denn Rhythmus ist Leben! Diese Erkenntnis hat, wie sich noch zeigen wird, *ohne Ausnahme* für *alle* Polaritäten, d.h. für *alle* Gegensätze dieser Welt Gültigkeit. So, wie sich das *eine* Phänomen Atem aus den Gegensätzen (Widersprüchen) ein- und ausatmen zusammensetzt, so setzt sich auch das *eine* Licht aus den Gegensätzen (Widersprüchen) Welle und Teilchen zusammen, so, wie der elektrische Wechselstrom aus dem rhythmischen Wechsel von Plus- und Minuspol.

Den offensichtlichen Gegensatz dazu bildet das Modell der Widerspruchsfreiheit der Wissenschaft, weil sie *Eindeutigkeit* will, was es aber in diesem Universum nicht gibt. Sie will alles Widersprüchliche, das heißt alles Lebendige eliminieren, was zu ihrem Totsein führt. Um dieses Totsein einigermaßen zu kompensieren, setzt die Wissenschaft auf den *Fortschritt,* ohne zu wissen wohin, weil das Ziel des Fortschritts selbst wieder nur Fortschritt ist.

So ist der *Fortschritt,* der zur heiligen Kuh der Wissenschaft geworden ist, ein Fortschreiten des Menschen von sich selbst. Wenn man einen Wissenschaftsgläubigen nach dem Sinn des Fortschritts fragt, bekommt man als Antwort: natürlich Fortschritt. Fortschritt um des Fortschritts willen, heißt die Devise dieser Wissenschaft. Die Wissenschaft beschäftigt sich mit sogenannten „Tatsachen", aber Tatsachen sind „tote" Sachen, ganz im Gegensatz zum Leben.

Dazu Hegel bei Pietschmann: „Wenn aber ein Existierendes den Widerspruch nicht in ihm selbst zu haben vermag, so ist es nicht die lebendige Einheit selbst."

Gleiches drückt Herbert Pietschmann mit folgenden Worten aus:„Die lebendige Einheit ist also verloren gegangen, ihr Verlust ist der Preis für die Möglichkeit, die Welt tätig umzugestalten, sie nach unseren Vorstellungen und Wünschen einzurichten. Dies war die Wegscheide, markiert durch den Prozess Galilei: Die Straße der Naturwissenschaft ist widerspruchsfrei, sie ermöglicht ein immer schnelleres Fortkommen, alles funktioniert, ist erklärbar, beruhigend sicher; aber sie entfernt sich immer mehr von der anderen Straße, der Straße des Widerspruchs, auf der das Leben zu finden ist, auf der die Menschen „sich dem Himmel zu bewegen."" [5] Und weiter: „So müssen wir die Beschreibung der Methode der Neuen Wissenschaft durch Galilei heute ergänzen, indem wir sagen": „Alles was meßbar ist, messen, was nicht meßbar ist, meßbar machen, und *was nicht meßbar gemacht werden kann, ableugnen*". „Und die Austreibung der Geister aus der Natur ist zu einer Austreibung *des Geistes* aus der Welt geworden." [6]

Die Wissenschaft versucht vergeblich, den Geist aus der Natur auszutreiben bzw. den Geist in der Natur zu leugnen, indem sie in Abrede stellt, dass Materie letztlich *„verdichteter" GEIST ist!* Mit dieser Sicht wäre es vielleicht möglich, den unseligen Dualismus zwischen Geist und Materie in ein: *„sowohl* Geist, *als auch* Materie" zu verwandeln.

Pietschmann: „So ist Geld – unter andrem – zu einem Faktor geworden, der eine neue Hierarchie in die menschliche Gemeinschaft bringt: Nicht mehr besondere Veranlagung, außergewöhnliche Fähigkeiten sind erforderlich, sondern genügend Geld. (Wir sprechen ja bezeichnenderweise von „Vermögen".) In gewissem Sinne können wir – ironisierend – sagen, daß damit wirklich die „Fähigkeiten" der Menschen meßbar gemacht worden sind, denn Reichtum läßt sich leicht in Zahlen ausdrücken." [7]

Eine weitere Folge des wissenschaftlichen Denkmodells ist das Spezialisten- und Expertenwesen. Ein Spezialist ist offenkundig ein Mensch, der immer mehr über wenig weiß, bis er am Schluss alles über nichts weiß.

So erfolgreich sich das naturwissenschaftliche Weltbild auch erwiesen hat, wenn es sich um die vordergründige Bewältigung von Alltagsproblemen mittels funktionaler Maßnahmen handelt, – denn das „Wie" (also die Funktion) beherrscht diese Wissenschaft, ohne jedoch nach dem *„Warum"?* und *„Wozu"?* und damit nach dem Sinn von Welt und Mensch zu fragen – sosehr geht sie an der *Wirklichkeit*, die hinter dieser Welt am *Wirken* ist, vorbei!

Die wesentlichen Grundannahmen Newtons waren unter anderem: Alles besteht aus Atomen (was ja nicht falsch ist), die Einzelteile verhalten sich wie Kügelchen, die sich von dem sie umgebenden Raum klar unterscheiden lassen (was nicht mehr stimmt). Die Natur ist ein Gebilde, das aus solchen kleinsten Bausteinen besteht (was leicht falsch verstanden werden kann). Lineare Zeit fließt von der Vergangenheit über die Gegenwart in die Zukunft, (eine fließende Zeit gibt es nicht wirklich)! Alles, was sich ereignet, muss eine Ursache in der Vergangenheit haben, um in der Gegenwart wirksam werden zu können (entspricht nicht der Wirklichkeit). Jedes Geschehen in der Gegenwart genügt als Beweis für eine vorhandene Ursache in der Vergangenheit, auch wenn man diese Ursache nicht immer gleich erkennen kann (entspricht nicht der Wirklichkeit). Folgernd aus all diesen Prämissen setzte eine regelrechte Ursachensuche ein. Diese einseitige Ursachensuche in der Vergangenheit war abgekoppelt von der Frage nach dem Sinn. Es wurde angenommen, das Universum sei eine „Maschine", die man ungestraft manipulieren könne, wenn man nur die Funktion der Einzelteile genügend erforsche.

Dies drückt der Arzt und Kenner der neuen Physik Larry Dossey mit folgenden Worten aus: „Von diesen Grundzügen der Welt ausgehend entwickelte Newton Gesetze, die die Entwicklung des Naturgeschehens allgemein beschreiben konnten. Diese Gesetze waren von bewundernswerter Einfachheit und fabelhaft praktisch: mit ihrer Hilfe ließen sich sichere Voraussagen machen. Diese Voraussagekraft führte zu dem Glauben, dass sich vermittels Newtons weniger Grundgesetze alles zukünftige Geschehen voraussagen ließe. Man benötigte dazu nicht mehr als ein paar Daten über das Universum – die Position, Geschwindigkeit und Masse aller seiner konstituierenden Teile. Ja, man konnte sogar auf Geschehnisse zurückschliessen, die unendlich weit in der Vergangenheit zurückliegend stattgefunden hatten. Aus diesem Grund sagen wir, dass wir das Newtonische Universum ebensogut vorwärts wie rückwärts abspielen lassen können." [8]

Von so einem einfachen, ja naiven Weltbild ließ sich sogar die Kirche bluffen und kapitulierte vor ihm. Sie hätte sich auf die religiöse, d.h. schwerpunktmäßig *mythologische* Ebene zurückziehen müssen, dorthin, wo diese funktionale, mechanistische Methode der Wissenschaft nicht hinreicht. Sie hätte – wenn es ihr nicht selbst an entsprechender Einsicht gefehlt hätte –, die materielle Ebene der Schöpfung ruhig diesen „Weltmechanikern" überlassen können. Dies umso mehr, als dieses grobgestrickte Weltbild der damaligen Wissenschaft von genialen Vertretern ihrer eigenen Disziplin später sowieso in wesentlichen Punkten ad absurdum geführt wurde – durch das *neue Weltbild der Physik*.

Bevor wir uns diesem neuen Weltbild der Physik zuwenden,

möchte ich betonen, dass mit der obigen Darstellung des alten Weltbildes der Physik nicht der falsche Eindruck erweckt werden soll, Newton wäre ein einseitiger Wissenschaftler gewesen – ganz im Gegenteil. Wenn es auch heute so aussieht, so waren es mechanistisch denkende Physiker nach ihm, die seine Erkenntnisse und sein wahres Gedankengut entstellt haben.

Der französische Physiker Jean E. Charon schreibt in seinem Buch: „Der Geist der Materie" unter anderem: „Obwohl in Newtons Werk die Komplementarität zwischen Physik und Metaphysik derart stark hervortritt, sollte sich paradoxerweise gerade in seiner Nachfolge eine immer tiefere Kluft zwischen Physik und Metaphysik öffnen, zwischen der Erforschung der Materie und der Erforschung des Geistes". [16]

Wie Jean Zafiropulo und Catherine Monod in ihrer Analyse sehr richtig bemerken, „machte man zu diesem Zweck bedenkenlos aus dem Newton, den man vorfand, den Newton, den man haben wollte, indem man einige seiner Forschungsarbeiten nie veröffentlichte und einen großen Teil seines Werkes überhaupt verschwinden ließ.[..] Fragt man nach den besonderen Umständen, die dazu beigetragen haben, die Geisteshaltung, auf der die Newtonschen Gesetze und Entdeckungen ursprünglich beruht hatten, derart zu entstellen, so darf man nicht vergessen, daß anfänglich die vehementesten Verteidiger Newtons ( gegen die damals in der Wissenschaft vorherrschenden cartesianischen Denkmodelle ) fast durchwegs Atheisten waren, die in der erklärten Absicht, Gott aus den wissenschaftlichen Erklärungen zu eliminieren, nicht zögerten, *alles* Geistige radikal zu verneinen.

Zu ihnen gehörten Laplace, wegen seines großen Einflusses in Frankreich vor allem aber Voltaire, etwas später Auguste Comte, sowie in unserem Jahrhundert Paul Valéry und die Vertreter des Marxismus. Sie alle wollten „Gott widerlegen" und haben darüber hinaus alles getan, um die Glaubwürdigkeit der Metaphysik zu untergraben, indem sie deren Spekulationen als „hohle und sterile Logomachien" abtaten". [17]

In der Physik herrschten damals Selbstsicherheit und Selbstvertrauen betreffend der Richtigkeit ihrer Thesen. Doch es kam, wie wir heute wissen, ganz anders!

## Das neue Weltbild der Physik

Dossey schreibt in seinem Buch „Die Medizin von Raum und Zeit": „Vor einem solchen Hintergrund beinahe hundertprozentiger Gewissheit tauchten nun um die Jahrhundertwende eine ganze Reihe von transformierenden Ereignissen auf. 1887 zog das Michelson-Morley Experiment die klassische Vorstellung vom Äther als dem Medium für die energetischen Ereignisse in der Natur in Zweifel. Sir J.J. Thompsons Entdeckung des Elektrons zerstörte 1896 den Glauben an das Atom, es war plötzlich nicht mehr der unteilbare Baustein der Materie. Und im Jahre 1900 stellte Max Planck seinen „Zufallstreffer" vor: die Plancksche Konstante. Er zeigte, dass die Energie in der Natur nicht gleichmässig und kontinuierlich, sondern klumpig und holperig war. Er bezeichnete diese Energiepakete als „Quanta". Seine eigene Einstellung zu seiner gewaltigen Entdeckung ist für die Macht des wissenschaftlichen Dogmas seiner Zeit bezeichnend: Planck veröffentlichte seine Entdeckungen nur zögernd, weil sie sich so schlecht in das einfügten, was vor ihnen gekommen war."[9]

Doch die eigentliche Katastrophe für das mechanistische Weltbild stand kurz bevor: 1905 veröffentlichte Albert Einstein seine spezielle Relativitätstheorie. Diese Theorie stellte die bisherigen Erkenntnisse radikal in Frage! Kein Stein in der Physik sollte auf dem anderen bleiben. Dazu Dossey: „Einsteins spezielle Relativitätstheorie und die Quantentheorie sind für uns heute die Eckpfeiler der modernen Physik. Die spezielle Relativitätstheorie hat noch nie ihr widersprechende experimentelle Daten hervorgebracht und ist begrifflich und experimentell besser fundiert als die allgemeine Relativitätstheorie. Beide Theorien offenbaren uns eine Weltsicht, die sich krass vom Newtonschen Erbe abhebt. Ihr Erscheinen illustriert, was T.H. Huxley als den tragischsten Vorfall in der Wissenschaft beschrieb: das Hinmorden einer schönen Theorie durch eine unangenehme Tatsache. [...] Es ist wichtig für uns, diese Ratlosigkeit und Verwirrung der Physiker des frühen zwanzigsten Jahrhunderts nicht zu vergessen, denn sie verweist uns auf einen entscheidenden Punkt dieser wissenschaftlichen Revolution: die Beteiligten hatten sich diese erstaunlichen Perspektiven eben nicht aus eigenem Anstoss und willkürlich zusammengesponnen. Sie beugten sich nur den Notwendigkeiten ihrer Experimente, weil sie immer wieder mit Daten konfrontiert waren, denen sie einfach nicht mehr ausweichen konnten. Als Wissenschaftler hatten sie keine andere Wahl." [10]

*Diese neue Weltsicht hatte eine Reihe schwerwiegender Konsequenzen:*

Energie fließt nicht kontinuierlich, sondern tritt paketweise in Quanten auf.

Es gibt keine sogenannten „Bausteine" der Natur.

Das Elektron ist kein Ding, erklärte der dänische Physiker Niels Bohr.

Das Elektron ist Träger des Geistes, behauptet der französische Physiker Jean E. Charon.

Die „Teilchen" verhalten sich je nach Versuchsanordnung – wie wir an dem Phänomen des Lichtes erkennen können – nachweisbar *sowohl* wie ein „Teilchen" bzw. „Korpuskel" *als auch* wie eine Welle. Also nicht: entweder – oder, sondern: *sowohl – als auch,* ist das wahre Kennzeichen der Wirklichkeit; der Widerspruch, die Ambivalenz sind ihre fundamentalen Grundzüge! Dieses *sowohl – als auch* gründet auf dem *Gesetz der Polarität* und hat ausnahmslose Gültigkeit in allen Bereichen: materiell, seelisch und geistig! Diese Gesetzmäßigkeit wird bei der Darstellung des esoterischen Weltbildes ausführlich begründet.

Das Elektron erscheint überall auf seiner Kreisbahn gleichzeitig.

Die Dinge geschehen gleichzeitig, wie sich beim Auftreten subatomarer „Teilchen" zeigte. Diese „Teilchen" treten paarweise auf, sind in ihrer Form identisch, aber in ihrer Drehrichtung, dem sogenannten „Spin", entgegengesetzt. Durch komplizierte Experimente konnte nachgewiesen werden, dass, wenn die Drehrichtung eines „Teilchens" umgepolt wird, *gleichzeitig* ohne jede Verzögerung das andere „Teilchen" ebenfalls seine Drehrichtung ändert, wobei die Entfernung beider „Teilchen" voneinander keine Rolle spielt. Die Physiker sprachen von phasenverriegelten „Teilchen", wenn sie derselben Quelle entsprangen. Diese „Teilchen" traten quasi aus dem „Nichts" auf und verschwanden wieder im „Nichts."

Auch dass sie paarweise und in ihrer Drehrichtung polar entgegengesetzt auftreten, sollte uns aufhorchen lassen. Offensichtlich bestätigt die neue Physik universale Gesetzmäßigkeiten, die die uralten Weisheitslehren im Wesentlichen schon lange Zeit vorher – aufgrund von philosophischen Erkenntnissen – formuliert haben.

Der Begriff der Kausalität wurde von Carl Gustav Jung durch den Begriff der *Synchronizität* ersetzt, und der Kausalitätsbegriff in der bisherigen Form musste aufgegeben werden. Die Vorstellung, dass einer beliebigen Wirkung in der Gegenwart bzw. in der Zukunft immer eine „Ursache" in der Vergangenheit vorausgehen muss, stimmt in dieser Absolutheit nicht. Zeit und Raum, welche bisher als absolute Größen betrachtet wurden, gab es plötzlich nicht mehr. An ihre Stelle traten nun Theorien von den Feldern, welche die bisher als getrennt betrachteten Objekte miteinander verbinden sollten. Der englische Astronom und Physiker Sir Arthur Eddington formulierte diesen Zusammenhang so: „Wenn das Elektron vibriert, erbebt das ganze Universum."

Heisenbergs Unschärferelation tat ein Übriges, um das alte Weltbild zu erschüttern: Es ist unmöglich, die Position und Geschwindigkeit eines „Teilchens" gleichzeitig festzustellen. Mit der

Quantenphysik wurde nun dem Subjekt entscheidende Bedeutung zuerkannt, anstelle bisheriger falscher Annahme, dass es objektive Eigenschaften der Welt gäbe.

Noch einmal Dossey: „Nach der modernen Sichtweise (zumindest entsprechend der Kopenhagener Deutung der Quantenmechanik, die den weitesten Anklang gefunden hat) ist das menschliche Bewusstsein tatsächlich an der Ausgabe der Wirklichkeit beteiligt, die unser Auge dann antrifft. Ja, die Vorstellung einer „Wirklichkeit" ohne Beobachter hatte nicht einmal mehr den geringsten Wert. Warum? Aufgrund des inhärent zufälligen, statistischen und probabilistischen Wesens der subatomaren Ereignisse sind auf ihrer Ebene für jedes individuelle Ereignis theoretisch mehrere Manifestationsformen möglich. Der Akt der Beobachtung schenkt diesen Möglichkeiten erst die Kohärenz, in der wir sie als ein einzelnes Ereignis in der Welt wahrnehmen. Ohne die Teilnahme des Beobachters kann das, was wir als Wirklichkeit bezeichnen, einfach nicht zur Entfaltung kommen. Damit transzendiert die neue Sichtweise den streng objektiven Status der Welt und setzt an ihre Stelle eine Spielart von Wirklichkeit, für die das menschliche Bewusstsein ein Faktor von zentraler Wichtigkeit ist." [11]

Sinngemäß können wir auch sagen: Materie existiert also streng genommen *erst dadurch,* dass ein Bewusstsein sie als solche wahrnimmt – auf der Basis unserer Sinneswahrnehmung! Anders als Newton, der Zeit und Raum als absolute Größen betrachtete, behauptet Einstein, dass Zeit und Raum relative Begriffe sind. Vergangenheit, Gegenwart und Zukunft sind also keine absoluten Größen mehr. Die Wirklichkeit stellt sich für verschiedene Beobachter verschieden dar. Energie und Masse sind zwei verschiedene Aspekte desselben Phänomens, sind also gegenseitig austauschbar, ebenso wie Zeit und Raum, so, wie die beiden Kehrseiten einer Medaille, *die _eine_ Medaille bilden!*

Dossey: „Die spezielle Relativitätstheorie weist dieselben Stärken auf wie die Quantentheorie: alle mit peinlichster Genauigkeit durchgeführten Experimente bestätigen sie ausnahmslos. Ja, selbst die haarsträubendsten Aspekte dieser Theorie widerstanden jedem Test: die Verlangsamung der Zeit bei der Beschleunigung eines Teilchens; die Verlangsamung der Uhren, je näher sie an die Lichtgeschwindigkeit herankommen; die Schrumpfung von Massstäben bei zunehmender Geschwindigkeit; und die Zunahme der Masse eines Objektes bei einer Zunahme seiner Geschwindigkeit." [12]

Offensichtlich ist das alte Weltbild von uns derart verinnerlicht worden, dass wir im Alltag immer noch hartnäckig daran festhalten. Gelten nun die oben aufgezählten Erkenntnisse der *neuen Physik* vorwiegend im *subatomaren Bereich*, so dehnt „Bell´s Theorem" diesen Gültigkeitsbereich auch auf den makroskopischen Bereich aus, also auf unseren gewöhnlichen Alltag. Alles ist mit Allem in diesem Universum verbunden, wie das oben schon zitierte Experiment mit den phasenverriegelten „Teilchen" gezeigt hat. So bewies John Bell mit seinem Theorem mit rationalen Argumenten, dass unser altes rationales Weltbild bezogen auf die *Wirklichkeit* schlicht und einfach falsch ist!

Henry Stapp, ein Kollege von John Bell bringt es auf den Punkt: „Damit ist Bell´s Theorem die schwerwiegendste Entdeckung in der Wissenschaftsgeschichte."

Bei Rüdiger Dahlke lesen wir:„Auf dieser neuen Basis blieben die Physiker nun nicht untätig, und Sarfatti entwickelte die Vorstellung einer „nichtörtlichen Phasenverriegelung über räumliche Intervalle". Das aber ist wohl die weitestgehende Annäherung eines Physikers an C.G. Jungs Vorstellung von Synchronizität: Zwei (oder mehr) Dinge hängen zusammen (sind in Kontakt), schwingen zusammen (ihre Phasen sind verriegelt) und das bleibt über beliebige Distanzen so ohne irgendeine physische Verbindung. Nun liegt die Kausalität schon weit hinter uns." [13]

> Dieses Prinzip der *Synchronizität* bildet die Grundlage für die Astrologie!

Dahlke weiter: „Die alte Physik Newtons hatte hinter dem Chaos der Wirklichkeit eine Ordnung gefunden, die Quantenphysik hatte hinter dieser Ordnung wieder den Zufall, die Wahrscheinlichkeit, gefunden. Das Bell'sche Theorem hat nun hinter dem Zufall wieder für klare Verhältnisse gesorgt. Die neue Ebene ist wieder fest, aber auf einem höheren Niveau, die alte (Newton'sche) Kausalität ist durch Synchronizität (Korrelation, Phasenverriegelung) ersetzt." [14]

Das neue Modell ist die *Raum-Zeit*! Der Physiker Louis de Broglie: „ In der Raum-Zeit ist alles, was für einen jeden von uns Vergangenheit, Gegenwart und Zukunft darstellt, en bloc gegeben. Jeder Beobachter entdeckt sozusagen beim Verstreichen seiner Zeit immer neue Schnitten der Raum-Zeit, welche ihm als aufeinanderfolgende Aspekte der materiellen Welt erscheinen, obwohl in Wirklichkeit die Gesamtheit der Ereignisse, die die Raum-Zeit darstellt, existiert, bevor er davon weiß." [18]

Thorwald Dethlefsen zum Thema Zeit bzw. Raum-Zeit: „Sie ist immer da, etwa wie ein Roman, der ja in seiner Existenz auch nicht davon abhängt, wie weit der jeweilige Leser in ihm fortgeschritten ist". In einem anderen Bild von Dethlefsen entspricht die Wirklichkeit der Zeit im Sinne der Raum-Zeit einem Museum mit zwanzig Räumen. „Auch wenn ein Besucher erst im dritten Raum ist, existieren die anderen siebzehn schon, allerdings nicht für ihn."

Noch einmal Dahlke:„Die Konsequenzen aus diesen Erkenntnissen für unser Leben sind enorm. Denn das heißt ja nichts anderes, als daß unser gesamtes Leben bereits existiert, auch wenn wir es nur bis zu dem Punkt des jetzigen Augenblicks überschauen. Das ganze Muster ist immer schon da, ganz unabhängig davon, wo wir persönlich in dem Muster gerade stehen. Am Beginn jeder Handlung steht damit deren Ende schon fest. Auf diesem Wissen beruht die Astrologie, daß nämlich in jedem Beginn (also z.B. der Geburt) das ganze Muster schon enthalten ist. Dieses Wissen kann man nun, wie alles in dieser Welt, auf verschiedene Weise benutzen. Etwa könnte man sich nach dem Motto. „Dann ist ja sowieso alles egal!" *hängen lassen* und das Leben in Unbewußtheit verdämmern. Im Osten können wir die deprimierenden Auswirkungen dieser Einstellung häufig studieren, wie aber auch den

Gegenpol: das erleuchtete Leben. Wir können also auch dieses Wissen nutzen, um von vielem *loszulassen*, was uns auf dem Weg hindert und nach dem Motto leben: „ Dein Wille geschehe!" Wir riskieren dabei viel weniger, als wir gemeinhin befürchten, denn Sein Wille geschieht sowieso. So ist dieses „Dein Wille geschehe" aus dem Vaterunser nicht nur eine demütige Bitte, mit der wir uns unter das Gesetz stellen, sondern auch eine Feststellung, der wir uns nicht länger widersetzen. Hier liegt also der sehr einfache Schlüssel zur Erleuchtung: *Wenn wir alles wollen, was geschieht, geschieht alles, was wir wollen."* [15]

## II Konsequenzen des naturwissenschaftlichen Weltbildes

### Konsequenzen für die Religion

In Anbetracht der Wichtigkeit von Religion für das Leben des Menschen, war das Aufkommen der Naturwissenschaft im 16. Jahrhundert ein Geschehen von großer Tragweite, weil damit die bisherigen religiösen Sicherheiten nach und nach in Frage gestellt wurden. Mit der kopernikanischen Wende ist die Erde und damit auch der Mensch aus dem Zentrum des Universums vertrieben worden und die fortschreitenden Erkenntnisse der damaligen Wissenschaft verunsicherten den Menschen in Bezug auf seinen Halt im Glauben immer mehr. Die Zugeständnisse der Kirche an die aufkommende Wissenschaft, was ihre Glaubenslehre betraf, stellten sich letztlich als Bumerang heraus, weil dies eigentlich einem Verrat an der christlichen Lehre gleich kam, obwohl es sich im Rückblick als unnötiges „Bauernopfer" heraus stellte. Wäre die Kirche nicht vorwiegend von einer historisch-konkreten Bibeldeutung ausgegangen, sondern von einer *mythologischen*, dann hätte sie die materielle Schöpfung und ihre Entstehungsgeschichte ruhig der Wissenschaft überlassen können, weil es sich bei dieser Schöpfung – wie noch zu zeigen sein wird –, um eine *geistige* und nicht um eine materielle *Schöpfung* handelt, wobei es hier wesentlich darauf ankommt, was wir unter Materie verstehen.

In seinem Buch „Geist, Kosmos und Physik" schreibt der bekannte und berühmte Quantenphysiker Hans-Peter Dürr unter anderem: "Ich habe als Physiker fünfzig Jahre lang – mein ganzes Forscherleben – damit verbracht zu fragen, was eigentlich hinter der Materie steckt. Das Endergebnis ist ganz einfach: Es gibt keine Materie! Ich habe somit fünfzig Jahre an etwas gearbeitet, was es gar nicht gibt." [51]

Hat nun die Quantenphysik recht, oder die reduktionistische, materialistische Wissenschaft, deren Grundlage *allein* die „Materie" bildet? Ich sehe diese radikalen, neuen Erkenntnisse als Bestätigung und Annäherung an die uralten esoterischen Weisheitslehren, die dieselben Erkenntnisse schon vor Jahrtausenden formuliert haben!

Warum werden die Forschungsergebnisse der neuen Physik nicht zur Grundlage des heute allgemein vertretenen wissenschaftlichen Weltbildes? Für mich gibt es dafür eine mögliche logische Erklärung: *„Weil nicht sein kann, was nicht sein darf"*!

Und offensichtlich hat auch die Kirche das Wissen um die wahren religiösen, das heißt mythologischen Zusammenhänge einer sinnvollen Weltdeutung verloren, nachdem sie sich mit der konstantinischen Wende von ihren esoterischen Wurzeln nach und nach abgeschnitten hat.

Ansonsten hätte sie der aufkommenden Wissenschaft ein wahres, ein im Wesentlichen *mythologisches* Weltbild entgegen stellen können, und den unseligen Kampf Wissenschaft gegen Religion hätte es nie gegeben. Es geht nicht um ein: entweder Wissenschaft – oder Religion, sondern wie auch in anderen Bereichen, um ein *sowohl – als auch!* Diese Wahrheit hat selbst die Wissenschaft nach langem Ringen durch das Aufkommen der *neuen Physik* im 20. Jahrhundert zur Kenntnis nehmen müssen.

Das menschliche Bewusstsein „nach" dem Sündenfall ist aufgespalten in die scheinbaren Gegensätze einer polaren Welt; auf diese Zusammenhänge wird bei der Darstellung des esoterischen Weltbildes noch ausführlich eingegangen werden.

Letztlich gehen alle Weltbilder auf religiöse Weltdeutungen zurück, und wenn solche Deutungen schief werden, dann werden es auch die Weltbilder, die solch fragwürdige Gottesbilder zur Grundlage haben. Dieser Zusammenhang gilt auch für unser uns so vertrautes heutiges Christentum, weil eine wissenschaftlich gewordene Theologie mit ihrer „historisch-kritischen-Methode" die wahren religiösen Zusammenhänge entstellt hat. Die Kirche ist daran nicht unschuldig, weil sie sich auf das einseitige, wissenschaftliche Weltbild eingelassen hat. Ihre heutige, schwere Krise ist unter anderem auf diese unselige Allianz zurück zu führen.

Aus dieser Unvereinbarkeit von *einseitiger* Wissenschaft – schwerpunktmäßig im Sinne der alten Physik – und *einseitig* gewordener Religion ist in der Folge ein jahrhundertelanger Kampf dieser beiden wichtigen und gewaltigen Kräfte *gegeneinander* geworden mit allen hinlänglich bekannten und verheerenden *Konsequenzen.*

Bei Ken Wilber dem führenden integrativen Denker der Postmoderne lesen wir: „Es gibt wohl in der modernen Welt kein bedeutsameres und drängenderes Thema als das Verhältnis von Wissenschaft und Religion. Die Naturwissenschaft ist zweifellos eines der tiefgründigsten Verfahren, die die Menschheit bisher entwickelt hat, um *Wahrheit* zu entdecken, während Religion diejenige Kraft ist, die wie keine andere *Sinn* stiftet.

Wir brauchen Wahrheit *und* Sinn, Wissenschaft *und* Religion – aber wir wissen nicht, wie man beide in einer Weise zusammenführt, die von *beiden* Seiten akzeptiert wird. Die Versöhnung von Wissenschaft und Religion ist nicht nur von flüchtigem akademischem Interesse. Diese beiden gewaltigen Kräfte, Wahrheit und Sinn, liegen in der heutigen Welt in heftigem Widerstreit miteinander. Die moderne Wissenschaft und die prämoderne Religion ringen mit ihren je unterschiedlichen Mitteln auf diesem Erdball um die Vorherrschaft. Früher oder später muß sich eines von beiden geschlagen geben." [1]

Dazu möchte ich einschränkend bemerken, dass für mich der Begriff „Wahrheit" eine andere Bedeutung hat als im obigen Zitat. Wenn die These stimmt – und davon gehe ich aus – dass dieses *stoffliche* Universum letztlich auf unserer *Sinnes*wahrnehmung beruht und damit – bezogen auf die *Wirklichkeit einer geistigen Schöpfung* – streng genommen eine Sinnes-täuschung ist, dann wäre dem Ergebnis wissenschaftlicher Erkenntnisweise die Bezeichnung „Teilwahrheit" angemessener. Sie erforscht nicht die *Wirklichkeit an sich*, sondern das von dieser Wirklichkeit – *Er*wirkte, was für mich besser mit dem Wort *Realität* zu bezeichnen wäre. Obwohl Wissenschaft und wahre Religion im Grunde Antipoden sind, gibt es immer wieder ernst zu nehmende Versuche, beide miteinander zu versöhnen.

Ein Autor des Westens, der Physiker Fritjof Capra hat mit Nachdruck auf die Nähe des *neuen Weltbildes der Physik* zu den östlichen Weisheitslehren hingewiesen. Im Vorwort zur revidierten Ausgabe seines Buches: „Das Tao der Physik" lesen wir: „Wie vorauszusehen war, reagierten die Wissenschaftler der verschiedenen Disziplinen vorsichtiger. Aber auch bei ihnen wächst das Interesse für die Schlußfolgerungen, die wir heute in allen Bereichen aus der Physik des zwanzigsten Jahrhunderts ziehen müssen. Das Zögern vieler moderner Naturwissenschaftler, die tiefgreifenden Übereinstimmungen zwischen ihren Vorstellungen und denen der Mystiker zu akzeptieren, kann nicht überraschen. Denn der Mystik hängt – zumindest im Abendland – schon seit langem und sehr zu Unrecht der Geruch des Verschwommenen, Geheimnisvollen und höchst Unwissenschaftlichen an. Glücklicherweise ändert sich diese Einstellung jetzt. Seitdem eine beträchtliche Zahl von Menschen sich für östliches Denken zu interessieren begonnen hat und Meditation nicht mehr belächelt oder beargwöhnt wird, nimmt man die Mystik auch in wissenschaftlichen Kreisen ernst." Und an anderer Stelle weiter: „Heute sehe ich in diesem Interesse einen Teil eines breitangelegten Trends, der ein Gegengewicht gegen das tiefgreifende Ungleichgewicht in unserer Kultur zu schaffen versucht – in unserem Denken und Fühlen, unseren Wertvorstellungen und Verhaltensweisen, unseren gesellschaftlichen und kulturellen Strukturen. Für mich läßt sich dieses Ungleichgewicht besonders treffend mit der chinesischen Terminologie von Yin und Yang beschreiben. Unsere Kultur hat ständig die Yang – oder maskulinen Werte bevorzugt und die ihnen komplementären Yin – oder femininen Werte vernachlässigt. Wir haben die Selbstbehauptung der Integration vorgezogen, haben der Analyse gegenüber der Synthese den Vorrang gegeben, verstandesmäßiges über intuitives Wissen gesetzt, Wissenschaft über Religion, Wettbewerb über Zusammenarbeit, ständiges Ausdehnen über Bewahren und so fort. Diese einseitige Entwicklung hat jetzt ein alarmierendes Stadium erreicht. Wir stecken tief in einer Krise von gesellschaftlichen, ökologischen, moralischen und geistigen Dimensionen." [2]

Es ist immer *Einseitigkeit*, die ein Weltbild schief werden lässt, die ein Ungleichgewicht von Werten schafft, was not-wendigerweise zum Scheitern führt. Da wir „nach" dem *Sündenfall* in einer polaren Welt leben, führt jede Überbewertung eines Poles automatisch und gesetzmäßig (das Polaritätsgesetz wird ausführlich im Kapitel über das esoterische Weltbild abgehandelt) in ein *Un*gleichgewicht, das heißt in die *Ein*seitigkeit!

Einseitigkeit kann aber auf Dauer nicht bestehen, sondern wird über den entsprechenden Gegenpol *ausgeglichen*.

Auch unsere Gesellschaft hat offensichtlich noch nicht realisiert, dass diese neuen wissenschaftlichen Erkenntnisse unseren gewohnten Umgang mit unserem Leben weitgehend in Frage stellen. Gewohnheit ist ein entwicklungshemmendes Element, und es dauert oft sehr lange, bis neue Einsichten greifen. Auch dürften viele Menschen von heute die jahrhundertelangen Moral- und Strafpredigten der Kirchen stark verinnerlicht haben, ob sie nun noch Mitglieder einer Kirche sind oder ihr den Rücken gekehrt haben.

Religion ist nun einmal das wichtigste Thema mit dem der Mensch sich auseinandersetzen muss. Diese Erkenntnis ist heute weitgehend verloren gegangen. Wir leben im wissenschaftlich „aufgeklärten" Westen in einer geradezu areligiösen Zeit, ganz im Gegensatz zum Osten. So ist es im Westen aus einem falschen Religionsverständnis heraus auch immer mehr um die Unterjochung und Ausbeutung unserer Erde gegangen, weil offensichtlich die Aussage der Bibel: *„macht euch die Erde untertan"* – wie viele andere Stellen auch – gründlich missverstanden wurde. Nicht Unterjochung und Ausbeutung kann gemeint sein, sondern primär die Herrschaft des Geistes über die Materie, zu der auch der eigene Körper gehört. Macht und Einfluss, also die Überbewertung des männlichen Poles, die *Überbewertung* von Intellekt und Ratio war das Missverständnis. Im Gegensatz dazu waren die östlichen Weisheitslehren am so genannten *weiblichen Denken* ausgerichtet, also an Intuition, einer Fähigkeit der rechten Gehirnhälfte. Die östlichen Mystiker haben auf diese Weise mehr

Wesentliches über Gott und die Welt über den Weg von Meditation und Kontemplation erfahren, als die allein auf Intellekt und Ratio bauenden Wissenschaftler des Westens. Wissenschaft und Religion sind eine Polarität; beide versuchen sie auf ihre je eigene Art und Weise die Gründe der Welt und der menschlichen Existenz in ihr auszuloten. Wieder geht es nicht um ein entweder – oder, sondern wie immer um ein *sowohl – als auch*! Die Probleme entstehen durch Einseitigkeit, und diese Einseitigkeit ist nun einmal ein Wesensmerkmal der Wissenschaft von heute, obwohl mit dem Aufkommen der *neuen Physik*, also der Quantenphysik, sich hoffnungsvolle Perspektiven einer Annäherung zwischen Wissenschaft und Religion ergeben haben.

Die *Vereinigung* der Gegensätze, nicht ihre gegenseitige Bekämpfung führen zur *Erleuchtung!*

F. Capra: „Aus dieser Sicht ist der Zusammenhang zwischen Physik und Mystik nicht nur interessant, sondern auch außerordentlich bedeutsam. Er zeigt auf, daß die Ergebnisse der modernen Physik den Naturwissenschaftlern die Möglichkeit eröffnet haben, zwei sehr unterschiedliche Wege einzuschlagen. Diese können, um es einmal ganz extrem auszudrücken, entweder zu Buddha oder zur Bombe führen, wobei es jedem Wissenschaftler freisteht, welchen Weg er gehen will. In einer Zeit, in der fast die Hälfte unserer Naturwissenschaftler und Techniker für die Rüstung arbeitet – wobei ein enormes Potential an menschlichem Einfallsreichtum und Kreativität vergeudet wird, um immer raffiniertere Mittel zur totalen Vernichtung zu entwickeln –, kann meines Erachtens der Weg des Buddha, „der Weg mit Herz", gar nicht genug betont werden". [52]

Zurzeit ist von diesem Weg mit Herz – zumindest im von der Wissenschaft dominierten Westen – nicht viel zu bemerken. Hier wird ge-*macht* und gewerkt was das Zeug hält, wird die Erde ausgebeutet, wird dem „Gott Fortschritt" geopfert, wo es nur geht und neben anderen Irrwegen dieser Wissenschaft hat dieser Weg auch zu besagter Bombe geführt! Auch die „armen" und „rückständigen" Völker der dritten Welt und des Fernen Ostens werden nun nach und nach mit den „Segnungen" des wissenschaftlichen Weltbildes zwangsbeglückt, bis auch dort die Natur ausgebeutet und zerstört ist. Eine Analogie dazu stellen die Missionierungsversuche der christlichen Kirchen in diesen Teilen der Welt dar, als wenn es nicht schon genug wäre, was diese Lehren bei uns bewirkt haben, weil sie sich von den wahren, esoterischen Lehren des Ostens wie des Westens inzwischen weit entfernt haben. Was die Annäherung zwischen der modernen Physik und den östlichen Weisheitslehren betrifft schreibt Capra: „Die tiefgreifende Harmonie zwischen diesen Vorstellungen, wie sie in der Systemsprache formuliert werden, und den entsprechenden Vorstellungen in der östlichen Mystik sind ein eindrucksvoller Beweis für meine These, daß die Philosophie mystischer Überlieferungen, die auch unter dem Namen „Ewige Philosophie" bekannt ist, den folgerichtigsten philosophischen Hintergrund für unsere modernen wissenschaftlichen Theorien liefert." [3]

Diese *„Ewige Philosophie"*, die *„Philosophia perennis"*, bzw. die *„Hermetische Philosophie"*, – alles synonyme Begriffe für den aus dem Griechischen stammenden, aber inzwischen durch Missbrauch inflationär gewordenen Begriff *„Esoterik"*, könnte allein im Stande sein, eine innere „goldene" Brücke zu bauen. Eine solche Brücke wird not-wendig sein, um eine Aussöhnung von Wissenschaft auf der einen Seite, und Religion im Sinne von *Re*-ligio d.h. einer Rückverbindung, einer Wiederverbindung zum göttlichen Urgrund auf der anderen Seite zu bewirken.

Capra: „Die Begriffe der modernen Physik zeigen oft überraschende Parallelen zu den Vorstellungen, die in den religionsphilosophischen Systemen des Fernen Ostens zum Ausdruck kommen. Obwohl diese Parallelen bisher noch nicht ausführlich erörtert wurden, haben sie doch einige der größten Physiker unseres Jahrhunderts zur Kenntnis genommen, wenn sie auf ihren Vortragsreisen nach Indien, China und Japan mit fernöstlichen Kulturen in Berührung kamen. Die folgenden drei Zitate mögen als Beispiele dienen." [4]

Die allgemeinen Vorstellungen über die menschliche Erkenntnis..., wie sie durch die Entdeckungen der Atomphysik anschaulich werden, sind nicht ganz fremd oder unerhört. Sogar in unserer eigenen Kultur haben sie ihre Geschichte, und im buddhistischen oder hinduistischen Denken nehmen sie einen noch bedeutenderen Platz ein. Sie setzen Beispiele für, bestätigen und verfeinern die alte Weisheit.
*Julius Robert Oppenheimer*

Um zur Lehre der Atomtheorie eine Parallele zu finden.. müssen wir uns den erkenntnistheoretischen Problemen zuwenden, mit denen sich bereits Denker wie Buddha und Laotzu auseinandersetzten, wenn wir einen Ausgleich schaffen wollen zwischen unserer Position als Zuschauer und Akteure im großen Drama des Daseins.
*Niels Bohr*

Zum Beispiel könnte der große wissenschaftliche Beitrag in der theoretischen Physik, der seit dem letzten Krieg von Japan geleistet worden ist, als Anzeichen für gewisse Beziehungen zwischen den überlieferten Ideen des Fernen Ostens und der philosophischen Substanz der Quantentheorie angesehen werden.
*Werner Heisenberg*

Capra: „Die moderne Physik führt uns zu einer Anschauung der Welt, die den Ansichten der Mystiker aller Zeitalter und Traditionen sehr ähnlich ist". [5]

Es ist die *Ähnlichkeit*, nicht die Gleichheit, die hier betont wird!

Und weiter: „Wenn uns die Physik heute auf einen im Wesentlichen mystischen Weg weist, so kehrt sie damit in gewisser Weise zu ihrem Ursprung zurück, der 2500 Jahre zurückliegt. Es ist interessant, der Entwicklung der westlichen Wissenschaft auf ihrem gewundenen Pfad zu folgen, angefangen bei den mystischen Philosophen der alten Griechen bis zu der eindrucksvollen Entfaltung intellektueller Gedanken, die sich immer mehr von ihren mystischen Ursprüngen entfernten, um eine Weltanschauung zu entwickeln, die in scharfem Gegensatz zu der des Fernen Ostens steht. In ihren jüngsten Stadien überwindet die westliche Wissenschaft schließlich diese Ansicht und kehrt zu derjenigen der alten Griechen und der östlichen Philosophien zurück. Diesmal jedoch basiert sie nicht nur auf Intuition, sondern auch auf sehr genauen komplizierten Versuchen und auf streng formaler mathematischer Logik." [6] [...]

„Wenn der Geist gestört ist, wird die Vielfalt der Dinge produziert, aber wenn der Geist beruhigt wird, verschwindet die Vielfalt der Dinge." [7]

Vor diesem Hintergrund erscheinen die Aussagen der östlichen Mystiker gemessen an ihrem Alter sehr modern, weil sie zeitlos gültig sind. Auch die Mystiker des Westens haben im Wesentlichen die gleichen Ansichten über Gott und die Welt verkündet, ganz im Widerspruch zu ihren Amtskirchen, was ihnen oft große Schwierigkeiten eingebracht hat. So verkünden die östlichen Mystiker im Wesentlichen als letzte *Wirklichkeit* ein göttliches Prinzip, das sie die *Einheit* nennen und keinen persönlichen Gott. Ein persönlicher Gott steht aber im Mittelpunkt heutiger christlicher Verkündigung und stellt somit einen Anthropomorphismus dar, der das wahre Gottesbild verniedlicht.
Capra: „Da Bewegung und Wandel wesentliche Eigenschaften der Dinge sind, liegen die Bewegung verursachenden Kräfte nicht, wie in der klassischen griechischen Ansicht, außerhalb der Dinge, sondern sind eine innere Eigenschaft der Materie. Ent-

sprechend ist das östliche Bild vom Göttlichen nicht das eines Herrschers, der die Welt von oben lenkt, sondern eines Prinzips, welches alles von innen steuert." [53]

> „Der, welcher in allen Wesen wohnend
> von allen Wesen verschieden ist,
> den die Wesen alle nicht kennen,
> dessen Leib alle Wesen sind,
> der alle Wesen von innen lenkt,
> das ist dein Atman (Seele),
> der heimliche Lenker, der Unsterbliche." [8]

Sowohl die Mystik, als auch die moderne Wissenschaft die auf der *neuen Physik* aufbaut, postulieren eine ungetrennte Einheit aller Dinge und Phänomene sowie ein sich ständig wandelndes dynamisches Universum, in dem der Mensch als Beobachter nicht getrennt von allem, sondern *integraler Bestandteil* dieses Universums ist. In den östlichen Traditionen ist immer wieder von zweierlei Arten von Wissen die Rede. Da ist einmal das so genannte *relative* bzw. niedere Wissen, das mit verschiedenen Wissenschaften (zweiten Ranges) assoziiert wird, und das *höhere* Wissen im Sinne transzendenter Wahrheit, die auf *Erfahrung* gründet, wobei beide – relatives Wissen und Erfahrungswissen – sich ergänzen sollten.

Das *relative* Wissen gründet primär auf *Intellekt* und *Ratio* und ist ein Kennzeichen der modernen, mechanistischen, reduktionistischen Wissenschaft. Yang – männlich – linke Gehirnhälfte – digital – messend – teilend – spaltend – unterscheidend – Analyse – Abstraktion, die Welt der Gegensätze, in der ein Pol immer den Gegenpol erzwingt (wobei immer vergeblich versucht wird, sich nur den angenehmen Pol herauszupicken) – linearer Zeitverlauf – dreidimensionaler Raum – Naturwissenschaft.

Intuition: Yin – weiblich – rechte Gehirnhälfte – analog – *erfahren*, dass die Dinge in Wirklichkeit nicht voneinander getrennt, sondern letztlich in sich eins sind – Synthese – die Welt hinter den Dingen ist das Forschungsziel – Synchronizität, Gleichzeitigkeit – Raum-zeit – ganzheitliche Weisheitslehren.

Die östlichen Weisheitslehren, die westliche Esoterik,
die Philosophia perennis,
*umfassen das Ganze!*

Die Wissenschaft eignet sich ihr Wissen durch Forschung an, die in drei Stufen erfolgt:
　a) Sammlung experimenteller Daten und Ergebnisse,
　b) Verbindung dieser gesammelten Ergebnisse mit mathematischen Symbolen, Theoriebildung,
　c) Sprachliche Formulierung des erarbeiteten Modells.

Jede Theorie wird auf Experimente gegründet. Auch im wissenschaftlichen Modell kann nicht gänzlich auf Intuition verzichtet werden, doch liegt der Schwerpunkt bei Intellekt und Ratio! Umgekehrt verzichtet auch die östliche Mystik nicht gänzlich auf Intellekt und Ratio, obwohl die östlichen Philosophien diesen Aspekten des menschlichen Geistes eher misstrauen. An erster und wichtigster Stelle steht bei ihnen die mystische *Erfahrung* der Wirklichkeit und nicht die Beschreibung der Wirklichkeit – also der Oberfläche der Dinge –, was auch in einem wichtigen Ausspruch des Zen zum Ausdruck kommt:

„Im Augenblick, da du über ein Ding sprichst, verfehlst du das Ziel".

D.T. Suzuki: „Persönliche Erfahrung ist [..] die Grundlage der buddhistischen Philosophie. In diesem Sinne ist der Buddhismus ein radikaler Empirismus, welche Dialektik auch immer sich später entwickelte, um die Bedeutung der Erleuchtungserfahrung zu sondieren."[9]

*Schauen* und *Beobachten* sind wichtige Kriterien östlichen Denkens, was in der Einleitung zu diesem Buch schon betont wurde.

D.T. Suzuki: „Das Schauen spielt die bedeutendste Rolle in der buddhistischen Erkenntnistheorie, denn es ist die Grundlage des Wissens. Wissen ist unmöglich ohne Schauen; alles Wissen hat seinen Ursprung im Schauen. Wissen und Schauen findet man somit immer in Buddha's Lehren vereint. Die buddhistische Philosophie weist daher letztlich zum Schauen der Wirklichkeit, wie sie ist. Schauen heißt die Erleuchtung erfahren." [10]

Nach diesen beschriebenen „Parallelen" bzw. Ähnlichkeiten zwischen östlicher Mystik und der *neuen* Physik, erscheint es mir angebracht zu betonen, dass diese Nähe erst möglich wurde, nachdem die Wissenschaft ihre Ansichten über die Welt einer radikalen und grundlegenden Wandlung unterzogen hatte. Die Inhalte des alten mechanistischen Weltbildes hätten sich nie und nimmer mit den Erkenntnissen der östlichen Mystiker vergleichen lassen. Erst Relativitätstheorie und Quantenphysik brachten diesen entscheidenden Durchbruch im Denken der Wissenschaft. So konnte auch sie zu Einsichten gelangen, die in den östlichen Philosophien und mystischen Traditionen auf ihre Art und Weise schon bestanden. Mit rein rationaler Forschung wie sie davor im Westen betrieben wurde, wären sie ihr verwehrt geblieben.

Es waren die genialen Denker und Forscher im Westen wie Albert Einstein, Werner Heisenberg, Max Planck, Louis de Broglie, Erwin Schrödinger, Wolfgang Pauli, Paul Dirac, Niels Bohr, John Bell, David Bohm und andere, welche diesen Umbruch im Denken der westlichen Wissenschaft herbeigeführt haben.

Die Nähe, in die sich die westliche Wissenschaft zu den östlichen Weisheitslehren mit der neuen Physik gebracht hat, ist eine der erfreulichsten Entwicklungen im vergangenen Jahrhundert und bestätigt nur die Gesetzmäßigkeit, dass die fruchtbarsten Entwicklungen sich immer dann vollziehen, wenn zwei entgegengesetzte Pole – in diesem Fall Weltanschauungen – sich gegenseitig annähern und zu einer sinnvollen Synthese gelangen.

Wie weit eine solch sinnvolle Synthese von Wissenschaft und Religion auf die eben beschriebene Weise wirklich gelingen kann, bleibt abzuwarten. Als wesentlich dabei erscheint mir der Umstand zu sein, dass hier eine Nähe, eine Annäherung zwischen Wissenschaft und Religion angesprochen wird und keine Gleichheit. Capra betont diesen Aspekt ebenso.

Und auch Ken Wilber weist in seinem Buch „*Naturwissenschaft und Religion*" auf die Wichtigkeit hin, den bestehenden Antagonismus zwischen Naturwissenschaft und Religion in einem, *beiden* Seiten gerecht werdenden Ansatz zu überwinden, wenn er unter der Überschrift: „Die Wissenschaft hat „Plausibilitätsargumente" für die Existenz des GEISTES" ausführt: „Hierbei handelt es sich um eine Variante des epistemologischen Pluralismus, aber da sie in neuerer Zeit in der Fachwelt ebenso wie bei Laien große Aufmerksamkeit gefunden hat, soll sie hier getrennt erörtert werden. Sie besagt letztlich, daß die empirische Wissenschaft, je tiefer sie in die Geheimnisse der physischen Welt eindringt, immer mehr Fakten und Daten zutage fördert, die zur Annahme irgendeiner Form von Intelligenz jenseits des Materiellen zwingen.

Das Standardbeispiel ist der Urknall: Was war davor? Weil die Materie im ersten Plasmazustand offenbar mathematischen Gesetzen gehorchte, die selbst nicht mit dem Urknall entstanden, müssen die Gesetze „im Geist irgendeines ewigen GEISTES" vorhanden sein, wie Sir Arthur Eddington (und vor ihm schon Berkeley) sagte. Es herrscht Einigkeit darüber, daß diese Gesetze schon vor Raum und Zeit existierten. Daher müßte die Antwort auf die Frage „Was war vor dem Urknall?" lauten: ein nichtmaterieller Logos, der den Ablauf der Schöpfung steuert und den viele einfach Gott nennen würden. Weil aber, so dieses Argument weiter, die Wissenschaft den Urknall entdeckte, führt sie selbst zu Gott hin.

Es gibt zahlreiche Varianten zu diesem Argument, die im Grunde nur Abwandlungen des teleologischen Arguments sind, daß nämlich die unglaubliche Intelligenz der natürlichen Abläufe ein unglaublich intelligentes Irgendetwas dahinter notwendig mache. Dies ist ein sehr altes Argument, das bis mindestens in die griechische Antike zurückreicht und in recht aggressiver Weise auf die jüngsten Fortschritte in der Naturwissenschaft angewandt wurde, insbesondere die Quanten-, die Relativitäts-, die System- und die Komplexitätstheorie". [...]

Ken Wilber weiter: „Ich habe einige Sympathie für viele dieser Plausibilitätsargumente. Sie haben ihren Reiz. Sie wirken überzeugend. Sie sind gewiß unterhaltsam. Aber leider können sie vor der kritischen Philosophie etwa eines Immanuel Kant oder des buddhistischen Genies Nâgârjuna nicht bestehen, die beide die Begrenztheit der Ratio im Angesicht des Göttlichen nachdrücklich aufzeigten. Wenn sich schon der zutiefst spirituelle Nâgârjuna von diesen Plausibilitätsargumenten nicht beeindrucken läßt, dann kann man sich die Reaktionen nichtspiritueller Leute vorstellen: Die übergroße Mehrzahl der Wissenschaftler – und die Moderne selbst – begegnet diesen „Argumenten" im günstigsten Fall mit beiläufigem Interesse, im schlimmsten Fall mit höhnischem Lachen." [11]

Mit höhnischem Lachen vielleicht deshalb, um mit A. Whiteheads Worten zu sprechen: „Die vorherrschende Weltsicht der Moderne ist der wissenschaftliche Materialismus, ob dies die holistische Wissenschaft der Systemtheorie oder die subatomare Physik der Quantenereignisse ist; Wissenschaft ist das Auge der Vernunft in Verbindung mit der von den empirischen Sinnen dargebotenen Evidenz. Das Auge der Kontemplation oder das Auge des GEISTES werden niemals benötigt oder überhaupt zugelassen." [54]

Relativitätstheorie und Quantenphysik sind nichtsdestotrotz hoffnungsvolle „Quantensprünge" in Richtung einer solchen Annäherung, vielleicht sogar Aussöhnung.

Ein *ganzheitliches* wissenschaftliches Weltbild und ein *ganzheitliches* religiöses Weltbild sollten sich grundsätzlich *vereinen* lassen, wobei jede Seite schwerpunktmäßig für die jeweilige Betrachtungsweise adäquat geeignete Aspekte *der einen Wirklichkeit* bearbeiten könnte. Es würde dadurch die *eine* Wirklichkeit nur von verschiedenem Blickwinkel aus betrachtet werden, und jede Seite könnte auf diese Weise für sich Recht behalten.

Eine einseitige Wissenschaft und eine einseitige Religion können dagegen niemals vereint werden. Dafür gibt es genügend Belege gescheiterter Versuche. Mehr als ein fauler Kompromiss kann dabei nicht heraus kommen.

Die Wissenschaft zielt – wie schon angesprochen – darauf ab, zu erforschen, *„wie"* die Welt entstanden und beschaffen ist, und das ist innerhalb dieses Rahmens auch in Ordnung, in *ihrer* Ordnung. Sie muss aber die Frage nach dem *„Warum"* und dem *„Wozu"* dadurch schuldig bleiben, und wird daher zwangsläufig einseitig, stellt somit in letzter Konsequenz bezogen auf das *Ganze,* notgedrungen eine Halbwahrheit dar.

Für die Frage nach dem *„Warum"* und dem *„Wozu"* ist die Religion zuständig. Wenn diese aber – so wie es heute leider sehr oft der Fall ist – ebenfalls weitgehend ihr Fragen auf das „Wie" beschränkt, weil sie sich auf die Historie konzentriert im Sinne von: *„wie* und *wann* war das damals?" *„wann* und *wo* und von *wem* wurden die religiösen Überlieferungen verfasst?" – also historisch-kritisch an das Thema Religion herangeht –, dann ist sie bei der Wissenschaft. Natürlich darf Religion, die nach dem *Sinn* von Welt und Mensch fragen muss, auch nach dem „Wie" fragen, aber diese Frage darf sie nicht zum Schwerpunk ihrer Exegese machen, weil sie damit Gefahr läuft, die Frage nach dem *Inhalt* und der *Bedeutung* der heiligen Schriften aus den Augen zu verlieren, wie es eben leider bei christlicher Theologie und Kirche geschehen ist.

Die *Philosophia perennis* oder *die Große Kette des Seins,* wie sie auch bezeichnet wird, umfasst als Einzige *beide* Aspekte, und stellt somit die größte Annäherung an die *Wirklichkeit* dar, die dem denkenden Menschen möglich ist.

Die *Konsequenzen* werden in beiden Fällen drastisch sichtbar!

Die Geschichte der katholischen Kirche, sowie zum Großteil auch der anderen christlichen Kirchen, ist alles in allem ein trauriges Kapitel im Hinblick auf ein sinnvolles Umgehen mit Religion – ausgenommen die ersten vier Jahrhunderte sowie verschiedene Orden, Mystiker und Wissende in Sachen Religion, die es immer gab und gibt, auch in diesen Kirchen. Leider konnten sich aber offensichtlich diese Kräfte in ihrer Amtskirche nicht durchsetzen.

Viele dieser aufgezeigten negativen *Konsequenzen* rühren daher, dass sich die Kirche mit der einseitigen Wissenschaft eingelassen hat, anstatt dieser schon in ihren Anfängen ein *ganzheitliches religiöses Weltbild* entgegen zu stellen. Möglicherweise hat dieser Kirche selbst ein solches Weltbild zu diesem Zeitpunkt schon gefehlt, nachdem sie sich von ihren *esoterischen Wurzeln* nach und nach losgesagt hat. Ken Wilber in „Naturwissenschaft und Religion": „Das Aufkommen der Moderne im Westen führte zum fast völligen Untergang der Großen Kette des Seins. Wie wir noch sehen werden, war der moderne Westen nach der Aufklärung die erste bedeutende Zivilisation in der Geschichte der Menschheit, die die Existenz der Großen Verschachtelung des Seins mehr oder weniger vollständig leugnete.

An ihre Stelle trat eine „Flachland"-Auffassung von der Welt, derzufolge diese grundsätzlich aus Materie (oder Materie und Energie) aufgebaut war und mit ihren materiellen Körpern und materiellen Gehirnen am besten von der Naturwissenschaft erkundet werden konnte, und zwar nur von ihr. Damit trat an die Stelle der Großen Kette, die von der Materie bis zu Gott reichte, die Materie allein. So wurde die als *wissenschaftlicher Materialismus* bezeichnete Weltsicht ganz oder teilweise zur vorherrschenden offiziellen Philosophie des modernen Westens." [12]

Die entsprechenden *Konsequenzen* für andere Lebensbereiche sollen nun Gegenstand der weiteren Kapitel sein. Konsequenzen aus meiner Sicht meist verstanden als die Folge eines falschen Religionsverständnisses.

## Konsequenzen für das alltägliche Leben

Schauen wir uns als Ersteres einmal das Thema „Ursachen" genauer an. Täglich versuchen wir die sogenannten „Ursachen" für alles, was uns als Leid widerfährt, zu finden, um sie dann *allein* durch *funktionale* Maßnahmen auszuschalten zu versuchen in der Hoffnung, dadurch eine Wiederholung solch unliebsamer Ereignisse zu verhindern. Es gibt aber keine „allein" in der Vergangenheit liegenden Ursachen. Streng genommen gibt es überhaupt keine Ursachen. Was wir als solche bezeichnen, sind *Umstände*, die sich aufgrund von physischen, psychischen und geistigen *Gesetzmäßigkeiten* ergeben, welche an späterer Stelle ausführlich behandelt werden. Was die so genannten „Ursachen" betrifft, so gibt es auch solche, die in der Zukunft liegen.

Wenn ich z.B. jetzt um 12 Uhr weiß, dass mein Zug um 17 Uhr von einem bestimmten Bahnhof abfährt und ich erfahrungsmäßig weiß, dass ich 1 Stunde von meinem jetzigen Aufenthaltsort bis zu diesem Bahnhof brauche, dann muss ich diese 1 Stunde bzw. noch etwas früher wegfahren, um diesen Zug zu erreichen. Die so genannte „Ursache" für mein *früheres Wegfahren* liegt nun aber in der Zukunft, nämlich die Abfahrt des Zuges um 17 Uhr.

Das ist ein sehr einfaches Beispiel für diese Zusammenhänge, aber es macht sie sehr anschaulich. Das gleiche Prinzip gilt für wesentlich komplexere.

Und obwohl die *neue Physik, also die Quantenphysik* in Bezug auf Kausalität gezeigt hat, dass die Ereignisse in dieser Welt *synchron* ablaufen – also miteinander *korrelieren* –, ist in unserem praktischen Alltagsleben nicht viel zu bemerken von dieser Erkenntnis.

Wenn heute jemand mit seinem Auto verunglückt, so wird als Erstes nach der Ursache in der Vergangenheit gesucht. Da ist schnell ein „Schuldiger" gefunden, der z.B. den Vorrang nicht beachtet hat. Für das staatliche Gesetz genügt dieser Sachverhalt, für die Versicherung genügt er ebenfalls, d.h. der schuldige Lenker der den Vorrang missachtet hat, ist für das Geschehene verantwortlich – er ist die „eindeutige Ursache." Die in unserer Gesellschaft lieb gewonnene *Projektion* auf Mitmenschen, auf äußere Umstände, ist voll im Gang und gehört zum so genannten „gesunden Hausverstand", was immer damit gemeint sein soll. Da werden Umstände *verantwortlich* gemacht und zu „Ursachen" erhoben, wie glatte Fahrbahn, schlechte Sicht, fallende Bäume, Felsstürze, Regen, Wind und Nebel usw. usw. Es macht sich offensichtlich niemand Gedanken darüber, wie absurd solche „Schuldzuweisungen" sind. Schuld und Verantwortung können nur bei *Menschen* liegen, wobei die Eigenbeteiligung an solchen Er-*eig*-nissen meist außer Acht gelassen wird. Und wenn kein nach dem Gesetz Schuldiger zu finden ist, muss „Gott Zufall" die Verantwortung übernehmen, wobei man sich aber fragen muss, wer denn dieser ominöse „Zufall" eigentlich ist, der dabei auf offensichtlich fatale Art und Weise „Regie" geführt hat.

> *„Der Zufall ist das sanfte Ruhekissen jener, die zu bequem sind, den Dingen auf den Grund zu gehen",* sagt niemand Geringerer als der große Physiker Albert Einstein.

> *„Der Zufall ist immer nur die Bezeichnung für die jeweilige Grenze unseres Wissen",* so Epikur.

Wenn wir nun zu obigem Beispiel zurückkehren, könnten wir noch viele solcher „Zufälle" anführen, doch eines kommt bei dieser sinnlosen Fragerei nicht ins Spiel: *Warum* ist dieses Unglück gerade *mir* geschehen? Das ist die wesentliche Frage, denn das ganze Geschehen muss doch offensichtlich auch mit *mir* etwas zu tun haben, auch wenn ich im rein rechtlichen Sinne unschuldig bin.

Diese Vermutung wird auch von der Sprache her *deut*-lich, wenn wir von Er-*eig*-nissen sprechen. Etwas *Eigenes* muss offensichtlich mit im Spiel gewesen sein – aber was? Jedenfalls muss auch beim Opfer eine innerseelische Affinität, eine *Resonanz* zu diesem Ereignis bestanden haben, sonst wäre der „unschuldige" Lenker nicht in diese Situation verwickelt worden.

Wie wir an diesem einfachen Beispiel aus dem Alltag sehen, sind die wirklichen Zusammenhänge doch wesentlich komplexer, als dies bei der üblichen, kausalen Betrachtungsweise sichtbar werden kann. Es soll hier nicht einer banalen, handgestrickten, pseudoesoterischen Deuterei das Wort geredet werden, aber die nicht minder simple, rein kausale Deutung nach dem vertrauten, aber falschen Ursachenkonzept, wird der Wirklichkeit ebenfalls nicht gerecht.

Was auch immer wir aus unserem Lebensalltag betrachten: Unfälle, Unwetter, Hochwässer oder sonstige Katastrophen, Krankheiten, Kriege, Amokläufe, Morde oder sonstige Verbrechen, Erdbeben oder Seuchen, immer stellt der Mensch die unausweichliche Frage: Warum gerade *jetzt*, warum gerade *mir*, und in letzter Konsequenz häufig: Warum lässt *Gott* das zu? Es sollte am Schluss dieses Buches sich vielleicht Einiges geklärt haben, was all diese Fragen betrifft, zumindest ist es mein ernsthaftes Anliegen.

Jeder Mensch versucht auf seine Weise *Sinn* in sein Leben zu bringen und *Sinn* in seinem Leben zu finden.

Die Wissenschaft versucht, mit der Suche nach „*Ursachen*" die verschiedenen Ereignisse zu erklären, sowie mit *funktionalen Maßnahmen allein* solch unliebsame Geschehnisse aus der Welt zu schaffen, um unangenehmem Schicksal den Boden zu entziehen; wenn wir ehrlich sind, mit geringem Erfolg.

Mit geringem Erfolg deswegen, weil dieses Konzept *einseitig* ist! Es fehlt bei diesem Denksystem der andere Pol, der *Gegenpol*, die Frage nach dem *Wozu* – die Frage nach dem *Sinn*. Es verführt den Menschen zu eben diesem einseitigen Denken, doch *die Kehrseite der Medaille* lässt sich nicht aus der Welt schaffen. Dass diese Feststellungen an dieser Stelle noch nicht mehr als Behauptungen sind, ist mir durchaus bewusst. Sie sollten aber im Laufe meiner weiteren Ausführungen immer mehr nachvollziehbar werden.

Es gibt keine Patentrezepte für den Umgang mit unserem Leben, aber es gibt Erkenntnisse, die dem wissenschaftlichen Weltbild fehlen. Dies zeigt sich eben beispielsweise auch im „wissenschaftlichen" Umgang mit dem Zufallsbegriff, wie oben ausgeführt.

Die geschilderte Unfallsituation ließe sich auch neu und anders betrachten, wenn wir das Schicksal mit einbeziehen, wobei wir oft sehr schnell und unreflektiert diesen komplexen Begriff als Begründung für vordergründig unbegreifliche Ereignisse verwenden.

Die Betroffenen könnten sich vom *Schick-sal – das uns zum Heil (der Seele) Geschickte* – angesprochen fühlen und das Ganze reflektieren, welche Persönlichkeitsanteile, welche *fehlenden* Bewusstseinsinhalte sie *un*-bewusst in diese leidvolle Situation geführt haben. Das *Bewusstsein* ist die zuständige Instanz, die uns *un*-bewusst in solche Situationen führt, um uns auf *Fehlendes*, nicht Gelebtes – weil Verdrängtes – aufmerksam zu machen. Das Bewusstsein versucht über den Umweg des Außen – im Sinne einer Wiederkehr des Verdrängten – uns mit den *Schatten*-seiten in unserer Seele zu konfrontieren. Unsere Seele kennt keine Wertung in Bezug auf „gut und böse", „richtig oder falsch" in unserem herkömmlich verstandenen Sinne; das ist eine Domäne des *Egos!* Das Bewusstsein d.h. unsere Seele führt uns in Umstände und Er-*eig*-nisse, die geeignet sind, unser seelisches Wachstum zu fördern. „Gut und böse" sind für die Seele *subjektive* Begriffe, das Ziel ist *Bewusstseinserweiterung*. Diese innerseelische Gesetzmäßigkeit gilt individuell – wie kollektiv. Diese Zusammenhänge werden bei der Ableitung des Polaritäts- und Resonanzgesetzes noch genauer ausgeführt und dann deutlicher werden. Wenn es uns gelingt, durch ehrliche Selbstreflektion die *un*-bewussten Schattenanteile in unserer Seele *bewusst* zu machen und zu *verwirklichen,* dann werden *gesetzmäßig* solche leidvollen Er-*eig*-nisse im Außen nach und nach *überflüssig*, was etwas ganz anderes ist, als *allein durch funktionale Maßnahmen* vergeblich zu versuchen, negatives Schicksal zu *bekämpfen*.

So betrachtet wird Leben sinnvoll, und der sogenannte „*Zufall*" verliert seine Schrecken, weil wir uns in eine *Gesetzmäßigkeit* (das uns *gesetzmäßig Zufall*ende) eingebettet erleben können, uns in einem *Kosmos* (Ordnung) erleben können, wo Ordnung herrscht und nicht – wie beim Zufallskonzept – in einem sinnlosen Chaos.

Das Unbewusste zu ignorieren, kann tödlich sein und spätestens seit Freud wissen wir, dass es das Unbewusste gibt. Wenn wir versuchen, ein Bild für das „Größenverhältnis" zwischen Bewusstem und Unbewusstem in unserer Seele zu benützen, so stellt die Spitze eines im Meer treibenden Eisberges das Bewusste dar, der sich unter Wasser befindliche Teil das Unbewusste.

Zugegeben ist der unbewusste Umgang mit dem Leben vordergründig leichter als der bewusste. Unter dem Strich ist er aber mit mehr Leid verbunden.

Es kann kein „Beweis" für die Richtigkeit der oben beschriebenen Zusammenhänge erbracht werden, es bleibt uns nur die Möglichkeit, es auszuprobieren.

Nur durch *Erleben* bzw. *Erfahren* der als *wahr erkannten* Zusammenhänge – das gilt für alles in der Welt – kann sich Erkenntnis in *echtes Wissen* verwandeln. Hier hat der *Glaube* seinen Platz als unverzichtbare Vorstufe zum echten Wissen, das nur aus *Erfahrung* gewonnen werden kann. Was ich selbst *erfahren* habe, brauche ich nicht mehr blind zu glauben; das kann mir niemand wegnehmen. Der Glaube ist das notwendige Risiko, das ich bewusst auf mich nehmen muss, das ich bewusst eingehen muss, damit mir das, was ich als richtig *erkannt* habe, zur *Erfahrung* werden kann.

Erfahrungswissen macht wissenschaftliche Beweise überflüssig. In dem Maße, als uns solche Zusammenhänge klarer werden, kann auch einsichtig werden, dass der Mensch letztlich für alles in seinem Leben die *Verantwortung* übernehmen muss. Schuld*projektion* ist nur vordergründig ein Ausweg; nicht mehr als eine Zwischenstufe in unserer Entwicklung. Mit zunehmender Bewusstheit müssen letztendlich all unsere *Projektionen* auf Mitmenschen und Außenumstände *zurück genommen werden*. Verdrängung und Schuld*projektion* führen uns in die *Ver*-wicklung, Selbsterkenntnis und Selbstverantwortung in die *Ent*-wicklung.

Wie bei dem oben angesprochenen Unfallbeispiel ersichtlich

werden konnte, greift die Begründung der Unfallursache beispielsweise durch die Missachtung der Vorrangregelung eines am Unfall beteiligten Autofahrers in *Wirklichkeit* zu kurz.

Im Gegensatz zum Ursachenkonzept der heutigen Wissenschaft wusste man in der Antike noch von den vier Causae nach Aristoteles:

Die Causa materialis = Die Materialursache
Die Causa efficiens = Die Wirkursache
Die Causa formalis = Die Formursache
Die Causa finalis = Die Finalität, das Ergebnis oder Ziel.

Die moderne Wissenschaft nun hat die Komplexität der *Wirklichkeit* vielfach radikal vereinfacht und alles Geschehen in dieser Welt letztlich auf eine einzige Ursache – die in der Vergangenheit liegen muss – reduziert. Wenn sie in vielen Fällen des Lebens dann mit dieser einzigen Ursache nicht das Auslangen findet, spricht sie von „multikausalen Zusammenhängen", was letztlich nur besagt, dass sie die wahre „Ursache" nicht kennt. Wider besseren Wissens der neuen Physik – nicht zu reden von den Einsichten älterer Kulturen – wird in unserem Alltag aber großteils immer noch nach dem alten Newton'schen Weltbild „gefuhrwerkt", ein Umstand, den wir bei allen nun folgenden Themen beobachten können. Beginnen wir mit dem

**Thema Atomtechnologie:**
Da die Wissenschaft die Kern*fusion* noch nicht beherrscht und daher die Kern*spaltung* im Vordergrund der Anwendung steht, – und *Spaltung* übrigens ein Wesensmerkmal der materialistischen Wissenschaft darstellt – sollte diese Technik solange nicht angewendet werden, bis die Kern*fusion* zur Energiegewinnung als sinnvolle Nutzung zur Verfügung steht. Die heutige, also vorzeitige Anwendung der Kernenergie auf Basis der Spaltung ist vor diesem Hintergrund verantwortungslos.

Diese Verantwortungslosigkeit wird noch viele, viele Generationen nach uns beschäftigen, wenn wir nur an die Endlagerung von noch sehr lange Zeit strahlendem radioaktivem Material denken. Der Unsinn dieser Technologie wird noch deutlicher, wenn wir uns die Kosten für den riskanten Transport dieser Abfälle vor Augen führen. Auch sollten wir den Aufwand für die Absicherung verschiedener Atomkraftwerke im Zusammenhang mit der allgegenwärtigen Terrorwelle mit einbeziehen. Von Wirtschaftlichkeit kann, wenn man alle Nebenkosten dazu rechnet, also wirklich nicht mehr gesprochen werden – von den Verdienern an diesem Wahnsinn einmal abgesehen. Der Missbrauch für militärische Zwecke zeigt zusätzlich, wohin dieses wissenschaftliche unverantwortliche Denken führen kann. Fast die Hälfte der Wissenschaftler und Techniker sind heute in der Rüstungsindustrie tätig und vergeuden dort ihr wertvolles Bewusstseinspotential.

Unter der Überschrift „Kernkraft als Beispiel für Irr- und Auswege" in seinem Buch „Woran krankt die Welt", zitiert Dr. Rüdiger Dahlke den Homöopathen Jeremy Sherr, der in seinem Buch: „Die homöopathische Prüfung von Plutonium" ein Jahr vor der Jahrtausendwende schreibt: „Zu spät, Pandora, zu spät! Die Büchse ist offen, dein Geheimnis gelüftet. Chronos liegt in Hiroshima, tot, sein Königreich auf ewig gespalten. Radioaktive Konzerne bemächtigen sich mittelmäßiger Regierungen und treiben die kanzeröse Wirtschaft einer Mickey-Mouse-Medizin an. Schamanen vermarkten ihre geheimen Tränke, während alte okkulte Traditionen verborgene Codes im Fernsehen preisgeben. Rätselhafte genetische Geheimnisse werden geknackt und mittels Technik zu statistisch sinnvollen Normen wahnsinnig gewordener Gleichheit gepreßt. Nationen schmelzen zu Supernationen zusammen, während zerfallene Reiche Partikel ihrer Stämme ausstoßen. Röntgenstrahlen untersuchen die Tiefe unserer psychischen Mysterien in Hochglanzmagazinen, den tief unterbewussten Schleier der Mysterien wegreißend, um versteckte planetarische Aspekte auszustellen. Microsofte Seifenopern stellen ihre Seelentiefen dem digitalen Publikum zur Schau. Teilchenbeschleuniger küssen die Lichtgeschwindigkeit, Körperschaften gentechnischer Nahrungsingenieure erzeugen leukämische Atombunker in dem Mark unserer Kinder. T-Zell-Kriegstreiber bedrohen Genbündel dekodierter viraler Information in wechselseitig mutierender Abschreckung. Die Klingen werden gekreuzt wie gewöhnlich, brutale friedensstiftende Männer starren wütend auf friedliche Kriegerinnen während – tropf – tropf – tropf das Gift der Verstrahlung in die Unterwelt sickert. Weit unten, im Hades schreien die Schatten der Toten ihre Botschaft durch die Generationen. Zu spät, Pandora! Zu spät! Deine Plutonium-Pandemie wird die Erde noch in der Gewalt haben, lange nachdem solarbetriebene Fossile die Sonne verdunkelt haben werden." [55]

Dahlke dazu: „Dieses wahrhaft apokalyptische Szenario kann einem kalte Schauder über den Rücken jagen. Dennoch muss auch die Atomkraft ihren Schatten haben, und der ist in ihrem Fall natürlich licht und hell. Unübersehbar ist aber der Schrecken, den ihre voreilige und inkompetente Ausbeutung hervorgebracht hat. Wo Indianer fordern, bei jeder Unternehmung sieben Generationen vorauszudenken, haben wir schon der nächsten Generation ein lebensbedrohliches Erbe geschaffen. [..] Sicher ist es beruhigend, aus Kreisen der Energiewirtschaft zu hören, dass die Kernkraft tot sei. Wir sollten nur nicht vergessen, dass das ursprünglich einer kleinen Gruppe bewusster, engagierter Menschen zu verdanken ist, wenn es denn stimmt. Und zweitens, dass wir noch immer und für weit mehr als dreißig Jahre Gefahr laufen, daran zugrunde zu gehen". [14]

Und auch Prof. Rupert Riedl beschäftigt sich in seinem Buch: „Zufall – Chaos – Sinn" mit der Thematik, wenn er schreibt: „Als die Kernphysiker erklärten, dass sie Brennstäbe zünden könnten, hatten sie extrapoliert, das Energieproblem der Menschheit lösen zu können. Die sozialen und politischen Folgen hatten sie kaum bedacht, zumal derlei ja auch nicht zu ihrem Fach zählte. Umgekehrt fühlten sich Soziologen und Politologen davon wenig berührt, denn das war offensichtlich eine Sache der Physiker. Die daraus entstandene Bedrohung betrifft uns alle. [56]

**Thema Landwirtschaft:**
Die Verwissenschaftlichung des ganzen landwirtschaftlichen Bereiches mit allen uns bekannten Vor- und Nachteilen wie Monokultur, Ertragssteigerung mit Hilfe der Chemie, Massentierhaltung und Gentechnik und viele daraus resultierende Krankheiten und Tierseuchen, führt ebenso zum Scheitern als Folge dieses falschen, einseitigen Denkkonzeptes. Wie in der bereits beleuchteten Thematik der Kernkraft, liegt solch wahnsinnigen Konzepten letztlich das einseitige wissenschaftliche Denken zugrunde, das in Verbindung mit den vielen wissenschaftsgläubigen Konsumenten eine gefährliche Verbindung eingegangen ist und noch weiterhin eingeht. Es wird dabei auf kurzsichtige Art und Weise auf beiden Seiten versucht Geld zu sparen, um es auf einem anderen Lebenssektor sinnlos wieder hinauswerfen zu können; beispielsweise um sich mit dem ersparten Geld eine verbilligte Flugreise leisten zu können, die ihrerseits wiederum enorme ökologische Probleme verursacht.

Wohin wir auch blicken, überall *Einseitigkeit*. Aus diesem Grunde wird auch verständlich, warum unsere Welt so im Argen liegt. Das größte Problem dabei ist die Kurzsichtigkeit und Unbewusstheit des heutigen Menschen nach dem Motto: „Hinter uns die Sündflut".

Auch wenn sich Europa – wie es den Anschein hat – noch gegen die oben angesprochenen Fehlentwicklungen zu wehren scheint, ist nicht zu übersehen, dass nach und nach auch bei uns die Bedenken dagegen mehr und mehr im Schwinden sind. Wenn wir nur an die zur Zeit laufenden Verhandlungen zwischen EU und USA bezüglich TTIP („Transatlantische Handels- und Investitionspartnerschaft" bzw. „Transatlantic Trade and Investment Partnership") denken, kann trotz des zu beobachtenden Misstrauens ein gewisses Bröckeln des Widerstands dagegen nicht verleugnet werden, obwohl die Erfahrungen mit ähnlichen Globalisierungstendenzen eigentlich schon reichen müssten.

Auch in Europa ist nicht zu übersehen, dass das zurzeit *herrschende* Denksystem das *einseitige*, naturwissenschaftliche, reduktionistische, materialistische Denken ist!

„Vieles ist töricht an eurer sogenannten Zivilisation. Wie Verrückte lauft ihr weißen Menschen dem Geld nach, bis ihr so viel habt, daß ihr gar nicht lang genug leben könnt, um es auszugeben. Ihr plündert die Wälder, den Boden, ihr verschwendet die natürlichen Brennstoffe, als käme nach euch keine Generation mehr, die all dies ebenfalls braucht. Die ganze Zeit redet ihr von einer besseren Welt, während ihr immer größere Bomben baut, um jene Welt, die ihr jetzt habt, zu zerstören."

*TATANGA MANI*

Thema Wirtschaft(swachstum):
Unter der Überschrift: „Ist Wachstum noch zu steuern?" schreibt Prof. Rupert Riedl: „Von ganz anderer Wirkung, aber ähnlich in den Strukturmängeln der Verantwortlichkeit, ist das Phänomen des Wachstums. Nicht nur explodieren die Bevölkerungszahlen in der Dritten Welt, aus uns selbst ist eine Industriegesellschaft geworden, die nur mehr vom Wachsen der Ansprüche leben kann.

Freilich steht wieder unsere Ausstattung im Hintergrund, mit den Bedürfnissen nach Besitz, Sicherheit und Rang. Aber darüber hat unsere Zivilisation antreibende Systeme etabliert: Geld, Spekulation, Zins, Werbung und die zunehmende Beanspruchung von Fremdenergie (wie fossile Brennstoffe und Kernenergie), sowie treibende Institutionen – in einer ersten Ebene Industrie, Management, Verkehr und Wirtschaft, in einer zweiten Politik und Kapital.

Allgemein wird zur Systemerhaltung ein Wachstum von 5 % angestrebt und eine einfache Rechnung ergibt, dass das in 15, 30 und 45 Jahren, also schon in gut einer Generation, eine Verdoppelung, Vervierfachung und Verachtfachung aller Aufwände bedeuten muss: an Material – und Energieverschleiß, verbetonierter Fläche und der Störung von Böden, Wasser, Vegetation und Atmosphäre. So kann das nicht gehen. Freilich bemüht man sich, Emissionen zu drosseln und mit Ressourcen sparsamer umzugehen. Aber freilich macht das keine 5 % pro Jahr.

Wenn man aber Politikern sagt, dass Systeme, die nur vom

Wachsen leben können, allein an ihrem Wachstum zu Grunde gehen müssen, wird einem geantwortet: aber 5 % muss sein. [57]

Von diesen angesprochenen 5% Wirtschaftswachstum pro Jahr können wir nur mehr träumen, offensichtlich hat ein gnädiges Schicksal schon dafür gesorgt, dass solche Wachstumsraten Geschichte sind – zum Wohle der Natur wie des Menschen. An dieser Stelle lässt sich eine *Analogie zum Krebsgeschehen* herstellen in dem Sinne, dass Wachstum auf der *falschen Ebene* eine pervertierte Form von Wachstum darstellt im Gegensatz zum Wachstum auf der Bewusstseinsebene.

Wo gibt es einen Ausweg aus dieser bedrückenden Situation in die uns letztlich das einseitige wissenschaftliche Denken gebracht hat? Den Versuch einer sinnvollen Antwort auf diese Frage finden wir vielleicht wieder bei Rüdiger Dahlke: „Es wäre in dieser für die Erde und die Menschheit gleichermaßen bedrohlichen Situation aber eine furchtbare Gefahr, wenn wir nur auf eine Wachstumsart setzen wollten und die andere verteufelten, wie es häufig aus Kreisen der Lebensreformer zu hören ist. Wer eine Seite niedermacht und verdrängt, um die andere in den Himmel zu heben, wird mit Sicherheit Opfer des verdrängten Schattens. Wenn uns exponentiales Wachstum in Industrie und Geldwirtschaft zugrunde zu richten droht, wie die Systemkritiker befürchten, müssten wir auch daran gesunden können. Dieser homöopathische Gedanke bewährt sich immer, weil er den Schatten einbezieht, statt ihn zu verdrängen. Heute ist es bereits zu spät, diesen Planeten noch zu retten, indem man nur noch auf das so genannte gute und natürliche organische Wachstum setzt. Dazu ist die Umweltbelastung bereits viel zu weit fortgeschritten. Wir brauchen heute sogar dringender als je zuvor das explosionsartige exponentiale Wachstum, aber wir brauchen es im Bewusstseinsbereich, um das Ruder noch herumzureißen. Das heißt, nicht das Wachstum an sich, sondern seine Ebene ist zu verändern." [21]

Es geht also, wie wir sehen, wieder nicht um ein entweder – oder, also um den Ausschluss eines Pols, sondern um die Wahl der richtigen *Ebene*. Nicht (blindes) Agieren und damit einhergehender (oft auch radikaler) Aktionismus sind angesagt, sondern ein bewusster Umgang mit den Dingen über den Weg der Bewusstwerdung des Menschen.

Der Mensch hat die Orientierung verloren, er ist von der Wissenschaft im Sinne des französischen Wissenschaftlers Monod zu einem „Zigeuner am Rande des Universums" degradiert worden, und die Geister die er rief, bringt er nun schwerlich wieder los. Unsere westliche, wissenschafts- und fortschrittsgläubige Welt hat offensichtlich das Verständnis für die Zusammenhänge dieser Welt und unserer Existenz darin verloren. Die Anstrengungen der Politiker in allen zivilisierten Ländern des Westens, das Wirtschaftswachstum linear zu steigern und zu steigern, ohne daran zu denken, dass *alle* Bereiche des menschlichen Daseins vom *Gesetz des Rhythmus* regiert werden, werden zur rechten Zeit zum Scheitern führen. Der *rhythmische* Wechsel zweier Pole ist das Kennzeichen alles Lebendigen; dies ist ein – neben dem Gesetz der Polarität und Resonanz – wesentlicher Kernpunkt esoterischer Lehre.

Noch einmal Dahlke:„Die Hoffnung, dass die Politik wieder richten könnte, was sie angerichtet hat, teilen heute nicht mehr allzu viele. Viele Politiker selbst glauben wohl nicht mehr daran und wollen uns glauben machen, dass die Globalisierung mit all ihren hässlichen Nebenwirkungen wie ein Naturgesetz über uns gekommen ist. Das Gegenteil ist wahr, Politiker haben die Weichen in diese Richtung gestellt und damit ihre eigene Entmachtung angezettelt. Selbst wenn sie den Mechanismus der Projektion durchschauen und sich eines Besseren besinnen würden, wäre es heute schon zu spät. Die Politik hat im Rahmen der Globalisierung längst das Primat an die Wirtschaft verloren und müsste ihre Handlungsfähigkeit erst zurückerobern. Warnungen gab es genug. Zum Beispiel hieß es vor mehr als dreißig Jahren: „Zum Unglück hat sich mit der Industrie ein System verbunden, das Profit als den eigentlichen Motor des gesellschaftlichen Fortschritts betrachtet, den Wettbewerb als das oberste Gesetz der Wirtschaft, Eigentum an den Produktionsgütern als absolutes Recht, ohne

Schranken, ohne entsprechende Verpflichtung der Gesellschaft gegenüber." Die Worte stammen aus der Enzyklika *Populorum Progressio* („Über den Fortschritt der Völker") von Papst Paul VI. Der Text aus dem Jahr 1967 endet geradezu beschwörend: „Noch einmal sei feierlich daran erinnert, dass Wirtschaft im Dienst des Menschen steht." Aber der Papst wurde auch von Katholiken geflissentlich überhört. Die Kirche hat längst Macht und Einfluss an die modernen höheren Mächte verloren, die da heißen freier Markt, Dividende, Profit, Gewinnmaximierung. Sie haben in dieser *Kirche des Kapitals* (dieser Ausdruck stammt aus einem Artikel von Heribert Prantl, den er 1999 in der *Süddeutschen Zeitung* veröffentlichte) das absolute Sagen. Die rasant wachsende Gemeinde besteht aus lauter bekennenden *Shareholders,* denen der Wert ihrer Anteile über alles geht." [22]

Die Realität unserer heutigen Gesellschaftsordnung, die ganz im Banne des Fortschritts steht, bestätigt täglich die „Prophezeiungen" von Menschen, deren Blick weiter reicht, als jener, der an deren Nasenspitze, mit der Aufschrift: „Profit" endet.

Wissenschaftlicher „Fortschritt" ist zur heiligen Kuh unserer Zeit geworden, und jeder der diesen Wahnsinn in Frage zu stellen versucht, wird gleich argwöhnisch betrachtet.

*„Denn sie wissen nicht, was sie tun"* sagte Jesus schon vor 2000 Jahren!

Dahlke: „Das System des freien, unbeschränkten Devisen- und bald auch Warenverkehrs, ursprünglich als Allheilmittel für alle Wirtschaftsprobleme gepriesen, ist selbst zu dem Problem geworden, das es lösen wollte. Je eher wir uns dessen bewusst werden, desto besser. Im Augenblick sind wir weltweit dabei, eine Einheit auf wirtschaftlicher Ebene zu verwirklichen, die wenigen nutzt und viele ins Elend stürzt. Dabei ist das Erreichen der Einheit natürlich das Ziel aller spirituellen Traditionen in allen Kulturen und Zeiten. Aber immer bezog es sich auf die Vorstellung, dass der Suchende auf der Bewusstseinsebene mit der Welt eins wird.

Heute wird die Welt eins auf der Kommunikations- und Wirtschaftsebene. Die Überwindung aller Grenzen und Schranken des Bewusstseins ist das höchste Ziel der Religionen. Die Aufhebung aller wirtschaftlichen Schranken stürzt dagegen die Völker und Menschen in eine gnadenlose Konkurrenz.

Politisch hinkt die Einheitsentwicklung weit hinterher, von der des Bewusstseins ganz zu schweigen. Religion und Philosophie treten immer weiter in den Hintergrund und verlieren an Bedeutung – und mit ihnen die von ihnen geprägten Werte. Auch hier haben wir auf Ersatzebenen eine gefährliche Kompensation im Außen begonnen und bleiben kollektiv innere Entwicklungsaufgaben schuldig.

Befreiung auf der Bewusstseinsebene ist das große Ziel spiritueller Traditionen und Schulen. Grenzenloser und bedingungsloser Freihandel ist dagegen ein Irrweg, der nicht nur Leid für die breite Mehrheit bedeutet, sondern unsere Welt ökologisch in ein Verderben stürzt, das sich viel zu wenige auch nur annähernd vorstellen können. Während es sehr sinnvoll wäre, auf allen möglichen Ebenen des Bewusstseins Türen und Tore zu öffnen und Schranken und Beschränkungen zu beseitigen, nutzt das auf der wirtschaftlichen Ebene nur wenigen Konzernen und deren Lenkern. Aber selbst Letztere können nur auf der materiellen Ebene ihrer astronomischen Gehälter profitieren, auf der seelischen und geistigen nehmen auch sie notgedrungen Schaden.

Der grenzenlose, auf subventionierten Transportkosten aufbauende Freihandel findet immer weniger Hindernisse auf der Welt vor. Er führt, verbunden mit der Hightech-Kommunikation des weltumspannenden Netzes, das längst alle Grenzen überschritten hat, zu einem einzigen großen, eben globalen Markt. Doch kennt dieser nur ein Gesetz: Der Gewinner nimmt sich alles. Das macht konsequenterweise die große Mehrheit zu Verlierern."[25]

**Thema Tod:**
Auch wenn wir es nicht wahrhaben wollen, diese Schranke können wir nicht überschreiten, es sei denn, wir setzen uns tiefer mit diesem Thema auseinander. Tiefer meint in diesem Zusammenhang, dass wir uns zum Beispiel mit den verschiedenen Weisheitslehren auseinandersetzen können, woraus uns nach und nach klarer werden kann, dass dieser für uns unausweichliche Tod ja nur unseren Körper betreffen kann, nicht aber unsere Seele, nicht unser Bewusstsein. Dazu muss uns zunächst klar werden, dass es *Linearität*, d.h. Anfang und Ende – wie sie die moderne Wissenschaft lehrt – nicht *wirklich* gibt, so, wie es analog dazu auch Zeit nicht *wirklich* gibt. Es gibt nur Rhythmus und Zyklus. Rhythmus ist das Kennzeichen von Leben, ewigem Wandel von einer Zustandsform in eine andere was zum Beispiel bei jeder Energie zu beobachten ist. Energie kann nie verloren gehen, nie vernichtet, sondern nur von einer Zustandsform in eine andere verwandelt werden, wie z.B. Wasser in Dampf oder Eis.

Was den oben angesprochenen Rhythmus anbelangt, können wir feststellen und erfahren, dass es verschieden lange Rhythmen gibt wie zum Beispiel Tag und Nacht, Wachen und Schlafen usw. Diese Rhythmen sind für uns überschaubar und erfahrbar, Tod und Leben aber nicht mehr. Alle Rhythmen folgen aber *ohne* Ausnahme dem *Gesetz* der Polarität, bei dem ein Pol den anderen erzwingt, so wie beispielsweise das Einatmen das Ausatmen.

Daraus können wir erkennen, dass es bei dem für uns nicht mehr überschaubaren Rhythmus – Leben und Tod – nicht anders sein kann, weil es ein *Gesetz* ist, das für das ganze Universum ohne Ausnahme gültig ist. Dieser Erkenntnis entsprechend kann das *Leben* an sich nie aufhören, sondern sich nur *wandeln*, das heißt, unsere *höhere* Seele unser *Bewusstsein* ist im Gegensatz zum Körper – der aus „Materie" besteht –, *un*sterblich, was auch alle Religionen in der einen oder anderen Form verkünden.

Um diese Erkenntnis weiter zu vertiefen, will ich auf diese Thematik bei der Abhandlung des Polaritätsgesetzes noch näher eingehen.

Um das Thema „Tod" an dieser Stelle vorerst einmal abzuschließen, möchte ich noch Rüdiger Dahlke zu Wort kommen lassen: „Wir verdrängen den Tod und schieben ihn, soweit es irgend geht, aus unserm Gesichtsfeld. Wir übersehen dabei aber die großen Chancen, die dieser letzte Übergang des Lebens bietet. Da wir auch mit allen anderen Übergängen von der Empfängnis über die Geburt und die Pubertät bis zu den Wechseljahren heute im Konflikt leben, mögen unsere Probleme mit dem letzten großen Übergang lediglich weniger auffallen. Der Tod erscheint immer weniger modernen Menschen als Lösung oder gar Erlösung. [..] Das Problem bei allem Verdrängten ist, dass es im Schattenreich umso aktiver wird. So taucht auch der Tod dort wieder auf, wo wir ihn am wenigsten vermuten: in der freien und damit angeblich schönsten Zeit des Tages, am Feierabend, zur besten (Sende-)Zeit. Im Fernsehen tobt er in möglichst spektakulärer Weise auf allen Kanälen und feiert seine ungezählten, zum größten Teil grausamen Auftritte." [18]


**Zusammenfassung:**
Was ist nun der Grund für diese (Fehl)Entwicklungen in den verschiedensten Bereichen, die – wie wir oben gesehen haben – nicht nur das Leben sondern auch bereits das Sterben prägen? Wir heutigen Menschen wollen, wo immer es geht, nur die angenehme Seite dieser Welt – die können wir *annehmen*. Der unverzichtbare Gegenpol, der in einer polaren Welt zur Ganzheit aber zwingend dazu gehört, wird verdrängt oder bekämpft. Wir jammern über Katastrophen, Seuchen, Terror und Erdbeben, Klimawandel usw., ohne uns bewusst zu machen, worin diese Einstellung zum Leben ihre Wurzeln hat.

Wir haben unsere Erde – *die ein lebendiger Organismus ist* – gequält und schamlos ausgebeutet, weil uns die Wissenschaft eingeredet hat, sie wäre nur tote Materie. Eine solche gibt es letztlich aber nicht. *Mater*-ie ist weiblich, und die einseitige männliche Wissenschaft – die das offensichtlich vergessen hat – huldigt ihr zwar auf ihre Art und Weise, aber diese Weise ist zerstörerisch. Wir haben vergessen, dass es immer beide Pole braucht – beide Seiten der Medaille –, da sich jede isoliert für sich genommen gegen uns kehrt. Ein Pol erzwingt immer den Gegenpol, weil beide zusammen gehören.

Wenn Mutter Erde zurückschlägt – und sie tut es bereits mit der Zunahme der Naturkatastrophen, vor allem was ihre Intensität betrifft –, dann schreien wir und beschweren uns über das „böse und ungerechte Schicksal"!

All diesen wahnsinnigen Konzepten liegt immer das *einseitige* naturwissenschaftliche Weltbild zugrunde, und es wäre hoch an der Zeit, diese Auswüchse des männlichen Denkens, dem sich diese Wissenschaft fast ausschließlich verschrieben hat, zu hinterfragen und dem *weiblichen* Pol der Wirklichkeit den ihm zweifellos gebührenden Platz einzuräumen, bevor es für unsere *Mutter Erde* zu spät ist.

Treffend und klar formuliert finden wir die Thematik wieder bei Dahlke: „Folgen wir auch in Zukunft ausschließlich dem männlichen Weg, wie er sich im Ideal der Naturwissenschaft ausdrückt, müssen wir weiter zerspalten und ur-teilen und sinken noch tiefer in die Verz*wei*flung. Nehmen wir das weibliche Prinzip dazu, wie es sich in der Imagination, im Traum und der Meditation ausdrückt, haben wir eine gute Chance, die Teile wieder zum Ganzen zusammenzufügen – Bilder und Symbole werden uns dabei helfen. Im Wort „Symbol" finden wir das griechische „symballein", was „zusammenwerfen" bedeutet. Die Einzelteile sind im Symbol wieder zusammengefügt zu dem einen Ganzen. „Diaballein" heißt dagegen „auseinanderwerfen", und in diesem Sinne ist der Weg der Spaltung tatsächlich der diabolische Gegenpol zum Weg der Symbolik.

Wann immer wir auf dem männlichen Pol tätig sind, müssen wir zergliedern und zerlegen, die Wissenschaft zerstört dabei die von ihr untersuchte Materie." [26]

In diesem Sinne ist die heutige Wissenschaft diabolisch, weil der Herr dieser Welt der Diabolos ist. Er ist der Spalter – darum hat er auch eine gespaltene Zunge –, die heutige Wissenschaft tut es ihm gleich, auch sie spaltet, spaltet, spaltet bis in den Atomkern hinein. Wie sich doch die Bilder gleichen.

Wir könnten diese Liste, wo überall die Wissenschaft schon gescheitert ist, noch lange fortsetzen. Die gemeinsame Wurzel all dieses Scheiterns liegt im schon erwähnten *Denkkonzept der materialistischen Wissenschaft.* Doch analog gilt auch hier: Verteufelung ergibt keinen *Sinn.* Die Wissenschaft hat – und das soll gerechterweise nicht unerwähnt bleiben – uns sehr viel Positives geschenkt, sie ist nur leider *einseitig* geworden mit all den damit zwangsläufig einhergehenden negativen Konsequenzen.

Unsere Welt aus diesem selbst geschaffenen Elend zu befreien bedarf der Anstrengung jedes einzelnen Menschen und ist nur durch *Einsicht* zu erreichen.

Dahlke: „Ob wir nun einer inneren Wende zutreiben oder einem äußeren Umbruch, ist heute kaum vorherzusagen und wird auf lange Sicht gleich-gültig bleiben. Sicher scheint nur, daß einem tieferen Rhythmus, einem inneren Gesetz folgend, eine neue Phase im Wellenmuster heranrollt. [..] Tatsächlich wäre auch die große äußere Katastrophe ein Umkehrpunkt, nichts anderes bedeutet das griechische Urwort „he katastrophé".

Wie aus dem äußeren Zusammenbruch eine neue Welt mit einem neuen Denken entstünde, ließe ein innerer Umschwung in den Menschen ein neues Weltbild er-wachsen, auf dem sich eine neue Welt aufbauen würde. So könnten wir von einem sehr übergeordneten Standpunkt (aus Gottes Sicht) ganz beruhigt sein: Alles wird seinen richtigen Lauf nehmen." [27]

## Konsequenzen für die Medizin

Bevor ich mich dem Kapitel Medizin zuwende, möchte ich eine für mich wichtige persönliche Erfahrung voranstellen. Ich musste mich im März des Jahres 2000 selbst einer Krebsoperation unterziehen und kann daher doch eine gewisse, vielleicht „besondere" Beziehung zum Thema Gesundheit und Krankheit nicht verleugnen.

Meine eigene Krebserkrankung war auch der Anlass, mich mit der These, von der ich (mittlerweile) überzeugt bin, dass jede Krankheit ihre tiefste Ursache in einem Defizit auf der *seelisch – geistigen Ebene* hat, die uns zum Zeitpunkt des Auftretens von Symptomen noch unbewusst ist, tiefer auseinander zu setzen.

Dazu war es notwendig, mich mit Krankheitsbilder*deutung* und *Urprinzipien*denken zu beschäftigen, um diesen angesprochenen seelischen Defiziten auf die Spur zu kommen. Wesentlich dabei erscheint mir eine ehrliche und schonungslose Konfrontation mit sich selbst, um den eigenen nicht gelebten – *weil verdrängten* – Anlagen und Talenten näher zu kommen. Dass dieser Prozess nicht einfach ist, wird jeder Mensch, der an Krebs oder einer anderen lebensbedrohlichen Krankheit erkrankt war und diesen Weg der Selbsterkenntnis gegangen ist, bestätigen können.

Vordergründig einfacher ist es, sich den Methoden der Schulmedizin auszuliefern und passiv alles, was diese Medizin zu bieten hat, über sich ergehen zu lassen in der trügerischen Hoffnung: „Der Vater wird´s schon richten".

Da ich mich schon längere Zeit mit den oben angesprochen Weisheitslehren auseinandergesetzt hatte, schien mir dieser „einfachere" Weg für mich nicht zielführend genug zu sein, sodass ich mich für den seelisch wie geistig schwierigeren Weg entschieden habe. Da aber meine Krankheit schon ziemlich weit fortgeschritten war, blieb mir *zunächst* nichts anderes übrig, als mich in die Hände der Schulmedizin zu begeben.

Am 18. Februar des Jahre 2000 brach ich am Stadtplatz von Steyr in Oberösterreich zusammen und wurde mit der Rettung ins Krankenhaus eingeliefert. Nun folgten die notwendigen Untersuchungen. Die Diagnose: Dickdarmkrebs Stadium III.

Wie für alle von der Krankheit Krebs Betroffenen, war es auch für mich vorerst ein Schock. Ich konnte es nicht glauben und versuchte mir die Konsequenzen vorzustellen und Möglichkeiten zu überlegen, wie ich mit dieser Diagnose umgehen soll. Einer der zuständigen Ärzte versuchte mich zu beruhigen: „Sie können ja trotzdem noch ein paar Jahre leben". Mir war diese Aussage kein Trost, weil ich noch nicht an das Sterben denken wollte. Was heißt da: „ein paar Jahre"? Ich wollte noch lange leben, nicht nur ein paar Jahre!

Ich kann mich noch gut erinnern, wie ich im Krankentransportstuhl gesessen bin und von einer Untersuchung zur nächsten gefahren wurde, die Mappe mit den verschiedenen Befunden in der Hand in der ich heimlich blätterte. Als ich las: Karzinom, wurde mir der Ernst der Lage erst richtig bewusst. Ich und schon sterben, das wollte einfach nicht in meinen Kopf hinein. Ich hatte schon entsprechende Beschwerden und Anzeichen gehabt, aber ich wollte diese ausschließlich auf alternative Art und Weise heilen, bis ich dann vom Schicksal gezwungen wurde, mich in schulmedizinische Behandlung zu begeben.

Doch die Diagnose Krebs brachte ein Umdenken in meinem Leben auch dahingehend, dass ich erkennen musste, dass auch die Schulmedizin einen bestimmten und in vielen Fällen unverzichtbaren Stellenwert im Bereich von Krankheit hat. So ließ ich alles über mich ergehen, angefangen von den notwendigen Untersuchungen, einer Dickdarmoperation bis hin zu anschließender Chemotherapie.

In dieser Zeit meines Krankenhausaufenthaltes ging mir vieles durch den Kopf und die Gedanken kreisten natürlich um die Chancen, die ich hatte, diese schwere Krankheit zu überleben. So erwartete ich mit Bangen einen Befund nach dem anderen und je nach deren Ergebnis, schwankte auch meine Stimmung dementsprechend. Eine Erfahrung ist mir noch stark in Erinnerung: die täglichen Visiten. Wenn sie ins Zimmer traten – die „Götter in Weiß" mit ihrem ganzen Gefolge –, dann stieg jedes Mal eine unbestimmte Angst in mir hoch, was sie mir nun wieder Neues berichten würden und wie es wohl um meine Überlebenschancen bestellt wäre. Wer schon in einer ähnlichen Situation gewesen ist, wird wohl nachvollziehen können, wie einem da zu Mute ist.

Die Antworten auf meine entsprechenden Fragen bezogen sich im Wesentlichen auf die Erfahrungen, die diese Ärzte mit der Behandlung der Krankheit Krebs hatten; ihre Aussagen beschränkten sich auf Statistiken und Studienergebnisse.

Was mich am meisten beunruhigte, war der Umstand, dass in der Schulmedizin dem so genannten „Zufall" ein sehr großer Raum eingeräumt wird. Habe ich „zufällig" eine aggressive Art von Krebs und daher geringe Heilungschancen? Bin ich „zufällig" rechtzeitig und „zufällig" in die richtige Behandlung gekommen? Habe ich „zufällig" den richtigen Arzt erwischt? Alles „Zufall"? Fragen über Fragen aber keine befriedigenden Antworten! Wer ist denn dieser ominöse „Zufall" eigentlich an den die Naturwissenschaft so fest glaubt? Man befindet sich mit diesem Zufallskonzept in einem willkürlichen, „schwammigen" Bereich, in dem alles möglich ist, weil eben angeblich alles „zufällig" ist, und das machte mir große Angst! Ich werde an späterer Stelle auf diesen Zufallsbegriff noch näher eingehen.

Nur wenn es mir gelang, mich auf meine Auseinandersetzung mit den Weisheitslehren zu besinnen, wurde ich wieder ruhiger, weil aus dieser Sicht auch in schwierigsten Lebenslagen eine Gesetzmäßigkeit, eine Sinnhaftigkeit durchschimmert, die geeignet ist, eine bestimmte Geborgenheit zu vermitteln. Zumindest mir erging es so.

Dem Ausgeliefertsein an den sogenannten „Zufall" und der für mich logisch daraus folgenden (vermeintlichen) „Sinnlosigkeit" unseres Lebens wollte ich entgehen, und so beschloss ich in jener Zeit, mich mit diesen Fragen genauer auseinander zu setzen.

Einer der genialsten Vertreter der Wissenschaft, Albert Einstein, schreibt zu diesem Thema: *„Der Zufall ist das sanfte Ruhekissen jener, die zu bequem sind, um den Dingen auf den Grund zu gehen"!*

Ist dieser, wie ich meine, in vielen wissenschaftsgläubigen Menschen so tief verwurzelte Glaube an den Zufall doch nicht so sicher begründet, wenn ein Einstein in obiger Weise dazu Stellung nimmt?

Eines lässt sich klar erkennen: Der Glaube an den Zufall entbindet uns von der *Selbstverantwortung* für unser Leben! Wenn etwas „zufällig" geschieht, dann können wir doch nichts dafür, für dies und jenes, was das Schicksal uns so bringt, oder?

Da ich zum damaligen Zeitpunkt bereits eine längere, intensive Auseinandersetzung mit den Themen Wissenschaft und Weisheitslehren – auch in Bezug auf das Thema Krankheit – hinter mir hatte, wollte ich *zusätzlich* zu den mir bevorstehenden schulmedizinischen Behandlungen dieses Wissen mit einbeziehen und es nicht bei den wohl unvermeidlichen Interventionen der Schulmedizin *allein* belassen. In den Jahren der Auseinandersetzung mit den Weisheitslehren des Ostens wie des Westens ist mir klar geworden, dass bei jeder Krankheit – und erst recht bei der Krebskrankheit – die *Seele* des Menschen entscheidend mitzureden hat. Der Zusammenhang zwischen Körper, Seele und Geist ist heute weitgehend unbestritten, auch wenn die Schulmedizin ihren Schwerpunkt bei der Behandlung von Krankheit meist *einseitig* auf den Körper legt.

Für mich gilt und mit dieser Sichtweise bin ich keineswegs alleine: Auf der „Bühne" des Körpers wird lediglich ein *un*-heiler Anteil der Seele sichtbar. Der Körper bildet diesen unheilen Anteil als *Symptom* ab. Die entsprechenden Zusammenhänge sind also viel zu komplex, als dass sie einfach mit dem „Zufall" als Erklärung abgetan werden können. Das Symptom zeigt symptomatisch, was uns im Bewusstsein, was uns in der Seele *fehlt*, uns also nicht bewusst, sondern *un*-bewusst ist.

Dieses Unbewusste gilt es zu erhellen, um den *Sinn* der Erkrankung herauszufinden. Wir müssen die Krankheit *deuten*, um die Be-deutung, um den Sinn eines solchen Schicksalsschlages zu erfassen. Da ich heute der Überzeugung bin, dass es in *Wirklichkeit* keinen blinden Zufall gibt, sondern nur das uns *gesetzmäßig Zufallende*, erachte ich es für unverzichtbar, die oben angesprochenen seelischen und geistigen Zusammenhänge bei der Betrachtung des Themas Krankheit miteinzubeziehen.

Weltweit nehmen Krebserkrankungen eher zu als ab, obwohl

die wissenschaftliche Forschung sich ehrlich und intensiv bemüht, immer neue Ansätze zu finden – wie in einem aktuellen Versuch, den Krebs mit *Licht* zu bekämpfen. Aber auch hier zeigt schon die beispielhafte Wortwahl, wo der Schwerpunkt liegt: *Bekämpfung!*

Die Deutung der Krankheit ist ihr nach wie vor kein Anliegen, die soll die Psychologie oder die Psychotherapie leisten, worauf ich im nächsten Kapitel eingehen möchte.

Wer *analog* denkt, wird vielleicht beim Wort *Licht* aufhorchen, wo doch *Licht* Assoziationen mit *Bewusstsein* anklingen lässt und auch der Volksmund solche Zusammenhänge kennt, wenn er etwa formuliert: „Da ist mir ein *Licht* aufgegangen", wenn uns etwas *bewusst* geworden ist!

Doch für solche Zusammenhänge ist die Wissenschaft immer noch weitgehend *blind,* auch wenn sie doch irgendwie zu spüren scheint, dass in ihrem Konzept noch etwas fehlt. Wie käme sie sonst auf die Idee, mit Licht zu arbeiten? Aber eben leider im Sinne einer Bekämpfung des Krebses. Sie versucht – wie auch in anderen Bereichen –, auf *materielle* Art und Weise die Probleme und das Leiden in unserer Welt mit *Bekämpfung* aus der Welt zu schaffen. Würde sich der Schwerpunkt vom „Kampf *„gegen"* in *Einsicht* wandeln dahingehend, dass es sinnvoller und effektiver wäre das *Licht* des Bewusstseins auf die dunklen – weil *un*bewussten – Bereiche in der *Seele* zu lenken, dann wäre dieses Licht *heilsam,* weil dabei jener Schatten, der zur Erkrankung geführt hat, *erhellt* und durch*lichtet* werden würde.

Der Schwerpunkt der Forschung der reduktionistischen Wissenschaft liegt im *materiellen* Bereich, weil sie offensichtlich immer noch glaubt, Bewusstsein entstünde aus Materie! In dieser Annahme liegt für mich der *Schlüssel* für ihr Scheitern in den wesentlichen Bereichen des Lebens.

In diesem Buch geht es in erster Linie nicht um Bekämpfung von Krankheit, sondern um deren Bedeutung, das heißt um die Sinnsuche hinter dem Krankheitsgeschehen, weil jede, ich betone jede Krankheit, ihren wahren Ursprung auf der *seelischen* beziehungsweise *geistigen* Ebene hat.

Dieser Zusammenhang gilt auch für jedes Ereignis, was schon im Wort Er-*eig*-nis zum Ausdruck kommt. Es wird etwas *Eigenes, Un*bewusstes im seelisch-geistigen Bereich im außen *sichtbar.*

Trotzdem stehe ich der Schulmedizin heute anders gegenüber als vor meiner Erkrankung. Ich wäre offensichtlich ohne diese Operation heute nicht mehr am Leben und könnte daher auch nicht mehr deuten; ich weiß dadurch, welchen Stellenwert diese Art von Behandlung im Bereich des Heilens einnimmt.

Wenn meine Ausführungen zu diesem Thema trotzdem kritisch ausfallen, dann nicht in der Absicht diese Medizin abzuwerten, sondern sie zu *ergänzen!*

Es geht wie überall im Leben nicht um ein entweder – oder, sondern um ein *sowohl – als auch.*

*Ergänzend* zu den oft lebensrettenden Interventionen der Schulmedizin vorwiegend durch die oft ans Wunderbare grenzenden chirurgischen Meisterleistungen wäre es dringend not-*wendig*, dass diese Medizin sich endlich dem für eine *echte Heilung* unentbehrlichen *seelischen* und *geistigen* Bereich des Krankseins mit gleichem Eifer zuwenden würde. Diesem Mangel liegt – wie in allen anderen Bereichen des menschlichen Daseins – die schon so oft erwähnte *Einseitigkeit* des herrschenden wissenschaftlichen Weltbildes zugrunde. Auch liegt hier meines Erachtens nach die Wurzel des Problems nicht bei den Ärzten – die tun ihr Bestes –, sondern beim *Weltbild dieser Medizin*. Es ist auch in diesem Fall das vorwiegend materialistische Weltbild, dem sich die Medizin von heute verschrieben hat, mit allen sich daraus ergebenden Konsequenzen. *Materialistisch* in dem Sinne, dass fast ausschließlich die Symptome des *Körpers* behandelt werden. Behandelt noch dazu im Sinne einer *Bekämpfung derer*. Und das, obwohl sich doch auch in anderen Bereichen der Kampf *gegen* etwas, stets *als wenig sinnvoll erwiesen hat!*

Dieses Weltbild ist abgelöst und abgetrennt von jedwedem metaphysischen Hintergrund. Dies mag nicht für alle in diesem Bereich tätigen Menschen pauschal gelten, aber der schon oben definierte einseitige wissenschaftliche Denkansatz, der den Menschen vorwiegend auf seinen Körper reduziert, vorwiegend diesen Körper behandelt, führt, wie sich leider in der Praxis ständig beweist, klarerweise nicht wirklich zum Erfolg.

Der *seelische, geistige* wie *religiöse* Bereich des Menschen wird dabei weitgehend negiert. Wieder soll dies keine Abwertung dieser Medizin sein, sondern ein Hinweisen, ein Aufzeigen dieses so wichtigen Sachverhaltes.

Der Mensch besteht aus Körper *Seele* und *Geist!*

Indem die vorwiegend funktionale Behandlungsweise der Schulmedizin den seelischen wie geistigen Aspekt des Krankseins weitgehend negiert und die Überlebenschancen einer Krankheit – und somit auch einer Krebserkrankung – letztlich auf „Gott Zufall" reduziert, bleibt sie einseitig.

Natürlich tun die Ärzte ihr Möglichstes in der Situation, aber wenn die so wichtige *Deutung* des Krankheitsbildes unterbleibt, helfen auf lange Sicht betrachtet auch die größten Anstrengungen der Mediziner wenig und die *Be*-deutung des Geschehens bleibt im Dunkeln, das heißt in der *Un*-bewusstheit.

Unbewusstheit aber ist die Wurzel vieler Übel und so ist die Wurzel auch des Krebsgeschehens sowohl beim Individuum, als auch im Kollektiv oft ein unbewusster, nicht eingestandener „Egoismus", der schwer auszumachen ist. Schrankenloses Wachstum auf der *falschen Ebene* ist Krebs, was wir auch auf der Zellebene in der unkontrollierten Vermehrung entarteter Zellen sehen können. Im *Bewusstsein* handelt es sich gleichsam um ein *heilsames* Geschehen.

In dem Maße in dem es dem betroffenen Menschen gelingt, die Hintergründe der Krankheit zu erhellen, kann sich wieder Vertrauen und Hoffnung auf Heilung und damit Ruhe in seiner Seele einstellen.

Diese Deutung der seelischen und geistigen Hintergründe kann heute letztlich nur alleine vom Patienten selbst geleistet werden, weil die Schulmedizin diesen Bereich weitgehend negiert und keine dahingehende Unterstützung zu geben vermag. Um sie also selbst so weit wie möglich leisten zu können, ist es notwendig, sich mit dem *Urprinzipiendenken* auseinander zu setzen. Darauf wird noch weiter eingegangen im Kapitel „Konsequenzen für Psychologie und Psychotherapie".

Wenn wir die heutige Medizin als Ganzes betrachten, so fehlt ihr diese unverzichtbare Basis für eine wirkliche *Heilung* des Menschen. Auch noch so exzellent durchgeführte Operationen können vor diesem Hintergrund „nur" not-wendige, lebensrettende Eingriffe bleiben.

Echte *Heilung* hat mit *Heil*werden zu tun, und *heil* werden kann der Mensch nur in seiner Seele, in seinem Bewusstsein. In dem Maße, als unsere Seele heil ist bzw. wird, folgt ihr auch der Körper automatisch und gesetzmäßig nach.

„Geh du voran sagt die Seele zum Körper, denn auf mich hört er ja nicht. In Ordnung sagte der Körper, ich werde krank werden, dann hat er Zeit für dich", heißt es in einem schönen und wahren Spruch von Ulrich Schaffer. Es ist der „innere Arzt", der alleine wirklich heilen kann. Diesen inneren Arzt gilt es nach Kräften zu unterstützen. Nur weil der Mensch in einem metaphysischen Sinne *krank ist* – was im Kapitel „das esoterische Weltbild" ausführlich abgehandelt wird –, kann er gesund werden, *heil werden!*

Es gibt den sogenannten „gesunden" Menschen nicht; der gesunde Mensch ist eine Fiktion der Schulmedizin. Es gibt in diesem Sinne auch keine Krank-*heiten*, weil es auch keine Gesund-*heiten* gibt. Was wir heute Krankheiten nennen, sind lediglich verschiedene *Symptome dieses* Krank*seins* im *metaphysischen* Sinne. Es wird so getan, als wenn man sich aus dem Gegensatzpaar Kranksein–Gesundsein einen Pol – nämlich das Gesundsein – herauspicken und das zur Ganzheit des Menschen gehörende Kranksein negieren, bekämpfen, ja ausrotten könnte.

Was der Schulmedizin von heute fehlt, ist eine gültige, auf der Ganzheit des Menschen aufbauende Philosophie. Es wird aus der *Gesetzmäßigkeit der Polarität* dieser Welt heraus niemals möglich sein, Krankheit aus der Welt zu schaffen; – auch nicht mit Hilfe der Gentechnik – sei nur nebenbei bemerkt. Die Gene sind sehr wohl wichtig, aber sie sind *nur* materielle *Träger* von *geistigen* Informationen.

Dazu der große deutsche Philosoph Hans Blüher in seinem Traktat über die Heilkunde: „Die Krankheiten sind der Menschheit aufgeladenes Gut; die Krankheitsmasse, die in der Welt erscheint, bleibt sich immer gleich; jedenfalls ist ihre Veränderung von keinem menschlichen Eingriff abhängig. [..] Wenn der Arzt einen Kranken heilt, so schafft er damit nicht ein Stück Krankheit aus der Welt, so wenig, wie Materie durch Verbrennung vernichtet wird, sondern er nimmt *diesem* Menschen den individuellen Krankheitsanteil und – lädt ihn einem andern auf, ohne es zu wissen. Wenn es in einem hygienisch wohl eingerichteten Lande gelingt, die schwarzen Pocken nicht aufkommen zu lassen, so ist damit keineswegs ein Stück Krankheit vernichtet, sondern die Pocken sind *eingetauscht* gegen etwas anderes, das als Krankheit schwächer auftritt, aber dafür verbreiteter ist. Man tauscht rapide und heftige, hochkurvige Krankheiten gegen chronische flachkurvige ein, das ist alles. Der Tausch ist, vom Menschen aus gesehen, durchaus vorteilhaft, und jeder wird ihn eingehen; aber am Weltgesetz ändert er nichts. Die Krankheit eines Menschen ist die Erbsünde, gesetzt unter das *principium individuationis*." [29]

Die Medizin verfällt wie alle an die Wissenschaft von heute Glaubenden demselben Irrtum der *Einseitigkeit*. Diese Welt lässt sich nicht auseinander dividieren; auch nicht mit den raffiniertesten Methoden, mit denen es der Mensch versucht. Dies ist keine pessimistische Sicht unserer Existenz, sondern lediglich eine realistische.

Auch die Medizin von heute könnte von der *neuen Physik* unendlich viel lernen, wenn sie nicht von der „Richtigkeit" ihres derzeitigen Konzeptes so überzeugt wäre. Sie arbeitet – wie alle anderen wissenschaftlichen Disziplinen auch – nach dem von der *neuen Physik* widerlegten Kausalitätsgesetz. Sie glaubt, dass die *Anwesenheit* von Viren, Bakterien und toxischen Stoffen im Körper *allein* genügen würde, um an ihnen zu erkranken. Sie übersieht dabei die wesentliche Voraussetzung, um an diesen „Übeln" unserer Welt zu erkranken: Es muss der *Gegenpol* zur Causa materialis dazukommen; die Causa *finalis*, also die Absicht der Seele, von diesen an sich neutralen Stoffen Gebrauch zu machen. Um eine entsprechende Krankheit zu entwickeln, um dem Menschen das *Fehlende in seinem Bewusstsein* vor Augen zu führen, bedient sich die Seele dann und wann dieser „Erfüllungsgehilfen" des Schicksals.

Um nun diese Ausführungen zum Thema Medizin ein wenig abzurunden, zu ergänzen und zu untermauern, möchte ich an dieser Stelle einen amerikanischen Internisten von Rang zu Wort kommen lassen: *Larry Dossey*, ein hervorragender Arzt und Verfechter der *neuen Physik* (also im wesentlichen der *Quantenphysik*), schreibt in der Einleitung seines Buches „Die Medizin von Raum und Zeit" zu diesem Thema unter anderem: „Sich um kranke Menschen zu kümmern, kann heutzutage leicht zu falschem Stolz führen. Ich höre häufig, dass wir Ärzte jetzt mehr wissen und mehr ausrichten können als irgendeiner unserer Vorgänger, dass unsere technischen Möglichkeiten ehrfurchtgebietend sind und dass die noch verbleibenden Schwächen unseres Könnens sich mit ein bisschen mehr Grundlagenforschung, Investition und Arbeitseinsatz gänzlich aufheben liessen. Dies sei alles nur noch eine Frage der Zeit. Manchmal habe ich den Eindruck, dass wir wirklich sehr blasiert und eingebildet geworden sind." [58]

Dossey bietet uns eine revolutionäre These an: Unsere gewöhnliche – lineare – Zeitwahrnehmung hat verheerende Auswirkungen auf die körperliche Gesundheit. Das Gefühl, Zeit sei vergänglich, ruft eine ständige Alarmbereitschaft des Körpers hervor: „Man hat nie genug Zeit". Zahllose Störungen wie Herzkrankheiten, überhöhter Blutdruck, Schwächen des Immun-Systems, Muskelverspannungen und Magengeschwüre sind die Folge.

Als Therapie schlägt Dossey deshalb Verfahren vor, die unsere Wahrnehmung von linearer, „davonrasender" Zeit abwechselnd mit der Erfahrung von statischer Zeit ermöglichen, mit der Erfahrung der „kosmischen Zeit", des „Stillstandes von Zeit", der

„Zeitlosigkeit", wie sie von Mystikern aller Kulturen beschrieben worden ist. Dosseys klinische Daten für die Wirksamkeit seiner Therapie sind beeindruckend. Die Konsequenz ist klar. Die Medizin der Zukunft muss eine Medizin des Bewusstseins werden.

Dies sind Ansätze, die aus dem Weltbild der neuen Physik stammen, die besagt, dass es Zeit nicht wirklich gibt; eine Wahrheit, die die uralten, esoterischen Weisheitslehren schon vor Jahrtausenden formuliert haben.

Dossey weiter: „Der berühmte Physiker Niels Bohr bemerkte einmal, eine bedeutende Wahrheit zeichne sich dadurch aus, dass auch ihr Gegenteil zutrifft. Sollte Niels Bohr Recht behalten und ausserdem der Glaube der zeitgenössischen Ärzte an die noch nie dagewesene Macht und Effektivität der Medizin tatsächlich gerechtfertigt sein, dann haben wir Ärzte wirklich eine ungeheuer tiefgründige Wahrheit entdeckt – denn in vieler Hinsicht ist die Medizin noch nie so hilflos gewesen. Wir sind mächtig und hilflos zugleich, fähig und unfähig, die Besten und gleichzeitig auch die Schlechtesten, die es je gab." [30]

Hier spricht ein Wissender, der um die Ambivalenz des Lebens weiß. Er verfällt nicht dem Irrtum der Wissenschaft, der in ihrer Einseitigkeit begründet ist. Larry Dossey ist nicht Arzt allein, er ist ein profunder Kenner der neuen Physik und damit Pionier eines grundlegend neuen Konzeptes für die Medizin der Zukunft.

Weiter: „Vor unseren Augen spielt sich eine der größten Ironien in der Geschichte der Medizin ab. Die Medizin hat gelernt, sich die Naturwissenschaften zum Vorbild zu nehmen, in der Hoffnung, die Präzision und Genauigkeit zu erreichen, die von der klassischen Physik exemplarisch dargestellt wird. In der Annahme, diese Präzision endlich erreicht zu haben, weigern wir Ärzte uns nun, auf die Botschaft zu lauschen, die von der Physik seit über einem halben Jahrhundert verkündet wird: *Diese Genauigkeit gab es niemals wirklich.* Die Medizin von heute erinnert uns an den typischen Verlierer, der sich von jedem Trick narren lässt: Früher hatten wir den Durchblick, jetzt nicht mehr.

Wir haben ein Modell von Gesundheit und Krankheit, Geburt

und Tod um ein veraltetes Vorstellungsmodell vom Verhalten des Universums aufgebaut, das von Anbeginn und von Grund auf brüchig war. Während die Physiker die Bruchstellen in ihren Denkmodellen unter großen Schmerzen beseitigt haben, haben wir in der Medizin diese Berichtigungen vollständig ignoriert. Wir schleppen infolgedessen einen ganzen Set von Grundanschauungen mit uns herum, die so veraltet sind wie Körpersäfte, Blutegel und Aderlass." [31]

Was geht hier vor? Die allgemeine Volksmeinung wird nicht müde die Großartigkeit und das Können der heutigen Medizin zu betonen und zu bewundern, andererseits ist eine gewisse negative und kritische Einstellung zu dieser Medizin nicht zu übersehen. Warum sonst die vermehrte Hinwendung der kranken Menschen zu östlichen und alternativen Heilweisen? Wie so oft, gilt auch hier: Es gibt immer zumindest zwei Seiten ein und dasselbe Phänomen zu betrachten und zu beurteilen – immer eine *Kehrseite der Medaille!*

Im Bereich der Chirurgie gibt es schier ans Wunderbare grenzende Leistungen und Erfolge der Schulmedizin, im Bereich der chronischen Erkrankungen ist dieselbe Medizin weniger erfolgreich. Die Beurteilung unserer Medizin von heute seitens der Bevölkerung, entspringt offensichtlich schwerpunktmäßig diesen chirurgischen Meisterleistungen, während die oft weniger guten Behandlungserfolge bei chronischen Erkrankungen eher unter den Tisch fallen.

Wo es um schnelle Erfolge mit Hilfe der von dieser Wissenschaft entwickelten Geräte und Techniken geht, da wird dieses Können bis zu den letzten Möglichkeiten ausgereizt. Hilfestellung bei einem für eine wirkliche Heilung im oben angeführten Sinne notwendigen *seelischen* Nachvollzug, wird dem Menschen von dieser Medizin aber nicht angeboten. Die schwierige, aber für eine echte *Heilung* not-*wendige* und unentbehrliche Kehrseite des Problems Krankheit, wird so weit wie möglich delegiert. Das ist Sache der Psychologie und der Psychotherapie, die aber ebenfalls weitgehend an das wissenschaftliche Welt- und Menschenbild gebunden ist, wie wir im nachfolgenden Kapitel sehen werden. Die im Gefolge der ständig steigenden und explodierenden Kosten dieses Gesundheitswesens sich breit machende Ratlosigkeit in unserer Gesellschaft, wächst offensichtlich zu einem immer größeren auf die herkömmliche Art und Weise unlösbaren Problem heran.

Diese *einseitig* auf den Körper des Menschen ausgerichtete Medizin wird dem *ganzen* Menschen nicht gerecht. Der Mensch *ist* nicht sein Körper, sondern er *hat* einen Körper, in dem seine *Seele* „wohnt." Weil wir uns einseitig mit unserem Körper allein identifizieren, müssen wir auch um die Existenz dieses Körpers ringen; aus dieser Wurzel entspringt auch unsere große Angst vor dem Tod. Weil wir den Bezug zu Seele und Geist weitgehend verloren haben, aus dem wir die Überzeugung gewinnen könnten, dass nur der Körper sterben kann, nicht aber Seele und Geist, müssen wir den Tod vehement bekämpfen, solange es geht.

> „Denn das ist der größte Fehler bei der Behandlung der Krankheit, daß Leib und Seele allzusehr voneinander getrennt werden, wobei es doch nicht getrennt werden kann – aber das gerade übersehen die griechischen Ärzte, und darum entgehen ihnen so viele Krankheiten; sie sehen nämlich niemals das Ganze. Dem Ganzen sollen sie ihre Sorge zuwenden, denn dort, wo das Ganze sich übel befindet, kann unmöglich ein Teil gesund sein".
>
> *(Platon)*

Der Mensch an sich wird nicht erreicht, wird nicht wirklich geheilt, sondern es wird nur sein Körper wieder hergestellt, wieder funktionsfähig gemacht, was sehr viel ist und einem erst richtig bewusst wird, wenn man sich schon einmal am Rande des Todes befunden hat.

Es wird aber dabei übersehen, wo die Wurzel jeder Krankheit gründet: *Jedes* Krankheits*symptom* ist sichtbarer Ausdruck eines *fehlenden* Bewusstseinsanteiles, der auf der Bühne des Körpers abgebildet wird, damit wir hin*schauen* können! Das wussten offenbar die Ärzte früherer Zeiten, (wenn auch nicht alle, wie obiges Zitat Platons zeigt), manche wissen es heute noch wenn sie den Kranken fragen: „Was *fehlt* Ihnen"? Wir heutigen Patienten antworten in der Regel: Ich *habe* dieses oder jenes Symptom. Wenn wir erkennen, was uns im Bewusstsein *fehlt*, dann besteht die Chance, dass das verschwindet, was wir *haben* – das Symptom.

Dazu Hermann Meyer in seinem Buch „Die Lebensschule": „Es gilt zu unterscheiden zwischen dem physiologischen Abwehr- und Immunsystem des körperlichen Organismus und einem neurotischen Abwehrsystem, zu dessen Mechanismen auch die Somatisierung gehört, bei der seelische Spannungen und Konflikte körperlich ausgetragen beziehungsweise symbolisch über den Leib ausgedrückt werden. Das neurotische Abwehrsystem wehrt das Erkennen und die Entwicklung der eigenen Identität ab sowie jeden Gedanken an die eventuelle Selbstverursachung oder Selbstbeteiligung im Falle einer Krankheit. Es wird nicht zutage gefördert, was dem Patienten fehlt, welche Mängel er in seinem Persönlichkeitssystem aufweist und was er tun könnte, um sein persönliches Gleichgewicht wieder zu finden, sondern man versucht, losgelöst von seiner Charakterstruktur und seinem Lebenskontext, seine Symptome einseitig zu bekämpfen." [32]

Wird das Symptom aber lediglich bekämpft, beseitigt ohne Bewusstseinsarbeit, dann besteht die Gefahr der Symptomverschiebung an eine andere *entsprechende* Stelle des Körpers. Das „erfolgreiche" Beseitigen des Symptoms wird dann als Heilung bezeichnet und geht als Erfolg in die Statistik der Schulmedizin ein, ohne dass bemerkt wird dass der Patient immer noch krank ist.

Das Symptom ist zwar weg, aber das an anderer Stelle des Körpers wieder auftauchende, dem gleichen Urprinzip *entsprechende* Symptom wird dann wieder auf die gleiche Art und Weise weggemacht, und so sind der Patient wie der Arzt auf Dauer „erfolgreich" beschäftigt. Wenn der Mensch Pech oder Glück hat – es ist schwer zu sagen, wie man dieses Phänomen bezeichnen soll –, dann erlöst ihn der Tod von seinem Leiden. Was sich hier vielleicht polemisch und überzeichnet anhören mag, wenn wir ehrlich sind, dann können wir diesen Sachverhalt nicht leugnen.

Krankheit ist mehr als eine unliebsame Störung unseres Wohlbefindens; sie will dem Menschen etwas sagen. Wenn wir die Symptome aber lediglich bekämpfen und beseitigen, ohne nach dem im Symptom verpackten *Informationsgehalt des Bewusstseins* zu fragen, dann wird Krankheit sinnlos und *bedeutung*slos, weil wir das Symptom nicht *gedeutet* haben.

> „Glaubst du denn, es sei möglich, von der Natur der Seele eine nennenswerte Kenntnis zu erwerben ohne Zusammenhang mit der Natur des Ganzen der Welt?"
>
> *Sokrates*
>
> „Wenn man auf Hippokrates aus dem Geschlechte der Asklepiaden sich einigermaßen verlassen darf, wäre das nicht einmal in bezug auf den Körper möglich ohne diese Betrachtungsweise."
>
> *Phaedros*
> (Plato Phaedros Kap. 54.)

Es ist nicht möglich, unsere Selbsterkenntnis voranzutreiben, wenn wir nicht versuchen, die Sprache unserer Symptome zu verstehen bzw. den Informationsgehalt in den uns begegnenden Er-*eig*-nissen, die uns etwas über den Zustand unserer Seele mitteilen wollen, herauszuarbeiten. Der Körper ist ein Spiegel der Seele und macht das sichtbar, was uns in ihr *fehlt!*

Es ist und bleibt ein ein-seit-iges Konzept, die Krankheitssymptome isoliert vom Menschen *allein mit funktionalen Maßnahmen* zu behandeln, sie zu bekämpfen und zu be-*seit*-igen, sowie ihr Entstehen im Körper als Zufall zu bezeichnen, bzw. sie als unliebsame und sinnlose Störung unseres Wohlbefindens zu betrachten. Jede Generation hat die Medizin, die sie verdient; Patient und Arzt bedingen sich gegenseitig und wissenschaftsgläubige Patienten und wissenschaftsgläubige Ärzte bedingen sich ebenfalls. Es geht hier nicht, wie ich oben schon betont habe, darum, unsere Medizin abzuwerten – ich war während meiner schweren Krebserkrankung heilfroh und dankbar für die lebenserhaltenden Interventionen dieser Medizin –, trotzdem ist es mir ein großes Anliegen, offensichtliche Mängel dieses *Konzeptes* aufzuzeigen und Hinweise für sinnvolle *Ergänzungs*möglichkeiten anzuregen.

Ich will nur versuchen auf die Einseitigkeiten hinzuweisen, die einer einseitigen Wissenschaft entspringen die heute alle Lebensbereiche erfasst hat, wie sich an den weiteren Ausführungen noch zeigen wird.

Natürlich hindert niemand den einzelnen Patienten daran, den oben angesprochenen *seelischen* wie *geistigen* Nachvollzug selbst zu leisten; eine ganzheitliche Medizin würde diesen notwendigen Prozess allerdings unterstützen. Letztlich aber muss jeder Mensch sein Leben vor sich und vor Gott – wenn wir in religiöser Terminologie sprechen wollen – *selbst verantworten*. Krankheit hat eine tiefe religiöse Dimension, auch wenn viele das nicht glauben wollen.

Vielleicht kann eine gegenüberstellende Betrachtung der wesentlichen Anschauungen zum Thema Gesundheit und Krankheit aus traditioneller Sichtweise und der Sichtweise der modernen Physik aus dem Buch: „Die Medizin von Raum und Zeit", von *Larry Dossey*, transparent machen, wie weit das herkömmliche wissenschaftliche Weltbild, das noch weitgehend unser Alltagsleben durchdringt, und *das neue Weltbild der Physik* auseinander klaffen!

Ein Raum-Zeitmodell von Geburt, Leben, Gesundheit und Tod:

| Traditionelle Sehweise | Sehweise der modernen Physik |
|---|---|
| 1. Der Körper ist als Objekt in einem spezifischen Raum lokalisiert | 1. Der Körper ist kein Objekt und nicht im Raum lokalisierbar. |
| 2. Der Körper ist eine isolierte, geschlossene Einheit. | 2. Der Körper steht durch einen tatsächlichen physischen Austausch - dem Biotanz - mit dem Universum und mit allen anderen Körpern in einer dynamischen Wechselbeziehung. |
| 3. Der Körper ist aus separaten Bausteinen, den Atomen, zusammengesetzt | 3. „Bausteine" und „Atome" sind nur ungenaue Beschreibungen, weil sich alle Teilchen nur aus ihrem Verhältnis zu allen anderen Teilchen verstehen lassen. |
| 4. Die Gesundheit ist eine persönliche Angelegenheit, die nur einen einzigen Körper betrifft | 4. Da alle Körper miteinander in dynamischer Wechselwirkung stehen, erstreckt sich die Gesundheit eines Körpers auch gleichzeitig auf alle anderen Körper. Die Vorstellung einer individuellen Gesundheit ist eine Illusion. |
| 5. Krankheit ist ein Prozess, der von individuellen Körpern erfahren wird | 5. Da alle Körper miteinander verbunden sind, ist jede Krankheit ein kollektives Geschehen. Die Vorstellung einer individuellen Krankheit ist eine Illusion |
| 6. Die Therapie wirkt sich auf den Körper aus, auf den sie abgestimmt ist | 6. Jede Therapie an einem Körper wirkt sich automatisch auf alle Körper aus. |
| 7. Die Aufrechterhaltung der Gesundheit ist eine rein persönliche Angelegenheit | 7. Jede individuelle Bemühung um Gesundheit schliesst automatisch alle anderen Personen mit ein. |
| 8. Eine Vernachlässigung der Gesundheit schädigt nur den einzelnen Körper und ist deswegen eine Sache jedes einzelnen. | 8. Jede Vernachlässigung der Gesundheit wirkt sich auf alle anderen Personen ebenfalls negativ aus und ist deswegen eine kollektive Angelegenheit. |

| | |
|---|---|
| 9. Geburt und Tod sind die Grenzen, die Pole, zwischen denen sich das Leben abspielt | 9. Es gibt keine solchen Einschnitte, die die Zeit dermassen begrenzen könnten. |
| 10. Die Zeit fliesst. | 10. Der Fluss der Zeit ist kein Naturereignis, sondern ein psychisches Phänomen. Keinem physikalischen Experiment ist jemals der Nachweis gelungen, dass die Zeit tatsächlich fliesst. |
| 11. Das Leben besteht aus Ereignissen, die nacheinander geschehen. | 11. Die Ereignisse im Leben geschehen nicht, sie „sind" einfach. Die „Asymmetrie", in der die natürlichen Ereignisse in Erscheinung treten, erzeugt den Eindruck, sie würden in einem in eine Richtung fliessenden Fluss der Zeit geschehen. |
| 12. Die den Körper konstituierende Materie ist absolut. | 12. Die Materie des Körpers ist kein Absolutum. Nach der modernen Sichtweise ist alle Materie so relativ wie Raum und Zeit. |
| 13 Der Tod ist ein endgültiges absolutes Ereignis. | 13. Der Tod ist kein endgültiges, absolutes Ereignis, denn er ist einem Körper zugeordnet, der sich auf alle anderen Körper erstreckt und dessen Materie nicht absolut ist. |
| 14. Leben ist eine Eigenschaft individueller Körper | 14. Obwohl die individuellen Körper. fraglos am Leben sind, macht die Wechselbeziehung eines Körpers mit allen anderen Körpern und mit dem Universum insgesamt das Leben zu einem universalen und nicht zu einem individuellenProzess. |
| 15. Die Therapie zielt auf das Individuum ab, denn es ist das Individuum, das erkrankt. | 15. Zweifellos werden Individuen krank. Aufgrund der wechselseitigen Beziehung aller Körper erfasst die Therapie jedoch auch alle Körper. Therapie ist alldurchdringend, weil alle Körper miteinander verbunden sind. |

16. Krankheiten treten auf, wenn es auf der Ebene der Moleküle zu einer Störung gekommen ist. (Diemolekulare Theorie der Krankheitsursachen).

16. Alle Atome und subatomaren - Teilchen, die den Körper konstituieren, stehen zu allen anderen - Teilchen im Universum in einer dynamischen Wechselbeziehung. Wo hat der Zusammenbruch dann seinen Ursprung - im Körper oder anderswo im Universum? Eine Lokalisierung der Krankheitsursachen in bestimmten Körpern oder auf bestimmten strukturellen Ebenen in diesen Körpern wäre ungenau.

17. Krankheit besteht in einer Funktionsstörung der Moleküle und ist deswegen ein objektives Faktum Daraus ergibt sich zwangsläufig, dass jede Therapie einen objektiven Eingriff darstellt.

17. Die Vorstellung einer objektiven Therapie ist eine Illusion. Jede Intervention in die Natur beeinflusst - wie alle Formen der Beobachtung - das beobachtete Phänomen. Der Beobachter darf sich nicht als eine Wesenheit verstehen, die völlig losgelöst vom Ergebnis ihrer Beobachtung existiert. Objektivität in ihrem reinsten Sinne ist deswegen eine Unmöglichkeit.

18. Krankheit ist ein körperliches Ereignis

18. Die Einflussnahme des Bewusstseins auf die physischen Prozesse wischt eine solche willkürliche Unterscheidung zwischen Geist und Körper aus.

19. Krankheit ist ein negatives, Gesundheit ein positives Phänomen

19. Da Gesundheit und Krankheit . mit allen entfernten Geschehnissen im Universum verbunden und von ihnen abhängig sind, scheint die Bewertung solcher lokalen Ereignisse als „positiv" oder „negativ" nichts weiter als ein launenhaftes und willkürliches menschliches Urteil zu sein.

20. Ein langes Leben ist erstrebenswert, ein kurzes eine Tragödie.

20. Die Länge des Lebens ist bedeutungslos, weil die Zeit gar kein linearer Fluss ist.

| | |
|---|---|
| 21. Der Körper ist Materie. | 21. Die neue Sichtweise hat den Körper entmaterialisiert. Der Körper ist also strenggenommen gar kein materielles Phänomen. |
| 22. Alle Körper zeichnen sich durch eine bestimmbare Lokalisierung in Raum und Zeit aus | 22. Aufgrund seiner Verbundenheit mit allen anderen Körpern im Universum ist die räumliche und zeitliche Lokalisierung des Körpers bestenfalls ein Näherungswert. |

Soweit diese Gegenüberstellung der herkömmlichen Sichtweise von Geburt, Leben, Gesundheit und Tod, im Gegensatz zum Raum-Zeitmodell der neuen Physik aus Larry Dosseys Buch „Die Medizin von Raum und Zeit". [59]

Wenn wir ehrlich sind, größer könnte die Diskrepanz gar nicht ausfallen; und doch ist von diesen neuen revolutionären Erkenntnissen in unserem Alltag noch kaum etwas zu bemerken.

Stimmt nun die Sichtweise der neuen Physik über die Natur des Universums oder stimmt sie nicht? Wenn sie stimmt – und alle Experimente bestätigen die neue Sichtweise, die sich unverkennbar den Einsichten der uralten esoterischen Weisheitslehren annähert –, warum „fuhrwerken" wir dann immer noch mit den überholten und widerlegten Ansichten des Newton'schen Universums in unserem praktischen Lebensalltag herum?

Diese Erkenntnisse sind doch keine abstrakten Spinnereien irgendwelcher verkappter Genies, sondern Einsichten von genialen Physikern wie Einstein, Heisenberg, Planck, Bohr, Boom, Bell, Schrödinger, De Brouglie und anderer Geistesgrößen. Werden diese Wahrheiten deswegen ignoriert in Gesellschaft, Politik, Medizin, Psychologie, Theologie und Philosophie, „weil nicht sein *kann*, was nicht sein *darf*"?

„Was wir brauchen, ist eine neue Wirklichkeitsschau, eine umwälzende Veränderung in unseren Gedanken, Wahrnehmungen und Werten. Die Anfänge dieser Umwälzung, dieses qualitativen Sprunges von einer mechanistischen zu einer ganzheitlichen Wirklichkeitsschau, sind bereits in allen Wissensgebieten sichtbar und werden im Verlauf des gegenwärtigen Jahrzehnts immer mehr in den Vordergrund rücken". Das schreibt der bekannte Physiker Fritjof Capra im Vorwort zu Larry Dosseys Buch „Die Medizin von Raum und Zeit" [60]

Wenn wir ehrlich sind, ist von einem solchen Umdenken bis heute nicht viel zu bemerken! Wenn aus der wissenschaftlichen Schulmedizin eine echte Heilkunde werden soll, dann können wir nicht darauf verzichten, sie durch die Erkenntnisse der neuen Physik – die noch nicht in unsern Alltag Einzug gehalten haben, sowie durch die Einsichten der uralten Weisheitslehren zu ergänzen. Wichtig und wesentlich dabei ist die alte *Urprinzipienlehre,* um die Hintergründe allen Krankheitsgeschehens sichtbar zu machen.

Dazu Dahlke: „Im Bereich medizinischer Grenzgebiete ist das Durchschauen tieferer Zusammenhänge ohne dieses System des Analogiedenkens kaum möglich. Unverzichtbar werden Urprinzipien auch, wenn wir uns mit so grundlegenden Dingen wie der Vorbeugung beschäftigen. Seit es die Heilkunde gibt, bemüht sie sich um die Verhinderung von Krankheit im Sinn von Vorbeugung. Im alten China wurden die Ärzte überhaupt nur so lange bezahlt, wie die Bevölkerung bei guter Gesundheit war. Heute lebt die Ärzteschaft dank unseres *bedenklichen* Kassensystems gerade dann am besten, wenn die Weichen nicht rechtzeitig gestellt werden und vieles auf die unterste materielle Ebene des Krankheitsgeschehens eskaliert, um hier aufwändig versorgt beziehungsweise repariert zu werden. Wo Kassenärzte stolz auf ihren hohen „Krankenscheinstand" sind, verrät das nur die Tatsache, dass diese Patienten immer wieder kommen (müssen), weil sie offenbar einfach nicht gesund werden.

Mit Vorbeugung aber hat dieses System nichts zu tun. Echte Vorbeugung würde erfordern, dass man sich freiwillig beugt, bevor es das Schicksal tut. Dazu aber müsste man wissen, wovor man sich beugen soll, was ohne Kenntnis der Urprinzipien kaum möglich ist." [61]

Um die *Einseitigkeit* der Schulmedizin weiter zu ergänzen, finde ich es not-*wendig,* dieser Disziplin noch eine *ganzheitliche* Heilweise gegenüber zu stellen, und das ist die Homöopathie. Diese von der wissenschaftlichen Medizin aus Mangel an *Einsicht* in das Wesen der Homöopathie so oft geschmähte Disziplin verdient es aus meiner Sichtweise, gerade in einem Kapitel mit der Überschrift Konsequenzen des wissenschaftlichen Weltbildes im Bereich der Medizin einer tieferen Betrachtung unterzogen zu werden.

Ich möchte ein Zitat des Diplompsychologen und Esoterikers Thorwald Dethlefsen meinen weiteren Ausführungen voranstellen: „Eine der fundamentalsten Erkenntnisse auf dem Gebiet der Heilkunde ist die Homöopathie, wie sie von Samuel Hahnemann (1755-1843) in ihrer gültigsten Form entwickelt und weitergegeben wurde. Seit ihrem Bestehen wurde die Homöopathie bis heute von ihren Gegnern ebenso leidenschaftlich bekämpft wie von ihren Anhängern vertreten. [...] Die Hauptangriffe richten sich meist gegen die Herstellungsart der homöopathischen Arzneimittel. Ein derartiges Medikament sei „so stark verdünnt", daß es kaum mehr Wirkstoffe enthalten könne". [62]

An diesem Einwand gegen die Homöopathie wird sichtbar, wie sehr die materialistische Wissenschaft an der Materie „klebt" und sich in ihrem Denken nicht vom Stoff lösen kann.

In der Esoterik ist der *Geist das Primäre* und der Stoff der notwendige Träger von *Informationen* und das, was in der Homöopathie wirkt, ist die Information, also das *Geistige* und nicht der Stoff. Wenn wir zur Erhellung dieses Zusammenhanges ein Buch betrachten, so ist auch hier *nicht* das Papier die *Information,* sondern nur der materielle *Träger.* Der Träger ist austauschbar und kann verschiedene Inhalte – das heißt Informationen – tragen. Die Homöopathie verwendet als Träger für die Information entweder Milchzucker für die Herstellung der Globuli oder Alkohol für die Tropfen.

Das Wesentliche bei der Herstellung homöopathischer Arzneien besteht gerade darin, das *Wesen,* d.h. die *Information* vom Ausgangsstoff – sei es nun ein Mineral, eine Pflanze oder ein Tier – zu befreien, was durch Verdünnung und Potenzierung mittels Verschüttelung geschieht.

*Entsprechend* einem Grundgesetz der Esoterik – *Mikrokosmos (Mensch) = Makrokosmos(Natur)* – muss also auch dasjenige, was dem Menschen fehlt, im Makrokosmos, also in der Natur als Mineral, als Pflanze oder Tier vorhanden sein. Das *Wesent*liche beispielsweise einer Pflanze ist ihre *Individualität,* d.h. ihre *Seele* als Repräsentant eines *Ur*prinzips. Wir sprechen ja auch von der Natur als „Apotheke" für den Menschen. Da mit dem Menschen auch die Natur durch den Sündenfall in die Materie gestürzt ist, müssen wir das dem Menschen in seinem *Bewusstsein* Fehlende, d.h. das Geistige, die *Information* erst wieder von der Materie befreien, was durch den oben erklärten Herstellungsprozess geschieht.

Schon Paracelsus hat formuliert: *„Was die Zähne kauen, ist die Arznei nit; niemand sieht die Arznei. Es liegt nit am Leib, sondern an der Kraft".*

Der geniale Arzt Samuel Hahnemann hat formuliert: *„Similia similibus curantur"* d.h.: *„Das Ähnliche möge durch das Ähnliche geheilt werden".*

Dieses Ähnlichkeitsprinzip ist also das Wesentliche in der homöopathischen Heilkunde. Genau das ist im Analogiegesetz: *„Mikrokosmos = Makrokosmos"* formuliert und kommt auch schon im Mythos des Sündenfallgeschehens zum Ausdruck, wenn es in Genesis 2,- 21 heißt: *„Da ließ Gott, der Herr, einen tiefen Schlaf auf den Menschen fallen, so daß er einschlief, nahm eine seiner Rippen und verschloß ihre Stelle mit Fleisch".* Für Fleisch können wir auch *Mater*ie einsetzen, was von *Mater* = Mutter stammt. Wenn wir Schlaf mit *Unbewusstheit* assoziieren, dann bedeutet das: Adam wurde sich in diesem Bild seiner *weiblichen* Seelenhälfte *un*bewusst und er erlebt diese nun in der *Projektion nur mehr* im Außen als *materi*elle Welt, als „Frau Welt", als *Materie. Adam* – der Mensch, das sind wir!

Daraus können wir die Erkenntnis gewinnen, dass die Homöopathie mehr ist als eine Heilmethode unter anderen Methoden; dass hier eine kosmische *Gesetzmäßigkeit* sichtbar wird, die die materielle Existenz des Menschen ganz wesentlich berührt.

Nach diesem Abstecher in die Metaphysik nun wieder in die Praxis, d.h. auf die Ebene der Anwendung der Homöopathie zur Behandlung von Krankheit. Aus dem oben dargestellten hohen Anspruch der Homöopathie kann auch die Gefahr des Missbrauchs dieser *archetypischen* Heilkunde ersichtlich werden, wenn wir glauben, dass es genügen würde, ein paar „Kügelchen" zu schlucken, um dadurch unangenehme Symptome los zu werden oder sie gar bekämpfen zu können. Dass das bei der Homöopathie aber nicht so gemeint sein kann, dürfte aus dem oben Gesagten einsichtig geworden sein.

Zunächst bedarf es einer gründlichen Anamnese zwischen Patient und Homöopath bzw. Homöopathin, um das entsprechende Heilmittel – das sogenannte „Similie" – zu finden.

In der Folge ist es auch not-*wendig*, eine entsprechende *Einstellung* beim Patienten zu fördern, weil eine solche die Voraussetzung dafür ist, dass eine Heilung gelingen kann. Eine Haltung, die gegen das Symptom gerichtet ist – wie es in der Schulmedizin gegeben ist –, ist einer Heilung nicht förderlich. Wenn es genügen würde, durch die Kunst des Homöopathen nur das entsprechende Similie finden zu müssen, ohne die entsprechende *Einstellung* des Kranken zu erzielen, dann wäre es viel leichter, eine Heilung herbei zu führen.

Hier kommt das Resonanzgesetz zum Tragen, das ich bei der Abhandlung des esoterischen Weltbildes noch genauer darstellen werde. Wenn wir den Begriff *„Einstellung"* analog im physikalischen Bereich betrachten, so kann klar werden, was damit gemeint ist. Wenn wir bei unserem Radio- oder Fernsehgerät ein bestimmtes Programm empfangen wollen, dann müssen wir diese Geräte auf jene Frequenz *einstellen,* der das gewünschte Programm zugeordnet ist, sonst gibt es keinen Empfang. Genau so wirkt das Resonanzgesetz eben nicht nur im physikalischen Bereich, sondern auch im seelisch-geistigen.

Wir können daraus ersehen, dass eine *gesetzmäßige* Heilung – wie sie mithilfe der Homöopathie erfolgen kann – auch eine gesetzmäßige Einstellung beim *Empfänger*, dem Patienten voraussetzt.

Einfacher und weniger anspruchsvoll läuft es in der Allopathie der Schulmedizin, die mit der Einstellung *gegen* das Symptom arbeitet. Mit dieser Methode kann vielleicht fürs Erste oft schnell eine Besserung „erzwungen" werden, aber eben keine echte Heilung. Die meist dabei auftretenden unerwünschten Nebenwirkungen – die im Beipacktext sehr ausführlich beschrieben werden – machen deutlich sichtbar, dass dieser Methode doch irgendetwas fehlen muss.

Im Gegensatz dazu arbeitet die Homöopathie wie bereits erwähnt eben mit einer anderen Einstellung; sie *verbündet* sich mit dem Symptom indem sie versucht, das dem Kranken im Bewusstsein *Fehlende* zu erhellen, und ihm mit dem *Similie* dieses Fehlende als *Information* zuzuführen, was die Voraussetzung dafür ist, dass das, was wir *haben* – nämlich das Symptom – *überflüssig* wird.

Analog zum Mythos des Sünden*fall*geschehens geschieht dasselbe auch im individuellen Leben, wenn wir unsere Krankheiten betrachten. Wenn ein *Ur*prinzip in uns *un*bewusst ist bzw. wird, dann „fällt" es in die Materie, d.h. es *verdichtet* sich zu einem Symptom – was wir dann als *Somatisierung* bezeichnen –, damit wir *hinschauen* können. Wenn es uns gelingt, dieses Unbewusste bewusst zu machen und zu verwirklichen, d.h. zu *leben,* dann erlösen wir das Symptom aus seinem ge*fall*enen Zustand und es kann Heilung geschehen. Die Homöopathie ist jene *gesetzmäßige* Heilmethode, die uns dabei helfen kann.

## Konsequenzen für Psychologie und Psychotherapie

Gemäß österreichischem Psychotherapiegesetz – § 7, (4) heißt es unter anderem: „Die jeweilige methodenspezifische Ausrichtung des Ausbildungscurriculums hat sich dabei auf eine wissenschaftlich-psychotherapeutische Theorie des menschlichen Handelns, verbunden mit einer eigenständigen, in der praktischen Anwendung mehrjährig erprobten Methodik, zu gründen."

> „Es gibt keine Wissenschaft der Seele, die nicht auf einer metaphysischen Basis ruhte und nicht über spirituelle Heilmittel verfügte."
> *Frithjof Schuon*

Ken Wilber ein sehr ernst zu nehmender Bewusstseinsforscher schreibt in seinem Buch: „Das Spektrum des Bewusstseins": „Unsere heutige Wissenschaft der Seele hat im großen und ganzen kaum noch mehr zum Gegenstand als das Verhalten von Ratten in Lernapparaturen und den individuellen Ödipuskomplex, also die unterste Ebene der Individuation, und diese Einengung der Perspektive hat uns nicht nur blind gemacht für die Tiefen der Seele, sondern auch unseren überlieferten spirituellen Orientierungsrahmen verwüstet und ihn einem trostlos eindimensionalen Menschenbild angepaßt. Das Oben wird geleugnet, das Unten ignoriert, und wir sind nun gehalten, gelähmt in der Mitte zu verharren – vielleicht in einen Käfig starrend, um zu sehen, ob die Ratten darauf kommen, wie es weitergeht, oder im Bodensatz des Es nach Inspirationen stochernd. Aber so seltsam das klingen mag, ich habe gegen diese eindimensionale Wissenschaft der Seele nichts einzuwenden; nur dagegen, daß sie einen Monopolanspruch auf das Wissen um die Seele erhebt" [37]

Es ist diese Anmaßung, von der schon im Kapitel über das wissenschaftliche Weltbild die Rede war, die uns zur Falle wird. Wir wissenschaftsgläubigen Menschen unserer Zeit unterliegen augenscheinlich dem nachweisbaren Irrtum, dass verschiedene

Methoden und Erkenntnisse erst dann als wahr anzusehen sind, wenn sie von der Wissenschaft bestätigt werden. Nichts widerspricht dieser Ansicht mehr, als jene Erfahrungen von Menschen, die einen anderen Zugang zur Wahrheit suchen, als jenen des durch *Einseitigkeit* gekennzeichneten der modernen Wissenschaft. Wie auch in vorangegangenen Kapiteln, geht es mir auch hier nicht um eine Abwertung von Psychologie und Psychotherapie, sondern um deren *Ergänzung*!

Ich habe selbst Ausbildungsschritte in wissenschaftlicher Psychotherapie absolviert, aber letztlich ist mir dieser wissenschaftliche Rahmen zu eng geworden, sodass ich eigenständig auf die Suche gegangen bin, um meine Erkenntnisse in diesem Bereich durch andere Zugänge zu vertiefen. Vor allem fündig geworden bin ich dabei bei oben zitiertem Ken Wilber, der manchmal auch als der „Einstein der Bewusstseinsforschung" bezeichnet wird. Er hat in seinem Buch „Das Spektrum des Bewußtseins" einen effektiven Versuch unternommen, die verschiedenen psychotherapeutischen Schulen unter einem gemeinsamen „Dach" in einer sinnvollen Synthese zu vereinen. Natürlich ist die Bezeichnung Bewusstseinsspektrum metaphorisch zu verstehen, weil es letztlich nur *ein* Bewusstsein geben kann, sowie auch die Sprache hier keinen Plural kennt und es daher eben keine „Bewusst-*seine*" gibt. Als Arbeitshypothese aber kann dieser Begriff sehr nützlich sein und so können wir im Rahmen des *einen* Bewusstseins von verschiedenen Bewusstseins*ebenen* sprechen.

Jeder Mensch, der psychotherapeutische Hilfe in Anspruch nehmen will, sollte dort abgeholt werden, wo er bewusstseinsmäßig gerade steht. In diesem Sinne kann *jede* psychotherapeutische Methode zu einem bestimmten Zeitpunkt die gerade passende und richtige sein und ein Stück weiter führen.

Dessen ungeachtet gründet jede Methode in einem bestimmten Weltbild. Im Rahmen dieser Abhandlung ist es vielleicht angebracht, gerade den *wissenschaftlichen* Denkansatz im Hinblick auf seine Eignung, seelische Störungen zu heilen, einer kritischen Betrachtung zu unterziehen.

Die wissenschaftliche Psychologie kommt mit ihren Methoden an die Seele nicht wirklich heran. Was sie untersucht und erforscht sind *Eliminate* der Seele, also vielmehr das Psychische im Menschen. Sie bedient sich dafür eines bestimmten Schematismus, aber dieser trifft die Seele nicht. Echte Heilung ist, wie im somatischen Bereich auch, letztlich Sache der *Religion*.

Eine Therapie, der die religiöse Dimension fehlt, kann je nach Situation vielleicht vorübergehend Linderung bringen, aber keine dauerhafte Heilung.

Neurose bedeutet ein Herausgefallensein aus dem inneren Gleichgewicht, aus einer inneren Geborgenheit, ein Fehlen an Urvertrauen, ein „Zerwürfnis mit Gott" und kann somit mit funktionalen Maßnahmen allein nicht geheilt werden.

Dazu Hans Blüher: „Es ist eine der bedeutendsten Einsichten, die uns die Psychologie verschafft hat, daß die geniale Zeugung und die Neurose *dieselbe psychologische Formel* haben. Es ist immer das Zeichen einer sehr reif gewordenen, aber auch beendeten Wissenschaft, wenn ihr so etwas gelingt. Auch die Chemie, deren Ähnlichkeit im inneren Bau mit der analytischen Psychologie unverkennbar ist, hat ja gezeigt, daß der schwarze Kohlenstoff und der Diamant dieselbe chemische Formel haben; aber sie *sind* doch nicht dasselbe. Im *Sein* des Diamanten liegt ein grundlegendes Kriterium für den Unterschied von der Kohle. Wie aber dies *Sein* ergreifen, da die Chemie die Formel dafür nicht bietet? Ebenso wenig bietet die Psychologie die Formel für das Sein der genialen Zeugung und der Neurose". [38] Und weiter: „Man nehme irgendeine Krankengeschichte, etwa die des Senatspräsidenten Schreber, die *Freud* analysiert hat; daneben halte man irgendeine der leider vielfach erschienenen Psychologien genialer Menschen: es ist genau die gleiche Sache. Die Gesetze der Psychologie stimmen unweigerlich. Beschreibe ich psychologisch das Leben Michelangelos und lasse nur weg, *von wem ich rede*, so ist diese Biographie in nichts unterschieden von der eines Neurotikers. Die kosmologischen Phantasien des Paranoikers Schreber haben psychologisch genau denselben Ursprung wie die Offenbarung Johannis: aber ihr Unterschied ist, daß das zweite eine Offenbarung ist, und das erste nicht. In den einen *ist* der Funke eingeschlagen, in den andern nicht. Wer kann dafür? Und wer urteilt, mit wem ich es zu tun habe, wenn ich so Jemandem begegne? Niemals der Psychologe, denn seine Wissenschaft hat nur das psychische Terrain zum Gegenstand, auf welchem sich die Neurose und die geniale Leistung gemeinsam abspielen. Hier führt kein Weg ins Freie. Wir nähern uns aber allmählich der Einsicht des Satzes „alle menschlichen Handlungen sind tief". Er soll nicht überschätzt werden, aber er soll uns auch die Gewißheit geben, womit wir es zu tun haben, wenn uns eine menschliche Handlung (Tun oder Nichttun, Aktion oder Passion) begegnet. Alle menschlichen Handlungen bestehen aus zwei gänzlich voneinander verschiedenen Elementen: aus den Trieben und der *Freiheit*. Die Triebe sind der Gegenstand der Psychologie, die Freiheit ist Gegenstand von Metaphysik und Ethik." [39]

Diese tiefen Einsichten in das Wesen der Neurose des deutschen Philosophen Hans Blüher sind geeignet, den wesentlichen Unterschied zwischen Wissenschaften ersten Ranges und Wissenschaften zweiten Ranges zu erhellen.

An anderer Stelle schreibt er: „Unter den Augen einer Öffentlichkeit, die von dem Gedanken lebt, daß *allen* Menschen, je nach dem Grade ihrer Begabung, die Wissenschaften jeder Art und jeden Ranges zugänglich gemacht werden sollen, vollzieht sich ein entgegenlaufender Prozeß, der allein vom Wirklichen stammt: die von der Natur Berufenen, legitim Wissenden werden in einer langsamen und dringenden Weise angereichert; den Habenden wird gegeben und denen, die nicht haben, wird auch noch genommen, was sie haben. Es ist also genau umgekehrt, wie der demokratische Wunschkomplex es sich denkt. Das mit Wissenschaften zweiten Ranges angefüllte Volk wird immer unwissender und kann auf die Dauer die Überladung mit unwichtigen und orientierungslosen Wissenskomplexen (Astronomie, Naturwissenschaft, Psychologie, Soziologie) nicht ertragen; es bricht früher oder später zusammen, die alte Lehre von der Entscheidungslosigkeit des Volkes bestätigend. Auf der andern Seite läßt sich das Wissen vom Wirklichen nicht aufhalten und findet seine berufenen Träger, die von Natur unsozial und ohne Teilnahme an den Emporstrebungsgelüsten des Volkes nichts anderes tun, als das anvertraute Gut mit vestalischer Treue bewahren." [40]

Hier vielleicht Überheblichkeit dieses großen Philosophen Hans Blüher heraus zu hören, wäre ein grobes Missverständnis, auch wenn die Wahrheit dieser Worte gerade in unserer wissenschaftsgläubigen Zeit nicht immer leicht zu verkraften ist.

Es ist nun mal eine vielleicht zu wenig bekannte Tatsache, dass unser wissenschaftliches Weltbild beileibe nicht das Nonplusultra der Menschheit darstellt, auch wenn im Verlauf der Geschichte dieser Art von Wissenschaft immer wieder geniale Leistungen entsprungen sind. Die Crux, und die mit diesem Denkansatz verbundene „Gefahr", liegt in ihrer *Einseitigkeit!* Wo aber Einseitigkeit herrscht, da fehlt die andere Seite – *die Kehrseite der Medaille* –, und es bleibt nur eine Teilwahrheit übrig.

Der Mensch aber strebt nach Ganzheit, nach Vollkommenheit, nach Wahrheit und nicht nach Halbwahrheiten. Auch unser Streben nach Glück ist letztlich das Streben nach Ganzheit. Jeder möchte einmalig und unverwechselbar sein, möchte etwas Besonderes sein.

Christus spricht in der Bergpredigt die Worte: „So ihr euch nur zu euren Brüdern freundlich tut, *was tuet ihr Sonderliches?"* Hans Blüher: „Mit dieser Frage verweist er die Hörenden auf den Kern des menschlichen Tuns und redet ihn als ein „Sonderliches", ein Überfließendes und Überschwängliches an. Das Gewöhnliche versteht sich von selbst" [41]

Jeder Mensch ist etwas Einmaliges, das ein zweites Mal in diesem Universum nicht vorkommt. Jeder Mensch hat ganz individuelle, ganz besondere Anlagen, die Jesus offensichtlich meint, wenn er von den Talenten spricht, mit denen wir wuchern sollten. Werden diese Talente genützt d.h. wird mit ihnen gewuchert, dann wird uns zu dem was wir haben, noch dazu gegeben werden, was oberflächlich betrachtet, ungerecht erscheint. Werden diese Anlagen aber von uns vergraben, d.h. verdrängt, dann sind meist Neurosen die konsequente Folge, und diese Anlagen bleiben unverwirklicht.

Blüher: „Hier kann man nun, ich möchte fast sagen, einen experimentellen Beweis dafür erbringen, daß die Ansicht der Griechen über die Neurosen richtig ist und die der modernen Ärzte falsch. In den Fällen nämlich, bei denen eine wirkliche *Heilung* erfolgt, ist nicht nur die Krankheit geschwunden, sondern sie hat sich umgekehrt, und der so verwandelte Mensch hat einen Überschuß bekommen, der ihn fähig macht, mehr und Sonderliches zu tun, als seine Mitmenschen. Der wirklich geheilte Neurotiker steht um den Betrag an Kraft über den andern, um den er während seiner Krankheit unter ihnen stand. Heilungen sind also niemals „Anpassungen an die bürgerliche Norm". Bedenkt man ferner, daß alle großen Geister, von denen wir wissen, im ständigen Kampfe mit der Neurose gelebt haben, die sie siegreich bestanden, so wird der Gedanke der Griechen, der in dem armseligen gottverlassenen Neurotiker den verunglückten Bruder des Genius erkannte, nur von neuem bestätigt" [42]

Nur wer in der „Hölle" war, kann darüber Auskunft geben, wie es darin aussieht. Die Neurose ist offensichtlich eine solche Hölle und aus diesem Grunde sollten sich nur Ärzte bzw. Therapeuten an die Heilung einer Neurose heran wagen, die selbst schon entsprechende Erfahrungen gemacht haben. Vom „grünen", akademischen Lehrstuhl allein kann eine Heilung nicht ausgehen.

Dazu Blüher: „Da der Kranke ein Verunreinigter ist – dieses sichere Gefühl ist psychologisch nicht aus der Welt zu schaffen – so muß der Arzt, der ja hier nicht mit Instrumenten heilt, sondern mit seinem innersten Wesen, von persönlicher Lauterkeit sein. Man kann nicht Kranke heilen und mit schmutzigen Gefühlen herumlaufen. Der Arzt muß gleich dem vestalischen Feuer sein inneres Licht bewahren.- Dies alles trennt den Arzt vom Kranken; hier sind sie verschieden, hier heilt das Gegenteil. Gleich aber sind sie in dem einen: der Arzt muß selber ein geheilter Fall sein und daher jeden heimlichen Gang und jeden Anfall der Krankheit kennen. Wenn also ein Kranker sagt: „seit meiner Jugend plagen mich religiöse Zweifel", so kann der Arzt nicht daneben stehn und diese Zweifel als rationalisierte psychische Komplexe „deuten"; sondern er steht immer ganz und gar und voll verantwortlich vor der Religion selber. Religion ist keine Privatsache, und Überzeugungen spielen hier keine Rolle. *Hic Rhodus hic salta!* Es geht nicht an, dem Kranken in der gesicherten Position des Bürgers gegenüberzustehen und ein solches Leben ihm heimlich zum Maßstabe zu machen. Wer das versucht, beweist damit, daß ihm das Wesen der Neurose verschlossen blieb." [43]

Ein Merkmal, eine gemeinsame Begleiterscheinung jeder Neurose ist – *Angst*.

Angst kommt von Enge, und diese Angst wird nun ersatzweise auf alles Mögliche projiziert. Das, wovor der Neurotiker vordergründig Angst hat, ist nie die wahre Angst. Die wahre Angst ist unbewusst und wird über den Umweg des psychologischen Mechanismus der Projektion ersatzweise bekämpft. Es ist in Wahrheit ein Schattenkampf, ein Ersatzkampf, ein stellvertretender Kampf. Angst entspringt letztlich einem Unwissen, einem Unwissen über die wirklichen Zusammenhänge unseres Daseins.

Blüher: „Neurosen sind gehemmte Erkenntnis, die sich im Psychischen gleichnishaft abdrückt. Erkenntnis nicht von diesem und jenem, auch nicht Selbsterkenntnis, sondern Erkenntnis vom Wirklichen wie es Plato meint." [44]

Deshalb können psychotherapeutische Methoden, die *allein* das herkömmliche, wissenschaftliche Weltbild zur Grundlage haben, nicht wirklich heilen, weil diesem Weltbild ebenfalls die Erkenntnis über die Wirklichkeit fehlt, die hinter der materiellen Welt am Werke, d.h. am Wirken ist – die metaphysische Welt. *Wirklich* ist nur, was *wirkt*. Unsere materielle Welt ist im Gegensatz dazu eine *er*-wirkte Welt, die vielleicht besser mit Realität zu bezeichnen wäre.

Echte Heilung ist Sache der Religion im Sinne von *Re*-ligio, also der *Rück*bindung zum göttlichen Urgrund. Dies hat nichts zu tun mit Konfession. Konfessionen, und dazu gehören auch unsere heutigen christlichen Kirchen, erweisen sich letztlich als ungeeignet, seelisch Kranke zu heilen, weil sie diese not-wendige Rückverbindung verloren haben und in ihrem heutigen Zustand Neurosen eher erwirken, als dass sie sie heilen könnten.

Und noch einmal Hans Blüher: „Die Neurose ist der Sendbote des Teufels im Subjekt. Sie lagert nicht im geschaffenen Subjekt (Gegenstand der Psychologie), sondern dort, wo es zu schaffen beginnt und im sonderlichen Tun begriffen ist. Die Neurose ist eingeklemmt zwischen beiden Teilen unserer Natur und läßt weder den einen noch den andern zur Ruhe kommen. Wenn die psychologische Theorie nun behauptet, sie „wurzele" in den infantilen Komplexen, so kann man nur sagen: gut gebrüllt, Löwe! Der Satz sagt soviel, wie jene, auch durchaus neuzeitliche Entdeckung, daß das Denken im menschlichen Gehirn „wurzele" und nicht etwa in der Milz. Und so wenig Gehirnphysiologie etwas über das *richtige* Denken, seinen Inhalt, sagen kann, so wenig kann die Psychologie etwas über die Bedeutung der Neurosen wissen oder von sich etwas zu ihrer Heilung tun. Die Neurose *läßt sich nieder* an dieser oder jener Stelle des Psychischen, das ist alles, was die Psychologie hier zu sagen hat" [45]

Wenn also wissenschaftliche Methoden allein nicht wirklich heilen können, weil sie *einseitig* sind, dann muss es auch Methoden geben, die ein *ganzheitliches Weltbild* zur Grundlage haben!

Es muss also eine *Wissenschaft ersten Ranges* sein, die diese Einseitigkeit nicht hat und das ist – auch wenn sich jetzt bei Wissenschaftsgläubigen vielleicht ein durchaus verständlicher Widerstand regen wird – die Königin der Wissenschaften, die *heilige Astrologie*. Heilig in dem Sinne, dass es sich bei ihr um eine *ganzheitliche* Disziplin handelt, und „heilig" Heil- d.h. Ganzsein meint.

Mit einer Verbindung von Psychologie und ihren Erkenntnissen, was das Psychische im Menschen betrifft, mit dem ganzheitlichen Wissen der Astrologie, könnte ein sinnvoller Brückenschlag zwischen Wissenschaft und Religion gelingen, denn wahre Astrologie ist eine echte Dienerin der Religion im obigen Sinne.

Voraussetzung für eine solche Synthese wäre aber, dass die wissenschaftliche Psychologie und Psychotherapie ihre Einseitigkeit erkennt und reflektiert.

Die Astrologie müsste ihrerseits akzeptieren, dass sie zur Vermittlung ihres ganzheitlichen Welt- und Menschenbildes ein adäquates Transportmittel benötigt, um ihr Wissen das in Symbolen gebunden ist, dem Menschen in einer ihm geeigneten Sprache verständlich zu machen. Diese wichtige und unentbehrliche Aufgabe könnte die Psychologie übernehmen, wenn sie von ihrem hohen Ross eines Alleinvertretungsanspruches auf das Wissen um die Psyche herunter steigen könnte. Sie könnte dadurch nur gewinnen.

> Nicht, *entweder* Psychologie *oder* Astrologie, sondern *sowohl als auch*!

Dazu der Münchner Psychologe und Astrologe Hermann Meyer: „So wie die Astrologen die Psychologie nicht mehr länger ausklammern können, so werden langfristig gesehen die Psychologen und Psychotherapeuten nicht mehr um die Astrologie herumkommen.

Astrologie ohne Psychologie läuft Gefahr den Bezug zur Realität zu verlieren, die Verantwortung für das eigene Schicksal auf die Sterne zu projizieren oder als blosse Kompensation und Fluchtmöglichkeit von bzw. vor irdischen Problemen zu fungieren. [..] Ohne Horoskop bzw. ohne Astrologie tappen viele Therapeuten im Dunkeln, weil sie die psychische Struktur des Klienten nicht erkennen können (die Aufzeichnung der psychischen Struktur ist das Horoskop) und ausserdem meist über kein oder nur wenig Wissen um die Symbole verfügen.

Ohne fundiertes Symbolwissen aber können sowohl Schicksalsereignisse als auch Träume nicht richtig gedeutet werden. Das grösste Manko aber ist, dass der Psychotherapeut ohne Horoskop gar nicht weiss, *wohin* er therapieren soll, weil er die unerlösten Anlagen des Klienten nicht kennt und die erlöste Auslebensform für ihn im Nebel bleibt." [46]

Es gibt keine andere Disziplin, die die psychische, bzw. seelische Struktur des Menschen dem *Inhalt* nach besser aufzeigen könnte, als die Astrologie. Was wesentlich zu dieser Einmaligkeit dazukommt, ist das Sichtbarwerden dieser Struktur auf der *Zeitachse*, d.h. die Astrologie zeigt, *wann* welche Strukturanteile unserer Psyche in die Verwirklichung treten wollen.

Sie zeigt unser *Angelegtsein*, also unsere *Anlagen* und den entsprechenden *Zeitrahmen,* innerhalb welchem diese Anlagen durch entsprechendes Handeln *verwirklicht* werden wollen.

Das Horoskop zeigt aber nicht die konkrete Ebene, also auf welche Art und Weise eine bestimmte Anlage verwirklicht werden will – das wäre Wahrsagerei und somit Missbrauch der Astrologie –, sondern den *Inhalt* einer Anlage. Die dafür entsprechende *Form ist wohl frei wählbar,* aber eben nicht so einfach zu finden. Hierfür bedarf es eines fundierten *Symbolwissens*. Die Schwierigkeit besteht darin, eine *der Seele entsprechende* Formebene zu finden, was manchmal nur durch Ausprobieren verschiedener Ebenen zu erreichen ist. Ist die richtige Ebene gefunden, zeigt sich das am weiteren Schicksalsverlauf.

*Determiniert ist also die Anlage dem Inhalt nach*, frei ist die Form in der eine Anlage *dem Inhalt entsprechend* vom Menschen im Leben verwirklicht werden will, d.h. die *Willensfreiheit ist* – bezogen auf die Form – *gewahrt!* Formen sind austauschbar, Formen sind Träger von Inhalten, nicht mehr und auch nicht weniger. Das Zeitungspapier kann die verschiedensten Inhalte tragen, ein Buch ebenfalls, eine Schallplatte auch. Der Inhalt, also die Information ist *geistiger* Natur, der austauschbare Träger besteht dagegen aus Materie, was – nebenbei bemerkt – ebenso für unsere *Gene* gültig ist, weil diese auch aus Materie bestehen.

Das sind keine leeren Behauptungen, sondern jederzeit vom Menschen erfahrbare Wirklichkeit.

Wir können diesen Zusammenhang auch in religiöser Weise formulieren, indem wir sagen: Die Astrologie kann uns zeigen, *wie* der einzelne Mensch von Gott *gemeint ist*; auf welche unverwechselbare Art und Weise er zur Gesamtheit beitragen kann.

In dem Maße als uns die Entfaltung unserer individuellen Anlagen gelingt, in dem Maße wird negatives Schicksal *überflüssig*. *Durch freiwillige Einordnung in unser eigenes Gesetz*, wird der – ohnedies aussichtslose – Kampf gegen das Schicksal überflüssig. Die Folge ist wahre Freiheit – entsprechend der Vaterunserbitte: „Dein Wille geschehe, wie im Himmel, also auch auf Erden". Esoterisch formuliert: *„Wie oben, so unten".*

Diese Anlagen sind nun nicht zufällig irgendwie erfunden oder konstruiert, sondern *archetypische Ur-*Prinzipien. Diese 12 archetypischen Anlagen des Menschen sind im Ganzheitssymbol des astrologischen Tierkreises als kosmische *Urprinzipien* gebunden. Es sind 12 archetypische Prinzipien, die nach Verwirklichung drängen. Wenn sie stattdessen aber *verdrängt* werden, pervertieren sie und kommen in entstellter Form nach dem *Gesetz* der Wiederkehr des Verdrängten wieder zum Vorschein.

So, wie keine Energie vernichtet, sondern nur verwandelt werden kann, so können auch diese Anlagen nicht ausgelöscht, sondern im Sinne unserer *Ent-*wicklung ebenfalls nur transformiert, gewandelt bzw. verwirklicht werden. Bleiben wir diesen Prozess aber schuldig, dann muss das Schick-sal gesetzmäßig auf den Plan treten, und die verweigerte Entwicklung wird über „passives Lernen" – sprich Leiden – vorangetrieben.

**Exkurs:**

Da in letzter Zeit viel über den Status des Planeten Pluto geschrieben worden ist und die Astrologie in diesem Buch einen hohen Stellenwert einnimmt, will ich noch kurz auf dieses Thema eingehen.

Pluto wurde am 18. Februar 1930 von Clyde Tombaugh entdeckt und er umkreist die Sonne in 248 Jahren. Im August des Jahres 2006 wurde bei einer Tagung der „Internationalen Astronomischen Union" – IAU – in Prag per Mehrheitsbeschluss diesem Pluto der Planetenstatus aberkannt mit der Begründung, dass er für diese Kategorie von Himmelskörpern zu klein sei.

Was bedeutet das für die Astrologie, die diesem Planeten doch große Beachtung schenkt? In der Astrologie hat jedes Tierkreiszeichen einen fix zugeordneten Wandelstern, d.h. Planeten, der die „Energie" des Zeichens durch den Tierkreis transportiert.

Die 12 Tierkreiszeichen, die das Ganzheitssymbol des astrologischen Tierkreises mit den zugeordneten Planeten bilden sind nicht als physikalische Größen etwa im Sinne von Strahlung zu verstehen und meinen keinen ursächlichen Zusammenhang, sondern einen analogen!

Wenn nun die Astronomie – die Lehre von den materiellen Himmelskörpern – einem dieser Himmelskörper seinen Status als Planet per Mehrheitsbeschluss aberkennt, dann betrifft dies ausschließlich die Astronomie, nicht aber die Astrologie. Diese arbeitet mit den Planeten im Sinne von Urprinzipien die die Wirklichkeit inhaltlich abbilden und keinen kausalen Zusammenhang postulieren.

Pluto ist dem Urprinzip des Skorpion zugeordnet und symbolisiert Wandlung oder Metamorphose und hat mit der materiellen Beschaffenheit dieses Planeten nichts zu tun.

Wenn die Wissenschaft dem Pluto nun seinen Status als Planet aberkennt, so betrifft dies das Ordnungssystem der Astronomie, in keiner Weise das der Astrologie.

Urprinzipien können vom Menschen nicht abgeschafft werden.

Die Astrologie arbeitet nach dem esoterischen Symmetriesatz – „Wie Oben, so Unten" – in christlicher Formulierung – „Wie im Himmel, also auch auf Erden" und meint die analoge Entsprechung von Oben und Unten, nicht mehr und auch nicht weniger.

Soweit zur Klarstellung dieses Zusammenhanges, um eventuellen Missverständnissen vorzubeugen.

Diese 12 archetypischen Prinzipien entsprechen 12 Entfaltungsstufen und sind den meisten Menschen im Wesentlichen nicht ungeläufig:

In Kurzform wertfrei beschrieben:

1. Widder – Mars: Energie, Durchsetzung, Selbstbehauptung, Aggression.
2. Stier – Venus: Verwurzelung, Abgrenzung, Sicherheit, Genuss, Besitz, Selbstwert, Eigenraum.
3. Zwillinge – Merkur: Kommunikation, Interesse, Lernen, Medien.
4. Krebs – Mond: Seele, Psyche, Weiblichkeit, Mütterlichkeit, Geborgenheit, Quelle.
5. Löwe – Sonne: Selbständigkeit, Selbstverwirklichung, Kreativität, Sexualität, Autorität.
6. Jungfrau – Merkur: Seelische Aussteuerung, Wahrnehmung, Analyse, Vernunft, das rechte Maß, Ängstlichkeit.
7. Waage – Venus: Ausgleich, Harmonie, Gleichgewicht, Schönheit, Ästhetik, Kompromiss.
8. Skorpion – Pluto: Geistiger Besitz, Prinzip, Metamorphose, Konzept, Plan, Konsequenz, Fanatismus.
9. Schütze – Jupiter: Sinn, Religion, Weltanschauung, Entwicklung, Ausdehnung, Fülle, Maßlosigkeit.
10. Steinbock – Saturn: Beschränkung auf das Wesentliche, Konzentration, Widerstand.
11. Wassermann – Uranus: Freiheit, Gleichheit, Brüderlichkeit, Exzentrik, Intuition, „Zufall".
12. Fische – Neptun: Auflösung der Form, Allliebe, Transzendenz, Grenzenlosigkeit, Schein.

Damit sind nur einige wichtige Wesensmerkmale dieser 12 Ur-Prinzipien angeführt, die Vermischungsmöglichkeiten dieser Prinzipien miteinander sind zu komplex, um sie in diesem Rahmen beschreiben zu können.

Nach der psychologischen Astrologie bekommt jeder Mensch bei seiner Geburt eine ihm eigene, individuelle „Mischung" dieser 12 Urprinzipien als *Aufgabe* mit auf seinen Lebensweg. Sie entsprechend zu entfalten und zu verwirklichen, ist unserer Seele ein unverzichtbares Anliegen.

Der *Inhalt* ist, wie oben schon angesprochen, determiniert; die jeweilige Umsetzung in eine *entsprechende* Form ist dem *freien Willen* des Menschen anheimgestellt. Es geht also darum, entsprechende Fähigkeiten auszubilden, um die oben beschriebenen Anlagen entfalten zu können. Was wir mitbekommen, sind Potentiale, sind angelegte Möglichkeiten, sind Aufgaben, die *aktiv* und *freiwillig*, oder passiv (was mit Leid verbunden ist), verwirklicht werden können bzw. müssen. Das Schick-sal sorgt entsprechend unserer Einstellung dafür, dass diese Anlagen auf die eine oder andere Art und Weise, auf jeden Fall so weit wie möglich in Leben umgesetzt werden.

Dazu Hermann Meyer: „Die Schwierigkeit liegt nun aber darin, dass die Anlagen und Möglichkeiten des Menschen in unserer patriarchalen Kultur nicht so verwirklicht werden können, wie sie von Natur aus angelegt wären. Die Anlagen und Fähigkeiten stossen auf den (alten) Saturn, also auf die Massstäbe, Normen und Ideale der Kultur und Zeitepoche. Es kommt dann zu den sog. Abwehr- und Anpassungsmechanismen, d.h. die Lebensenergie oder Anlage tritt dann nicht mehr in ihrer ursprünglichen Erscheinungsform auf, sondern wird an die gesellschaftlichen Verhältnisse, an die Umwelt und an die Norm angepasst." [47]

Hermann Meyer spricht in diesem Zusammenhang von der Kollektivneurose. Zu dieser Kollektivneurose muss es zwangsläufig kommen, wenn die Bedingungen eines Kollektivs so gestaltet und geartet sind, wie wir sie in unserer heutigen Kultur und Gesellschaft vorfinden. Wesentlich wurden diese v.a. von den Kirchen vorgegeben bzw. sie werden es noch.

Meyer weiter: „Diese Abwehr- und Anpassungsmechanismen bilden zusammen die zweite Natur des Menschen, welche die erste, die primäre Natur überlagert. Sie hemmen den Wachstumsprozess der natürlichen Fähigkeiten oder lassen die Anlagen nur so entwickeln wie es der Norm gemäss ist. Die Anlagen werden pervertiert und dadurch „verwunschen und verzaubert".

Aufgrund dieser Situation ist jede Anlage in der patriarchalen Kultur in zwei Pole aufgesplittert – in einen Minus- und einen

Pluspol. (Nach der psychologischen Astrologie werden beide Pole nicht bewertet. Der Pluspol ist also nicht „mehr wert" als der Minuspol, sondern nur eine andere Auslebensform ein und derselben Anlage).

Im Minuspol ist es dem einzelnen nicht möglich, den Normen der Kultur und Zeitepoche zu entsprechen – er ist gehemmt. Er wird im System der psychologischen Astrologie als Kindrollenspieler bezeichnet, weil er stets die Situation seiner Kindheit wiederholt, in der er gegenüber seinen Eltern auf den verschiedensten Lebensgebieten unterlegen war.

Hingegen bedeutet Elternrollenspieler in einer bestimmten Anlage zu sein, sich im Pluspol zu befinden. Der Betreffende ist zwar in seiner natürlichen Anlage genauso durch die Norm gehemmt wie der Kindrollenspieler, kompensiert aber diese Hemmung, indem er gerade die Norm oder das Ideal zu verkörpern sucht.

Der Elternrollenspieler fühlt sich immer überlegen, oben, übergeordnet, massstäblich, besserwissend – und er wird an allen Ecken und Enden bestätigt; denn die Norm ist ja auf seiner Seite.

Erst wenn der einzelne die beiden Pole, nämlich Hemmung (Kindrollenspieler) und Kompensation (Elternrollenspieler) transzendiert, kann er zu der *erwachsenen* Form einer Anlage vorstossen.

Der Erwachsene ist der komplementären Verflochtenheit zwischen Eltern- und Kindrollenspieler, zwischen dem Gehemmten und dem Kompensator entwachsen. Er bildet seine Anlagen in ihrer ursprünglichen Form aus und befreit sich dadurch mehr und mehr vom Schicksalszwang. Er muss nicht mehr durch den Gegenpol ausgeglichen werden und muss weniger schmerzhafte Schicksalsschläge erleiden.

Die psychologische Astrologie will aufzeigen, dass jede Anlage auf verschiedene Art und Weise erfahren werden kann. Wie negativ die Prägung auch immer gewesen sein mag, hier und heute besteht die Möglichkeit, die Anlage auf einer neuen Ebene auszuleben. Es steht nicht definitiv fest, dass eine Anlage oder ein Aspekt immer diesen oder jenen negativen Charakter haben muss, selbst wenn das Schicksal dies immer wieder zu bestätigen scheint." [48]

Seine eigenen individuellen Anlagen auszubilden, mit seinen Talenten zu wuchern, wie Jesus es formuliert hat, ist der beste Umgang mit dem Schicksal, ist die beste Prophylaxe vor „negativem" Schicksal die wir haben.

Noch einmal Hermann Meyer: „Wer Anlagen ausbildet und Umstrukturierungen im eigenen Leben vornimmt, kann damit rechnen, daß auf den verschiedensten Lebensgebieten alles besser und angenehmer wird. Glück und Erfolg werden plötzlich möglich, und quasi als Nebeneffekt stellt sich Gesundheit ein. Nach ökologischen Gesichtspunkten ist Erfolg gleichbedeutend mit Zufriedenheit, Glück und Gesundheit, während in der Kollektivneurose die Kriterien des Erfolges Umsatz, Bankkonto, Besitz, Macht, Ruhm und Ehre sind. In der Kollektivneurose ist es möglich, erfolgreich zu sein, dabei aber unglücklich, ungeliebt und krank." [49]

Vor diesem Hintergrund ist es vielleicht angebracht, ein einzelnes *archetypisches Urprinzip* aus dem Ganzheitssymbol des astrologischen Tierkreises herauszugreifen, um einen möglichen irdischen Niederschlag dieses Prinzips am Thema der *Sucht* zu verdeutlichen. Das Thema Sucht ist gerade in unserer einseitig auf Intellekt und Ratio ausgerichteten Gesellschaft zu einem gravierenden Problem geworden. Hinter diesem Problem verbirgt sich das Urprinzip des *Neptun*, das in der Sucht auf solch unerlöste Art und Weise sichtbar wird. *Sucht* entsteht dann, wenn anstelle der religiösen *Suche* die Kompensation dieses Prinzips auf der *stofflichen* Ebene die Oberhand gewinnt und der Mensch in der Folge von diesem Stoff abhängig wird. Wir können dieses Urprinzip auf der stofflichen Ebene nicht wirklich erlösen. Es ist letztlich ein untauglicher Versuch, die Härte des Lebens in der polaren Welt ein wenig aufzulösen oder zu vernebeln.

Dazu der Arzt und Astrologe Rüdiger Dahlke in seinem Buch „Woran krankt die Welt? „Die einzige Suchttherapie, die wirklich tief genug greifen würde, müsste die Betroffenen wieder zu Suchenden auf dem individuellen Lebensweg machen. Die Suche anzuregen wäre eigentlich Aufgabe der Religion und auch der *Medizin*, die sich – ihrem Namen entsprechend – um die Mitte des Menschen und das rechte Maß zu kümmern hätte. Heute sind breite Schichten der Bevölkerung ohne religiöse Einbindung und auf Ersatzlösungen wie Psychotherapie angewiesen. Von wenigen Ausnahmen wie etwa der Reinkarnationstherapie abgesehen, kümmert sie sich aber kaum um spirituelle Themen.

Um dem ganzen Kreis von Suche, Flucht und Sucht wirklich gerecht zu werden, müssten wir das Urprinzipienverständnis zurück in unser Leben holen und das Neptunprinzip hinter der Suchtproblematik erkennen. Hier liegt auch der Schlüssel zu dem Geheimnis, dass manche Meditationszirkel und religiöse Gruppen auf Dauer beim Drogenentzug bessere Ergebnisse aufweisen als die Psychiatrie. Das liegt einfach daran, dass sie etwas anbieten, das dem Neptunprinzip entspricht.

Alles Neptunische müsste bei Suchtproblemen nicht verboten, sondern geradezu gefördert werden. Süchtige leben dieses Prinzip in ihrer Sucht und in der Flucht, die knapp dahinter auszumachen ist, und damit auf äußerst unerlösten Ebenen. Es ginge darum, ihnen andere Wege zu weisen, wie sie diesem Prinzip gerecht werden und dabei noch Freude und Spaß auf der Heldenreise des Lebens haben. Stattdessen wird in der Psychiatrie noch immer dieses ganze Prinzip tabuisiert. Beim verzweifelten Versuch, das Umfeld der Sucht trockenzulegen, wird auch alles Neptunische verboten, sodass Süchtige ohne Chance bleiben, sich mit diesem Archetyp auszusöhnen. Dafür werden ihnen andere Prinzipien zur Aufgabe gemacht, vor allem das des Saturn. So kommt es, dass sie sich anstelle von Meditation und Religion, von Transzendenz und Ekstase mit Ordnung und Disziplin beschäftigen müssen. Was auf den ersten Blick noch ganz logisch aussieht, läuft auf den zweiten darauf hinaus, Erstklässlern, weil sie nicht addieren lernen, Multiplikationsaufgaben zu stellen. Das führt mit Sicherheit nicht dazu, dass sie addieren lernen, und wahrscheinlich nicht einmal multiplizieren." [50]

Wir werden auf lange Sicht nicht darum herum kommen, uns wieder den Einsichten der uralten Weisheitslehren zu öffnen und ihre Erkenntnisse mit den neuen Ergebnissen der Wissenschaften zu verbinden. Und genau so wird auch die heute ebenfalls einseitig gewordene Psychologie und Psychotherapie durch die Urprinzipienlehre der Astrologie zu *ergänzen sein*, wenn wir auf dem Wege des Heilwerdens weiter kommen wollen.

Was durch diese Ausführungen sichtbar geworden sein sollte, ist der Umstand, dass die beste Krankheitsvorsorge das *Entfalten der eigenen, individuellen Anlagen bzw. "Talente"* – wie sie Jesus bezeichnet – *ist,* die mit Hilfe der Astrologie transparent gemacht werden können.

Die Astrologie ist nach meiner eigenen Erfahrung das effektivste Theoriesystem, das wir haben, weil sie mit *archetypischen Symbolen* arbeitet um die wahren Hintergründe des menschlichen Leides transparent machen zu können. Voraussetzung dafür ist aber, dass sie in das *esoterische Weltbild* eingebunden sein muss, um nicht zur Wahrsagerei und sinnlosen Prognosetechnik zu verkommen.

Aber auch wenn ihre Basis die archetypischen Urprinzipien sind – Astrologie somit ein Abbildungssystem der *Wirklichkeit* darstellt –, so sollten wir nicht der Hybris verfallen, man könnte mit ihrer Hilfe das Leben, das Schicksal „in den Griff bekommen". Denn auch wenn sie zu wahren Einsichten und Erkenntnissen über unseren seelischen „Haushalt" führt, bleibt doch die Forderung an uns bestehen, diese Erkenntnisse im Leben umzusetzen und zu *verwirklichen*, was keine leichte Aufgabe ist.

Ich finde es aber wesentlich wichtiger und effizienter, kleine Schritte in die richtige Richtung zu tun, als große Schritte in die Falsche.

Soweit ein kurzer Überblick über das Konzept der psychologischen Astrologie. Da dieses Buch kein Astrologiebuch werden soll, möchte ich dieses Thema hiermit abschließen und mich einem Kapitel zuwenden, aus dem wiederum sichtbar werden könnte, dass echte Heilung untrennbar mit Religion verbunden ist. Religion im Sinne von *Re*-ligio, einer Wieder-verbindung mit dem Göttlichen.

## III Krankheit und Heilung aus biblischer Sicht

Da der Mensch „nach" dem Sündenfall in einem *metaphysischen* Sinne krank ist, kann er auch nur durch wahre Religion wieder geheilt werden.

In Joh. 5, 1 – 9, lesen wir: „Einige Zeit später war ein Fest der Juden, und Jesus ging hinauf nach Jerusalem. In Jerusalem gibt es beim Schaftor einen Teich, zu dem fünf Säulenhallen gehören; dieser Teich heißt auf Hebräisch Betesda. In diesen Hallen lagen viele Kranke, darunter Blinde, Lahme und Verkrüppelte. Dort lag auch ein Mann, der schon achtunddreißig Jahre krank war. Als Jesus ihn dort liegen sah und erkannte, dass er schon lange krank war, fragte er ihn: Willst du gesund werden? Der Kranke antwortete ihm: Herr, ich habe keinen Menschen, der mich, sobald das Wasser aufwallt, in den Teich trägt. Während ich mich hinschleppe, steigt schon ein anderer vor mir hinein. Da sagte Jesus zu ihm: Steh auf, nimm deine Bahre und geh! Sofort wurde der Mann gesund, nahm seine Bahre und ging".

Die naheliegendste Deutung kennen wir: Jesus hat eben ein „Wunder" gewirkt, doch aus esoterischer Sicht sind die Zusammenhänge doch wesentlich komplexer.

An dieser Stelle möchte ich nun auf die Notwendigkeit des Verständnisses der Zahlensymbolik in der Sprache der Bibel hinweisen, die uns Wesentliches erhellen kann. In der hebräischen Sprache hat jeder Buchstabe einen fix zugeordneten Zahlenwert. Sowohl der Begriff *Krankheit* als auch *Schöpfen* sowie ebenso *Kreativität* hat im Hebräischen den Zahlenwert *38*. Die Krankheit kann also etwas Kreatives, etwas Neues schöpfen. Der Zahlenwert des Begriffes *Heil* und *Rettung* beträgt *39*. Das bedeutet, dass Krankheit und Heilung unmittelbar aufeinander folgen.

Wie wir oben gesehen haben, ist der Gelähmte schon *38!* Jahre krank. Diese *38* Jahre sind nun beileibe kein „Zufall", abgesehen davon dass es Zufall in *Wirklichkeit* nicht gibt, wie bereits ausführlich erörtert wurde.

Auf die Frage Jesu: „Willst du heil werden"? kommt als Antwort die Ausrede: „Herr, ich habe keinen Menschen, der mich, sobald das Wasser aufwallt, in den Teich trägt. Während ich mich hinschleppe, steigt schon ein anderer vor mir hinein". Doch Jesus sagt zu ihm völlig unerwartet: „Steh auf, nimm deine Bahre und geh"! Er fordert ihn auf, *selbst* aktiv zu werden und weiter zu gehen. Das Heil, die Heilung ist also jederzeit möglich, unabhängig davon, um welche Krankheit es sich handelt. Auch wenn wir nicht die Möglichkeit haben, Jesus direkt zu begegnen wie jener Gelähmte, so hat er uns doch den folgenschweren Satz hinterlassen: *„Steh auf, nimm deine Bahre und geh"!* Was hier gefordert wird ist der Schritt nach vorne, die Aufforderung, nicht liegen zu bleiben, nicht zurück zu schauen, sondern *in Richtung unserer Berufung aktiv zu werden*, d.h. vorwärts zu gehen, von der Zahl *38*, die im Hebräischen für Krankheit steht, zur Zahl *39* die Heil und Rettung bedeutet. Heilwerden ist ein Akt in unserem Geist, weil wir ja auch nur durch einen Fehlakt in unserem Geist, in unserem Bewusstsein krank werden. In der Krankheit wird dieses Fehlende auf der „Bühne" des Körpers sichtbar und erfahrbar.

Wenn wir aber die Krankheit, d.h. das Symptom nur bekämpfen und nicht nach seiner Botschaft hinterfragen, dann vergeben wir die Möglichkeit, über ein bestimmtes Krankheitssymptom ein Stück heiler in unserer Seele, in unserem Bewusstsein, in unserem Geist zu werden. Es bleibt letztlich nur eine mehr oder weniger gelungene Reparatur, d.h. Wiederherstellung übrig, wofür wir auch dankbar sein werden, doch mit *Heilung* hat es nichts zu tun.

Khalil Gibran drückt unser Kranksein mit wunderbaren Worten aus, wenn er uns sagt: „ihr waret nur *säumig*", d.h. wir haben ver*säumt*, auf unsere Seele zu hören. Die Seele, unser Bewusstsein drückt ihr Unheilsein, ihr Fehlendes über den Körper aus, damit wir *hinschauen* können.

Das Buch *Jona* im Alten Testament erzählt uns die Geschichte des Propheten Jona, der ins Meer (der Krankheit) geworfen wurde, weil er *säumig* war. In dem Moment, wo er beschloss nach Ninive zu gehen und den Auftrag des Herrn erfüllte, d.h. seiner *Berufung* folgte, war auch das Leid vorüber.

*Die Berufung Jonas: 1,1 – 2* „Das Wort des Herrn erging an Jona, den Sohn Amittais: Mach dich auf den Weg, und geh nach Ninive, in die große Stadt, und droh ihr (das Strafgericht) an! Denn die Kunde von ihrer Schlechtigkeit ist bis zu mir heraufgedrungen".

*Jonas Flucht: 1,3-16* „Jona machte sich auf den Weg; doch er wollte nach Tarschisch fliehen, weit weg vom Herrn. Er ging also nach Jafo hinab und fand dort ein Schiff, das nach Tarschisch fuhr. Er bezahlte das Fahrgeld und ging an Bord, um nach Tarschisch mitzufahren, weit weg vom Herrn. Aber der Herr ließ auf dem Meer einen heftigen Wind losbrechen; es entstand ein gewaltiger Seesturm, und das Schiff drohte auseinanderzubrechen. Die Seeleute bekamen Angst, und jeder schrie zu seinem Gott um Hilfe. Sie warfen sogar die Ladung ins Meer, damit das Schiff leichter wurde. Jona war in den untersten Raum des Schiffes hinabgestiegen, hatte sich hingelegt und schlief fest. Der Kapitän ging zu ihm und sagte: Wie kannst du schlafen? Steh auf, ruf deinen Gott an; vielleicht denkt dieser Gott an uns, so dass wir nicht untergehen.

Dann sagten sie zueinander: Kommt, wir wollen das Los werfen, um zu erfahren, wer an diesem unserem Unheil schuld ist. Sie warfen das Los, und es fiel auf Jona. Da fragten sie ihn: Sag uns, was treibst du für ein Gewerbe, und woher kommst du, aus welchem Land und aus welchem Volk? Er antwortete ihnen: Ich bin ein Hebräer und verehre Jahwe, den Gott des Himmels, der das Meer und das Festland gemacht hat. Da bekamen die Männer große Angst und sagten zu ihm: Warum hast du das getan? Denn sie erfuhren, dass er vor Jahwe auf der Flucht war; er hatte es ihnen erzählt. Und sie sagten zu ihm: Was sollen wir mit dir machen, damit das Meer sich beruhigt und uns verschont? Denn das Meer wurde immer stürmischer. Jona antwortete ihnen: Nehmt mich und werft mich ins Meer, damit das Meer sich beruhigt und euch verschont. Denn ich weiß, dass dieser gewaltige Sturm durch meine Schuld über euch gekommen ist. Die Männer aber ruderten mit aller Kraft, um wieder an Land zu kommen; doch sie richteten nichts aus, denn das Meer stürmte immer heftiger gegen sie an. Da riefen sie zu Jahwe. Ach Herr, lass uns nicht untergehen wegen dieses Mannes, und rechne uns, was wir jetzt tun, nicht als Vergehen an unschuldigem Blut an. Denn wie du wolltest, Herr, so hast du gehandelt. Dann nahmen sie Jona und warfen ihn ins Meer, und das Meer hörte auf zu toben. Da ergriff die Männer große Furcht vor Jahwe, und sie schlachteten für Jahwe ein Opfer und machten ihm viele Gelübde".

Ich möchte der Leserin, dem Leser die folgenden Abschnitte über die Rettung des Propheten Jona, Jona's Gang nach Ninive sowie seine Belehrung hier ersparen – sie sind nachzulesen im Alten Testament an den oben angeführten Stellen. Was die Bedeutung dieser Texte betrifft, so kann es sich nur um die Aussage handeln, dass wir aufgefordert sind, unserer *Berufung* zu folgen, jeder auf seine Art. Im übertragenen Sinne wurde Jona ins Meer (der Krankheit) geworfen, um seinen Auftrag zu erkennen und ihn zu erfüllen.

In dem Moment, wo sich Jona entschloss dem Auftrag Gottes nach zu kommen, und nach Ninive zu gehen, war sein Leid vorbei. Jede Form der Krankheit und jedes Leid heilt und wandelt sich dadurch, dass wir unseren Weg gehen, dass wir von der *Zahl 38 weiter gehen zur Zahl 39, die die Heilung symbolisiert*. Nicht passiv liegen bleiben auf der Bahre, sondern sie in die Hand nehmen und weiter gehen auf unserem Weg. *„Hinfallen ist keine Schande, aber liegen zu bleiben schon!"* - wie uns schon der griechische Philosoph Demokrit lehrt.

Auch der Mythos des Sündenfalles erzählt uns im Wesentlichen die gleiche Wahrheit. Nachdem wir das Paradies – *um der Erkenntnis willen* – verlassen haben, müssen wir über viele Irr- und Umwege durch die *Polarität* wieder zum Vater zurückkehren und das Scheitern unseres *Egos* auf uns nehmen. Wenn wir zu Hause bleiben, wenn wir liegen bleiben auf unserer Bahre, lernen wir nichts dazu – wie jener Sohn im Gleichnis, der zuhause bleiben wollte, um sich die eigenen Anstrengungen zu ersparen. Er erhielt aber im Gegensatz zu seinem Bruder, der auszog und bei seiner Heimkehr vom Vater reich beschenkt wurde, daher auch keine Belohnung.

Der rote Faden, der sich durch diese Abhandlung zieht ist der, dass wir unseren Weg gehen müssen, unseren je individuellen, ureigenen Weg. Diesen Weg kann niemand anderer für uns gehen, diesen Weg kann uns niemand abnehmen. Einen Weg gehen heißt auf ein Ziel zugehen, das in der Zukunft liegt. Vergangenheit ist tot, dort können wir nicht mehr eintreten, in der Zukunft sind wir noch nicht. Wenn Zukunft anbricht, ist sie wieder Gegenwart. Wir können demnach unsere Probleme nur im *Hier und Jetzt* lösen, nur in der Gegenwart, weil nur Gegenwart *wirklich* ist. Heilung kann daher nur in der Gegenwart stattfinden, daher müssen wir auch die religiösen Berichte und Erzählungen in die Gegenwart bringen. Die Vergangenheit kann uns *Muster* sichtbar machen, aber Heilung und Erlösung ist nur in der Gegenwart möglich. Und wenn wir die religiösen Überlieferungen auch noch so historisch-kritisch analysieren, so verlieren sie aus diesem Betrachtungswinkel ihre Heilwirkung. Die Wissenschaft erforscht Vergangenes und damit das sich schon *manifestiert* Habende. Das führt zu ihrem Totsein. Aus diesem Grunde huldigt sie dem Fortschritt, um auf diese Weise ein – wenn auch eingebildetes – Lebendigsein vorzutäuschen. Wenn wir uns mit der Vergangenheit identifizieren, dann erstarren wir – wie Lots Weib in Genesis 19, 23 –26: „Als die Sonne über dem Land aufgegangen und Lot in Zoar angekommen war, ließ der Herr auf Sodom und Gomorra Schwefel und Feuer regnen, vom Herrn, vom Himmel herab. Er vernichtete von Grund auf jene Städte und die ganze Gegend, auch alle Einwohner der Städte und alles, was auf den Feldern wuchs. Als Lots Frau zurückblickte, wurde sie zu einer Salzsäule".

Das Wesentliche ist, unseren Weg weiter zu gehen, nicht stehen zu bleiben und nicht zurück zu blicken, sondern unserer *Berufung* zu folgen. Diese Berufung zu erkennen, ist nicht einfach, sondern schwierig. Aus meiner Erfahrung kann uns hier die Astrologie – in einem richtigen Sinne verstanden – helfen, uns dieser Berufung *symbolisch* anzunähern. Da *Alles* in dieser Welt *Symbol* für einen dahinterliegenden *Inhalt* ist, ist diese Methode die genialste die ich kenne, weil sie ganzheitlich, weil sie archetypisch ist. Sie stimmt auch mit dem Gleichnis Jesu von den *Talenten* überein, welche *Anlagen* darstellen, die für unsere *Berufung* wesentlich sind.

In Matth. 25, 14 –30 können wir entsprechend lesen: „Es ist wie mit einem Mann, der auf Reisen ging; Er rief seine Diener und vertraute ihnen sein Vermögen an. Dem einen gab er fünf Talente Silbergeld, einem anderen zwei, wieder einem anderen eines, jedem nach seinen Fähigkeiten. Dann reiste er ab. Sofort begann der Diener, der fünf Talente erhalten hatte, mit ihnen zu wirtschaften, und er gewann noch fünf dazu. Ebenso gewann der, der zwei erhalten hatte, noch zwei dazu. Der aber, der das eine Talent erhalten hatte, ging und grub ein Loch in die Erde und versteckte das Geld seines Herrn. Nach langer Zeit kehrte der Herr zurück, um von den Dienern Rechenschaft zu verlangen.

Da kam der, der die fünf Talente erhalten hatte, brachte fünf weitere und sagte: Herr, fünf Talente hast du mir gegeben; sieh her, ich habe noch fünf dazugewonnen. Sein Herr sagte zu ihm: Sehr gut, du bist ein tüchtiger und treuer Diener. Du bist im Kleinen ein treuer Verwalter gewesen, ich will dir eine große Aufgabe übertragen. Komm, nimm teil an der Freude deines Herrn!

Dann kam der Diener, der zwei Talente erhalten hatte, und sagte: Herr, du hast mir zwei Talente gegeben; sieh her ich habe noch zwei dazugewonnen. Sein Herr sagte zu ihm: Sehr gut, du bist ein tüchtiger und treuer Diener. Du bist im Kleinen ein treuer Verwalter gewesen, ich will dir eine große Aufgabe übertragen. Komm, nimm teil an der Freude deines Herrn! Zuletzt kam auch der Diener, der das eine Talent erhalten hatte, und sagte: Herr, ich wußte, dass du ein strenger Mann bist; du erntest, wo du nicht gesät hast, und sammelst, wo du nicht ausgestreut hast; weil ich Angst hatte, habe ich dein Geld in der Erde versteckt. Hier hast du es wieder. Sein Herr antwortete ihm: Du bist ein schlechter und fauler Diener! Du hast doch gewußt, dass ich ernte, wo ich nicht gesät habe, und sammle, wo ich nicht ausgestreut habe. Hättest du mein Geld wenigstens auf die Bank gebracht, dann hätte ich es bei meiner Rückkehr mit Zinsen zurückerhalten. Darum nehmt ihm das Talent weg und gebt es dem, der die zehn Talente hat! Denn wer hat, dem wird gegeben, und er wird im Überfluß haben; wer aber nicht hat, dem wird auch noch weggenommen, was er hat. Werft den nichtsnutzigen Diener hinaus in die äußerste Finsternis! Dort wird er heulen und mit den Zähnen knirschen".

Die *Talente* können wir mit unseren *Anlagen* gleichsetzen und wir haben diese nicht bekommen, um sie zu vergraben, d.h. sie zu verdrängen, sondern mit ihnen zu wuchern, sie zu *entfalten*. Das ist auch gemeint mit der oft missverstandenen Aussage*: „wer hat, dem wird gegeben"*, weil wir fälschlich annehmen, dass dem gegeben werden sollte, der nicht hat.

Um diese Anlagen erkennen zu können, kann uns – wie oben erwähnt – die *Astrologie* wesentlich helfen. Da die Astrologie die Königsdiziplin der Esoterik ist und immer war, will ich mich nun dem *esoterischen* Weltbild zuwenden. Zuvor finde ich es aber notwendig, aufzuzeigen, was Esoterik nicht ist, was ich mit dem Ausdruck „Pseudoesoterik" bezeichnen möchte.

## IV Pseudoesoterik – New-Age – Positives Denken und Ähnliches

Esoterik in einem richtig verstandenen Sinne lehrt ein sehr anspruchsvolles Weltbild. Umso befremdender wirken dann öffentliche Aussagen und Stellungnahmen von Seite häufig kirchlich orientierter und autorisierter „Fachleute" zu den Themen Religion und Esoterik. Da werden Vorträge zum Thema gehalten, deren Inhalte einfach Kompetenz vermissen lassen. Es werden Inhalte des esoterischen Weltbildes entweder absichtlich oder aus Unwissen auf den Kopf gestellt und einfach falsch dargestellt.

Ich zitiere in diesem Zusammenhang aus einer Broschüre mit dem Titel:

„Esoterik – Was sagt das Christentum dazu?"

„Esoterik verschweigt und verharmlost also in letzter Konsequenz das Schwierige, Widersprüchliche, Sperrige und Anstrengende. Angesichts der großen Herausforderungen (individuell, gesellschaftlich, religiös, wirtschaftlich, politisch) und Problemlagen (z.B. rasante technische Entwicklungen, komplexe wirtschaftliche und politische Vorgänge, Zusammenbrechen bisheriger Traditionen, Deutungsmuster..) ist dieses Ignorieren zwar verständlich, ist der Wunsch nach einem „sich-wegträumen" und „sich-wegmeditieren" naheliegend, aber keine gute Lösung".
Der Schwerpunkt dieser Kritik – besser gesagt unqualifizierten Polemik der Esoterik gegenüber – bezieht sich, meines Erachtens nach, auf die Gefahr einer Weltflucht; ein manchmal durchaus berechtigter Vorwurf an manche „Esoteriker". Hierbei wird Esoterik aber mit Pseudo-Esoterik verwechselt, die es leider gerade heute bedrückend häufig gibt, was im sogenannten Esoboom zum Ausdruck kommt. Das Meiste, was heute unter dem Titel „Esoterik" verkündet wird, hat mit echter Esoterik nichts zu tun. Traurig dabei ist aber vor allem der Umstand, dass die häufig

kirchlich autorisierten „Fachleute" den Unterschied zwischen echter Esoterik und den missbräuchlichen Ausformungen dieser großen Lehre nicht mehr kennen. Hier wäre zu empfehlen, sich fürs erste in diesem Bereich zu bilden, bevor man in der Öffentlichkeit in unqualifizierter Weise die wahren Inhalte der esoterischen Lehre entstellt.

Parallel dazu sei genauso zu fragen, was hat der häufig eklatante Missbrauch der christlichen Lehre durch die katholische Kirche im Verlauf ihrer oft traurigen Geschichte mit der *im Kern wahren* christlichen Lehre zu tun? Missbrauch gibt es überall, und es gibt nichts, was nicht vom Menschen schon missbraucht worden ist. Missbrauch, wo immer er geschieht, kann letztlich von niemandem verhindert werden. Nur der eigene, *selbstverantwortliche* Umgang mit dem Leben – und zwar in allen Bereichen – ist gefordert. *Selbsterkenntnis* und *Selbstverantwortung* sind wesentliche Bestandteile und Ziele *der esoterischen Lehre sowie des esoterischen Weges.*

Bei so manchen Diskussionen in den Medien über diese heiklen Themen kann man immer wieder kritische Einwände von Wissenschaftlern vernehmen, die Kompetenz von nicht akademisch gebildeten Teilnehmern einfordern. Sie setzen dabei stillschweigend ihre eigene Kompetenz als selbstverständlich voraus, nur weil sie beispielsweise Theologie oder Philosophie an einer Universität studiert haben und der irrigen Meinung sind, man könne Wissen nur an einer solchen Bildungseinrichtung erwerben. Gerade durch die totale Verwissenschaftlichung des Themas Religion durch die historisch-kritisch orientierte Theologie, ist mehr zerstört als erhellt worden. Auch hier gilt das Jesuwort: *„An ihren Früchten sollt ihr sie erkennen."*

Studiert man die „Expertisen" so mancher kirchlicher Vertreter in Sachen Esoterik, so drängt sich einem häufig unweigerlich der Verdacht auf, dass hier vielleicht Esoterik mit New-Age verwechselt wird. Aus diesem Grunde möchte ich versuchen, auch diese Denkrichtung ein wenig zu beleuchten.

Zu diesem Zweck will ich ein Zitat von Dr. Rüdiger Dahlke – Arzt und Psychotherapeut – diesen Betrachtungen voranstellen: „Christliche Kirchen, Apparatemedizin und Wirtschaftspolitik haben unsere Zeit reif gemacht für die Esowelle, aber nur sehr bedingt für Esoterik. Die Diskrepanzen zwischen dem Esoboom einerseits und der esoterischen Lehre andererseits sind bei näherer Betrachtung augenfällig."

Zu diesem Thema schreibt Dahlke weiter unter der Überschrift „Wiedereinführung der Kausalität durch die Hintertür des New-Age": „Das von der modernen Physik in die New-Age Bewegung eingeführte neue Weltbild ist dermaßen anspruchsvoll, daß sich die oft wenig anspruchsvollen Anhänger des Neuen Zeitalters recht schnell auf altgewohntes Denken zurückzogen. So konnten sie dann wieder mit dem alten Kausalitätsgedanken in gewohnter Weise umgehen, vergaben damit aber auch die Chance, etwas wirklich Neues entstehen zu lassen. Die ursprünglich federführenden Wissenschaftler verließen so allmählich die Bewegung, zum Teil enttäuscht wie etwa Capra, daß aus ihren revolutionären Ideen eine derart harmlose, wenn auch lieb gemeinte Kinderverschwörung für eine liebevolle Zukunft geworden war." [1]

Und weiter: „Sowohl die Licht-und-Liebe-Richtung, als auch die ins Politische tendierende haben aber längst die ursprüngliche Basis eines neuen Weltverständnisses verlassen. Bei der politisch engagierten Bewegung wird der Rückgriff auf alte kausale Denkstrukturen besonders deutlich, wenn Verursacher der Umweltkatastrophe angeklagt werden und mit funktionalen Maßnahmen versucht wird, etwas wieder in den Griff zu bekommen, das auf inhaltlicher Ebene entgleist ist. Die Tendenz, die Schuld für das Scheitern der ganzen Bewegung, die bereits wieder deutlich an Einfluß verliert, auf äußere Widersacher zu schieben, zeigt, wie tief man ins Projizieren geraten ist. Esoterik verlangt aber das Gegenteil, die Zurücknahme aller Projektionen". [2]

An dieser Stelle taucht die Frage auf, warum sich die Kirche so sehr auf diese New-Age-Bewegung einschießt, wo doch gerade die *echte Esoterik* und nicht New-Age ihr ureigenes Thema sein müsste. Sich mit echter Esoterik tief und ernst auseinander zu setzen und damit mit den eigenen Wurzeln, das wäre sinnvoll, nicht das Führen von Scheingefechten mit pseudoesoterischen Strömungen.

In der New-Age-Bewegung werden manchmal einige wesentliche religiöse Inhalte aus der Esoterik entnommen und solange umgedeutet, bis sie ins eigene Konzept passen, ähnlich wie bei der Kirche, in der die *Esoterik des Anfangs* – Jesus hat reine Esoterik gelehrt – solange umgedeutet wurde, bis sie ins eigene, auf weltliche Macht und Einfluss zielende Programm gepasst hat. Wenn nicht die Wurzeln jener Denkfehler, die zu einer Verflachung der christlichen Lehre geführt haben, analysiert werden, wird sich die so not-wendige, grundlegende, geistige Erneuerung in dieser Kirche nicht einstellen. Solange es an Einsicht bei den Verantwortlichen fehlt, muss der leider vielerorts zu beobachtende spirituelle Niedergang des Christentums in seiner heute verbreiteten Form voranschreiten bis zu seinem bitteren Scheitern. Ich habe es oben schon angedeutet und werde es in der Folge noch deutlicher tun: Was den christlichen Kirchen ebenso wie der modernen Wissenschaft von heute fehlt, ist *der weibliche Pol* auf allen Ebenen, womit wir wieder bei der schon oft zitierten Einseitigkeit als Ergebnis des Fehlens der *Kehrseite der Medaille* angekommen sind.

Zu diesem weiblichen Pol gehört auch das „weibliche Denken", und weibliches Denken ist esoterisches Denken mit all den unverzichtbaren Leistungen der rechten Gehirnhälfte wie beispielsweise *Intuition* oder das *ganzheitliche* Erfassen von komplexen Zusammenhängen. Dazu ist die männliche, linke Gehirnhälfte des Menschen nicht fähig. Es ist auch nicht ihre Aufgabe. Ihre Qualität liegt im Spalten, Auffächern und Analysieren. Und so gilt auch hier wieder – es bedarf beider Seiten beider Pole, die einander ergänzen sollen. Jede Einseitigkeit führt zwangsläufig ins Unheil.

Bevor wir von dieser, an alten und eingefahrenen Weltdeutungen festhaltenden Kirche irgendetwas vom versprochenen Seelenheil erwarten dürfen, wird es diese Kirche *in ihrer heutigen Form* nicht mehr geben.

Wie bereits schon mehrfach erwähnt, nähern sich die Erkenntnisse der neuen Physik in wichtigen Punkten den uralten esoterischen Weisheitslehren und deren Inhalten an, die vorwiegend über philosophische und metaphysische Wege vor Jahrtausenden gefunden wurden.

Doch unsere katholische Kirche beruft sich stattdessen auf ihr „unfehlbares" Lehramt, auf die „Unfehlbarkeit" des Papstes, die sie allerdings erst beim Vatikanischen Konzil von 1870 „entdeckt" und formuliert hat.

Wenngleich diese Kirche auch nicht mehr die Kirche des finsteren Mittelalters ist; geistige Bevormundung ihrer Gläubigen und auch der Kirche fremd stehender Menschen kann sie auch heute noch nicht lassen. Es wird eine Frage der Zeit sein, wie lange sich *erwachsene* Menschen überhaupt noch bevormunden lassen werden.

Da es in der Entwicklung des Menschen um Freiheit und Selbständigkeit auf der Grundlage von *Selbstverantwortung* geht, liegt es am Einzelnen, ob er bereit und fähig ist, diese Verantwortung für sein Leben in der Welt auf allen Ebenen zu übernehmen. Das ist aber das *Ziel* eines esoterischen Weges mit allen Konsequenzen. Dass dieses Ziel nicht im Sinne einer Kirche liegt, ist nach meiner Auffassung auch der Grund dafür, die Gläubigen mittels oft selbst geschaffener Gebote und Verbote von ihr abhängig zu machen, um seelische wie geistige Macht über sie ausüben zu können. Die esoterische Lehre widerspricht aber solchen Ansprüchen und das dürfte auch der Grund dafür sein, dass sich Kirchen – in unserem Kulturkreis primär die katholische – mit solcher Vehemenz immer noch gegen Esoterik und Astrologie stemmen, wobei sie offensichtlich vergessen haben, dass ihre eigenen Wurzeln *esoterische* sind.

Eine andere Gruppe mit pseudoesoterischen Ansätzen, sind die sogenannten „Positivdenker". Diese arbeiten mit Selbstsuggestionen und Affirmationen. Hierbei werden sozusagen „positive" Wirkungen geradezu herbeigeredet bzw. herbeigedacht, was fürs Erste durchaus funktionieren kann, doch in einer polaren Welt hat alles *zwei* Seiten – wie eine Medaille – und damit auch seinen Preis bei der Leugnung einer zugunsten der anderen.

Dazu noch einmal Dahlke: „Die Methode wirkt, und es ist nicht viel gegen sie einzuwenden, außer, daß sie überhaupt nichts mit Esoterik zu tun hat und dem Ziel der Esoterik, nämlich Bewußtwerdung und Befreiung diametral entgegenläuft. Sie arbeitet nach demselben Prinzip wie Schulmedizin und – psychologie, nämlich allopathisch. Gegen negative Programme kämpft man mit positiven an, mit dem Gegenteil also. Ob man mit Cortison Krankheitssymptome unterdrückt, mit Psychopharmaka seelische Symptome niederhält (z.B. Stimmungsaufheller gegen Depressionen) oder mit Affirmationen gegen alle möglichen Symptome angeht, bleibt sich im Prinzip egal. Hier wie dort geht es um Kampf gegen etwas Ungeliebtes und nicht um Aussöhnung, und somit ist man auf dem Gegenpol zur esoterischen Lehre." [3]

Das Polaritätsgesetz – auf dessen Begründung und Ableitung aus der Schöpfungsgeschichte ich an späterer Stelle ausgiebig eingehen werde – wirkt überall und ohne Ausnahme und somit auch beim „positiven Denken". Wenn es als *Strategie* eingesetzt wird, um Negatives zum „Verschwinden" zu bringen, muss es scheitern. Denn dem Polaritätsgesetz entsprechend wächst mit den durch Affirmation angestrebten Positiven im *Unbewussten* der Gegenpol – also das Negative – ebenfalls mit und drängt nach Verwirklichung als Manifestation im Außen.

Dahlke: „So wie die Schulmedizin kurzfristig angenehmer und einfacher ist als Homöopathie, so ist auch Schattenverdrängung mit Affirmationen kurzfristig wesentlich angenehmer und einfacher als die vom esoterischen Weg geforderte Schattenintegration. Da das Polaritätsgesetz langfristig nicht zu umgehen ist, bleibt positives Denken daher lediglich ein Umweg." [4]

Schatten*integration* ist somit das Wichtigste und Wesentlichste und zugleich Schwierigste auf dem esoterischen Weg. Sie aber erfüllt das Gebot Jesu von der *Feindesliebe* am wirkungsvollsten, weil unsere so genannten *Feinde* im Außen ja nichts Anderes sind als *Projektionsflächen* für unsere *un*bewussten *Schatten*anteile in unserer Seele, die es zu *integrieren* gilt.

Wie so vieles in unserer Welt ist auch Esoterik missbraucht worden und wird es noch immer. Dies liegt im Wesen der polaren Welt begründet und ist mit *funktionalen* Maßnahmen im Außen *allein* nicht zu vermeiden. Da die Esoterik dies weiß, versucht sie auch gar nicht es zu verhindern, sondern appelliert vielmehr an die *Selbstverantwortung* des Menschen für sich und damit zugleich für seine Umwelt, da diese Umwelt ja letztlich nichts Anderes als das Ergebnis unserer eigenen Projektion ist.

Auch die Astrologie, die Königsdisziplin der Esoterik, wurde und wird leider von Scharlatanen missbraucht, wie so vieles andere auch. Aber für alle Bereiche gilt in gleichem Maße: Nach dem *Polaritätsgesetz* stehen Täter und Opfer in einer engen *inneren* Beziehung zueinander und somit ist auch das Opfer aufgefordert, äußere Er-*eig*-nisse zu sich selbst in Beziehung zu bringen und Verantwortung für sich zu übernehmen. Vielleicht kann mit solchen Beispielen der hohe Anspruch des esoterischen Weltbildes an den Menschen deutlich werden. So gesehen fallen obige Vorwürfe, wie in der schon erwähnten Broschüre: „Esoterik, was sagt das Christentum dazu", in sich zusammen.

Ebenso hat die teilweise zu beobachtende Euphorie für Channeling nichts mit wahrer Esoterik zu tun. Was da alles diktiert und durchgesagt wird, ist haarsträubend. Dem *Resonanzgesetz* zufolge können wir nur mit Seelen im Jenseits in Kontakt kommen, die ungefähr auf unserem Bewusstseinsniveau angesiedelt sind. Analog dazu funktioniert echte Prophetie auch auf Basis des Resonanzgesetzes. Aus diesem Grunde ist es auch verständlich, dass es relativ wenig große und echte Propheten in der Menschheitsgeschichte gegeben hat.

Esoterik automatisch und pauschal mit Sekten in Verbindung zu bringen, wie es in den Medien immer wieder geschieht, ist unverantwortlich und dumm. Wahre Esoterik erfüllt kein einziges Kriterium, das für Sekten typisch ist, wie: organisierte Gruppen, Mitgliedsbeiträge (man kann „im Gegensatz zur Kirche" bei der

Esoterik nicht einmal Mitglied werden), Mission, geistige Bevormundung, Gehirnwäsche, Zwang, Fanatismus, Ideologie usw., alles Kennzeichen, die in der *echten* Esoterik *nicht* gegeben sind. Esoterische Orden dürfen nicht mit organisierten Gruppen verwechselt werden. Wahre Esoterik zielt auf *Befreiung* von den Zwängen der polaren Welt und ist seit Menschengedenken in der Welt und im Menschen selbst grundgelegt.

Diese *eine* Lehre wird und wurde von den großen religiösen Gestalten und Eingeweihten durch alle Zeiten und Kulturen weiter tradiert.

Der Begriff „Esoterik" stammt aus dem Griechischen – *„esoterikos"* – das heißt, „zum inneren Kreis gehörig" und meint den *Innenweg* des Menschen, nicht mehr, aber auch nicht weniger, im Gegensatz zum äußeren Kreis, was im Griechischen *„exoterikos"* heißt.

Diesen an sich neutralen Begriff *Esoterik* soweit wie möglich wieder von allem Unrat – der sich im Laufe der Zeit angesammelt hat – zu *reinigen*, von Esokitsch und Esoboom genauso wie von allem oben Beschriebenen, ist mit ein Anliegen dieses Buches. Damit möchte ich es vorerst bei diesen Klarstellungen bewenden lassen und mich nach diesem Abstecher in die Pseudoesoterik, der Darstellung des esoterischen Weltbildes in seiner *gültigen* Form widmen.

Wenn das naturwissenschaftliche Weltbild auch sehr schwerwiegende Konsequenzen in vielen Lebensbereichen – sowohl positive wie auch negative – zur Folge hatte, im Bereich der Religion überwiegen meinem Erachten nach die *negativen*. Und so sollte *das esoterische Weltbild* als sinnvolle Alternative in den Raum gestellt werden. Die Wissenschaft als eine auf Intellekt und Ratio gründende Sicht der Welt hat wohl Platz in der Esoterik, was umgekehrt nicht möglich ist. Trotzdem wäre es wünschenswert, wenn beide Denkrichtungen sich annähern könnten, was ja zum Teil in der *neuen Physik* – also in der Quantenphysik – erfreulicherweise schon stattfindet.

# V  Das esoterische Weltbild

*Esoterik* ist heute ein schillernder Begriff geworden, um den sich viele Missverständnisse ranken. Zu viele Vorstellungen haben sich um diesen Begriff im Laufe der Zeit angesammelt. Dabei heißt Esoterik, wie wir oben gesehen haben, nicht mehr und nicht weniger als: *der innere Kreis,* der *Innenweg,* im Gegensatz zum uns allen geläufigen und vertrauten Außenweg, dem exoterischen, den wir als ganz normal und selbstverständlich ansehen.

Für die esoterische Lehre gibt es mehrere Bezeichnungen wie: *„Hermetische Philosophie", „Philosophia perennis"* d.h. *„Die ewige Philosophie", „Die Große Kette des Seins",* oder *„Die Große Verschachtelung des Seins."*

## Die Frage nach dem Sinn des Lebens

Wir versuchen unser Leben, unseren Alltag auf je eigene Art und Weise zu bewältigen. Unsere Sehnsüchte versammeln sich um den Begriff des Glückes, was immer der Einzelne damit verbindet. Normalerweise ist es Gesundheit, Reichtum, Ansehen, Erfolg, Karriere, beglückende Beziehungen usw.

Nun kann man sich natürlich fragen, warum gelingt es manchen Menschen, sich diese Wünsche zu erfüllen, und warum bleiben sie so vielen versagt? Und hat man diese Ziele mehr oder weniger erreicht, stellen sich neue Fragen: Und was nun? Wie kann ich das Erreichte sichern oder vielleicht noch ein wenig vermehren? Was ist, wenn ich krank werde, was habe ich dann von all dem Erreichten? Und was ist, wenn ich all das Erreichte verlassen, zurücklassen muss, weil meine Lebenszeit sich seinem Ende nähert?

Fragen über Fragen, aber keine befriedigenden Antworten. Gibt es ein Leben nach dem Tod? *Hat das Leben überhaupt einen Sinn?* Je nachdem in welche Richtung man diese Fragen stellt, bekommt man auch die entsprechenden Antworten. Gibt es überhaupt tragfähige Antworten oder sind alle nur Versuche, uns über unsere Situation hinweg zu trösten?

Nun, ich maße mir nicht an, diese Fragen eindeutig beantworten zu können, schon alleine deshalb nicht, weil es keine Eindeutigkeit gibt. Das Kennzeichen des Lebendigen ist der *Widerspruch,* ist die *Ambivalenz.* Man kann alles so oder *so* sehen, es aus den verschiedensten Blickwinkeln betrachten und je nach Standort werden die Antworten entsprechend ausfallen. Die einen glauben an die Wissenschaft, nachdem sie deren beeindruckenden „Erfolge" als „Beweis" für die Richtigkeit dieser Weltanschauung ansehen, die anderen suchen Halt bei ihrer Kirche, wieder andere kehren dieser enttäuscht den Rücken und wenden sich anderen Religionen oder gar Sekten zu, wieder andere machen sich scheinbar überhaupt keine Gedanken über den *Sinn* des menschlichen Daseins. Aber doch verlangen die meisten Menschen nach Dauer, Sicherheit und *Sinn* angesichts der fürchterlichen und tragischen Schicksale, die uns täglich umgeben und von den Medien in entsprechenden Bildern ins Haus geliefert werden.

Letzten Endes bleibt, meiner Meinung nach, nur die *Religion* übrig, nachdem wir die verschiedensten Philosophien und Weltbilder durchforstet haben. Aber welche Religion ist die „richtige", welche weiß die Antworten auf die gestellten Fragen?

Die menschliche Existenz ist irgendwie angekränkelt, irgendwie gefährdet, irgendetwas stimmt doch nicht mit unseren Wünschen und Vorstellungen überein. Und haben wir irgendwann einen „Zipfel" vom Glück erhascht, stellt sich vielleicht auch schon wieder die Angst ein, es zu verlieren. Wir lassen uns versichern gegen alle möglichen Eventualitäten des „Schicksals" und sind froh, wenn wir ohne größere Schicksalsschläge davon kommen. Was ist eigentlich Schicksal? Ist nicht doch alles „Zufall"? Wie kann man negativem Schicksal und blindem Zufall entgehen? Gibt es Gott, oder sind solche Vorstellungen Wunschdenken? Und wenn es ihn gibt, warum hat er nicht eine „bessere" Welt geschaffen? Wenn uns das Schicksal hart anfasst, dann taucht automatisch die Frage auf: Warum lässt Gott das zu, wenn er doch *nur* gut ist, wie uns die Kirchen versichern?

Wir könnten endlos so weiter fragen, ohne an ein Ende zu kommen. Dass die entsprechenden Antworten am ehesten doch aus dem religiösen Bereich kommen könnten, spüren wir unbewusst irgendwie.

Diese „Sache mit Gott", hat schon seine Richtigkeit und wir werden später sehen, dass das Bild, das wir uns von Gott machen, sehr oft mit unserer erfahrenen Lebenswirklichkeit nicht in Deckung zu bringen ist. Es heißt ja schon in der Bibel, dass wir uns von Gott *kein Bildnis* machen dürfen, wobei darunter am ehesten gemeint sein mag, dass wir uns kein *fixes* Bild von diesem Gott machen sollen, obwohl uns die Kirche doch einen „persönlichen" Gott lehrt. Letztlich kommen wir aber doch nicht um irgendeine Gottesvorstellung herum oder wir werden Agnostiker oder Atheisten. Dabei ist es für unser Leben von entscheidender Bedeutung, wie diese Vorstellung ausfällt, welches Gottesbild bzw. welches Weltbild wir zu unserem Eigenen machen. Es bestimmt unser Leben mehr als wir vielleicht glauben und es ist beileibe keine nebensächliche Angelegenheit, für welches Weltbild wir uns entscheiden.

Die Überschrift dieses Kapitels lautet: *Das esoterische Weltbild* und ich möchte versuchen, dieses Weltbild so verständlich wie möglich darzustellen, ohne irgendjemanden dafür vereinnahmen zu wollen. Vielleicht ist es möglich, diese Ausführungen zunächst einfach als Hypothesen anzusehen und sie so neutral wie möglich zu betrachten. Denn: Esoterik missioniert nicht.

## Die Philosophia perennis, die ewige Philosophie

Es handelt sich bei Esoterik um eine uralte Lehre, die bis in die graue Vorzeit zurückreicht und historisch kaum festzumachen ist. Sie ist eine weltumspannende Lehre, die man mit verschiedenen Namen belegen kann, wie oben schon betont wurde. *„Herme-*

tische Philosophie" oder „Die Große Kette des Seins" oder eben schlicht und einfach – Esoterik.

Diese *Philosophia perennis* ist eine sich durch alle Zeiten und Kulturen hindurch ziehende Lehre, die nicht etwa – wie man vielleicht glauben könnte – als eine Theorie neben anderen Theorien zu verstehen ist, sondern als eine *gemeinsame Erfahrung*, die verschiedene Menschen in allen Kulturen und zu allen Zeiten gemacht haben, nachdem sie den esoterischen Weg gegangen sind.

Dazu Ken Wilber in seinem Buch „Naturwissenschaft und Religion":„Huston Smith, für viele die führende zeitgenössische Autorität auf dem Gebiet der vergleichenden Religionswissenschaften, hat in seinem großartigen Buch *Forgotten Truth* gezeigt, daß praktisch alle großen Weltreligionen dem Glauben an die Große Kette des Seins anhängen. Mit diesem Befund steht Smith nicht allein.

Von Ananda Coomaraswamy bis René Guénon, von Fritjof Schuon bis Nikolaj Berdjaev, von Michael Murphy bis Roger Walsh, von Seyyed Nasr bis Lex Hixon lautet der Befund einhellig: Der Kern der prämodernen religiösen Welt ist die Große Kette des Seins.

Diese mehr oder weniger universelle Auffassung besagt, dass die Wirklichkeit ein reiches Gewebe ineinandergreifender Ebenen ist, die *vom Stoff über den Körper und den Geist zur Seele und zum GEIST reichen*. Jede höhere Ebene umfängt ihre niedrigeren Dimensionen in einer Aufeinanderfolge von Verschachtelungen des Seins, so daß alle Dinge und Ereignisse in der Welt mit allen anderen verwoben sind und alles letztlich vom GEIST, von Gott, von der Göttin, vom Dao, von Brahman, vom Absoluten umfangen und in dieses „eingefaltet" ist.

Wie Arthur Lovejoy in seiner klassischen Abhandlung über die Große Kette ausführlich gezeigt hat, war diese Wirklichkeitsauffassung in der Tat „die vorherrschende offizielle Philosophie des größeren Teils der zivilisierten Menschheit während des größten Teils ihrer Geschichte". Die Große Kette der Wesen ist die Weltsicht, der „die Mehrzahl der feinsinnigeren spekulativen Denker und der großen religiösen Lehrer (in Ost und West) in ihrer je unterschiedlichen Weise anhingen". Diese erstaunliche Übereinstimmung tief religiöser Überzeugungen hat Alan Watts zu der folgenden schlichten Feststellung veranlaßt: „Wir sind uns der Eigenartigkeit unserer Haltung gar nicht bewußt und vermögen die schlichte Tatsache nicht einzusehen, daß es einmal einen philosophischen Konsens universeller Reichweite gab. Ihm hingen (Männer und Frauen) an, die von denselben Einsichten berichten und dieselben grundlegenden Lehren verkünden, ob sie heute oder vor 6000 Jahren lebten, in New Mexico im fernen Westen oder in Japan im fernen Osten." [1]

Alle Kulturen wissen um diese Philosophie und es hat den Anschein, dass ausgerechnet unsere heutige, von der Wissenschaft stark geprägte Kultur, hier die Ausnahme bilden sollte.

> Diese der Menschheit *gemeinsame* Philosophie beinhaltet *die Summe allen Wissens*, das über diese Welt errungen werden kann. Philosophie bedeutet ja die „Liebe zu Weisheit und Wahrheit", und da es nur *eine* Wahrheit geben kann, kann es auch nur *eine* Philosophie geben, die dieser Wahrheit am nächsten kommt, und das ist die *„Hermetische Philosophie"*, die *„Philosophia perennis"*.

Diese Wahrheit wurde niedergeschrieben auf einer Tafel aus grünem orientalischem Korund, die seit langer Zeit verschollen ist und unter dem Namen „Tabula smaragdina" in die Geschichte eingegangen ist. Dieser Text geht zurück auf Hermes Trismegistos, dem „dreimal großen Hermes." Er war Priester und Eingeweihter in Ägypten, seine Biographie ist geschichtlich nicht mehr rekonstruierbar, was aber der Wahrheit des Textes keinen Abbruch tut, weil Wahrheit, wie sich noch zeigen wird, nicht von historischen Fakten abhängig ist.

1. Wahr ist es ohne Lügen, gewiß und aufs allerwahrhaftigste.
2. Dasjenige, welches Unten ist, ist gleich demjenigen, welches Oben ist: Und dasjenige, welches Oben ist, ist gleich demjenigen, welches Unten ist, um zu vollbringen die Wunderwerke eines einzigen Dinges.
3. Und gleich wie von dem einigen **Gott** erschaffen sind alle Dinge, in der Ausdenkung eines einigen Dinges. Also sind von diesem einigen Dinge geboren alle Dinge, in der Nachahmung.
4. Dieses Dinges Vater ist die Sonne, dieses Dinges Mutter ist der Mond.
5. Der Wind hat es in seinem Bauche getragen.
6. Dieses Dinges Säugamme ist die Erde.
7. Allhier bei diesem einigen Dinge ist der Vater aller Vollkommenheit der ganzen Welt.
8. Desselben Dinges Kraft ist ganz beisammen, wenn es in Erde verkehret worden.
9. Die Erde mußt du scheiden vom Feuer, das Subtile vom Dicken, lieblicherweise, mit einem großen Verstand.
10. Es steiget von der Erden gen Himmel, und wieder herunter zur Erden, und empfänget die Kraft der Oberen- und der Unteren-Dinge.
11. Also wirst du haben die Herrlichkeit der ganzen Welt. Derohalben wird von dir weichen aller Unverstand. Dieses einige Ding ist von aller Stärke die stärkeste Stärke, weil es alle Subtilitäten überwinden und alle Festigkeiten durchdringen wird.
12. Auf diese Weise ist die Welt erschaffen.
13. Daher werden wunderliche Nachahmungen sein, die Art und Weise derselben ist hierin beschrieben.
14. Und also bin ich genannt Hermes Trismegistos, der ich besitze die drei Teile der Weisheit der ganzen Welt.
15. Was ich gesagt habe von dem Werk der Sonnen, daran fehlet Nichts, es ist ganz vollkommen.

In diesen fünfzehn Thesen ist alles Wissen zusammengefaßt, das dem Menschen jemals zugänglich ist. [2]

Es ist schwierig, die Bedeutung dieses Textes zu verstehen, aber das Studium der hermetischen Philosophie und ihrer Symbolik kann uns zum Verständnis dieser Weisheit führen. Es ist inhaltlich immer die gleiche Lehre, die sich durch alle Zeiten und Kulturen der Völker hindurchzieht – mit unwesentlichen formalen Unterschieden.

Die *Philosophia perennis* hat sich inhaltlich noch nie geändert, und wird es auch in Zukunft nicht tun, was man von den wissenschaftlichen Theorien im Verlauf ihrer Geschichte nicht behaupten kann. Natürlich ist letztlich *Gott die einzige Wahrheit und Wirklichkeit*, aber *die Wahrheit,* die dem Menschen zugänglich ist, ist diese Philosophia perennis. Diese Philosophia perennis, wäre letztlich die einzige Weltanschauung, die als *gemeinsame Basis* Wissenschaft und Religion versöhnen könnte. Ob es dazu kommt, wird die Zukunft zeigen. Die Wissenschaft hat Platz in dieser Philosophie, aber diese Philosophie nicht in der Wissenschaft.

Diese Philosophia perennis lässt ein primäres Anliegen erkennen, nämlich dem Menschen zur Erkenntnis zu verhelfen, dass diese unsere Sinnenwelt letztlich eine *Scheinwelt* ist, die die östlichen Weisheitslehren *Maya* nennen, eine Welt, die auf der Grundlage unserer Sinneswahrnehmung basiert, aber *objektiv*, in der Form wie wir sie wahrnehmen, *nicht wirklich* existiert.

*Wirklich ist diese Schöpfung nur auf der geistigen Ebene, unsere fünf Sinne legen diese geistige Schöpfung lediglich für uns aus und es ist zielführender,* die „materielle" Schöpfung als *er-wirkte* Realität zu bezeichnen, als Kristallisation der *Wirklichkeit auf Basis unserer subjektiven Sinneswahrnehmung.*

Die *Wirklichkeit* steht *hinter* dieser materiellen Welt der scheinbaren Gegensätze und es geht letztlich darum, diese Welt unserer fünf Sinne im Verlauf unseres langen Entwicklungsweges über viele Inkarnationen als Täuschung zu durchschauen. Das nennt der Osten dann *Erleuchtung* bzw. *Erwachen.* Doch bis dahin ist uns diese Welt gegeben, um uns ihr *zu stellen,* nicht, um sie zu fliehen. Das wäre ein grobes Missverständnis.

Diese unsere Welt in diesem Sinne zu durchleben und ihre scheinbaren Gegensätze in unserem Bewusstsein zu vereinen, sie auf diese Weise zu *überwinden*, ist letztlich ihr tiefster Sinn. *„Siehe, ich habe die Welt überwunden",* kann deshalb Jesus von sich sagen. Den Weg dazu hat er uns gezeigt und uns aufgefordert: *„Folget mir nach."*

Unsere Zeit ist von dieser Täuschung derartig fasziniert und in ihr gefangen wie kaum eine Zeit jemals zuvor. Sie laufend zu verbessern ist ihr dringliches Anliegen, letztlich aber ein aussichtsloses Unterfangen. Wir tun so, als hätte Gott eine Welt geschaffen, die nicht vollkommen wäre. Was hingegen verbessert und erweitert werden muss, ist unsere subjektive Sicht im Sinne einer ständigen Weiterentwicklung. Das menschliche Bewusstsein entwickelt sich also schrittweise entlang einer *vollkommenen* Welt, die alle Möglichkeiten und Potenzen *jetzt* schon in sich trägt. In dem Maße, wie das menschliche Bewusstsein sich entwickelt, kann sich auch die scheinbare Außenwelt in Richtung äußerer Vollkommenheit für uns gestalten, d.h. wir werden dadurch fähig, die Vollkommenheit der Welt zu erkennen. Unsere Außenwelt kann *nicht* losgelöst von unserer Innenwelt mit *funktionalen* Maßnahmen *allein* verändert oder verbessert werden, weil sie letztlich unsere eigene Projektion darstellt. Wenn wir diese Welt scheinbar dort und da „verbessern" wollen, so hat dies letztlich nur dann einen Sinn und Aussicht auf Erfolg, wenn eine solche Verbesserung mit einer entsprechenden Veränderung unserer Innenwelt *parallel* verläuft.

Um dieses Prinzip an nur einem Beispiel vielleicht anschaulicher zu machen: Die Umweltverschmutzung *allein mit funktionalen Maßnahmen* im Außen bekämpfen zu wollen, kann nicht gelingen, solange uns die „Verschmutzung" unserer *Innenwelt* nicht bewusst wird, und das Außen nicht als *Spiegelung* unserer Seele erkannt wird.

„*Wie Innen, so Außen*" lautet der entsprechende Symmetriesatz in der Esoterik und das gilt individuell wie kollektiv.

Wie schon angesprochen ist die Wissenschaft darauf ausgerichtet, das „*Wie*" (funktioniert die Welt) so gründlich wie möglich zu erforschen und das betreibt sie mit bewundernswerter Meisterschaft. Wir nennen das dann stolz: „*Ent*-deckung".
In Wirklichkeit – das zeigt uns sogar schon die Sprache – bedeutet also „Entdeckung", dass etwas, das immer schon latent als *Potenz* in der Welt vorhanden war, eben *ent*-deckt worden ist, d.h. dass die Decke der Unwissenheit über einen bestimmten Zusammenhang nun weggenommen worden ist. Ebenso wie bei einer „*Er*-findung" eben ein neuer Zusammenhang *gefunden* worden ist. Alles Wissen, alle Möglichkeiten, liegen schon immer als Potenz in der Welt vor und harren im Zuge der Bewusstseinserweiterung und Entwicklung des Menschen ihrer Entdeckung und Er-findung. Es kommt durch Entdeckungen und Erfindungen des Menschen also niemals etwas wirklich *Neues* in die Welt, etwas, das es vor der Entdeckung und Erfindung durch den Menschen nicht als Potenz, als Latenz in der an sich vollkommenen Welt schon immer gegeben hätte. Sonst könnte es auch niemals entdeckt bzw. gefunden werden. *Alles,* was diese Schöpfung hervorbringt, muss als *Potenz*, als *Anlage*, als *Anliegen* (des Schöpfers) im „Urknall" schon enthalten gewesen sein, sonst könnte es nicht in Er-*schein*-ung treten. Alles in der Schöpfung Grundgelegte tritt dann, wenn die Zeit dafür reif ist, wenn die Zeit*qualität* – ein Begriff auf den in weiterer Folge noch genauer eingegangen wird – dafür gegeben ist in Erscheinung. Das menschliche Bewusstsein hebt es sozusagen entsprechend der herrschenden Zeit-*qualität* aus seiner Latenz in die Sichtbarkeit. Wenn das Bewusstsein eines Menschen oder Kollektivs für etwas Neues reif ist, dann wird es eben ent-deckt bzw. ge-funden.
Larry Dossey drückt dies mit folgenden Worten aus: „Wir erhalten ein wahreres Bild von der Welt, wenn wir uns vorstellen, dass die Dinge aus einer aussen befindlichen Welt in den Strom der

Zeit eintreten, anstatt weiter an der Anschauung festzuhalten, welche die Zeit als ein Monstrum betrachtet, das alles Seiende verschlingt." [3]

Und weiter: „Dieses Konzept der Kreativität als der Eigenart einer zeitlosen, ewigen Welt ist für uns schwer verdaulich, insbesondere wenn wir den schöpferischen Akt wörtlich als die Herstellung eines „neuen" Dinges auffassen. Und trotzdem existieren, wie de Broglie feststellt, im uns heute erkennbaren Kontext einer nicht-linearen Zeit die Ereignisse bevor sie in der linearen Zeit stattfinden. Da alle Dinge bereits existieren, erschaffen wir nichts „Neues". Wir entdecken bloss, was bisher verborgen war. Dieser Prozess lässt Hegels Vorstellung anklingen, dass es unter der Sonne nichts Neues gäbe.

Die Wissenschaft selbst gibt ein fabelhaftes Beispiel für diesen Gedanken ab, denn das Ziel der Wissenschaft lässt sich kurz und bündig mit einem Wort charakterisieren: *Entdeckung*. Betrachten wir einmal die Definition dieses Begriffes der Entdeckung.

Entdeckung: erstmals von einem Ding oder Sachverhalt, *die zwar bereits gegeben sind,* aber noch nicht wahrgenommen oder erkannt wurden, Kenntnis erhalten oder Einblick in sie gewinnen.

Die Wissenschaftler sind demnach also Entdecker von Mustern oder Prozessen in der Natur, die bereits vor ihnen existieren. Entdeckung ist ein Prozess, in dessen Verlauf gewisse Erscheinungsformen von Verhaltensweisen der Natur „aus einer aussen befindlichen ewigen Welt in den Zeitstrom (des Wissenschaftlers) eintreten". [4]

*Alles Wissen liegt in der Welt latent bereits vor.*

Der Mensch entwickelt sich in der Zeit, im Nacheinander entlang einer vorgegebenen Linie und entdeckt dabei immer neue Schnitten der *Raum-zeit*. Die Welt ist zur Vollkommenheit hin angelegt, der Mensch muss sich zu dieser Vollkommenheit hin ent-wickeln im Sinne des Jesuwortes: *„Seid vollkommen, wie euer himmlischer Vater vollkommen ist."*

Es wird also in dieser Welt vom Menschen nichts Neues erfunden, nichts Neues in die Welt eingebracht, sondern etwas Neues immer nur *ge*-funden.

Es ist natürlich leichter, etwas zu entdecken, als es dann mühsam zu integrieren, d.h. seelisch zu verdauen und sinnvoll damit umzugehen, was bei vielen Entdeckungen oft lange nicht der Fall ist. Dass die Wissenschaft sich mit dem „wie" (funktioniert etwas?) begnügt, gehört zur bewusst gewählten Methode und stellt in Bezug auf den ursprünglich dafür vorgesehenen Forschungsrahmen ein erfolgreiches Konzept dar. Solange dieser Rahmen nämlich die Natur zu erforschen – (sie nennt sich deshalb auch Naturwissenschaft) – nicht überschritten wird, werden die gefundenen Zusammenhänge im Sinne des „wie" partiell auch stimmen. Sobald dieser Rahmen aber überschritten wird, und diese sich ursprünglich freiwillig auf diesen Bereich selbstbeschränkende Methode auf seelisch-geistige Bereiche angewendet wird, kann es problematisch werden. Es können mit dieser Methode – was Seele und Geist betrifft – naturgemäß nur Korrelationen untersucht werden, und nicht die *Seele an sich*, nicht der *Geist an sich.*

Die naturwissenschaftliche Methode, die im Wesentlichen auf Teilung, d.h. Spaltung bzw. Analyse beruht – im Sinne der Trennung von Erkennendem und Erkanntem – auf Religion anzuwenden, um ihren Wahrheitsgehalt zu überprüfen, wird zum Problem, weil es sich bei religiösen Schriften in aller Regel um *Bilder* handelt, die eben mehr als 1000 Worte sagen.

Die Wissenschaft ist eine in sich selbst beschränkte Methode, die sich gemessen am *Ganzheitssymbol des astrologischen Tierkreises* vorwiegend auf die 3. und 6. (Zwillinge und Jungfrau) sowie 10. (Steinbock) archetypische Entwicklungsphase – nämlich Intellekt und Ratio – des Menschen konzentriert. Da ist sie gut, da leistet sie Hervorragendes, aber darauf kann kein *ganzheitliches* Weltbild aufgebaut werden.

Die *neue Physik* hat hier Breschen geschlagen und viele falsche Theorien des üblichen naturwissenschaftlichen Weltbildes ad absurdum geführt. Zeit und Raum, Kausalität und andere Begriffe, die im alten wissenschaftlichen Weltbild als absolut betrachtet wurden – und auch noch im ganz „normalen" Alltag von heute in vielen Fällen als reale Größen angesehen werden –, sind durch neue Einsichten ersetzt worden. Leider haben sich diese neuen Erkenntnisse noch kaum auf unser tägliches Leben ausgewirkt.

Die uralten esoterischen Weisheitslehren aller Völker, Zeiten und Kulturen, haben keine derartigen Korrekturen nötig, weil sie auf philosophische Art und Weise die Erkenntnisse der neuen Physik vor Jahrtausenden – was das Wesentliche betrifft – bereits formuliert haben.

So wissen diese Lehren auch das Wesentliche über diese Welt und die menschliche Existenz in ihr. Sie wissen um die Relativität der Dinge unserer Welt, sie wissen um den Illusionscharakter unserer auf subjektiver Sinneswahrnehmung beruhenden, von uns für so wirklich, für so wahr-genommenen Welt.

> „Die Welt und unser Leben, unser Verwickeltsein ist ein Traum, ist ein Traum, den der schlafende Purusha, unser schlafender Kern träumt. Wenn jemand schlecht träumt, müssen wir nicht viel Aufwand machen, um dessen Träume zu verbessern, es genügt, ihn aufzuwecken. Das ist alles, was man zu Weltverbesserungstheorien sagen kann."
>
> *Thorwald Dethlefsen*

Ich weiß, dass solche Aussagen für viele Menschen wie ein Affront klingen mögen, wobei sie sicher nicht als solcher gemeint sind. Ich habe eingangs auf mein Anliegen hingewiesen, diese Thesen vorerst einmal als Hypothesen zu betrachten. Es ist uns freigestellt, die Welt so zu sehen, wie sie *nicht* ist. Es könnte sich aber lohnen, sich den weiteren Ausführungen auszusetzen und sich erst am Schluss für oder dagegen zu entscheiden.

Sich durch theoretische Schulungen in den verschiedenen esoterischen Disziplinen für einen esoterischen Weg reif zu machen, ist für manche vielleicht nicht attraktiv genug oder einfach zu anstrengend. Die meisten, die es doch versuchen, sind meiner Erfahrung nach Menschen, die viel Leid in ihrem Leben erfahren, aber keine tragfähigen Antworten dafür gefunden haben.

## Der Mythos erzählt die Geschichte von der Wahrheit

Neben dieser Art der Bewusstseinserweiterung über verschiedene esoterische Theoriesysteme gibt es eine andere Möglichkeit, Zugang zu diesem Wissen zu bekommen, und das ist der Weg über den *Mythos*. An den Mythen der verschiedenen Kulturen kann man sehen, dass sie im Kern die gleiche Wahrheit verkünden. Dazu ist es aber notwendig, sich zunächst Klarheit darüber zu verschaffen, was Mythos ist – in unserer heutigen Zeit kein leichtes Unterfangen.

Unsere Zeit hat das Verständnis für den Mythos verloren und betrachtet ihn – angeleitet von der Wissenschaft – als Sammelsurium verschiedener Erzählungen, Sagen und Märchen und räumt ihm keinen besonderen Stellenwert mehr ein. Es ist also zunächst notwendig, unsere arrogante, wissenschaftliche Brille einmal abzunehmen und sich vorurteilsfrei mit diesen Themen auseinander zu setzen.

Der Mythos transportiert über den Weg von Erzählungen und Geschichten die eine *archetypische* Wahrheit, darf aber gerade nicht geschichtlich verstanden, bzw. missverstanden werden! Es wird die *eine* Wahrheit über diesen Umweg transportiert, Geschichten werden lediglich als Vehikel, als Transportmittel benützt.

Der Mythos entspringt tiefsten unbewussten Schichten der menschlichen Seele und ist schon deshalb wahr, weil diese Seele etwas Wahres, etwas *Wirkliches* ist. Er erzählt die *zeitlose Wahrheit*, ist damit *lebendig*, *gegenwärtig* und somit *immer gültig* im Gegensatz zu wissenschaftlichen Tatsachen, die letztlich „tote" Sachen sind.

Wieder war es die Wissenschaft, die in den vergangenen Jahrzehnten mit ihrem einseitigen Denkansatz versucht hat, den Mythos *allein* mit Intellekt und Ratio zu erklären; nicht viel Wertvolles ist dabei heraus gekommen.

Aber es gibt auch immer wieder geniale Menschen – denken wir als Parallele dazu an die großen Geister der neuen Physik –, die diese Einseitigkeit nicht aufweisen, wie beispielsweise Eliade, C.G. Jung, Campbell, Kerényi und andere Wissende, die sehr viel wertvolle Arbeit geleistet haben, um den Mythos für unsere Zeit verständlich zu machen.

*Mythos macht Archetypen sichtbar,* indem er diese in Geschichten kleidet, um uns unsere eigene Situation vor Augen zu führen. Wir können uns in diesen Archetypen selbst erkennen und uns damit wie in einem Spiegel betrachten.

Um zum Verständnis des Archetypus zu gelangen, brauchen wir uns nur in der Welt ein wenig umzusehen. Der Archetypus eines Baumes bleibt immer erhalten, welche Art von Baum wir auch betrachten, der Archetypus eines Tieres ebenfalls, auch wenn es noch so viele verschiedene Tierarten gibt, und auch diese verschiedenen Arten sind wieder nach archetypischen Strukturen aufgebaut. Auch ein Haus besteht in aller Regel aus den Grundmauern, den Umfassungsmauern, den Fenstern und einem Dach. Gleichgültig, wie verschieden Häuser auch aussehen mögen, das *Archetypische* an ihnen bleibt immer erhalten.

Auch wenn wir den Körper des Menschen betrachten, so können wir die *allen Menschen gemeinsamen* Strukturen erkennen. Und das umso besser, je tiefer wir gehen. Auf der Oberfläche des Körpers – also auf der Haut – wird die individuelle Verschiedenheit am deutlichsten sichtbar, hier können wir mit Kosmetik Einiges verwischen bzw. einen bestimmten *Typ* erkennen, im Bereich des Herzens zum Beispiel werden die, *allen Menschen gemeinsamen* körperlichen Strukturen deutlicher und ein Chirurg kann sicher sein, wenn er einen Körper aufschneidet, das Herz an der Stelle vorzufinden, an der es *alle* Menschen haben. Dasselbe gilt für alle übrigen Organe. Es sorgen *archetypische* Strukturen dafür, dass sich diese Ordnung durchsetzt. Wir empfinden diese

Ordnung als selbstverständlich und schreiben sie den Genen zu, wobei die Gene lediglich die materiellen *Träger* jener *Informationen* sind, die den archetypischen Strukturen zugrunde liegen. *Informationen* als etwas *rein Geistiges* brauchen eben einen *materiellen* Träger, um in der *materiellen* Welt wirksam werden zu können. Die Gene sind somit also unentbehrliche Informationsträger, *nicht* zu verwechseln mit der Information selbst.

So wie vergleichsweise ein Buch auch nur materieller Träger der darin enthaltenen *Information*, d.h. eines entsprechenden *Inhaltes* ist, diesen Inhalt also nicht erzeugt. Der *Inhalt* ist *geistiger* Natur und er entsteht nicht im Körper eines Menschen, sondern in seinem *Geist*! Solche archetypische Strukturen und Muster existieren nun auch im seelischen Bereich genauso verlässlich wie im Bereich des Körpers.

Das Seelenleben des Menschen kann sich nur entlang dieser *archetypischen Muster* entfalten und nicht beliebig. Diese *archetypischen* Strukturen werden im *Mythos* sichtbar und über Geschichten und Erzählungen weiter transportiert, sind aber nicht – wie oben schon erwähnt – in einem konkreten bzw. historischen Sinne zu verstehen.

Auch Märchen und Sagen werden erst aus diesem Betrachtungswinkel aussageträchtig, indem sie allen Menschen gemeinsame Probleme behandeln – sofern es sich um gute Märchen handelt.

In den verschiedenen Mythen der Völker werden an jeweiligen Gestalten ganz bestimmte Aspekte des Menschen in den Vordergrund gerückt, sodass auch uns die in der eigenen Seele innewohnenden Eigenschaften bewusst werden können. Daher ist der Mythos für ein rechtes Verständnis religiöser Zusammenhänge unentbehrlich, wie das folgende Zitat aus Ken Wilbers Buch: „Das Spektrum des Bewußtseins" erhellt: „Der Mythos ist *eine* Art der analogischen Annäherung an das Absolute; er kleidet das Unendliche in positive, metaphorische und endliche Ausdrücke. Tatsächlich ist der Mythos, wie ein berühmter Philosoph gesagt hat, „die größte Annäherung an die absolute Wahrheit, die in Worten überhaupt möglich ist" [5]

Aus solchen Feststellungen kann der immense Verlust ermessen werden, der durch die Entmythologisierung der heiligen Schriften durch die wissenschaftliche Theologie entstanden ist. Herman Weidelener, einer der großen spirituellen Lehrer des Abendlandes schreibt in seinem Buch: „Die Götter in uns": „Wenn wir uns für einen Augenblick unsere Sicht vom Menschen vergegenwärtigen und sie vergleichen mit der Sicht des Mythos, dann kann uns ein tiefes, befremdendes Erstaunen darüber befallen, dass wir so arm geworden sind.

Sprechen wir etwa davon, daß der Mensch Leib, Seele und Geist ist, sprechen wir davon, daß sein seelisches Wesen aus Denken, Fühlen und Wollen zusammengesetzt ist, so erschließen sich uns mit diesen Begriffen keinerlei zugängliche Anschauungen, sondern wir werden von einem unfaßlichen Allgemeinen in ein ebenso unfaßliches Allgemeines verwiesen. Wohl verbinden wir damit irgendetwas, aber zu dem Erlebnis, einen sicheren, tragenden Grund zu besitzen, gelangen wir dabei nie. Und zuletzt zerfließt uns das menschliche Wesen, das eigene und das der anderen, in etwas Unfaßliches und Unbestimmtes, eine Nebellandschaft ohne entschiedene Konturen.

Begegnen wir nun etwa den alten Götterbildern, dann ist etwas vollkommen anderes da, eine ganz konkrete Anschauung von den Mächten, die an dem Bestand des Menschen mitwirken und ihren ganz bestimmten Beitrag leisten. An den Gestalten und an der Geschichte dieser Gottheiten kann der Mensch seine eigene Gestaltung und seine eigene Geschichte erfahren.

Diese Welt geht im Zusammenhang mit dem und durch das Christentum unter. Klare Anschauungen verschwinden, helle deutende Bilder versinken, diese ganze Landschaft wird von dem grauen Nebel des neuzeitlichen Denkens überzogen, und einzig und allein die geschichtlich-mythologische Gestalt des Jesus von Nazareth leuchtet darüber, so als hätte er wie mit einem Tuch alle diese Gestalten und Bilder weggewischt, um der Menschheit zu sagen: Jetzt bin ich allein euer Leitbild. Vielleicht wächst einmal die Menschheit dahin, sein Leben in einer ganz anderen Weise, als wir es kennen, als einen Mythos zu erleben und sich vollständig darin zu erkennen.

Greifen wir auf jene einzelnen Bilder zurück, so hebt sich mit ihnen zugleich ein Stück unserer eigenen inneren Wesenheit, und wir lernen uns selbst und andere verstehen. Was wir dabei sehen, ist nicht immer angenehm, sondern oft bestürzend, oft auch erschreckend." [6]

Hier zeigt sich also wieder das Dilemma der Einseitigkeit, wenn Jesus allein als historische Gestalt wahr- und wichtig genommen wird, wenn Religion geschichtlich und nicht mythologisch verstanden wird.

Weidelener: „Der Mythos ist nicht etwa nur ein poetischer Ausfluß der menschlichen Seele, sondern es sind *Wirklichkeiten unseres Innenlebens.* In jedem Bild sind wir selbst darin. Man versuche auch nicht, sich etwa dadurch um den Mythos zu drücken, daß man erwähnt, alle Mysterien und alle Mythen seien durch Jesus von Nazareth aufgehoben. Das stimmt nicht. Nur hat der Mensch eine andere Position zum Mythos bekommen. Die mythischen Bilder haben nach wie vor ihre Wirklichkeit, und es zeigt sich an der Art, wie der Mensch in ihnen auftritt, ob er vom Christus kommt oder nicht." [8]

Wie wir gesehen haben, können wir uns esoterisches Wissen über die verschiedenen Theoriesysteme der Esoterik erarbeiten – also Wissenschaften *ersten Ranges* – wie der *Astrologie*, aus der Astronomie, der *Alchemie,* aus der die Chemie als Wissenschaft zweiten Ranges hervorgegangen ist, weiter der Kabbalah, dem Tarot, der Magie, dem Yoga, dem I Ging und der Meditation, um nur die wichtigsten Systeme zu erwähnen.

Wem Theorie weniger liegt, dem erschließt sich die gleiche Wahrheit genauso auch über den Mythos. Ein zentraler Umstand, der im Zusammenhang mit Mythos unbedingt beachtet werden muss, ist lediglich – wie bereits mehrfach betont –, *dass wir ihn weder* wörtlich noch historisch *verstehen dürfen,* weil sonst ein unhaltbarer Nonsens entstünde, der einer Versöhnung von Wissenschaft und Religion zuwider laufen würde.

## Wozu die Schöpfung und was ist Evolution?

Um diesem umfangreichen und umstrittenen Thema gerecht zu werden, finde ich es notwendig, darauf ausführlicher einzugehen. Die moderne Wissenschaft versucht an Hand von archäologischen Funden und Fossilien mit Hilfe der Radiokarbonmethode und anderer physikalischer und chemischer Forschungsmethoden nachzuweisen, das Leben und das Bewusstsein sei aus „Materie" über äonenlange Zeiträume zufällig entstanden. Dieser Ansicht widersprechen alle *spirituellen* Traditionen. Die Wissenschaft postuliert die These, die Materie sei die Grundlage des Universums, sei das Primäre, aus der letztlich Alles durch Zufall und Notwendigkeit im sogenannten Urknall entstanden sei. Auf die Frage, woher die Materie stammt und all die vielfältigen Formen, die wir mit unseren Sinnen wahrnehmen, gibt die Wissenschaft keine Antwort. Die Komplexität der verschiedenen Erscheinungsformen des Lebens verlangt, nach meiner Ansicht, nach irgendeiner Intelligenz die der „zufällig" entstandenen Materie inhärent sein müsste. Diese Annahme ist dann nicht falsch, *wenn wir Materie als verdichteten, auskristallisierten GEIST betrachten, der das Primäre von Allem ist!*

Selbst die zur Zeit geltende Urknalltheorie mit der die moderne Wissenschaft die Entstehung des Universums begründen will, krankt an der dieser Wissenschaft eigenen Einseitigkeit, weil sie nur darauf abzielt, das schon oft angesprochene „*Wie*" zu erforschen und ihrem Denkrahmen entsprechend nicht nach dem „*Warum*" und „*Wozu*" fragt und keine Antwort auf die Frage geben kann, was *vor* dem sogenannten Urknall war. Die Zufallstheorie schließe ich bewusst aus, weil sie keinen Sinn ergibt, außer man räumt dem Zufall wieder Intelligenz ein, was sich aber auch wieder ausschließt, weil wir im Kosmos – was ja *Ordnung* bedeutet – eine *Gesetzmäßigkeit* vorfinden, die der angenommenen Zufälligkeit widerspricht. Wenn wir aber von Gesetzmäßigkeit sprechen, dann müssen wir konsequenterweise auch einen Gesetz*geber* postulieren – der im Konzept der Wissenschaft wieder

der Zufall wäre –, dem wir angesichts der vorgefunden Welt eine absolute Intelligenz zuerkennen müssten. Wir sehen schon, wir drehen uns im Kreis und die Thesen der Wissenschaft mit uns!

Diesen Thesen fehlt es an Sinn und nur das Verleugnen eines Sinnes mangels tieferer Einsicht, macht es nicht besser. Der Mensch aber fragt nach Sinn, fragt nach dem Sinn der Welt, fragt nach seinem „Woher" und „Wohin". Bekommt er darauf keine sinnvolle Antwort, bleibt ihm nur die Ver-*zwei*-flung an dieser auf der Zahl „*Zwei*" gründenden Welt, d.h. an der Welt der Gegensätze. Auf diese Gegebenheit will ich bei der Abhandlung des Polaritätsgesetzes näher eingehen.

Was das Thema Evolution betrifft haben wir mit der Darwinistischen Evolutionstheorie nicht weniger Probleme. Wieder muss der Zufall für ihre Begründung herhalten, wenn sie postuliert, dass durch Mutation und Selektion die vielen Arten entstanden seien, wobei wir dem so genannten Zufall diese höchste Intelligenz zusprechen müssen, denn ohne diese zugrunde gelegte Intelligenz ist es nicht möglich, die Vielfältigkeit wie die Komplexität dieser Lebewesen zu erklären, geschweige denn das Wesen des Lebens selbst. Auch wenn wir die Mutation dem Zufall zuschreiben, verlangt die *Selektion* nach *Geist* bzw. *Bewusstsein;* wie sonst könnte der Zufall erkennen, welche Mutationen sinnvoll sind und welche nicht, welche also zu verwerfen sind?

Einmal mehr drängt sich auch hier der Verdacht auf: „Weil nicht sein kann, was nicht sein darf", nämlich die Annahme einer Schöpfung eines *absoluten Geistes!*

Ken Wilber in „Naturwissenschaft und Religion": „Einer der erstaunlichsten und markantesten Unterschiede zwischen den prämodernen und den modernen Kulturen liegt in den divergierenden Auffassungen bezüglich der Richtung, in der sich die Welt entwickelt. In den meisten prämodernen Religionen ist von einer „Zeit vor der Zeit" die Rede, der Zeit der Schöpfung, in der ein Großer Geist die Welt aus sich, aus einer *Prima materia* oder aus dem Nichts erschuf. Unmittelbar nach dieser Genesis lebten die Menschen als Teil dieser wunderbaren Schöpfung in Frieden und

Harmonie mit sich selbst und allen anderen Geschöpfen. In der Nähe des Ursprungs, des GEISTES; des Gottes und der Göttin war der Mensch in jene ursprüngliche Wonne getaucht und strahlte seinerseits Güte auf die Schöpfung aus.

Dann aber, so heißt es, begann dieser Gott sich entweder langsam von den Menschen zurückzuziehen, oder die Menschen zogen sich von diesem Gott zurück. Allmählich oder durch ein plötzliches Ereignis geschah die schreckliche Vertreibung aus dem ursprünglichen Paradies. [..] Der Mensch (und alle anderen Geschöpfe) war einst dem GEIST nahe, eins mit dem GEIST, in den GEIST eingetaucht, und zwar hier auf der Erde. Durch eine Serie von Trennungen, Dualismen, Sünden oder Zusammenziehungen entglitt uns der GEIST jedoch immer mehr, wurde immer unsichtbarer, immer weniger gegenwärtig. Dies ist der *Deus absconditus:* Die Geschichte ist die Geschichte einer spirituellen Aussetzung, durch die jedes Zeitalter dunkler, unheilvoller und weniger spirituell wurde. Kurz, für die prämodernen Kulturen ist die Geschichte eine Devolution. Aber irgendwann in der modernen Zeit – wann genau, ist sehr schwierig anzugeben – trat an die Stelle einer geschichtlichen Devolution (oder eines Abfalls von Gott) allmählich die Vorstellung einer Geschichte als Evolution, einer Hinentwicklung zu Gott. Dies findet sich sehr klar bei Friedrich W. Schelling (1775-1854). Georg W.F.Hegel (1770-1831) stellte diese Auffassung mit seltener Genialität dar; Herbert Spencer (1820-1903) machte die Evolution zu einem universalen Gesetz, und sein Freund Charles Darwin (1809-1882) wandte dieses auf die Biologie an. Weiterhin erscheint die Evolution bei Sri Aurobindo (1872-1950), der sie vielleicht am genauesten und tiefsten in den spirituellen Kontext stellte, und bei Pierre Teilhard de Chardin (1881-1955), der sie im Westen berühmt machte.

So begannen also innerhalb eines Zeitraumes von nicht mehr als einem Jahrhundert ernsthafte Geister sich einem Gedanken zuzuwenden, den die allermeisten prämodernen Kulturen nicht im entferntesten in Betracht gezogen hätten, daß nämlich der Mensch – wie alle anderen lebenden Systeme – im Prozeß einer

*Hinentwicklung zu seinem höchsten Potential* steht, und wenn dieses höchste Potential Gott ist, dann entwickeln wir uns auf unsere eigene Gotthaftigkeit hin.

Und die Evolution, so diese außerordentliche Auffassung weiter, ist grundsätzlich nichts anderes als das Wachstum und die Entwicklung hin auf dieses höchste Potential, dieses *Summum bonum,* dieses *Ens perfectissimus,* diesen Urgrund und dieses höchste Ziel unserer eigenen Wesensnatur. Evolution ist schlicht der GEIST in seinem Wirken, Gott im Schaffen, und dieses Schaffen soll uns alle direkt zum Göttlichen hinführen." [9]

Aus dieser Darstellung dieser großen Denker und Philosophen des 18., 19., und 20. Jahrhunderts über Sinn und Zweck unserer Schöpfung, können auch die Parallelen sichtbar werden, die die großen Weisheitstraditionen in Ost und West gelehrt haben. Sie alle besagen, dass der Gott der *Einheit* diese Schöpfung braucht, um sich in ihrem Spiegelbild erkennen zu können, weil es in der Einheit *keine* Unterscheidungsmöglichkeit gibt, diese aber Voraussetzung für Erkenntnis ist. Der göttliche Funke im Menschen, das *Selbst* – also das reine Ich – vollzieht diesen Vorgang im Sündenfallgeschehen in sich nach und wird zum Ego, um über den Erkenntnisweg durch eine scheinbar polare Welt seine paradiesische *Un*bewusstheit – analog dem Gleichnis vom verlorenen Sohn – in Bewusstheit zu transformieren, um sich mit Gott (dem Vater) wieder ver-*ein*-en zu können.

Nochmals Wilber: „Weil das reine Ich (und dies ist der GEIST selbst) die ganze manifeste Welt hervorbringt, hielt es Fichte unter anderem für die Aufgabe der Philosophie, die, wie er es nannte, „pragmatische Geschichte des Bewußtseins" zu rekonstruieren, also den Weg, den das Bewußtsein bei seiner schöpferischen Entfaltung des Universums tatsächlich ging. Fichte war damit einer der allerersten, der den alles entscheidenden und historisch welterschütternden Begriff der *Entwicklung* (oder Evolution) einführte. Die Welt ist nicht statisch und vorgegeben: Sie entwickelt sich und nimmt mit der Entfaltung der Welt durch den GEIST verschiedene Formen an.

Für die Idealisten lag der geheime Schlüssel zum Verständnis des GEISTES selbst in der Aufklärung dieser Entfaltung oder Entwicklung.

Wilber in „Evolution als *GEIST* in seinem Wirken": Friedrich Wilhelm Schelling formte diese initiale Erkenntnis zu einer tiefen Philosophie der spirituellen Entwicklung aus, und Hegel arbeitete in einer Serie ebenso brillanter wie schwieriger Abhandlungen die Details aus. Die Grundzüge ihrer Lehren kann man wie folgt wiedergeben.

Der absolute GEIST ist die grundlegende Wirklichkeit. Um aber die Welt zu erschaffen, geht das Absolute aus sich aus; es vergißt in gewissem Sinne seiner selbst und entleert sich in die Schöpfung (wobei es doch niemals aufhört, es selbst zu sein). Dadurch wird die Welt als ein „Abfall" vom GEIST geschaffen, als „Selbstentfremdung" des GEISTES, auch wenn dieser Fall immer nur ein Spiel des GEISTES selbst ist.

Nach dem „Sturz" in die manifeste und materielle Welt beginnt der GEIST den Prozeß der Rückkehr zu sich selbst, und dieser Prozeß ist nichts anderes als Entwicklung oder Evolution. Der ursprüngliche „Abstieg" (oder Involution) ist ein Vergessen, ein Fall, eine *Selbstentfremdung* des GEISTES, und die Umkehrbewegung des „Aufstiegs" (oder Evolution) ist die Selbsterinnerung und *Selbstverwirklichung* des GEISTES. Dabei ist, wie die Idealisten betonen, der ganze GEIST stets auf allen Stufen der Evolution als der *Prozeß* der Evolution selbst voll und ganz vorhanden.

Wenn der GEIST aus sich selbst ausgeht, um die manifeste Welt zu schaffen, entsteht Natur, die Schelling „schlummernden Geist" und Hegel „Gott in seinem Anderssein" nennt. Die Natur ist eine direkte Manifestation des GEISTES und damit im Innersten heilig; aber sie ist *schlummernder* GEIST; weil die Natur ihrer selbst noch nicht reflektierend bewußt ist. Sie ist die niedrigste Form des GEISTES, aber doch eben eine Form des GEISTES. Sie ist GEIST in seiner *objektiven* Manifestation, was Platon „einen sichtbaren Gott" (oder eine sichtbare Gottheit) nannte.

In einer zweiten großen Entwicklungsstufe entwickelt sich der

GEIST aus der objektiven Natur zum subjektiven Geist. Der GEIST ist damit vom *Unbewußten* zum *Selbstbewußten* fortgeschritten (oder vom Präpersonalen zum Personalen, vom Prärationalen zum Rationalen) und beginnt somit, über sein eigenes Dasein zu reflektieren. Wo die Natur *objektiver GEIST* war, ist der Geist *subjektiver GEIST;* wodurch zunehmend bewußtere Formen der Selbstverwirklichung des GEISTES und seiner Rückkehr zu sich selbst entstehen.

An diesem Punkt aber können Subjekt und Objekt oder Geist und Natur sich nicht nur differenzieren, sondern auch dissoziieren, weshalb auf dieser Stufe oft ein verheerender Dualismus auftritt, eine „Geisteskrankheit", wie Schelling, das „unglückliche Bewußtsein", wie Hegel sagt. Dieses Unglücklichsein ist auf der vorherigen Stufe der Natur noch nicht vorhanden, aber nur deshalb, weil die Natur schlummert; mit dem selbstbewußten Erwachen des Geistes wird diese Getrenntheit schmerzlich bewußt." [10]

Diese Darstellung entspricht der Philosophia perennis, wenn auch mit anderen Worten. Eine Erkenntnis aber können wir aus dem Weltbild der materialistischen Wissenschaft gewinnen, dass nämlich dieses einseitige Denken immer mehr in die Spaltung, in die Vielheit führt, und weit und breit keine sinnvolle Synthese zu erkennen ist.

Das führt aber zwangsweise immer weiter von der *Einheit* weg, von der nach *esoterischer* Erkenntnis *Alles* seinen Ausgang genommen hat. Die Wissenschaft isst primär weiterhin ausgiebig vom Baum der Erkenntnis – was den „Sündenfall" zur Folge hat – und versperrt sich damit den Zugang zum Baum des *Lebens*. Diese Einsicht können wir gewinnen, wenn wir uns dem Studium des Schöpfungsberichtes der *Bibel – die der Baum des Lebens ist –* in der *hebräischen Urfassung* zuwenden. Was hierbei wesentlich und wichtig zum Verständnis dieser Urfassung ist, besteht in dem Umstand, dass in dieser Sprache jeder *Buchstabe* einen fix zugeordneten *Zahlenwert* hat und es erst dadurch möglich wird, den *wahren Sinn* dieser heiligen Schrift sichtbar und erfassbar zu machen. Die *Struktur* dieses Textes offenbart ein

*Zahlen*werk das in seiner tieferen Bedeutung ohne diese Bindung an die *Zahl* nicht verstanden werden kann, ein Umstand, der in den verschiedenen Übersetzungen der Bibel – in denen diese Bindung verloren gegangen ist –, nicht zu übersehen ist.

Damit nähern wir uns dem zentralen Geschehen, das in seiner Verdichtung zu dem *Gesetz* führt, das wir als *Polaritätsgesetz* bezeichnen. Dieses Gesetz bestimmt unser Leben auf Schritt und Tritt in einem Ausmaß, welches uns meist nicht bewusst ist. Wir wissen wohl, dass jede Medaille *zwei* Seiten hat, aber dass sich dieser Umstand bis in alle Einzelheiten unseres Daseins – auf der materiellen, der seelischen wie der geistigen Ebene – auswirkt, ist uns vielleicht nicht immer so präsent, wie es notwendig und hilfreich wäre.

Die Nichtbeachtung dieses *Grundgesetzes der Schöpfung* führt unweigerlich zu den uns allen wohl bekannten Missverständnissen und leidvollen Verwicklungen in unserem Dasein, sowohl im individuellen Leben als auch im Leben des Kollektivs.

Auch unsere Kirchen, allen voran die katholische Kirche, sind selbst „Opfer" dieser *Gesetzmäßigkeit* geworden in einem Ausmaß, das in den weiteren Ausführungen noch klarer werden wird.

Wir leben „seit" dem Sündenfall in einer *polaren* Welt, die aber primär unserem *polaren* Bewusstsein entspringt, und daher möchte ich diesen großen *Mythos* vom Sündenfall des Menschen entlang der biblischen Schöpfungsgeschichte zur Darstellung bringen.

## Der Schöpfungsbericht der Bibel und der Sündenfall des Menschen

Der Schöpfungsbericht der Bibel beginnt mit einem Großbuchstaben des hebräischen Alphabetes, – dem *Beht* – mit dem Zahlenwert *2*. Bereschith bara.. Im Anfang schuf.. Damit wird schon klar zum Ausdruck gebracht, *worum* es im ganzen weiteren

Schöpfungsbericht im Wesentlichen geht – um *Zwei*-machung, um *Spaltung*, um *Teilung*, Schöpfen heißt: *Teilen.*

„*Im Anfang schuf Gott Himmel und Erde",* also eine *Zwei*-heit, eine *Polarität.*

*Licht und Finsternis – Wasser unter der Feste, Wasser über der Feste – Land und Wasser – Samentragende und fruchttragende Gewächse – Sonne und Mond – Leben über dem Wasser und Leben im Wasser – Vieh und wilde Tiere.*

Es wird also ständig von *Zwei*-heiten berichtet; das große Thema *„Polarität"* zieht sich konsequent durch die ganze Schöpfungsgeschichte, und erreicht mit dem *Sündenfall* des Menschen ihren Höhepunkt.

*„Im Anfang schuf Gott Himmel und Erde; die Erde aber war wüst und wirr, Finsternis lag über der Urflut, und Gottes Geist schwebte über dem Wasser. Gott sprach: Es werde Licht"…*Die Erschaffung der Welt:1,1-2,4a

Der Wirklichkeit mehr entsprechend, muss es aber heißen: *Gott sprach: „Es werde **wieder** Licht".*

*Wieder – deswegen, weil der Schöpfungsbericht der Bibel nicht von einer Schöpfung aus dem „Nichts" berichtet, sondern schon Welten vor Adam voraussetzt. Die Bibel beginnt mit ihrem Bericht mit dem 4. Äon, dem Erd-äon. Diesem Erdäon sind der Feueräon, der Luftäon und der Wasseräon schon vorausgegangen. Auch der Sturz Luzifers und der Engelsturz haben schon in fernen „Urzeiten" stattgefunden. Es steht also wieder eine neue Schöpfung bevor, diesmal geht es um den* Erdäon.

Im Schöpfungsbericht der Bibel – also der *Genesis* – geht es um den Übergang von der

*EIN* – HEIT
In die Polarität
Also in die Zwei-heit.

Das ist der wesentliche Inhalt dieses großartigen Berichtes, und dieser „rote Faden" zieht sich von Anfang an durch, was, wie oben schon angedeutet, mit dem ersten Buchstaben, dem *Beth,* also der Zahl *2* unmissverständlich zum Ausdruck gebracht wird.

Wir haben auch nicht zufällig *zwei* Schöpfungsberichte, einen solaren – auf der *Geiste*bene – und einen lunaren – auf der *Form*ebene. Wir haben *zwei* Bäume, den Baum des Lebens – dem Sonnenprinzip entsprechend – und den Baum der Erkenntnis – dem Mondprinzip entsprechend.

Im 1. Buch Mose, Kapitel 1, Vers 26/27 heißt es: „Dann sprach Gott: *Lasset uns Menschen machen nach unserem Bilde, uns ähnlich, die da herrschen sollen über die Fische im Meer und über die Vögel des Himmels, über das Vieh und über alle Tiere des Landes, und über alles Gewürm, das auf dem Erdboden kriecht. Da schuf Gott den Menschen nach seinem Bilde, nach dem Bilde Gottes schuf er ihn; als Mann und Weib schuf er sie*".

Also wieder eine Polarität, nämlich Mann und Weib. In diesem 1. Kapitel der Genesis lauert bereits die Gefahr eines Missverständnisses denn man könnte annehmen, dass damit schon der konkrete Mensch gemeint wäre. Dem ist aber nicht so. Die Schöpfung des Menschen auf dieser Ebene – wir müssen unbedingt zwischen verschiedenen Ebenen unterscheiden – meint die Erschaffung der *Urbilder,* der *Uridee* Mensch, der auf dieser Ebene, die als eine rein *geistige* Ebene zu verstehen ist, noch androgyn ist. Nur hier wird von der Ebenbildlichkeit des Menschen mit Gott gesprochen, sozusagen vom Idealbild des Menschen – als Zielvorstellung gewissermaßen – zu dem hin der Mensch sich erst entwickeln muss im Sinne des Jesuwortes: „*Seid vollkommen, wie euer Vater im Himmel vollkommen ist.*" Matth. 5,43-48

*Wohl wird der Mensch schon auf dieser Ebene als Mann und Weib erschaffen, aber eben im Sinne einer Uridee zweier Geschlechter. Somit bezieht sich die siebentägige Schöpfungsgeschichte im 1. Kapitel der Genesis also nicht auf die materielle Welt, sondern ausschließlich auf die Erschaffung der Urideen!*

*Dies gilt nicht allein für den Menschen, sondern für die gesamte Schöpfung auf dieser Ebene.*

Erst im 2. Kapitel, also im 2. Schöpfungsbericht, *formt* Gott den androgynen Menschen Adam aus „Erde" – der adamáh – und noch später die Frau aus einer „Rippe" Adams.

Im 2. Kapitel, nachdem der gesamte 7-tägige Schöpfungsprozess auf der Ideenebene, auf der Geistebene also, abgeschlossen ist durch den 7. Tag, den Ruhetag, wird dieser Schöpfungsprozess *auf einer anderen Ebene, auf der Ebene der seelischen Form wiederholt.*

Gott ist kein „Zauberer", der in sieben irdischen Tagen eine Welt aus dem Boden stampft, sondern es sind mit diesen 7 Schöpfungstagen äonenlange Werdekreise gemeint. Diese andere Ebene meint also eine *Formebene*, die *seelische* Matrize sozusagen, die erst später mit Materie ausgefüllt wird.

Im 2. Kapitel, Vers 7 heißt es daher. *„Da formte Gott, der Herr, den Menschen aus Erde vom Ackerboden und hauchte ihm Lebensodem in die Nase; so wurde der Mensch zu einem lebendigen Seelenwesen".*

Wenn es heißt, Gott nahm Erde vom Ackerboden, ist damit wieder nicht Irdisches im Sinne von Materie gemeint. Wir befinden uns hier noch auf der *Seelenebene*; irdisch wird *für uns* die Schöpfung erst *nach* dem Sündenfall. Es heißt ausdrücklich, dass Gott dem Menschen den Lebensodem ein*hauchte*. Hauch ist synonym mit Psyche- Seele, die also wie hier ersichtlich wird, *nicht* aus der materiellen Welt, sondern von Gott stammt.

Entsprechend dem Anfangsbuchstaben des biblischen Schöpfungsberichtes – dem Beth, d.h. der Zahl 2 – geht es, wie oben angesprochen, um Polarisierung, von der aber der paradiesische Mensch bis jetzt in seinem Bewusstsein noch nicht erfasst wurde. Dies geschieht, wie schon betont, erst beim Sündenfall. Und erst die „Erschaffung" des Weibes aus der „Rippe" Adams, stellt die *formale* Voraussetzung für diesen dar. Diesen Sündenfall bringt Jacob Böhme – der Schuhmacher aus Schlesien, bedeutender Mystiker und Theosoph des 16. Jahrhunderts – mit dem Schlaf

Adams in Verbindung. Schlaf ist ein Phänomen der Polarität, diesen rhythmischen Wechsel zweier Pole: Wachen – Schlafen, Wachen – Schlafen gibt es im Paradies – als einem Synonym für Einheit – noch nicht. Auch gibt es für den androgynen Menschen Adam noch *keine Unterscheidung* zwischen männlich und weiblich, zwischen innen und außen.

Sein Einheitsbewusstsein vereint auf dieser Ebene noch beides *in* sich, es gibt noch kein „Nicht-Ich", noch keinen *Unterschied* zwischen Erkennendem und Erkanntem, sondern er identifiziert sich auf dieser Stufe noch mit *allem* was *ist*.

Nach Jacob Böhme symbolisiert die göttliche *Sophia* den *weiblichen* Aspekt der Gottheit, die Weisheit. In der Sophia wird sich Adam als ganzheitlicher Mensch seiner Gottesebenbildlichkeit bewusst. In seinem Bewusstsein ist die spätere Vielheit noch in *absoluter Balance*, und damit *Eins*.

Nachdem im 1. Schöpfungsbericht der Mensch auf der Geistebene, im 2. Schöpfungsbericht auf der Seelenebene erschaffen ist, heißt es in Kapitel 2, Vers 19 weiter: *„Da bildete Gott der Herr aus dem Erdboden genau alle Tiere des Feldes und alle Vögel des Himmels und brachte sie zu dem Menschen"*. Auch sie sind noch nicht materiell.

Erst im Kapitel 2 Vers 21 wird uns von der „Erschaffung" des Weibes aus der Rippe Adams berichtet: *„Da ließ Gott, der Herr, einen tiefen Schlaf auf den Menschen fallen, sodaß er einschlief; da nahm er eine von seinen Rippen und verschloß die Stelle wieder mit Fleisch; die Rippe aber, die Gott aus dem Menschen heraus genommen hatte, gestaltete er zu einem Weibe und führte diese dem Menschen zu. Da rief der Mensch aus: Diese endlich ist Gebein von meinem Gebein und Fleisch von meinem Fleische, diese soll Männin heißen; denn vom Mann ist sie genommen." „Sie waren beide nackt, der Mann und sein Weib, und doch schämten sie sich nicht."*

Dieser Umstand, dass beide sich nicht schämten, sagt aus, dass ihr Bewusstsein noch *eins* war, dass sie noch nicht *unterscheiden* konnten, was mit *Paradies = Einheit* umschrieben wird.

Diese Differenzierung in 1. Schöpfungsbericht = Geistebene, und 2. Schöpfungsbericht = Seelenebene ist ungemein wichtig, weil – wie bereits erwähnt – hier die Gefahr für viele Missverständnisse lauert. Warum zwei Schöpfungsberichte, welcher „stimmt" nun wirklich könnte man fragen. Es stimmen beide, wie wir gesehen haben nur bezieht sich jeder auf eine andere Ebene.

Die Schöpfungsgeschichte ist ein in sich fortschreitender Prozess, der langsam immer mehr in die Verdichtung und damit letztlich in die Materie als die dichteste aller Formen führt.

Dementsprechend heißt es bei Jacob Böhme: *„Adam ward am Reiche Gottes müde und blind"*, d.h. er sehnt sich langsam nach der Vielheit. Es handelt sich bei diesem Übergang von der Einheit in die Vielheit um ein Absinken an Bewusstheit, was schließlich dazu führt, dass der androgyne Adam – der noch männlich und weiblich *in sich* vereint – sich seiner weiblichen Seelenhälfte *unbewusst* wird.

Dieses Geheimnis des sich seiner weiblichen Hälfte unbewusst werdenden Menschen wird ausgedrückt im Schlaf Adams. Schlaf wird mit Unbewusstheit assoziiert; Adam schläft im kosmischen Bewusstsein ein und erwacht in der Zeit.

Es ist, und das ist nicht unwichtig an dieser Stelle, noch nicht von Eva die Rede, sondern von *ischàh,* der Männin, weil sie vom Mann = *isch,* genommen ist, und *ischàh* im Hebräischen Weib heißt, das nicht eigens erschaffen, sondern aus einer „Rippe" Adams gestaltet wird. Statt Rippe, sollte es besser *Seite* heißen. Seite heißt hebräisch *tselah* und ist verwandt mit *tsel*, was so viel wie *Schatten* bedeutet. Adams weibliche Hälfte sinkt sozusagen in den Schatten, Adam wird von Gott im Schlaf seine weibliche Hälfte weggenommen und die nun fehlende Seite mit *Fleisch,* wie es an dieser Stelle heißt, ersetzt. Anstelle von Fleisch kann man auch *Materie* einsetzen. *Mater*-ie ist weiblich wie Mater = Mutter. Er erlebt diese, in den Schatten seines Bewusstseins gesunkene weibliche Hälfte von nun an als Welt – („*Frau Welt"*) – im Außen, als Gegenüber.

Wir sehen hier ein perfektes Bild des uns wohlvertrauten Mechanismus der *Projektion* und können daraus auch ersehen, wie präzise die Bibel in der Schilderung wesentlicher Zusammenhänge ist.

Ab nun haben wir es also mit *zwei* Aspekten des *einen* Menschen zu tun, also mit Mann und Frau, die sich aber in ihrem *Bewusstsein* immer noch in der paradiesischen Einheit befinden, was, wie oben schon angedeutet, darin zum Ausdruck kommt, dass sie sich voreinander nicht schämten, weil sie auf dieser Stufe noch nicht *unterscheiden* konnten. Wir haben im Schlaf Adams, wie gesagt, ein damit einhergehendes Absinken an Bewusstheit vor uns, was wir auch als „ersten Sündenfall" bezeichnen können, weil damit die Einheit mit der göttlichen *Sophia* verlorengeht. Der Mensch erlebt also nun seine weibliche Hälfte als Projektion im Außen und dieser Prozess verdichtet sich immer mehr zur konkreten Frau – der Eva, als dem empfänglichen Aspekt des Menschen – an den sich nun *die jetzt ins Spiel kommende Schlange richtet, um sie zum Essen vom Baum der Erkenntnis* zu verführen.

Mit diesem Essen vom Baum der *Erkenntnis* und des damit einhergehenden Einverleibens der *Unterscheidungsfähigkeit* als Voraussetzung für Erkenntnisfähigkeit, geschieht nun das, was wir als den eigentlichen Sündenfall bezeichnen müssen. Es ist der *Fall* in die *Polarität* ihres Bewusstseins mit allen sich daraus ergebenden Konsequenzen. Jetzt kann der Mensch zwischen Erkennendem und Erkanntem *unterscheiden*.

Wörtlich heißt es in der Genesis: *„Da sah die Frau, daß es köstlich wäre, von dem Baum zu essen, daß der Baum eine Augenweide war und dazu verlockte, klug zu werden. Sie nahm von seinen Früchten und aß; sie gab auch ihrem Mann, der bei ihr war, und auch er aß". Gen.3,1-6*

Dass sich die Schlange vom Erkenntnisbaum *herab*windet, ist insofern von Bedeutung, als es sich um eine Abwärtsbewegung, eine *Ver*-wicklung im Gegensatz zum *aufsteigenden Aspekt des Erlösers, des Ent-wicklers, des Messias* handelt. Die List der Schlange besteht also darin, den Erlöser lediglich zu „spielen" mit dem Versprechen:„Sobald ihr davon eßt, gehen euch die Augen auf; ihr werdet wie Gott und erkennt Gut und Böse". Gen.3,1 – 5

Hier entsteht die *Ver*-wicklung über die *Sinneswahrnehmung* mit der Welt, die nur durch *Ent*-wicklung wieder rückgängig gemacht werden kann. An dieser Stelle kommt jene *Gesetzmäßigkeit* in die Welt, welche die Esoterik im *Polaritätsgesetz* formuliert.

Der sich von Anfang an abzeichnende Prozess eines Verlustes an Bewusstheit, *verdichtet* sich mit diesem Sturz soweit, dass die Schöpfung – *die eine geistige Schöpfung ist* – durch dieses stetige Absinken der „Bewusstseins*frequenz*" nun als „materielle", irdische Welt wahrgenommen wird. Die Schöpfung ist und bleibt eine *geistige* Schöpfung, die nach dem Fall lediglich für das menschliche Bewusstsein *auf Basis unserer fünf Sinne* zu Materie verdichtet *erscheint*.

Das ist es, was der Osten als *Maya*, (Mater, Mutter, Mater-ie), als *Schein,* als Illusion bezeichnet.

Diese Zusammenhänge sind sehr schwer mit Worten zu beschreiben, nur mythologische Bilder sind in der Lage, sich der Wahrheit soweit anzunähern, dass sie für das Bewusstsein des Menschen erfassbar werden können. Es handelt sich bei diesen biblischen Erzählungen sehr wohl um wahre Bilder, aber eben gerade nicht um historische Tatsachenberichte.

Zur Tragik des Menschseins gehört es auch, dass er sich im Sündenfall *um der Erkenntnis und Freiheit willen* von der Einheit, d.h. von Gott absondern musste, gleichzeitig aber die *körperliche* Vereinigung der Polarität von Mann und Frau in der Sexualität erst recht wieder in die *Vielheit* durch Zeugung führt, und nicht zur angestrebten Einheit. *Einheit ist nur auf der Bewusstseinsebene zu erreichen.*

Vielleicht können wir schon am Anfang des biblischen Schöpfungsberichtes die enorme Wichtigkeit der Zahlenschlüssel erkennen, die heute, wenn wir die Bibel lesen bzw. auslegen, nicht mehr verwendet werden und von der wissenschaftlichen Theologie lediglich als Beiwerk, als Interpretation betrachtet werden.

Wenn wir nur das hebräische Wort für Vater, nämlich *„Abba"* betrachten, so hat dieses Wort die Zahlenstruktur A = Alef = 1, und b = beth = 2, was bedeutet: Die *Eins* = *Ein*heit = Gott, ist der *Vater* der Schöpfung, d.h. der *Zwei*-heit, weil die Zwei aus der Eins hervorgeht und wieder zur Eins zurückkehrt.

Die siebenfache Wesenheit (Elohim) entfaltet sich in sieben Schöpfungstagen, was sieben große Werdekreise meint und keine konkrete, irdische Zeitangabe darstellt.

Zuerst schuf Gott Himmel und Erde – Oben und Unten –; entsprechend heißt es im Griechischen: Uranos für den Himmel und Gaia für die Erde und zeigt die gleiche Polarisierung.

Im Paradies – ein Synonym für die Einheit – stehen *zwei* Bäume: Der Baum des Lebens und der Baum der Erkenntnis – die *Zwei*-heit symbolisierend.

Wenn wir nun den Zahlenwert des Lebensbaumes (ets hachajim) = 233 mit dem Zahlenwert des Erkenntnisbaumes (ets hadaäth tob wara) = 932 in Beziehung setzen, so ergibt sich daraus ein Verhältnis von 1 : 4, d.h. 1 = *Ein*-heit = *Gott* = *Leben*, 4 = entfaltete Polarität (2x2), die Zahl für Materie = Tod.

Wer *nur* vom Baum der *Erkenntnis* isst, muss also *sterben*, weil die 1 = Gott = Leben fehlt! An dieser Stelle entsteht *Ein-seitigkeit*, die ein Kennzeichen der *reduktionistischen, materialistischen Naturwissenschaft* ist, die heute – wie schon zuvor Adam und Eva – einseitig vom *Erkenntnisbaum* isst. Durch diese Einseitigkeit verbaut sie sich den Weg zum Baum des *Lebens,* der in der *Urfassung* der hebräischen Bibel – dem Alten Testament mit seiner *Zahlensymbolik* – uns zugänglich ist.

Dieses Sterbenmüssen bezieht sich aber ausschließlich auf Materie – auf unseren materiellen Körper –, weil die materielle Welt eine Folge der Polarität ist, die durch den Sündenfall entstanden ist. In der Polarität erzwingt der Pol „Leben" gesetzmäßig den Gegenpol „Tod".

In der Zahlensymbolik von 1 : 4 finden wir auch die 4 „Flüsse" des Paradieses sowie die Kreuzsymbolik wieder. Der *Mittelpunkt* des Kreuzes symbolisiert die *Eins*, weil nur in diesem Schnittpunkt die Spannung der Polarität aufgehoben ist.

Die Balken des Kreuzes stehen für die entfaltete Polarität, d.h. die 4, die die Welt der Materie symbolisiert. An diese 4-Heit ist der Mensch durch seine *Sinne* geheftet, genagelt, der Kreuzigung Jesu entsprechend.

So, wie der 1. Adam an der Seite durch die Wegnahme einer Rippe in einem mythologischen Sinne verletzt wurde, so wurde später der 2. Adam, nämlich Jesus Christus ebenfalls an der Seite verletzt, durch den Speer des Longinus. Nur aus dieser Seitenwunde fließt das erlösende Blut und nicht aus den 4 – der entfalteten Polarität entsprechenden – Nagelwunden.

Nur der Mythos kann solche Parallelen sinnvoll deuten und sichtbar machen.

Es ist mir wichtig, diesen Zusammenhang schon an dieser Stelle zu betonen, um den Blick für das Wesentliche frei zu bekommen, da diese inhaltsschweren mythologischen Bilder durch spätere kirchenchristliche Umdeutungen zu einem moralischen und damit missverstandenen Schuld- und Sündenbegriff entstellt wurden.

Die im Bild des Sündenfalles ins Spiel kommende Schlange heißt hebräisch – *nachasch* – mit der Zahlenstruktur 50-8-300, mit dem Totalwert = 358. Wenn wir uns nun die Zahlenstruktur des hebräischen Wortes für Messias = *maschiach* mit der Zahlenstruktur 40-310-8 = 358 ansehen, so sollte die Gleichheit beider Zahlenwerte doch zu denken geben. Gleicher Zahlenwert verschiedener Wörter deutet auf eine innere Verwandtschaft beider Begriffe hin. Die Schlange, d.h. Satan-Luzifer ist der herabsteigende Aspekt des Erlösers, Christus der aufsteigende Aspekt. Beide erscheinen als Polarität, sind aber im Inneren *ein und dasselbe*.

Das sind esoterische Geheimschlüssel, die *nur* aus der *Zahlensymbolik* heraus erschlossen werden können, was von Theologie und Kirche – aus welchem Grund auch immer – negiert wird. Er-*zähl*-ung hat mit *zählen,* also mit *Zahl* zu tun, wie aus diesen Ausführungen unschwer zu erkennen ist.

Wichtig in diesem Zusammenhang: Wie hätten denn Adam und

Eva ihr Tun als „böse" erkennen können, wo sie doch auf dieser Stufe noch nicht in der Lage waren, zwischen Gut und Böse zu unterscheiden?

Diese Fähigkeit konnten sie paradoxerweise ja gerade erst dadurch erwerben, dass sie Gottes Gebot übertreten und vom Baum der Erkenntnis gegessen haben. Gott hat sie vorher darauf aufmerksam gemacht, welche Folgen das Essen der Frucht nach sich ziehen wird. Sie kannten die Folgen und aßen trotzdem. Es geht hier also nicht um Strafe, sondern um das Eintreten der angekündigten *Konsequenzen*.

Diese Konsequenzen bestehen nun im Wesentlichen darin, dass sie nun ausgestattet mit einem *polaren* Bewusstsein – das sie durch das Aufnehmen der *Unterscheidungsfähigkeit erworben haben* – nicht gleichzeitig in der *Ein*-heit des Paradieses verbleiben konnten und daher, wie es heißt, vertrieben wurden.

Wieder steht die Konsequenz im Vordergrund und nicht die Strafe. Sie vertrieben sich sozusagen selbst aus dem Paradies, das ja ein Synonym für die *Ein*-heit des Bewusstseins ist. Diese, um der *Erkenntnis* willen notwendige Ab-*sonder*-ung von der *Ein*-heit und damit von Gott, ist die *Sünde* und nicht „Gutes" oder „Böses" Tun. Der Begriff *Sünde* kommt von *Sonderung* und diese notwendige Sonderung ist das *Wesen* der Sünde. Sie hat nichts mit „gut" oder „böse" im Sinne von moralischem *Handeln* zu tun.

Hier ist eine unheilsame Verquickung von Sünde und Moral durch die kirchenchristliche Auslegung geschehen, an der wir heute noch leiden. Der Mensch fühlt sich aufgrund dieser Fehldeutungen dieser wichtigen Zusammenhänge durch christliche, wissenschaftliche Theologie und Kirchen sehr oft schuldig für das, was er tut. Seine Schuld besteht aber vielmehr darin, was er <u>nicht</u> tut, was er also der *Ganzheit schuldig bleibt*.

Der Sündenfall ist die notwendige Voraussetzung und zugleich der Preis für die Freiheit des Menschen. Die Konsequenzen des Sündenfalles sind in einem gewissen Sinne „tragisch" für den Menschen, wenn wir an unser subjektives Erleben dieser, für uns nun polar *erscheinenden* Welt denken. Andererseits war dieses Geschehen selbst im Sinne Gottes nicht vermeidbar, will er den Menschen als ein *freies* Wesen sich *ent*-wickeln lassen, um – analog zum „verlorenen Sohn" – nach dem Gang durch die polare Welt *bewusst* geworden, *freiwillig* zum Vater zurück zu kehren. Es soll noch einmal betont werden, dass die Welt an sich ja vollkommen ist, und sie nur dem Menschen nach dem Sündenfall *polar* er-*scheint*. Werden diese scheinbaren Gegensätze im Bewusstsein ver*eint*, sind sie keine Gegensätze mehr, weil sie *in sich* schon immer *eins* waren.

Nach dem Essen vom Baum der Erkenntnis nun ausgestattet mit Erkenntnisfähigkeit, die ja *Unterscheidungsfähigkeit* voraussetzt, werden sich beide ihrer Nacktheit bewusst und versuchen, ihre Blöße mit Feigenblättern zu verhüllen.

Bei der nun folgenden Konfrontation seiner Tat mit der Gottheit, tut der Mensch als erstes das, was er auch heute tut, nämlich Schuld zu *projizieren*. Adam redet sich auf Eva aus, indem er Gott den Vorwurf macht: Gen. 3-12: *„Die Frau, die du mir beigesellt hast, sie hat mir vom dem Baum gegeben, und so habe ich gegessen"*, und Eva projiziert auf die Schlange, dass diese sie ja zum Essen verführt hat. Schon hier wird somit das Wesen der *Schuldprojektion* beschrieben, das bis heute voll im Gange ist.

In der Auslegung des Sündenfalles von heutiger Theologie ist keine Rede davon, dass Gott ein großes Interesse daran hat, dass der Mensch vom Baum der Erkenntnis isst, und Alles in diesem großen Bericht darauf angelegt ist, dass der Mensch diesen *freiwilligen* Schritt tut. Erst in dieser Umdeutung der Schrift verschiebt sich der Schwerpunkt der Aussage auf: „Das hätte nie geschehen sollen, da ist Gott bei der Erschaffung des Menschen irgendwie ein Fehler unterlaufen", weil er in seiner Allwissenheit dieses „Unglück" ja hätte voraussehen müssen. Damit kommen Themen wie Ungehorsam und Moral ins Spiel die in diesem Kontext nichts verloren haben.

Ähnliches passiert häufig bei der kirchlichen Auslegung des Neuen Testamentes: „Wenn dieser Judas Jesus nicht verraten hätte, dann hätten ihn die Juden nicht kreuzigen können". Dann wäre aber die Schrift unerfüllt geblieben und Jesus hätte sein Erlösungswerk nicht vollbringen können. Die Kirche stünde ohne Erlöser da.

Wie kann sich der Mensch erheben und erklären, das hätte nie geschehen sollen, *wenn es doch geschrieben steht.*

Mit dem Essen vom Baum der Erkenntnis wurden die Menschen sehend und erkennend. Erkenntnisfähigkeit setzt, wie wir gesehen haben, Unterscheidungsfähigkeit voraus. Diese Fähigkeit haben Adam und Eva durch die Übertretung des Gebotes nun erworben, etwas, das sie in der Einheit des Paradieses nicht kannten, da es in der Einheit keine Unterscheidung und daher auch keine Erkenntnis gibt.

## Die Geburt des Bösen

Diese *Sonderung* von der Einheit *um der Erkenntnis willen*, ist die *Sünde* und damit die Geburt des so genannten „Bösen", weil mit diesem *notwendigen* Schritt die *Ein-*heit für das menschliche Bewusstsein – und nur für dieses – *aufgespalten* wird in ihre *scheinbaren Gegensätze. Sonderung, Sünde, Spaltung, das BÖSE, der Teufel, die Polarität, die Finsternis* sind synonyme Begriffe für diesen Sachverhalt, *als notwendige Voraussetzung für Erkenntnis und Freiheit.*

Daher ist auch der *Teufel,* den es als Person nicht gibt, – so, wie es auch *Gott* als Person nicht gibt – der rechtmäßige Herr über die materielle Welt. Er steht für *Polarität* und für alles, was mit der Polarität zusammenhängt!

Gott als *Ein-*heit ist das Einzige, was es *wirklich* gibt. Alles andere ist Schein, den es zu durchschauen gilt, wenn wir zur *Wirklichkeit Gottes* zurückkehren wollen, ausgestattet mit Bewusstheit, die wir uns mühsam auf dem Weg durch die Polarität erringen müssen.

Die materielle Schöpfung ist eine „Projektion" Gottes, um der Erkenntnis willen; ist ein „Traum" Gottes, um sich als Gottheit *erkennen* zu können; das menschliche Bewusstsein, ist der dazu notwendige „Umschlagplatz".

Dies ist der große Kreis des menschlichen Weges – analog zum verlorenen Sohn –, der Gang durch die Finsternis der Polarität, um schließlich *in der Finsternis das Licht zu finden.*

*Das Licht wird in der Finsternis gefunden und nicht im Licht!*

Sünde und Schuld, das Böse und das Leid sind in *einer polaren Welt nicht vermeidbar, wohl aber überwindbar!*

Überwindbar dadurch, dass wir die Welt so, wie sie ist, also so, wie sie von Gott geschaffen ist, annehmen und sie als notwendiges Vehikel auf dem Weg zur Vollkommenheit benützen. Alles Hadern mit Gott ist Energie – und Zeitverschwendung; wer kann sich denn anmaßen, diese Welt zu beurteilen, ja zu verurteilen, so, als müsste der Mensch sie noch verbessern. Was gründlich zu verbessern d.h. zu korrigieren ist, ist eine solch *subjektiv wertende* Sicht dieser Welt, ist unsere Unvollkommenheit. Dies ist nur durch bewusstes Lernen im Sinne ständiger, schrittweiser Bewusstseinserweiterung möglich.

An dieser Stelle ist es vielleicht angebracht darauf hinzuweisen, dass „gut" und „böse" *innerhalb* der polaren Welt *relative* Begriffe sind. Es ist dem Menschen grundsätzlich nicht möglich, *nur* „gut" zu sein, genauso wenig wie es möglich ist, *nur* ein- oder *nur* auszuatmen! Aus diesem Grunde gibt es auch *innerhalb* der Polarität keinen so genannten „guten" Menschen. GUT in einem richtig verstandenen Sinne ist ein Mensch erst dann, wenn er vollkommen geworden ist. Vollkommenheit meint aber Ganzheit und ganz können wir nur werden, wenn wir *beide* Pole *integriert* haben!

Wichtig bei der ganzen „Gut-Böse"- Problematik ist der Umstand, dass wir, wenn wir diesem schwierigen Thema gerecht werden wollen, unterscheiden müssen zwischen unserem gewohnten und geläufigen Begriff des „Guten" und des „Bösen" *innerhalb* unserer polaren Welt, und dem *absolut* GUTEN, das nur auf GOTT angewendet werden darf. ER ist der *absolut* GUTE im Sinne des Begriffes der EIN-HEIT, in der alle Gegensätze in absoluter *Balance* und in absoluter *Un*-unterscheidbarkeit latent ruhen.

„Gut", als der eine Teil der Polarität ist nicht besser als „Böse", als der andere Teil der Polarität, so, wie einatmen nicht besser ist, als ausatmen! Die Probleme entstehen dann, *wenn ein Pol* dieser Polarität *subjektiv einseitig überbewertet wird* – gleichgültig welcher – und dadurch *Einseitigkeit* entsteht, weil das Gesetz der Polarität dann den notwendigen Ausgleich erzwingt, um wieder *Gleichgewicht* in unserem Bewusstsein herzustellen.

*Gleichgewicht ist das höchste Gesetz in diesem Universum,* und somit muss alles Ungleichgewicht in unserer Seele immer wieder ausgeglichen werden, was meist mit Leid verbunden ist. Diese Sicht mag ungewohnt sein, weil wir so daran gewöhnt sind, das „Gute" innerhalb der Polarität verwirklichen zu wollen, *obwohl das wahre GUTE aus dem Gleichgewicht beider Pole besteht.* Das ist die Crux des falsch verstandenen Christentums durch wissenschaftliche Theologie und Kirche mit all ihren Konsequenzen für die ganze Gesellschaft.

„Gut" im herkömmlich verstandenen und auch weitgehend verwendeten Sinne ist demnach gar nicht wirklich das Gegenteil von „Böse", weil das Böse in Wahrheit eben darin besteht, dass die Ein-heit auf*gespalten* wird in ihre scheinbaren Gegensätze und damit *Einseitigkeit* entsteht. Einseitigkeit deshalb, weil die *Balance* im Bewusstsein eines Individuums oder eines Kollektivs gestört wird und dadurch ein *Un*-gleichgewicht entsteht, das durch das Schick-sal *ausgeglichen* werden muss.

„Gut" in unserer Gesellschaft ist immer mit subjektiven Wertungen, mit subjektiven Moralvorstellungen befrachtet, die aus einem falschen Religionsverständnis entstanden sind und über die Jahrhunderte von Theologie und Kirchen in die Seelen der Menschen eingepflanzt wurden.

Würde diese Definition von „Gutsein" der Wahrheit entsprechen, dann müsste es heute schon anders aussehen auf dieser

Welt, denn ein ehrliches Bemühen, das „Gute" zu tun und das „Böse" zu meiden, darf ja niemandem abgesprochen werden. Die Tatsache aber, dass dieses ehrliche Bemühen trotz jahrhundertelanger Anstrengungen so wenige Früchte zeigt, sollte Grund genug sein, diesen uns so vertrauten aber falschen „Gut – Böse" Begriff eines falsch verstandenen Christentums, einmal gründlich zu hinterfragen.

Diese Problematik ist schon an mehreren Stellen dieses Buches angesprochen worden. Mit dem herkömmlichen Religionsverständnis scheint sie nicht lösbar zu sein.

Wenn wir uns nun in der Welt ein wenig umsehen, dann ist nicht zu übersehen, dass täglich Böses geschieht, täglich gemordet, vergewaltigt, missbraucht, gelogen, verleumdet und Krieg geführt wird. Wir Menschen tun uns all diesen Wahnsinn nicht deshalb an, weil wir so „böse" sind, sondern weil wir seit dem Sündenfall der *Polarität* ausgeliefert sind – *zum Zwecke unserer Entwicklung zu immer höherer Bewusstheit.* Wenn wir „Böses" tun, dann geschieht das aus *fehlender* Einsicht, würde *Einsicht* bestehen, würden wir es *freiwillig* nicht tun und es bedürfte keiner Strafandrohung. Wenn es aus *fehlender* Bewusstheit doch geschehen ist, so ist *Einsicht* in unser Handeln not-*wendig*, gefolgt von bewusster *Wiedergutmachung*.

Wenn es genügen würde, nur „gut" sein zu *wollen,* wenn es genügen würde, uns für das „Gutsein" zu *entscheiden* und dadurch das „Böse" zu vermeiden – *was rein theoretisch aus Einsicht immer möglich ist-,* dann wäre es viel leichter, aus dieser Welt ein „Paradies" zu machen. Doch wie heißt es sinngemäß: *„Der Geist ist willig, aber das Fleisch ist schwach".* Im Paradies waren wir schon und mussten es *um der Erkenntnis und Freiheit willen* verlassen. Die Tiere leben heute noch in einem gewissen Sinne im Paradies, weil sie im Gegensatz zum Menschen ihren Sündenfall vielleicht noch vor sich haben. Sie können noch nicht unterscheiden, und damit auch noch nicht erkennen. Sie leben ihr Leben in Un-bewusstheit, haben kein Problem mit dem Bösen wie der Mensch, kennen keine Scham, keine Moral, kein schlechtes Gewissen. Die Tiere haben offensichtlich eine andere Bestimmung als der Mensch.

In einer ähnlichen Lage war ja auch der Mensch *vor* dem Sündenfall, es gefiel ihm aber da auf Dauer nicht. Und so aß er dann vom Baum der Erkenntnis, um ein *Erkennender*, ein *freier* Mensch zu werden und seine paradiesische *Un*-bewusstheit in *Bewusstheit* und *Selbstverantwortung* zu transformieren. Selbstverantwortung auch in dem Sinne, dass wir mit jeder Handlung *Karma* erzeugen, das von uns selbst und *nur* von uns selbst im Laufe der Inkarnationen wieder *ausgeglichen* werden muss.

Täglich müssen wir uns *entscheiden*, und mit den verschiedenen Handlungsmöglichkeiten ringen, und werden trotzdem mit jeder Handlung schuldig, weil wir nicht gleichzeitig zwei Möglichkeiten verwirklichen können und damit bei jeder Handlung zumindest eine Möglichkeit, eine Variante, ein *Pol* unverwirklicht bleibt.

Um uns überhaupt entscheiden zu können, müssen wir notgedrungen werten, aber da jede Wertung *subjektiv* sein muss, weil *Subjekte* sie vornehmen, ist es uns unmöglich, objektiv das „Richtige" zu tun, weil richtig oder falsch immer die Frage bedingt: Bezogen worauf, ist etwas richtig oder falsch, gut oder böse? Diese Bewertungen differieren nicht nur innerhalb unseres eigenen Kulturkreises, sondern sind so relativ, dass zum Beispiel Menschen eines anderen Kulturkreises die gleiche Handlung entsprechend verschieden bewerten.

Aus diesen Ausführungen könnte vielleicht klarer werden, dass sich der Mensch in der Polarität grundsätzlich weder richtig noch falsch entscheiden kann. Wenn sich ein Kollektiv für einen bestimmten verbindlichen Verhaltenskodex entscheidet, so bleiben die Wertungen innerhalb dieses Rahmens relativ in Bezug auf einen anderen Kulturkreis, mit anderen Wert-Anschauungen.

Es ist und bleibt ein unlösbares Problem, *innerhalb* der Polarität *objektiv gültige* Kriterien für Gut und Böse aufzustellen. Der Beleg für diese Tatsache ist im Ablauf der Ereignisse in dieser Welt zu finden. Auch Moral ist kein tragfähiges Kriterium, an dem es möglich wäre, objektive Werte festzumachen.

*„Moral ist die Weisheit der Erfahrung, der Erinnerung, die uns nicht sagen kann wie wir leben sollen, sondern wie wir weiter tot bleiben können."*
Alan Watts

Es zeigt sich auch, dass der – oft von kirchlicher Seite geäußerte – Aufruf, *nur „Gutes"* zu tun, nicht hilfreich ist, weil das Gute *innerhalb* der Polarität durch guten Willen und gute Vorsätze allein, nicht zu verwirklichen ist

Es soll damit aber in keiner Weise das Leid des Menschen verharmlost oder verniedlicht werden. Zu schrecklich sind die Bilder, die uns die Medien täglich ins Haus liefern, und nur schwere Missverständnisse dieser Zusammenhänge könnten zu einer Verharmlosung des Bösen führen.

Das Böse besteht in der *Einseitigkeit,* in der *Überbewertung nur eines Poles,* in der ausschließlichen Identifizierung mit *nur einer* Seite – gleich welcher – der *beiden* Seiten einer Medaille. Die Folge ist, dass dadurch ein *Un*-gleichgewicht entsteht, die Balance im Bewusstsein, das *Gleichgewicht in der Seele* gestört wird. Aufgrund des *Polaritätsgesetzes* wird dieses Gleichgewicht aber immer wieder hergestellt.

*Nichts in diesem Universum kann auf Dauer im Ungleichgewicht verharren!*

Verdrängung eines Poles bedeutet, unsere Welt, die aus *zwei* Polen zusammengesetzt ist, miss- zu verstehen. Die Wissenschaft tut es aber täglich, die Theologie und die Kirchen tun es täglich und versuchen uns einzureden, man könnte sich willentlich, allein und ausschließlich für das Gute entscheiden. Die Ergebnisse dieser fatalen Rezepte sind an den realen Abläufen in dieser Welt abzulesen. Uns noch mehr in diesem Sinne anzustrengen, führt eher in die Ver-*zwei*-flung, als zu der von Jesus geforderten Vollkommenheit. Schon aus dieser Perspektive ist es einleuchtend und notwendig, die These der *Reinkarnation* aus unserem Weltbild nicht einfach auszuschließen. Welch ein Mensch kann der Forderung Jesu – *seid vollkommen, wie euer Vater im Himmel vollkommen ist* – nachkommen, wenn ihm für diese Aufgabe nur ein einziges Erdendasein zur Verfügung steht?

Wir müssen täglich handeln, uns täglich entscheiden, und weil wir Menschen mit einem polaren Bewusstsein sind, sind wir dementsprechend fehlerhaft. Was immer wir tun, das *Wesentliche* dabei ist, dass wir es mit der notwendigen *Bewusstheit* tun. Das Leben in der Polarität ist eine ständige Gratwanderung, der Weg ist schmal, aber das Ziel – *die Einheit* – lässt alle Anstrengungen gerechtfertigt erscheinen.

Wichtig ist, wie schon erwähnt, die Bewusstheit, mit der eine Handlung gesetzt wird. Ebenso wichtig ist es, letztlich für *jede* unserer Handlungen und ihre jeweiligen Folgen, die *Verantwortung zu übernehmen*. Wichtig ist darüber hinaus aber auch, dass wir lernen, uns selbst anzunehmen und zu lieben, mit allen Fehlern und Schwächen, und dass wir uns bei allem Handeln kritisch *zuschauen*. Wenn wir unsere jeweiligen Handlungsmotivationen ehrlich hinterfragen, uns nicht scheuen, wenn notwendig, uns mit unseren Mitmenschen zu konfrontieren, Konflikte auszutragen und nicht eines Scheinfriedens willen zu vermeiden suchen, dann geschieht Ent-wicklung und weniger Ver-wicklung.

Echte *Harmonie* kann nur entstehen, wenn beide Pole – Aggression *und* Hingabe – einander ergänzen. Die griechische Göttin *Harmonia* ist die Tochter des Kriegsgottes *Ares (Mars)* und der Friedensgöttin *Aphrodite (Venus)*. Wir können das Böse auch mit Finsternis assoziieren, und daran seine Relativität erkennen.

Die Finsternis ist der notwendige Gegenpol, um Licht erkennen zu können, der Teufel der notwendige Gegenpol, um Gott denken zu können, das Böse der notwendige Gegenpol, um das Gute sichtbar zu machen.

Diese Gesetzmäßigkeit gilt nun ausnahmslos für *alle* scheinbaren Gegensätze dieser Welt, und das meint die Esoterik, wenn sie vom *Polaritätsgesetz* spricht. Unsere Sehnsucht nach Glück ist letztlich die unbewusste Sehnsucht, dereinst wieder zu Gott zurückkehren zu können, nachdem wir diese scheinbaren Gegensätze in unserem Bewusstsein – und nur darin, weil sie nur im Bewusstsein bestehen – wieder ge*eint* haben.

Die Vereinigung mit Gott wird nur möglich durch laufende Bewusstseinserweiterung – was nur durch ständiges Lernen über viele Inkarnationen geschehen kann –, um dadurch in die Lage kommen zu können, am Ende des Weges unser *Ego* loszulassen, weil dieses Ego die *einzige* Instanz ist, die uns von Gott trennt, gerade weil es auch im und durch den Sündenfall erst entstanden ist. Dieses Ego hat keine eigene *Wirklichkeit* und gehört somit zu Maya, ist aber für den Weg der Erkenntnis – im Sinne von Erkennendem und Erkanntem – unerlässlich. Wir können es nicht vor der Zeit, d.h. bevor wir im Bewusstsein dafür reif sind, opfern. Dieses Ego, dieses „Ich-sagen" erschafft ja erst die Polarität, denn wenn wir „Ich" sagen, erschaffen wir dadurch das „Nicht-Ich". Zu allem, wozu wir Ich sagen können, sagen wir damit automatisch – ja, d.h. wir identifizieren uns damit und schließen es nicht mehr aus.

Etwas in dieser Welt ablehnen, bedeutet uns damit nicht zu identifizieren. Solange wir *„Ich"* sagen, sind wir in der Polarität gefangen, weil wir damit automatisch alles, wozu wir nicht Ich sagen bzw. noch nicht Ich sagen können, aus unserer Identifikation ausschließen.

Das Ausgeschlossene *fehlt* uns aber dann in unserem Bewusstsein, das ja zur Vollkommenheit berufen ist. *„Seid vollkommen, wie euer himmlischer Vater vollkommen ist"*, sagt Jesus sinngemäß.

Das *Fehlende* zeigt sich somit in Form unserer *Fehler*. Das Fehlende muss aber verwirklicht werden, um Ganzheit, Vollkommenheit, d.h. *Ein*-heit zu ermöglichen. Alles, wozu wir Ich sagen können, haben wir schon integriert, bildet also unser *bewusstes Ich*, alles, wozu wir nicht bzw. noch nicht Ich sagen können, schließen wir aus unserer Identifikation aus und dieses Ausgeschlossene bildet somit den Rest der Welt, unseren *Schatten,* unser *Unbewusstes.*

Ich bin gut, tüchtig, fleißig, ehrlich, bedeutend, moralisch, edel und normal usw. diese Eigenschaften stellen somit für unser Ego kein Problem dar. Der jeweilige Gegensatz zu diesen Eigenschaften ist dagegen für dieses in der Regel unannehmbar. Solche Eigenschaften lehnen wir ab, dazu sagen wir nicht „Ich", das sind die Anderen.

Gegensätze gehören aber zusammen, weil sie *in sich eine Einheit darstellen*. Gegensätze lassen sich nicht trennen, sondern nur von verschiedenen Standpunkten her betrachten.

Diese Gesetzmäßigkeit der Polarität lässt sich auch am Phänomen des *Atems* studieren. Wir atmen ein, wir atmen aus; beides sind unverkennbar Gegensätze, gehören aber untrennbar zusammen und bilden somit eine *Einheit*, die den *Atem* ausmacht. Wir können uns nicht beliebig entweder für das Einatmen oder für das Ausatmen entscheiden. Wenn wir einen Pol – aus welcher Motivation auch immer – weglassen, uns ersparen wollen, dann bricht das ganze Phänomen *Atem* in sich zusammen und unser Leben verwandelt sich in kurzer Zeit in Tod.

Den gesetzmäßigen Wechsel zweier Pole nennen wir *Rhythmus,* und Rhythmus ist das Kennzeichen alles *Lebendigen.*

So einleuchtend diese Gesetzmäßigkeit am Beispiel des Atems auch sein mag, so schwierig wird der gleiche Zusammenhang, wenn wir *Wertung* ins Spiel bringen. Die beiden Pole – einatmen und ausatmen – subjektiv verschieden zu bewerten, wird niemandem einfallen.

Wir tun es aber fast automatisch, wenn wir die gleiche Gesetzmäßigkeit auf die Problematik von Gut und Böse übertragen müssen. *Aber auch hier gilt dasselbe Gesetz.* Welche Schwierigkeiten und Missverständnisse sich aber für diesen Zusammenhang in aller Regel ergeben, ist jedem von uns hinlänglich bekannt.

Gut und Böse so meinen wir, können doch nicht ein und dasselbe sein. Unsere Lebenserfahrung spricht eindeutig dagegen. Wir dürfen hier allerdings nichts übereilen, nicht vorschnell Behauptungen aufstellen, die nicht nachvollziehbar sind. Wir können uns – wie so oft – auch hier nur mit Bildern behelfen bzw. die

Problematik auf einleuchtende und einfache *Beispiele* reduzieren, ohne sie dabei zu verwässern.

Dass ein- und ausatmen im Phänomen des *Atems in Eins* zusammenfallen und einen *gesetzmäßigen Rhythmus* bilden, dass der elektrische Wechselstrom erst durch einen Plus- und einen Minuspol entsteht und erst durch das Zusammenwirken beider die elektrische *Spannung* als *Ganzes* entsteht, dass groß und klein lediglich verschiedene Aspekte von *Dimension* darstellen, süß und sauer dieselben Kehrseiten von dem *einen* Phänomen *Geschmack* erkennen lassen, Ein- und Ausgang eines Raumes die *gleiche Tür* zur Grundlage haben, je nachdem, ob ich den Raum betrete oder ihn verlasse, warm und kalt nur verschiedene Aspekte des *einen* Phänomens *Temperatur* sind usw. sind nur *einige* Beispiele.

Eine *Medaille* hat immer *zwei* Seiten, eine Vorderseite und eine Rückseite. Fehlt eine Seite, egal welche, so können wir nicht mehr von einer Medaille sprechen, wir haben es dann mit etwas Einseitigem zu tun!

Es gibt zu jeder Eigenschaft in dieser Welt eine entsprechende Kehrseite, und diese kommt *gesetzmäßig* immer dann ins Spiel, wenn eine Seite das *Übergewicht* bekommt. Diese Gesetzmäßigkeit können wir an jeder Waage beobachten. Aus dem Gesetz der Polarität lässt sich das Gesetz des Ausgleichs ableiten. *Alles* in diesem Universum drängt nach *Ausgleich* und *Balance*, d.h. nach *Gleichgewicht* und *Harmonie*.

Wir könnten obige Aufzählung beliebig lange fortsetzen, ohne dass sich am Prinzip etwas ändern würde. Für alle angeführten Beispiele gilt der gleiche Zusammenhang. Welchen von beiden Polen wir auch wegnehmen würden, die jeweiligen Folgen lassen sich unschwer ausdenken. Darin liegt gerade das Wesen einer Gesetzmäßigkeit, dass sie umfassende, *allgemeine* Gültigkeit besitzt und es keine Ausnahme von der Regel gibt.

Wenn wir einen Pol, egal welchen wo auch immer wegnehmen, verschwindet das ganze Phänomen. Gerade am Beispiel des Atems lässt sich aber die Tragweite dessen sehr gut erkennen, da die Gefahr, sich vorschnell in *subjektive Wertung* zu verwickeln, nicht besteht. Das Prinzip gilt aber in allen Fällen ohne Ausnahme, weil wir es mit einer polaren Welt bzw. einem polaren Bewusstsein zu tun haben.

Und so versichert uns auch die Physik, dass alles in dieser Welt aus Schwingung besteht und Schwingung ist nichts anderes als der rhythmische, *gesetzmäßige* Wechsel *zweier* Pole.

Was für neutrale Gegensätze wie die hier beschriebenen seine Gültigkeit hat, behält seine Gültigkeit auch für die weiter oben angeführten, die wir nur zu gern mit Wertungen versehen.

Ich bin gut, fleißig, tüchtig, moralisch usw. ist – wie schon betont – leichter mit einer positiven Wertung zu versehen als die jeweiligen Gegenpole. Unsere Probleme beginnen gerade dort, wo unsere subjektive Wertung ins Spiel kommt, und Wertung ist, da sie Subjekte vornehmen, immer subjektiv.

Das Leben in der Polarität bedeutet für uns Menschen, dass wir Gegensätze nicht *gleichzeitig* wahrnehmen und verwirklichen können, sondern nur durch *Handeln im Nacheinander* über den Umweg der Zeit wieder *vereinen* können. Dadurch entsteht in unserem Bewusstsein das subjektive Gefühl, es gäbe Zeit, was aber objektiv nicht der Fall ist, wie uns auch die neue Physik bestätigt hat.

Solange wir das Grundgesetz der *Polarität*, die mit dem Sündenfall in die Welt gekommen ist, nicht wirklich begreifen und in unser bewusstes Leben integrieren, solange sind wir ohnmächtige Opfer der Polarität, mit allen uns vertrauten Verwicklungen.

> Einen von beiden Polen wegnehmen, bedeutet *einseitig* werden!

*Jede Einseitigkeit ist böse, jede Identifikation mit nur einem Pol ist böse, weil die Balance gestört ist, weil die Waage kippt, wenn eine Waagschale das Übergewicht bekommt, weil alles in diesem Universum nach Gleichgewicht strebt!*

*Nur gut,* wird *böse,* wenn es nicht mit seinem Gegenpol *ausbalanciert* ist.

*Nur moralisch*, wird *böse*, wenn es nicht mit seinem Gegenpol *ausbalanciert* ist.
*Nur schön*, ist *böse*, wenn es nicht mit dem Gegenpol *ausbalanciert* ist.
Es erübrigt sich die Aufzählung weiterer Beispiele, weil die Gesetzmäßigkeit der Polarität für alle Eigenschaften gültig ist – ohne Ausnahme!
Aus diesem Grunde ist eine Wissenschaft *böse*, wenn sie *einseitig* auf Intellekt und Ratio, auf unsere linke, männliche Gehirnhälfte aufgebaut ist, und der Gegenpol, wie die Intuition und andere wesentliche Fähigkeiten der rechten Gehirnhälfte, der weiblichen Hälfte, fehlen.
Wir müssen also mit den Begriffen „Gut" und „Böse" sehr bewusst umgehen, weil sie als die *zwei* Seiten der *einen* Medaille *relativ* zu verstehen sind und immer die Frage implizieren: Bezogen worauf, ist etwas „gut" oder „böse"? Innerhalb der Polarität sind es also *relative* bzw. *neutrale* Begriffe!
Natürlich ist Gott das *absolut GUTE* – im Gegensatz zum relativ „Guten", als Teil der Polarität –, weil *in* Gott diese beiden Pole absolut *ausbalanciert* sind, und daher keine Unterscheidung möglich ist. Dies ist es gerade, was wir als *Ein*-heit bezeichnen. Durch den Sündenfall hat sich der Mensch freiwillig von dieser Ein-heit *um der Erkenntnis willen* absondern müssen. Da diese Absonderung aber nur im Bewusstsein des Menschen vollzogen wurde, wird der Gott der Einheit davon nicht berührt.

*Gott bleibt, was er immer ist, Ein-heit!*

Wenn die Gegensätze *ausbalanciert* sind – wie in dieser Einheit – dann sind sie ungefährlich. Erst die *einseitige* Identifikation mit *nur einem* Pol – meist ist es der uns positiv erscheinende – ruft *gesetzmäßig* den Gegenpol auf den Plan und zwar ausnahmslos, um wieder *Balance d.h. Einheit* herzustellen.
An diesen Gesetzmäßigkeiten kann auch eine Kirche nichts ändern, auch dann nicht, wenn sie ihren Gläubigen empfiehlt,

das „Gute" zu tun und das „Böse" *zu bekämpfen*, nachzulesen in einem

SOZIALHIRTENBRIEF DER KATHOLISCHEN BISCHÖFE ÖSTERREICHS vom 15. Mai 1990, Dort ist unter anderem zu lesen:

„Das den Menschen zugesagte Heil wird als freies Geschenk Gottes empfangen. Gleichzeitig aber entscheidet sich seine Verwirklichung im Leben des Christen inmitten der Welt: Indem er in der Liebe und Gnade des dreifaltigen Gottes fähig wird, das Gute zu tun und das Böse zu bekämpfen. Diese Lebensaufgabe ereignet sich auch im konkreten Alltag: im Zusammenleben, in der Arbeit, in der Freizeit".

Der Misserfolg dieser Empfehlung kann gerade auch an der Geschichte dieser Kirche selbst erkannt werden. Man denke nur an Beispiele wie die Kreuzzüge als Folge eines solch einseitigen Umgangs mit dem Bösen. Verfolgung Andersgläubiger und Inquisition. Keine andere Hochreligion dieser Welt hat solche Probleme mit dem Bösen wie die christliche Kirche.

Allein der bewusste Umgang mit der Polarität dieser Welt kann solche Entgleisungen überflüssig machen. Dieses nicht Verstehen Können oder Wollen des Polaritätsgesetzes, führte konsequenterweise zu einem sehr fragwürdigen, einseitigen und damit nicht mehr der Wahrheit bzw. Wirklichkeit entsprechenden Gottesbild der heutigen wissenschaftlichen Theologie. Die logische Folge dieser Entwicklung ist, dass auch die Kirche (nicht unverdient) „Opfer" der einseitigen Wissenschaft wurde. Anderes lässt sich bei den östlichen Religionen beobachten – dort haben sich offensichtlich keine so schwerwiegenden Denkfehler eingeschlichen.

Dazu Rüdiger Dahlke: „Es ist nicht zuletzt dieser Widerspruch, der die christliche Theologie so leicht unglaubwürdig erscheinen läßt und der die Kirchen sturmfrei für stimmigeres Gedankengut machte. Die östlichen Traditionen gehen wesentlich redlicher mit dem Problem von Gut und Böse um und haben so vor allem bei jungen Menschen in den letzten Jahrzehnten enorm an Attraktivität gewonnen und zwar ohne aggressive Mission. Östliche Religionen wie Hinduismus und Taoismus haben ihre esoterischen Wurzeln bewahrt und eine Flut entsprechenden Gedankengutes mit zu uns gebracht."[11]

Diese *Dualisierung* zwischen einem „guten", „lieben" Gott und einem „bösen" Satan, entstellt das wahre Gottesbild, denn ein Gott mit *Eigenschaften* – und noch dazu mit *nur* guten – ist kein wahrer Gott, sondern nur ein halber Gott.

Eigenschaften gehören zur polaren Welt, und zu dieser gehört der Gott der *Ein*-heit eben gerade nicht! Zu jeder Eigenschaft gibt es einen Gegenpol, und wenn wir Gott *nur* mit so genannten „guten" Eigenschaften versehen, dann fehlen Ihm notgedrungen die „bösen", dann ist Er aber kein Gott der Ganzheit, kein All-*ein*iger Gott mehr, sondern ein unvollkommener Gott.

Dieses Denkkonzept – und das sagt uns kein Geringerer als der Mythos, die Mythen aller Völker, Zeiten und Kulturen – dieses Denkkonzept der heutigen *wissenschaftlichen* Theologie ist an der Wurzel falsch, weil genauso ein-seitig wie die Wissenschaft selbst und entspricht damit nicht der *Wirklichkeit*. Dass sich die Kirche mit der Wissenschaft eingelassen hat, ist – neben anderen Ursachen – der wahre Grund für ihre schwere Krise.

Dieses Denkkonzept von heutiger, wissenschaftlicher Theologie sieht folgendermaßen aus:

| | |
|---|---|
| GOTT | TEUFEL |
| GUT | BÖSE |
| TUGEND | SÜNDE |
| RICHTIG | FALSCH |
| POSITIV | NEGATIV |
| MORALISCH | UNMORALISCH |
| LICHT | FINSTERNIS |
| | usw. |

Bei diesem Denkkonzept geschieht etwas ganz Fatales, hier wird GOTT in die Polarität gezogen.

Der GOTT der EIN-HEIT wird *halbiert* und *reduziert* auf Gut, Tugend, richtig, positiv, moralisch, Licht und andere *einseitig* ausgewählte „positive" Eigenschaften aus dem Reich der Polarität.

Bei diesem Konzept wird der GOTT der EINHEIT zerstört, womit es zu einem atheistischen Konzept wird.

Es fehlt IHM die andere Hälfte. Das Wesen GOTTES aber ist GANZHEIT!!!

Wir dürfen Gott eben gerade nicht mit *Eigenschaften,* die der polaren Welt entstammen, versehen, denn jede Eigenschaft hat ihren Gegenpol.

Wenn wir dieses Konzept auf Gott anwenden, dann brauchen wir für die andere Hälfte einen zweiten „Gott", den Teufel. Wir haben dann *zwei* Götter, einen *nur* guten und einen *nur* bösen, der ALL-*EIN*-IGE GOTT ist uns abhanden gekommen. Er ist einseitiger, *nur* „guter" Teil der Polarität geworden und damit als Gott zerstört worden. Es geht hier nicht um eine Art „Wortakrobatik", sondern um *grundlegende, metaphysische Wahrheiten*, die wir nicht negieren dürfen.

GOTT kann *niemals die Hälfte* einer Ganzheit sein, weil ER die GANZHEIT *ist*!!!

Es ist bedrückend, welche Denkfehler sich in die heutige Theologie und Kirche eingeschlichen haben. Konsequent zu Ende gedacht: Wir hätten einen so genannten „guten Gott", der dem „bösen Gott" namens Satan ohnmächtig gegenüber stehen würde, zwei Götter also, die sich ewig bekriegen und bekämpfen müssten.

Da helfen auch alle Abschwächungen und verbalen Spitzfindigkeiten wie solche, die von Seite der Theologie und Kirche ins Treffen geführt werden, dass sozusagen der Teufel letztlich Gott gehorchen müsse, nichts mehr.

Dieses Konzept ist in sich *einseitig*, d.h. es entspricht nicht der

*Wirklichkeit* und wird auch durch allerlei intellektuelle Einrenkungs- und Verrenkungsversuche der Theologie nicht vollständiger.

Dazu das Gottesbild der Esoterik:

GOTT
GANZHEIT
VOLLKOMMENHEIT
ALL – EIN – HEIT
PARADIES
DAS *EINE* LICHT

fällt durch das „Prisma" *des menschlichen Bewusstseins* nach dem Sündenfall

und spaltet dieses *EINE* Licht in die
scheinbaren
Gegensätze
der
Polarität
was nur ein anderer Name für
Teufel ist!

Scheinbar deswegen, weil diese Spaltung nur das menschliche Bewusstsein betrifft, GOTT aber nichts anhaben kann, analog zum Licht der Sonne, das durch ein Prisma fällt und auf der anderen Seite die verschiedenen Farben des Regenbogens entstehen lässt. Das Licht selbst bleibt bei diesem Vorgang was es ist – *Sonnenlicht*.

Nach dem Sündenfall findet sich der Mensch aufgrund seines nun *gespaltenen* Bewusstseins in der Welt der Vielheit der *polaren Gegensätze* wieder, und sein Weg führt nun durch diese Welt der scheinbaren Gegensätze – *die nun in seinem Bewusstsein bestehen* – hindurch, bis es ihm gelungen ist, durch ständige Bewusstseinserweiterung im Sinne *freiwilligen* Lernens, diese Scheinwelt zu durchschauen und die scheinbaren Gegensätze *im Bewusstsein* wieder zu ver-*ein*-en.

In der *Ein*-heit liegen diese scheinbaren Gegensätze wohl als *Potenz*, als *Latenz* vor, aber, und das ist das Wesentliche: *in absoluter Ausgewogenheit, Balance und Ununterscheidbarkeit!*

Obwohl die Katholische Kirche und ihre heutige Theologie den Eingottglauben predigen, verkünden sie im praktischen Vollzug einen „Zweigottglauben".

Der oben dargestellte Denkfehler am Anfang lässt alle nun folgenden theologischen Denk- und Auslegungskonzepte fragwürdig werden, da sie diesen Fehler zur Grundlage haben.

Aus diesem nicht mehr der Wahrheit entsprechenden Gottesbild entspringen die vielen einseitigen Verzerrungen – *der an und für sich wahren christlichen Lehre* –, die durch die wissenschaftliche Theologie entstanden sind.

Die Kirche hat nur die Chance, sich aus solch falschen Denkkonzepten der Theologie zu befreien, wenn es ihr am Ende ihrer Geschichte – und da ist sie angekommen, was ihre heutige Form betrifft –, gelingt, sich aus dieser Umklammerung durch die Wissenschaft zu lösen, in die sie selbst – nicht ganz unschuldig – geraten ist. Sich auf ihre esoterischen Wurzeln zu besinnen, anstatt sie zu verleugnen bzw. zu bekämpfen, wäre ein entscheidender und heilsamer Schritt.

Der Mensch nach dem Sündenfall steht – wie schon angesprochen – nun andauernd und bei jeder Gelegenheit vor der Unmöglichkeit, sich *objektiv* „richtig" oder „falsch" zu entscheiden, weil er als Subjekt zur Objektivität nicht fähig ist, und daher immer einen Pol *schuldig bleiben muss*, dadurch aber in einem metaphysischen Sinne *mit jedem Handeln schuldig wird.*

Wir können nicht *gleichzeitig* zwei oder mehrere Möglichkeiten, die für eine bestimmte Handlung zur Entscheidung anstehen, verwirklichen. Wir müssen Vor- und Nachteile abwägen und für welche Möglichkeit wir uns auch entscheiden, eine bzw. mehrere

Varianten bleiben in jedem Falle ungetan zurück. Dieses Ungetane bleiben wir bei jeder Handlung *schuldig*, wie gewissenhaft wir uns auch entschieden haben. Wir können das Schuldiggebliebene – wenn wir dazu bereit und in der Lage sind – nachholen. Wir können die verschiedenen Aufgaben nur im *Nacheinander* einlösen – das ist unsere Situation nach dem Sündenfall, ob wir das wahrhaben wollen oder nicht. Bleiben wir das Ungetane auch im Nacheinander schuldig, dann tritt *gesetzmäßig* das Schicksal auf den Plan, aber nicht als Fatum, sondern als eine *innerseelische Gesetzmäßigkeit*.

Das Schick-*sal* ist das, was uns zum *Ausgleich,* zum *Heil* der *Seele* geschickt wird (*salus* = Heil). Aus diesem Grunde gibt es auch keinen blinden Zufall, sondern nur das zum *Ausgleich* in unserem Bewusstsein Not-*wendige*, das uns *gesetzmäßig* Zufall-*ende!*

## Sünde und Schuld sind metaphysische Begriffe, und keine moralischen

Unsere Schuld ist eine *metaphysische* und keine moralische. Welcher Mensch sollte auch in der Lage sein, uns zu sagen, was richtig und was falsch, was gut oder böse ist? Richtig oder falsch kann etwas nur sein, im Sinne der Frage: *bezogen worauf* ist etwas richtig oder falsch, gut oder böse? Es gibt keine *eindeutigen* Antworten, und dort wo versucht wird, sie zu geben, sind sie notgedrungen falsch. Es gibt innerhalb der Polarität keine Eindeutigkeit, das ist eine Gesetzmäßigkeit, die die Wissenschaft nicht akzeptieren will. Daher sucht sie stets nach eindeutigen Antworten, kann sie naturgemäß aber nicht finden und hat sie somit auch noch nie gefunden. Langsam nähert sie sich dieser Erkenntnis an, in der *Quantenphysik*.

*Ambivalenz* ist das Kennzeichen des *Lebendigen* – und nicht Eindeutigkeit. Die andauernde kirchliche Strafpredigt für den gefallenen Menschen im Sinne subjektiver Moralvorstellungen, trifft nicht den wahren Kern unseres Problems. Dies gilt auch für die so genannte Morallehre der Kirche.

> *„Moral ist die Weisheit der Erfahrung, der Erinnerung, die uns nicht sagen kann, wie wir leben sollen, sondern wie wir weiter tot bleiben können".*
> Alan Watts

Auch die Kirche kennt offensichtlich die Unmöglichkeit der Sündenvermeidung, sonst bräuchte sie nicht von der *Erbsünde* zu reden. Auf diesem Erbsündebegriff basiert leider ein tragisches Fatum. Er bringt uns überhaupt nicht weiter, sondern lässt nur das Gefühl von Sinnlosigkeit und Zweifel, ja Ver-*zwei*-flung zurück.

Die Wurzel jeder Verzweiflung wird schon am Wort alleine sichtbar – es ist die *zwei*, der Schritt in die *Zwei*-heit, in die *Polarität*, den der Mensch um der *Erkenntnis* und *Freiheit* willen tun musste.

Keine Denkrichtung geht mit den biblischen Berichten härter und konsequenter um als wahre Esoterik. Der immer wieder erhobene Vorwurf, man mache es sich hier zu leicht, trifft jene, die ihn erheben.

Dass der Mensch aufgefordert ist, im Laufe seiner Entwicklung die Sünde zu *überwinden*, ist absolut richtig, aber *nicht* indem er das Böse *bekämpft*, sondern indem er versucht, es zu *integrieren*. Sünde und Schuld ist in der polaren Welt nicht vermeidbar, auch nicht durch größte und ehrlichste Anstrengungen. Mit diesem falschen Sünden- und Schuldbegriff von Theologie und Kirche wird der Mensch nur in die Ver-*zwei*-flung getrieben.

Aus diesem Grunde möchte ich versuchen, zu diesem umfangreichen Komplex von *Sündenfall* und *Polarität*, das Thema der menschlichen *Schuld* – das damit untrennbar verbunden ist – noch aus einer ganz anderen Perspektive zu beleuchten, nämlich im Zusammenhang mit der griechischen Tragödie.

Ich fragte, „wo ist meine Sünde?"
Da gab mir eine Stimme Antwort:
„Sünde ist, daß du da bist –
eine schwerere gibt es nicht."

GUNAID, Kasf 297

Thorwald Dethlefsen in seinem Buch „Ödipus der Rätsellöser" schreibt: „Das Ringen darum, die tragische Schuld zu verstehen, hat in den vergangenen Jahrhunderten eine wechselvolle und mannigfache Geschichte durchgemacht und so manche abenteuerliche Deutung hervorgebracht. Zu stark ist das Thema der Schuld von zeitbedingten und kulturellen Geistesströmungen abhängig. Besondere Schwierigkeit hat – bis heute – das christliche Sünden- und Schuldbewußtsein mit der tragischen Schuld, ein Konflikt, der sich bei näherer Betrachtung als besonders originell und überflüssig herausstellen wird. Ein in der Vergangenheit verbreiteter, aber bereits in unserem Jahrhundert weitgehend überwundener Ansatz ist die Interpretation der tragischen Schuld als eine moralisch-sittliche Verfehlung." [12]

Aus einem *mythologischen* Betrachtungswinkel – der der Wahrheit immer näher ist, als jede historische Exegese – kann die Fehldeutung der heiligen Schriften basierend auf einer vorwiegend moralischen Auslegung klar erkannt werden. Woher nimmt die Theologie das Recht, eine komplizierte Morallehre zu konstruieren und sie den Gläubigen mit der Androhung ewiger Höllenstrafen überzustülpen?

Damit soll keineswegs der Unmoral das Wort geredet werden, aber Moral zum Hauptinhalt einer Religion hoch zu stilisieren, geht am Wesen von Religion vorbei.

Dethlefsen weiter: „Die Tragödie kennt keine moralische Grundstimmung, sie kennt keinen erhobenen Zeigefinger. In diesem Sinne verfolgt sie auch keine belehrenden oder erzieherischen Absichten. Zwar will sie etwas im Menschen bewirken, aber diese Wirkung zielt weit über Belehrung und Erziehung im bürgerlichen Sinne hinaus. Kult und Initiation wollen den Menschen wandeln, geben ihm aber keine Verhaltensmaßregeln an die Hand. Die Tragödie vermittelt Einsicht, und diese Ein-sicht ist es, die wandelt."[13]

Die Tragödie beschreibt gerade keine Charaktereigenschaften des Menschen, sondern gleich dem Mythos, den *Archetypus Mensch*.

„Der Mensch findet sich vor in der Welt der Gegensätze. Alles, was ihm begegnet, erscheint ihm als Polarität, und selbst sein Denken und seine Vorstellungskraft sind polar. Und so ist es uns Menschen unmöglich, Einheit wahrzunehmen oder überhaupt uns nur vorzustellen. Wir erleben uns als Ich, dem das andere und die Welt als Nicht-Ich gegenübersteht und somit zum Gegenstand wird. So ergeben sich Innen und Außen, Tag und Nacht, Zeit und Raum, Leben und Tod."[14], so Dethlefsen.

Warum nehmen heutige Theologie und Kirchen die Realität der menschlichen Existenz nicht zur Kenntnis? Sie bräuchten sich ja nur auf die eigene Geschichte zu besinnen, um zu sehen, dass der Mensch das Schuldigwerden allein durch gute Vorsätze, Gebote und Verbote nicht vermeiden kann.

Und weiter: „Wir erleben in der Tragödie den Menschen, der darum ringt, das Richtige zu tun, der – wie wir am Beispiel des Königs Ödipus eindrucksvoll sehen können – mit höchster Anstrengung versucht, das Schuldigwerden zu vermeiden und dennoch sich schließlich als ein Schuldiger vorfindet und dafür die Verantwortung übernehmen muß. Bei dem Versuch, das „Tragische" zu definieren, rückte man meistens die Unvermeidbarkeit der Katastrophe, unabhängig von der menschlichen Entscheidung, in den Mittelpunkt der Definition. Dies ist auch der entscheidende Punkt, der dem heutigen Sünden- und Schuldverständnis fehlt. Sünde und Schuld sind eben völlig unabhängig davon, wie der Mensch sich entscheidet und was er tut. Er wird immer schuldig und – versäumt er, die Einseitigkeit auszugleichen – muß er leiden. Diese Unvermeidbarkeit der Schuld so unverblümt zu zeigen, darin besteht die einsame Größe der griechischen Tragödie. Hier ernten nicht kleine oder große Gauner die verdiente Strafe für ihr Tun, hier wird nicht im bürgerlichen Sinne gerichtet und bestraft, hier ringt der Mensch mit den unwandelbaren Bedingungen seiner Existenz. Bei diesem Ringen muß er einsehen lernen, daß er den kindlichen Traum von der heilen Welt, an der er sich schuldlos erfreuen kann, opfern muß, um dafür zu erkennen, daß er mit jedem Schritt, den er tut, schuldig wird an der göttlichen Ordnung, deren Wesen Harmonie ist." [15]

## Gott und Teufel sind „Brüder"

Alles in diesem Universum strebt nach *Gleichgewicht.* Jede Einseitigkeit wird – dem Polaritätsgesetz entsprechend – wieder *ausgeglichen.*
 Es soll mit diesen Betrachtungen des menschlichen Daseins aus der Sicht der griechischen Tragödie keineswegs einer pessimistischen Weltbetrachtung das Wort geredet werden denn – das wäre ein grobes Missverständnis – so Dethlefsen: „Das Wort „tragisch" müssen wir allerdings wieder reinigen von all den Bedeutungen, die es in unserer Kultur bekommen hat. Man verwendet tragisch heute im Sinne von schrecklich, furchtbar, traurig und setzt Tragödie mit Trauerspiel gleich. Bei all dem haben wir es mit einem Bedeutungswandel zu tun, der zwar formaler Ausdruck unseres, dem griechischen so verschiedenen Weltbildes ist, gleichzeitig uns aber auch ständig in die Irre führt, wenn wir versuchen wollen, die Tragödie zu verstehen. Zwar ist das Menschsein in seiner Ichhaftigkeit und seinem Sondersein zum Scheitern verurteilt – aber dies ist keineswegs schrecklich, traurig oder grauenhaft, auch dann nicht, wenn es das Ich so empfindet. Jedoch ist es tragisch in dem Sinne, daß die Tragödie von diesem notwendigen Scheitern weiß und es dem Menschen vor Augen stellt. Daß die Träume des Ichs zum Scheitern verurteilt sind, ist eine ebenso banale und nüchterne Feststellung wie diejenige, daß der Tag der Nacht weichen muß oder eine Blume zum Verblühen verurteilt ist. Aufstieg und Fall gehören nun einmal zur zyklischen Entfaltung des Lebens und sind innerhalb der Polarität

unvermeidbar. Daran ist nichts Negatives oder Pessimistisches. Eine Wahrheit zu negieren, ist deshalb auch nicht optimistisch, sondern lediglich dumm." [16]

Natürlich wäre es für unser subjektives Erleben angenehmer, wenn diese Welt nicht so hart wäre. Aus diesem Grunde ist es auch verständlich, dass der Mensch ständig versucht, sie zu verbessern. Dieses Bemühen unterstellt aber, dass Gott eine unvollkommene Welt geschaffen hat, was so nicht sein kann. Aus diesen Ausführungen könnte vielleicht ein wenig klarer werden, dass dasjenige, das es zu verbessern gilt, unsere unvollkommene, *subjektive* Sicht dieser Welt ist.

Noch einmal Dethlefsen: „Die Würde und die Freiheit des Menschen wurzeln in seiner Schuld. Die Sünde macht den Menschen zum Menschen. Wir sind eine solche Sicht nicht gewohnt, wir verbinden mit Schuld und Sünde immer eine eigene Fehlleistung, von der wir annehmen, sie wäre vermeidbar gewesen, wenn wir uns anders entschieden hätten, wenn wir einfach das „Richtige" oder das „Gute" getan hätten. Wir glauben tief an die Möglichkeit, zwischen dem Richtigen und dem Falschen, zwischen Gut und Böse wählen zu können – eine solche Philosophie halten wir für sehr moralisch und übersehen dabei geflissentlich die Hybris dieser Einstellung (jene Hybris, vor der der griechische Geist so warnt!). Es ist eben schlichte Anmaßung, wenn der Mensch glaubt, daß es grundsätzlich möglich sei, das Gute zu tun und das Böse zu lassen oder – anders ausgedrückt – dem Herrn dieser Welt, dem Teufel, keinen Tribut zu zahlen. Von solcher Anmaßung weiß auch die Tragödie, wenn beispielsweise Ödipus mit allen Kräften und Mitteln versucht, seinem von den Göttern geweissagten Schicksal und der damit verbundenen Schuld zu entgehen. Eine solche Haltung, welche versucht, der Schuld zu entgehen, ist aber gerade Ausdruck der hybriden Verblendung und Blindheit; deshalb wachen die Götter darüber, daß Ödipus lernt, nicht nur schuldig zu werden, sondern vor allem, seine Schuld zu konfrontieren.

Dies bedeutet aber, die Verantwortung für die Schuld zu übernehmen, obwohl sie unvermeidbar war. An dieser Stelle muß unsere Sichtweise sich wandeln. Wir müssen begreifen, daß die Schuld unvermeidbar ist, weil sie von den Göttern stammt, das will sagen, die Schuld ist metaphysisch und damit von der Art des menschlichen Handelns unabhängig. Nur, wer diesen Schritt nachvollzieht, kann die Größe der griechischen Tragödie sehen: sie kündet von der großartigen Ordnung des Seins, von der Geborgenheit, in der der Mensch west, sie weiß, daß nur das Göttliche überweltliche Dauer und Bestand hat und daß alles menschliche Tun niemals zum Heil, sondern immer nur zum Scheitern führt. Doch dies ist keine Aufforderung zum Nichtstun, sondern eine Zurechtrückung des Blickes auf das Wesentliche, denn das Tun hat seine Bedeutung nicht in seiner Form, sondern in seinem Inhalt. Das will sagen: Der Mensch muß handeln, sich verwirklichen, um dadurch zu lernen, um bewußter zu werden, um dadurch in Kontakt mit sich selbst, mit den Tiefen seines Wesens zu kommen." [17]

Ob wir den griechischen Mythos oder den hebräischen betrachten, ist gleichgültig – immer geht es um die gleiche Wahrheit. Innerhalb der Polarität ist Schuld in einem richtig verstandenen Sinne nicht vermeidbar, ebenso wie der Kampf gegen das Böse ein aussichtsloser Kampf ist.

In Genesis 3 Vers 15 heißt es: *"Feindschaft setze ich zwischen dich und die Frau, / zwischen deinen Nachwuchs und ihren Nachwuchs. / Er trifft dich am Kopf, / und du triffst ihn an der Ferse".*

Es ist die Geschichte von dem Schlangensamen, der Kampf des Menschen gegen den Schlangensamen, das heißt gegen das Böse, an dem beide Teile, wenn sie diesen Kampf führen, zugrunde gehen! Bei der Verfluchung der Schlange durch Gott heißt es in Genesis 3 Vers 14: Da sprach Gott, der Herr, zur Schlange: *"Weil du das getan hast, bist du verflucht / unter allem Vieh und allen Tieren des Feldes. / Auf dem Bauch sollst du kriechen / und Staub fressen alle Tage deines Lebens".* „Auf dem Bauch sollst du kriechen" bedeutet in diesem Zusammenhang offensichtlich,

dass der Schlange die Füße weggenommen werden – sie wurde bisher eher als Drache mit Füßen gedacht.
Fuß heißt im Hebräischen „regel" mit dem Zahlenwert = 233. Der Baum des Lebens hat ebenfalls den Zahlenwert = 233. Wenn wir zugrunde legen, dass die Schlange 4 Füße hatte, also 4x 233 = 932, so entspricht dies dem Zahlenwert des Erkenntnisbaumes! Werden der Schlange (die ja das Böse symbolisiert), ihre 4 Füße weggenommen, kommen wir wieder zum Zahlenwert des Lebensbaumes von 233. Es wird hier zum Ausdruck gebracht, dass es die Polarität, die entfaltete Polarität gleich 2x2 = 4 ist, die über den Erkenntnisweg irgendwann wieder rückgängig gemacht werden muss.

Wieder können wir an diesen Beispielen erkennen, dass nur die mythologische Betrachtung dieser Texte in Verbindung mit der *Zahlensymbolik* den Schlüssel für das Verständnis dieser Bilder liefern kann – und nicht die historisch-kritische Analyse. Es handelt sich in Wahrheit bei diesen heiligen Texten nicht um historische Berichte, sondern im Wesentlichen um *wahre Mythen* – in diesem Falle um jüdische Mythologie.

Das Wesen des Sündenfalles besteht also nicht darin, dass die „ersten Menschen" in einem moralischen Sinne böse gehandelt haben – wie Theologie und Kirche großteils unterstellen –, sondern um den Schritt aus der Einheit in die Polarität – *um der Erkenntnis willen*.

Da es in der Einheit keine Erkenntnismöglichkeit gibt, weil in ihr *Un*-unterscheidbarkeit herrscht, müssen wir aus dieser Einheit (erst) heraustreten, um existieren zu können (existere = heraustreten). Sünde und Schuld sind in einer polaren Welt demnach nicht vermeidbar, jedoch überwindbar. Dieses Überwinden ist aber identisch mit der Überwindung der *Polarität*, die nichts Anderes als ein Synonym für *Sünde* ist.

Nicht Weltflucht oder Verdrängung sind gefordert sondern eine Bejahung der Welt, ein Sich der Welt Stellen, um sie schrittweise „aufzuessen" d.h. zu integrieren, was im indischen Bereich mit dem Wort „Bhoga" = Welt-*essen* ausgedrückt wird.

Daher ist die Verteufelung der materiellen Welt der falsche Weg, auch wenn der Teufel in einem metaphysischen Sinne der legitime Herr der polaren Welt ist.

Effektiver und damit auch sinnvoller ist es, diese wohl „teuflische" Welt als Vehikel, als Schule zu benützen, um durch schrittweise Bejahung bisher abgelehnter Aspekte und Bereiche, das eigene Bewusstsein ständig zu erweitern.

Das ist offensichtlich auch gemeint mit den Worten Jesu: *„Liebet eure Feinde"*, womit die innerlich abgelehnten Bewusstseinsbereiche, die Schattenbereiche gemeint sind. Diese gilt es zu integrieren (was ja „Lieben" meint), anstatt sie über den Umweg der Projektion, stellvertretend im Außen zu bekämpfen. Sich mit diesen im Bewusstsein schrittweise auszusöhnen, ist die Aufgabe des Menschen.

Auch das *„Liebe deinen Nächsten, wie dich selbst"* ist in diesem Sinne zu verstehen. Was ich bei mir liebe, womit ich mich bewusst identifiziere, das kann ich auch beim Nächsten annehmen, das heißt: *lieben.*

*Lieben* in diesem Sinne bedeutet ein *Sich – Öffnen* für das bisher Unbekannte, Angst-einflößende und daher Abgelehnte und Verdrängte, um es schrittweise herein zu lassen in die eigene Identifikation; das führt zur Bewusstseinserweiterung. Wenn wir schließlich auf unserem langen Entwicklungsweg über viele Inkarnationen fähig werden, *alles* zu lieben, das heißt zu bejahen, zu integrieren, was ist, dann sind wir ganz vollkommen – mit anderen Worten „erleuchtet" –, wie es die östlichen Weisheitslehren nennen.

Dies ist das Schwerste, was vom Menschen verlangt werden kann, wenn er vollkommen werden will nach dem Vorbild Jesu. Indem er selbst auch nichts in seinem Leben ausgeschlossen hat, hat er uns den Weg gezeigt und vorgelebt.

Hier lauert eine kirchenchristliche Versuchung dahingehend, dass diese Kirche lehrt, Jesus wäre diesen schweren Weg *stellvertretend* für uns schon gegangen. Dazu sagt die Esoterik klar und deutlich: *Nein!* So einfach ist die Welt nicht geschaffen – auch nicht die menschliche Existenz in ihr. Das ist Kinderglaube, das ist Verhöhnung der Würde des Menschen, die ja gerade in seiner Schuld- und Sündenhaftigkeit wurzelt. Die bewusste Übernahme der *Verantwortung* des Menschen für sein Handeln, Tun und Lassen machen ihn erst zum Menschen.

Christliche Theologie und Kirche haben Sünde und Schuld – an sich rein metaphysische Begriffe – in die Wertung einer fadenscheinigen Moral gezogen. Ihr heutiger spiritueller Zustand rührt aus diesen Missverständnissen, die ganz am Anfang durch die Entstellung des Gottesbegriffes entstanden sind.

Solange der Mensch bewusstseinsmäßig in der Polarität gefangen ist, d.h. solange er „Ich" sagt und alles Nicht-Ich ausgrenzt, solange untersteht und dient er dem Herrn dieser Welt, dem *Diabolos*. Er ist damit in einem *metaphysischen Sinne* böse, sündig, schuldig, unvollkommen, un-heil, d.h. krank – alles synonyme Begriffe für ein- und dasselbe: für *Polarität*.

Alle billigen Rezepte, alle faulen Kompromisse, die an der Realität unserer Situation vorbei zielen, sind letztlich nur Umwege und Zeitverschwendung. *„Deine Rede sei ja oder nein, alle Lauen will ich ausspeien aus meinem Munde",* sagt Jesus unmissverständlich.

Dass gerade die Kirche uns so billige Angebote wie die oben beschriebene Fremderlösung durch einen *historischen* Menschen in Aussicht stellt, zeigt, wie weit sie von der Wahrheit abgekommen ist.

Wie so oft steckt der Teufel im Detail, denn dass uns Jesus erlöst hat in dem Sinne, dass er uns den Weg gezeigt hat und uns zur Nachfolge aufgefordert hat, ist richtig, er hat aber *nicht* dazugesagt: „Ihr braucht mir nicht nachzufolgen, weil ich dieses Werk stellvertretend für euch schon geleistet habe".

Innerhalb der polaren Welt gibt es kein Heil und daher auch keine so genannte heile Welt. Unser Weg *durch* die polare Welt im oben angesprochenen Sinne aber führt zum Heil. Diese letztlich „vorübergehende" Absonderung von der Einheit, um der Erkenntnis willen, ist eine Not-wendigkeit, soll die Unbewusstheit des paradiesischen Menschen in Bewusstheit transformiert werden, um letztlich über einen langen Entwicklungsweg – *wie im Gleichnis vom verlorenen Sohn* – die Rückkehr zum Vater, zu Gott möglich zu machen.

Was sollte sonst für ein Sinn hinter diesem großartigen wie tragischen Geschehen der menschlichen Existenz stehen? Jedenfalls nicht diese „*moral*-insaure" Deutung von Sünde, Schuld und Strafe und die damit einhergehende Beleidigung Gottes. So kleinkariert darf dieser große, allmächtige und allwissende Gott nicht gedacht werden, als dass er sich durch die Übertretung seines Gebotes durch unbewusste Menschen derart „beleidigt" fühlen könnte und in der Folge zu Strafsanktionen greifen müsste. Das wären naive, anthropomorphe Vorstellungen, wo doch gerade Ihm in hohem Maße daran gelegen sein muss, dass der Mensch den Erkenntnisweg geht.

Der Mythos weiß und berichtet davon, dass Gott, Luzifer gerade deswegen am meisten liebte, weil er stürzte. Auch beim Menschen kann es nicht anders sein.

Gott will offensichtlich keine „braven" Ja-sager, sondern selbstbewusste Menschen, ja Sünder, wie das *Gleichnis vom verlorenen Sohn* zeigt, in dem das Wesentliche des menschlichen Weges zum Ausdruck gebracht wird. Nur der *Sünder* kann erlöst werden, nur der *Kranke* kann geheilt werden, nur in der *Finsternis* kann das Licht gefunden werden!

Nur Gott ist *wirklich*!

Der Teufel ist ein notwendiges Kunstprodukt, um nach dem Sündenfall Gott noch denken zu können, so wie Finsternis den notwendigen Gegenpol darstellt, um Licht erkennen zu können.

So wie Gott *wirklich* ist, so ist analog dazu auch Licht *wirklich*. *Wirk-lich* ist nur, was *wirkt*. Licht wirkt, Finsternis nicht, was sich am anschaulichsten dann beobachten lässt, wenn beide sich begegnen. Licht verwandelt immer Finsternis in Licht, während die Finsternis dem Licht nichts anhaben kann. Auch der Teufel kann

Gott nichts anhaben, weil es ihn in *Wirklichkeit* nicht gibt, was an diesem Beispiel leicht nachvollziehbar ist.

Finsternis ist Abwesenheit von Licht – nicht mehr und auch nicht weniger – sie hat aber im Gegensatz zum Licht *keine* eigene *Wirklichkeit*.

Um aber Licht sichtbar d.h. leuchtend zu machen, bedarf es eines materiellen Widerstandes, der in das an sich „dunkle" Licht gehalten wird. Von diesem materiellen Gegenstand wird nun das Licht reflektiert und dadurch für uns sichtbar. Auch die Netzhaut unseres Auges ist ein materieller „Gegenstand", der das an sich „dunkle" Licht für uns sichtbar werden lässt, leuchtend werden lässt. Da nun die materielle Welt dem Teufel unterstellt ist, kann auf diesem Erkenntnishintergrund auch ihre Funktion und Aufgabe klarer erkannt werden. So, wie der Teufel Luzifer – was *der Lichtträger* heißt – genannt wird, so wird auch nachvollziehbar, warum an der Materie, die ja in einem *richtig* verstandenen Sinne „teuflisch" ist, Licht *sichtbar* wird.

Licht an sich ist „dunkel", ist reine elektromagnetische Strahlung, die nur dann leuchtend wird, wenn sie, wie gesagt, auf einen materiellen Gegenstand auftrifft. Diese elektromagnetische Strahlung führt *in* uns zur Sinneswahrnehmung: *„Licht"*, das aber objektiv „dunkel" ist und einen ganz bestimmten Schwingungsausschnitt aus dem elektromagnetischen Gesamtspektrum darstellt, auf dem auch unsere anderen Sinneseindrücke beruhen. Die Analogie ist perfekt: Wenn wir Gott mit Licht assoziieren, dann wird Gott erst durch den Teufel erkennbar – so wie das Licht nur am Widerstand der Materie, die dem Teufel unterstellt ist hell wird. Darum heißt der Teufel sinnvollerweise *Luzifer*, der *Lichtträger* und hat daher – so wie die materielle Welt – eine unverzichtbare Aufgabe und Funktion.

Wir können diesen Zusammenhang auch auf unser *Bewusstsein* übertragen: An den Widerständen unserer Welt kann sich durch Bewusstwerdung – die analog dem Licht im Sinne von „Durchlichtung" entspricht – unser Schatten, unser Unbewusstes in helle Bewusstheit transformieren. So können wir erkennen, wozu wir die als leidvoll erlebten Widerstände in unserem Leben brauchen. Auch der Volksmund kennt im Grunde diesen Zusammenhang, wenn er davon spricht, dass uns hin und wieder „*ein Licht aufgeht*".

Der Teufel, das Böse ist innerhalb der polaren Welt das notwendige Vehikel, um das Gute *erkennbar* zu machen. Das Böse verschwindet dann, wenn es seine Schuldigkeit getan hat, indem es zur *Erkenntnis* des Guten geführt hat und dieses in unser Bewusstsein integriert worden ist.

So, wie schon erwähnt, Licht *wirklich* ist, so ist Finsternis *unwirklich* bzw. Abwesenheit von Licht. Materielle Widerstände bzw. *Gegen*stände halten Licht ab und erzeugen Schatten, so wie analog unsere *inneren* Widerstände in uns Schatten erzeugen, d.h. Abwesenheit von *Licht*, wobei wir Licht mit *Bewusstheit* assoziieren können, Schatten mit Unbewusstheit. Unsere Verdrängungen sind solche Widerstände, die aber durchlichtet werden müssen, um uns wieder bewusst zu werden.

Verdrängte Energien pervertieren und kommen in entstellter Form als leidvolle Er-*eig*-nisse und Symptome wieder zum Vorschein. Werden sie durchlichtet, d.h. bewusst gemacht und integriert, resultiert daraus Bewusstseinserweiterung, d.h. Entwicklung, und die leidvollen Manifestationen können überflüssig werden.

„*Liebet eure Feinde*", sagt Jesus und – um es zu wiederholen – damit sind die unbewussten Anteile in unserer Seele gemeint, die über den Umweg der Projektion im Sinne der Wiederkehr des Verdrängten irgendwann im Außen als Personen, Krankheitssymptome oder Er-*eig*-nisse – also als „Feinde" – wieder auftauchen und nach *Integration, d.h. Liebe* verlangen.

Aus diesen Worten können wir ersehen, worum es im Leben des Menschen geht: Es geht um *Eins*-werdung, um die Überwindung der Polarität – die identisch mit der Sünde ist –, also um die Überwindung der *Zwei*-heit. Alle esoterischen Weisheitslehren verkünden immer diesen einen Weg, neben dem es keinen anderen Weg zum Heil gibt.

Um das Gesagte noch weiter zusammenzufassen: **Gott ist wirklich,** der Teufel ist ein Konstrukt des Bewusstseins, um Gott *erkennen* zu können. Das sagt uns wie bei allen anderen tiefen Wahrheiten der *Mythos*, die Mythen aller Zeiten, Völker und Kulturen. Die christliche Theologie gesteht nun offensichtlich dem Teufel ebenfalls *Wirklichkeit* zu, obwohl er diese nicht besitzt, da er ja gerade für die Finsternis steht. Wir dürfen die *Ein*-heit Gottes nicht auseinander dividieren. Der wesentliche Unterschied zwischen dem GOTT der *Ein*-heit und dem „Gott" der Polarität – dem Teufel – liegt darin, dass in der Polarität *zur* Polarität – *was ja die Einheit ist* – Gut und Böse wohl *latent*, als *Potenz* in absoluter *Un-unterscheidbarkeit* und absoluter *Balance* ruhen, in der Polarität aber als *schein*bare Gegensätze im Bewusstsein des Menschen nach dem Sündenfall in Er*schein*ung treten.

Im Alten Testament gibt es Stellen, in denen Gott und Satan identisch verwendet werden.

Im Buch der Chronik 1/21, heißt es sinngemäß: *Der Satan trat gegen Israel auf und reizte David, Israel zu zählen.*

Im 2. Buch Samuel 24, heißt es: *Der Zorn des Herrn entbrannte noch einmal gegen Israel, und er reizte David gegen das Volk auf und sagte: Geh, zähl Israel und Juda.*

Es sollte auffallen, dass im ersten Fall der Satan, im zweiten Fall der Herr den David veranlasst, Israel zu zählen. Für manche christliche Ohren ist das Alte Testament an vielen Stellen erschreckend; das moralisch gewertete „gut" und „böse „gibt es hier noch nicht, da ist Jehova ein eifersüchtiger Gott, der auch bereit ist, Unrecht zu tun, wenn es für sein Volk nützlich ist.

Um die innere Nähe von Gott und Satan noch mit einer weiteren Aussage des Alten Testamentes zu unterstreichen, sei Jesaia 45/7 erwähnt: *„Ich bin der Herr und keiner mehr, der ich das Licht mache und schaffe die Finsternis, der ich Frieden gebe und schaffe das Übel, ich bin der Herr, der solches alles tut".* Gott übernimmt mit dieser Aussage die Verantwortung für alles, für Gut und für Böse.

Dethlefsen zitiert in diesem Zusammenhang in seinem Buch

„Gut und Böse" treffend Alan W. Watts: „Der Mythos selbst enthält eine Anzahl wichtiger Hinweise für letztendliche Gleichheit zwischen Gott und Satan; aber hiergegen wendet sich eindeutig die theologische Auslegung. Denn dies trifft den blinden Fleck des westlichen Denkens. Das christliche Bewußtsein hatte immer ein besonderes Vergnügen darin gesehen, zu richten und zu verdammen und einen „Sündenbock" zu finden, auf den es die ganze Wut seiner Entrüstung abladen konnte. Diese vertraute Haltung ist leicht als „Protest-Komplex" zu erkennen, wobei der Unernst der eigenen Motive allgemein versteckt wird durch heftiges Verdammen der gleichen Unernsthaftigkeit bei anderen. Nichts deutet mehr auf die Identität zwischen Gott und Satan hin, als die kompromißlose Begeisterung, mit der die Partisanen Gottes mit ihren satanischen Feinden kämpfen" [18]

*ALAN W. WATTS*

Wenn wir die obigen Ausführungen über Licht und Finsternis, über Gott und Teufel, über Gut und Böse noch etwas weiterführen, dann wird auch erkennbar, dass in Analogie dazu, das Böse zum Diener des Lichtes wird, oder anders formuliert: *Das Böse ist der Thronsitz des Guten!*

„Die Einwohnende Herrlichkeit umfaßt alle Welten alle Kreaturen, Gut und Böse. Und sie ist die wahre Einheit. Wie kann sie denn die Gegensätze des Guten und des Bösen in sich tragen? Aber in Wahrheit ist da kein Gegensatz, denn das Böse ist der Thronsitz des Guten"

BAAL SCHEM TOV (Rabbi Israel ben Elieser), eine charismatische Gestalt des osteuropäischen Judentums.

## *Vom Guten und Bösen*

Und einer der Ältesten der Stadt sagte: Sprich uns vom Guten und Bösen.
Und er antwortete:
Vom Guten in euch kann ich sprechen, aber nicht vom Bösen.
Denn was ist das Böse anderes als das Gute, von seinem eigenen Hunger und Durst gequält?
Wahrhaftig, wenn das Gute hungrig ist, sucht es Nahrung sogar in dunklen Höhlen; und wenn es durstig ist, trinkt es sogar aus toten Gewässern.
Ihr seid gut, wenn ihr eins mit euch seid.
Doch wenn ihr nicht eins mit euch seid, seid ihr dennoch nicht böse.
Denn ein uneiniges Haus ist keine Räuberhöhle; es ist nur ein entzweites Haus.
Und ein Schiff ohne Ruder kann ziellos zwischen gefährlichen Inseln treiben und doch nicht auf den Grund sinken.
Ihr seid gut, wenn ihr danach strebt, von euch selber zu geben.
Doch ihr seid nicht böse, wenn ihr danach trachtet, etwas für euch selber zu gewinnen.
Denn wenn ihr nach Gewinn trachtet, seid ihr nichts als eine Wurzel, die sich an die Erde klammert und an ihrer Brust saugt.
Sicher kann die Frucht nicht zur Wurzel sagen: „Sei wie ich, reif und voll, und gib immer von deiner Fülle."
Denn für die Frucht ist das Geben eine Notwendigkeit, so wie Empfangen eine Notwendigkeit für die Wurzel ist.
Ihr seid gut, wenn ihr hellwach seid in eurer Rede.

Doch ihr seid nicht böse, wenn ihr schlaft, während eure Zunge ziellos stammelt.
Und selbst holpriges Reden kann eine schwache Zunge kräftigen.
Ihr seid gut, wenn ihr fest und mit kühnen Schritten auf euer Ziel zugeht.
Doch ihr seid nicht böse, wenn ihr hinkend darauf zugeht.
Selbst die Hinkenden gehen nicht rückwärts.
Aber ihr, die ihr stark und schnell seid, seht zu, daß ihr nicht vor den Lahmen hinkt und es für Freundlichkeit haltet.
Ihr seid auf zahllose Weisen gut, und ihr seid nicht böse, wenn ihr nicht gut seid, Ihr seid nur säumig und faul.
Schade, daß die Hirsche den Schildkröten nicht Schnelligkeit beibringen können.
In eurer Sehnsucht nach eurem höchsten Ich liegt eure Güte: und diese Sehnsucht ist in allen von euch.
Aber in einigen von euch ist diese Sehnsucht ein Wildwasser, das mit Macht zum Meer rast und die Geheimnisse der Hügel und die Lieder des Waldes mit sich trägt.
Und in anderen ist sie ein flacher Bach, der sich in Windungen und Biegungen verliert und sich aufhält, ehe er die Küste erreicht.
Aber wer viel ersehnt, sage nicht zu dem, der wenig ersehnt: „Warum bist du so langsam und zaghaft?"
Denn der wahrhaft Gute fragt nicht den Nackten: „Wo ist dein Gewand?" und auch nicht den Obdachlosen: „Was ist mit deinem Haus geschehen?" [19]

*KHALIL GIBRAN*

Die gesamte „Gut – Böse" Problematik ist untrennbar mit dem Gottesbegriff bzw. mit dem Gottesbild verbunden – alle Weltbilder entstehen aus diesem Zusammenhang. An einen Gott zu glauben ist angesichts der Realität des menschlichen Daseins eine schwierige Forderung und, aus meiner Erfahrung, nur durch ein ständiges Ringen um Erkenntnis der wahren religiösen Zusammenhänge zu realisieren.

Aber die Frage, ob es Gott gibt oder nicht, das ist keine Glaubensfrage; die Antwort ergibt sich zwingend aus dem Polaritäts*gesetz.*

Abschließend sei noch einmal betont: Wenn es Polarität gibt – und daran ist nicht zu zweifeln, weil wir uns nach dem Sündenfall in ihr befinden und sie täglich erleben, erleiden und erfahren –, dann muss es nach dem Polaritäts*gesetz* mit absoluter Sicherheit eine *Polarität* zu dieser Polarität geben, in der die Gegensätze in *absoluter Balance und Un-unterscheidbarkeit als Latenz ruhen, und das ist die EIN-HEIT, was nur ein anderes Wort für GOTT ist!*

*ER* ist die einzige *WIRKLICHKEIT,* die es gibt, und es gibt nichts anderes *Wirkliches* neben oder außerhalb von *IHM!*

## Das Resonanzgesetz

Das Resonanzgesetz als zweites Hauptgesetz des esoterischen Weltbildes leitet sich zwingend aus dem Polaritätsgesetz ab und betrifft unser Leben in der polaren Welt in sehr nachhaltiger Weise.

Wir kennen alle den Begriff der Resonanz – zumindest aus dem Physikunterricht oder auch dem Musikunterricht. Resonanz, lateinisch – *resonare* – bedeutet im Deutschen „zurückklingen" – ein Effekt, den wir schon von der Stimmgabel her kennen, die nur dann zurückklingt, d.h. mitschwingt, wenn der Ton der auf sie trifft, ihrer Stimmung, ihrer Eigenfrequenz entspricht. Entspricht der Ton nicht ihrer Eigenfrequenz, so ist er für die Stimmgabel so gut wie nicht vorhanden, es kommt also zu keiner „Wahrnehmung". Dasselbe Phänomen kennen wir auch von Radio und Fernsehen. Nur wenn wir am Empfänger jene Frequenz bzw. jenen Kanal einstellen, auf dem das gewünschte Programm gesendet wird, können wir dieses auch empfangen. (Wenn wir am Empfangsgerät den *Einstellungs*knopf drehen, dann verändern wir damit seine Empfangsfrequenz und wir empfangen ein anderes Programm, immer jenes, das dem Sender zugeordnet ist, auf dessen Sendefrequenz wir unser Gerät jeweils abstimmen bzw. *einstellen.)*

Auch wenn noch so viele Frequenzen der verschiedensten Sender unsichtbar in einem Raum sind – empfangen können wir immer nur jenes Programm, zu dem wir an unserem Empfänger Resonanz hergestellt haben.

Diese einfache und einleuchtende Gesetzmäßigkeit gilt nun nicht nur im physikalischen, sondern auf seine Art und Weise auch im psychisch-seelischen Bereich. Auch hier sind es unsere *Einstellungen,* die uns über das Bewusstsein mit jenen Bereichen oder Ereignissen in Resonanz und damit in Kontakt bringen, die unseren inneren, bewussten bzw. unbewussten *Einstellungen* entsprechen.

Diesen Zusammenhang drückt ein Goethe natürlich noch viel schöner aus, wenn er formuliert: „Wär nicht das Auge sonnenhaft, die Sonne könnt es nie erblicken; läg nicht in uns des Gottes eigene Kraft, wie könnt uns Göttliches entzücken?"

Nun kann die Wahrnehmung unserer Welt innerhalb eines gewissen Spielraumes von Mensch zu Mensch variieren, dennoch nehmen wir unsere Welt im Allgemeinen aufgrund unserer gattungsmäßigen Zugehörigkeit – zumindest in groben Zügen – auf die gleiche Art und Weise wahr. Bezüglich dessen, was uns täglich begegnet, können wir sehr verschieden in unserer individuellen Resonanzlage *eingestellt* sein.

Wir glauben allgemein, dass die von uns wahrgenommene Welt eine „objektive" Abbildung der Welt an sich wäre, doch dieser

Schein trügt. Aufgrund des Resonanzphänomens „erschaffen" wir uns je nach unserer inneren *Gestimmtheit* unser subjektives Erleben im Außen – jeder Mensch lebt somit letztlich allein in *seinem* Universum.

## Unsere reale Welt ist nicht *wirklich*

Eine schlüssige Ableitung und Begründung für diese Behauptung finden wir u.a. wieder bei Thorwald Dethlefsen: „Die Sinnesorgane sind die Pforten der Wahrnehmung. Durch die Sinnesorgane sind wir mit der Außenwelt verknüpft. Sie sind die Fenster in unserer Seele, durch die wir hindurchschauen – um letztlich uns selbst zu sehen. Denn diese Außenwelt, die wir mit unseren Sinnen erfahren und an deren unumstößliche Realität wir so fest glauben, gibt es in Wirklichkeit nicht. Versuchen wir, diese ungeheuerliche Behauptung schrittweise abzuleiten. Wie funktioniert unsere Wahrnehmung?

Jeder Akt der sinnlichen Wahrnehmung läßt sich reduzieren auf eine Information, die durch Veränderung von Teilchenschwingungen zustande kommt. Wir betrachten beispielsweise einen Eisenstab und sehen seine schwarze Farbe, fühlen die Kälte des Metalls, riechen einen typischen Geruch, spüren seine Härte. Nun erhitzen wir mit einem Bunsenbrenner den Eisenstab – dabei sehen wir, wie er seine Farbe ändert und rot zu glühen beginnt, spüren die Hitze, die von ihm ausgeht, können seine neue Beweglichkeit prüfen und sehen. Was ist geschehen? Wir haben dem Eisenstab lediglich Energie zugeführt, was eine Erhöhung der Geschwindigkeit der Teilchen zur Folge hatte. Diese höhere Teilchengeschwindigkeit hat zu veränderten Wahrnehmungen geführt, die wir mit „rot", „heiß", „biegsam" usw. umschreiben.

Wir sehen an diesem Beispiel deutlich, daß unsere gesamte Wahrnehmung auf der Schwingung von Teilchen und deren Frequenzänderung beruht. Teilchen gelangen an spezifische Rezeptoren unserer Wahrnehmungsorgane und erregen dort einen

Reiz, der mittels chemo-elektrischer Impulse über das Nervensystem zu unserem Hirn geleitet wird und dort nun ein komplexes Bild auslöst, das wir „rot", „heiß", „duftend" usw. nennen. Teilchen kommen herein – komplexe Wahrnehmungsmuster heraus; dazwischen liegt die Verarbeitung. Wir glauben, daß die komplexen Bilder, die unser Bewußtsein aus den Teilcheninformationen erarbeitet, außerhalb von uns tatsächlich existent sind! Hierin liegt unser Irrtum. Draußen gibt es nur Teilchen – doch gerade sie haben wir noch niemals wahrgenommen. Zwar beruht unsere Wahrnehmung auf Teilchen – aber wir können die Teilchen nicht wahrnehmen. Wir sind in Wirklichkeit nur von unseren subjektiven Bildern umgeben. Zwar meinen wir, daß andere Menschen (gibt es sie?) das gleiche wahrnehmen, falls sie die gleichen Worte für die Wahrnehmung verwenden wie wir – und doch können zwei Menschen niemals feststellen, ob sie das gleiche sehen, wenn sie von „grün" sprechen. Wir sind immer ganz allein im Kreise unserer eigenen Bilder – doch wir unternehmen viele Anstrengungen dieser Wahrheit nicht zu begegnen.

Die Bilder wirken ebenso echt – genauso echt wie im Traum –, allerdings nur, solange man träumt. Eines Tages wacht man aus dem Traum auf, den wir tagsüber träumen, um zu staunen, wie sich unsere für wirklich gehaltene Welt ins Nichts auflöst – Maya, Illusion, Schleier nur, der uns den Blick auf die eigentliche Wirklichkeit verhängt. Wer unserer Argumentation folgte, mag einwenden, daß zwar die Umwelt nicht in der äußeren Form existiere, wie wir sie wahrnehmen, daß aber dennoch eine Außenwelt als solche existiere, eben aus Teilchen bestehend. Doch auch das trügt. Denn auf der Ebene der Teilchen läßt sich die Grenze zwischen Ich und Nicht-Ich, zwischen Innen und Außen nicht mehr finden. Einem Teilchen sieht man nicht mehr an, ob es noch zu mir oder schon zur Umwelt gehört. Hier gibt es keine Grenze. Hier ist alles eins.

Genau das meint ja die alte esoterische Lehre „Mikrokosmos = Makrokosmos. Dieses „ist gleich" gilt hier mit mathematischer Genauigkeit. Das Ich (Ego) ist die Illusion, die als künstliche Grenze nur im Bewußtsein existiert – solange, bis der Mensch lernt, dieses Ich zu opfern, um zu seiner Überraschung zu erfahren, daß das gefürchtete „Alleinsein" in Wirklichkeit ein „All-eins-Sein" ist.

Doch der Weg zu dieser Einheit – der Ein-weihungsweg – ist lang und beschwerlich. Erst einmal sind wir durch unsere fünf Sinne an diese scheinbare Welt der Materie gebunden – wie Jesus mit fünf Wunden an das Kreuz der materiellen Welt genagelt war." [20]

Die menschliche Sinneswahrnehmung ist ein sehr komplexer Vorgang und in seiner Tragweite noch nicht wirklich erforscht. Die von uns wahrgenommenen Bilder *entstehen in uns* und zwar durch Schwingungen bzw. Schwingungsänderungen von Teilchen im „Außen", die im Auge in elektrische Ströme umgewandelt werden und an den so genannten Synapsen im Gehirn unser *Wahrnehmungszentrum* anregen, das dann die entsprechenden Bilder – die wir „sehen" – *allein in uns entstehen lässt*.

Würden wir jemand sozusagen beim Sehen „zuschauen" wollen und die zuständigen Hirnabschnitte aufschneiden, wir würden außer Hirn- und Nervengewebe überhaupt nichts finden. Wir würden also keine Bilder von Häusern, Straßen, Landschaften, Tieren, Menschen oder sonst etwas sehen können, weil all diese Bilder *nur in uns entstehen* – sozusagen *induziert* werden. Die von uns wahrgenommene Welt, ist eine rein *subjektive* Welt, die aus der Wirklichkeit der Schöpfung – die eine *geistige* ist – über unsere 5 Sinne herausgefiltert bzw. für uns ausgelegt wird. Dies gilt für alle unsere 5 Sinne: sehen, hören, riechen, schmecken und tasten.

Wenn also jemand meint, er glaube nur an das was er sehen und angreifen kann, so ist das gerade kein realistischer Mensch, wie er mit seinem Anspruch vorzugeben scheint, sondern eher ein Musterbeispiel für einen Illusionisten, so paradox dies klingen mag. Wir kennen die wirkliche Welt nicht, unser „Wahrnehmungsapparat" liefert keine Bilder wie die einer Fotokamera, die man herzeigen kann, sondern „nur" subjektive Bilder, die nur uns gehören und die so, wie wir sie wahrnehmen, niemand anderer in gleicher Weise wahrnehmen kann.

Jeder Mensch lebt somit allein in seiner *subjektiven* Welt, und daher gibt es streng genommen so viele (subjektive) Welten wie es Menschen gibt.

Wir können diese scheinbare Isoliertheit aber durch *Kommunikation* auf den verschiedensten Frequenzen „verlassen" und – wie oben angesprochen – entsprechend unserer inneren *Einstellung entsprechende Bilder in uns induzieren,* weil wir ein Mikrokosmos sind, der mit dem Makrokosmos identisch ist.

*Wie innen, so außen!*
*Wie oben, so unten!*

Wie wir in diesem Sinne bewusst bzw. unbewusst *eingestellt* sind, so ist unser Empfang. Aus diesem Grunde sind es unsere subjektiven *Einstellungen* zu den verschiedensten Erscheinungen, Phänomenen und Ereignissen in „dieser Welt", die entscheidenden Einfluss auf unser subjektives Erleben haben. Ohne Resonanz, kein Empfang. Was sich mit unserem inneren Empfangshorizont in Ein-klang befindet, das und nichts anderes können wir empfangen – das fällt in unseren Wahrnehmungsbereich. Dies gilt auch und primär für das uns Unbewusste und Verdrängte, für unseren *Schatten,* und dem entsprechend gestaltet sich auch das empfangene „Programm" bzw. Er-*eig*-nis. In diesem Falle wird es subjektiv als negativ erlebt werden, da es sich ja um die Wiederkehr von etwas Verdrängtem handelt, von etwas, womit wir uns nicht identifizieren können, weshalb wir es auch verdrängt haben. Wir kommen also über unser Unbewusstes nur mit Situationen, Menschen, Ideen und Ereignissen in Kontakt bzw. werden mit ihnen konfrontiert, zu denen wir *eine innere Entsprechung,* d.h. Resonanz haben.

## Den Zufall gibt es nicht – oder was ist Zufall?

Gleichgültig auf wen oder was wir treffen, wem wir begegnen, in was auch immer wir zu einem gegebenen Zeitpunkt verwickelt werden, was uns also nach einer inneren Gesetzmäßigkeit *zufällt*, – Zufall außerhalb der Gesetzmäßigkeit des *Resonanzphänomens* gibt es nicht – es muss immer eine *innere* Entsprechung vorhanden sein, sonst können wir damit nicht in Berührung kommen.

Wir können nicht „*zufällig*" in einen Unfall verwickelt werden, nicht „*zufällig*" krank werden, nicht „*zufällig* „umgebracht werden usw., wenn keine innere Affinität – wie wir Resonanz auch nennen können – gegeben ist. Bewusst oder unbewusst filtern wir aus der Umwelt jene Erlebnisbereiche heraus, zu denen wir *Resonanz* haben. Uns begegnet nur das, wir bekommen nur das, wozu wir wirklich eine tiefe *Resonanz* haben.

Dem Polaritätsgesetz entsprechend sind auch die beiden Pole Täter und Opfer *in sich* letztlich eine *Einheit,* d.h. ohne innere Affinität kann ich nicht „*zufällig*" meinem Mörder begegnen – um ein krasses Beispiel zu nennen – aber kosmische Gesetze gelten (nun einmal) ausnahmslos.

> *„Der Zufall ist das sanfte Ruhekissen jener, die das Göttliche, Sinnvolle und den Kreaturen ein Ziel Zuweisende aus dem Kosmos ausscheiden möchten, zugunsten der öden Fabel, das All sei jenseits jeder Sinnverwirklichung ganz nebenbei und absolut von selber zustande gekommen."*
> *Herbert Fritsche*

> *„Der Zufall ist immer nur die Bezeichnung für die jeweilige Grenze unseres Wissens",* sagt
> *Epikur.*

Die Theorie des falsch verstandenen Zufalls ist somit ein großer Nonsens und im Grunde nur das Eingeständnis, dass wir eben bestimmte gesetzmäßige Zusammenhänge nicht begreifen können, diese nennen wir dann „Zufall". Es handelt sich hier um einen sehr schwammigen Begriff, der nichts darüber aussagt, wer oder was sich dahinter verbirgt. Hat er Bewusstsein, oder nicht? Kann er denken und entscheiden wie der Mensch? Kann er Ereignisse bewirken oder nicht? Hat er Macht oder Einfluss auf die Materie, die es – wie die Quantenphysik lehrt – in *Wirklichkeit* doch gar nicht gibt? Warum schreiben wir ihm dann so viel Macht und Einfluss auf unser Leben zu?

Offensichtlich aufgrund unseres fehlenden Verständnisses für die *Gesetzmäßigkeiten*, die unser Leben bestimmen. Liegt es an unserer Ohnmacht, den „Zufall" daran zu hindern, uns in leidvolle Situationen zu bringen, sodass wir vor ihm Angst haben müssen? Aber was wäre das für ein Kosmos – Kosmos bedeutet Ordnung und nicht Chaos – in dem so viel Willkür herrschte?

Wir sehen schon, dass an diesem Zufallsbegriff etwas nicht stimmen kann. Wir treiben sehr viel Aufwand dafür, dem Zufall zu entfliehen. Sei es durch diverse Vorsorgemaßnahmen in Form immer „sicherer" elektronischer Geräte oder auch Verkehrsmittel, um uns abzusichern – und wie es der „Teufel (Zufall)" will, begegnen wir zu guter Letzt einem Alkolenker oder Geisterfahrer, und all der getriebene Sicherheitsaufwand war umsonst. Warum?

Es war dann halt „Zufall" und gegen *diesen* „Zufall" im Sinne der Wissenschaft sind wir letztlich machtlos. „Was für eine sinnlose Welt", sagen wir dann oder „Warum lässt Gott das zu?" Es wäre wahrlich zum Ver-*zwei*-feln, wenn es diesen ominösen „Zufall" wirklich geben würde.

Die Wissenschaft aber behauptet: Es gibt den „absoluten Zufall". Weiß sie es besser? Kann sie es beweisen? Nein! Ein Versuch u.a., den absoluten Zufalls zu „beweisen", ist der sogenannte *Doppelspaltversuch*. Dabei wird aber übersehen, dass nach der „Komplexen Relativitätstheorie" des Physikers Emil Charon Photonen und Elektronen „denken" können. Wer sich gründlicher in sein Werk vertiefen möchte, dem sei sein Buch: „Der Geist der Materie" zu empfehlen.

Einmal mehr zeigt sich im Zufallsbegriff der Wissenschaft, dass ihr ein *ganzheitliches* Verständnis für unsere Welt, für das Universum fehlt. Ein *ganzheitliches* Weltbild wie das *Esoterische*, zu dem die Königin aller Wissenschaften – die *Astrologie* – gehört, weiß um die Unvollständigkeit des materialistischen Weltbildes der Wissenschaft und ihres Zufallbegriffes. Was im esoterischen Weltbild mit dem Begriff „Zufall" gemeint ist, ist etwas gänzlich anderes. Nicht Willkür oder blindes Schicksal ist im Weltbild der Esoterik mit dem Begriff Zufall gemeint, sondern das uns <u>gesetzmäßig Zufallende,</u> das in das *Ganzheitssymbol* des astrologischen Tierkreises eingebunden ist und das *uranische Urprinzip des Wassermann* symbolisiert, was einen nach *Gesetzmäßigkeiten* angelegten Kosmos voraus setzt.

Dieses uranische Urprinzip unterscheidet sich vom uns durch das wissenschaftliche Weltbild vertrauten Urprinzip des Saturn gerade durch seine *Un*regelmäßigkeit, durch seine *Sprung*haftigkeit, *Plötzlich*keit und *Un*berechenbarkeit. Was für uns oft sehr *überraschend* wirkt und so den Anschein der Zufälligkeit erwecken mag, befindet sich deshalb aber nicht außerhalb der Gesetzmäßigkeit, sondern ist *in* die kosmische Ordnung und Ganzheit des *Tierkreises* eingebunden.

> In unserem Leben *wirksam* wird dieses Urprinzip durch das *Polaritäts- und Resonanzgesetz!*

*Alles* in diesem Universum folgt einer strengen Gesetzmäßigkeit, und zwar in allen Bereichen, also auch im *seelisch-geistigen* Bereich. Bestehende *Gesetz*mäßigkeiten bedingen in aller Regel auch einen Gesetz*geber* und der heißt in der Wissenschaft: *„Zufall"- ein Paradoxon in sich –,* da der Begriff Zufall gerade das Gegenteil von Gesetzmäßigkeit meint. Diese Gesetzmäßigkeit muss dem Urknall schon *immanent* gewesen sein bzw. vor ihm bestanden haben und kann nicht erst nach ihm entstanden sein.

Doch „wer" ist der *Urheber* dieser Gesetzmäßigkeit? Diese Frage klammert die Wissenschaft bewusst aus – was zu ihrer frei gewählten Methode gehört und ihr gutes Recht ist. Wissenschaft erforscht die Gesetzmäßigkeiten der „Materie" hinsichtlich der Frage nach dem „Wie" – und das macht sie konsequent und gut.

## Unsere Umwelt, ein riesengroßer Spiegel

Aufgrund der *Gesetzmäßigkeit der Resonanz* entpuppt sich unsere so genannte Umwelt in Wahrheit als ein riesengroßer *Spiegel*, in dem wir uns immer nur selbst sehen bzw. uns selbst – auf dem Umweg unserer Projektionen – begegnen können.

Wir projizieren unsere Innenwelt nach außen, wo sie uns dann als materielle Welt erscheint, ein Phänomen, das – wie wir gesehen haben – schon beim biblischen Adam meisterhaft geschildert wird.

Es gibt – wie oben schon erwähnt – nur Teilchen, die auf den verschiedensten Frequenzen schwingen. Wir leben sozusagen in einem „Teilchenmeer" bzw. bestehen selbst aus einem „Teilchenmeer", sind dieses „Teilchenmeer".

Die östlichen Religionen und Weisheitslehren kennen und lehren diesen Zusammenhang schon immer und nennen unsere materielle Welt aus diesem Grunde *Maya,* was so viel wie Illusion bzw. Sinnestäuschung bedeutet.

*Wie innen, so außen*, heißt der entsprechende Symmetriesatz dazu, Innenwelt und Außenwelt entsprechen einander, *sind einander gleich*.

Die physikalische Funktion von Spiegeln, die uns Teile unseres Körpers zeigen, die wir sonst nicht sehen könnten, ist uns vertraut. Lebewesen wie z.B. Papageien, die unsere Welt mit Sicherheit anders wahrnehmen als wir, irritiert ihr eigenes Spiegelbild, wie wir aus Erfahrung wissen, weil sie die physikalischen Zusammenhänge von Spiegeln nicht kennen. Interessant ist in diesem Zusammenhang vielleicht auch der Umstand, dass man früher jenes

Möbelstück im Schlafzimmer, das mit einem Spiegel versehen war, *Psyche* nannte, woraus wir ersehen können, wie aufschlussreich unsere Sprache oft sein kann.

So wie Papageien sich selbst im Spiegel nicht erkennen können, weil ihnen das dafür notwendige Bewusstsein fehlt, so fehlt uns in aller Regel das Bewusstsein dafür, dass unsere Umwelt einen *Seelenspiegel* darstellt, der, wenn wir dafür offen sind, uns immens viel über unser seelisches „Aussehen" zeigen kann. Doch wie es scheint sind auch wir Menschen – so wie Papageien vor einem physikalischen Spiegel – davon irritiert, wenn wir uns im Spiegel der Umwelt betrachten. Wir machen lieber den Umweg über den Vorgang der *Projektion,* indem wir unsere Schattenseiten an unseren Mitmenschen festmachen, statt sie als eigene, unbewusste Anteile unserer Seele zu erkennen und zu akzeptieren.

Doch das Schicksal sorgt unermüdlich dafür, dass wir solange mit unseren *Schattenseiten* konfrontiert werden, bis wir deren jeweiligen Lektionen begriffen haben.

Dieser Zusammenhang lässt sich nicht (so einfach) beweisen, sondern nur *erfahren*, wenn wir dafür offen sind, unsere Umwelt dafür einzusetzen, uns ein zuverlässiges Bild unserer Seelenlandschaft vor Augen zu führen, im Sinne eines: *Erkenne dich selbst, damit du die Welt, damit du Gott erkennst.*

Wenn wir auf diese Weise von unserer Umwelt zum Zwecke der Selbsterkenntnis profitieren wollen, dann ist eine unbedingte Voraussetzung dafür: *Ehrlichkeit zu uns selber!* Beim physikalischen Spiegel ist die Behauptung, dass ich und mein Spiegelbild *eins* sind, leicht auszuprobieren. Ich brauche mich nur vor einen Spiegel zu stellen und ein finsteres Gesicht machen, mit Sicherheit wird auch der Mensch im Spiegel *gleich* finster dreinschauen. Wenn ich aber lächle, so wird mir auch mein Spiegelbild zulächeln. So einfach ist die Auslegung beim „Umweltspiegel" freilich nicht aber genauso zuverlässlich.

Auch die neue Physik lehrt und postuliert das Phänomen der Resonanz. Resonanz bedeutet: „in *Ein*-klang miteinander schwingen", d.h. „*ein* Klang sein". Und so herrscht auch auf der subatomaren Ebene Resonanz: „Da alles in dieser Schöpfung aus Teilchen besteht, weil sich alles aus Atomen zusammensetzt, können wir ohne Übertreibung sagen: wir leben im Teilchenmeer, ja wir sind es, und Resonanz ist sein Grundgesetz." [21] formuliert Dahlke.

So immens wichtig diese geschilderten Zusammenhänge – allem voran das *Polaritäts- und Resonanzgesetz* – auch sind, weil sie sowohl das Leben und Schicksal des Einzelmenschen wie auch das von Gruppen und Völkern grundlegend gestalten, so unbekannt und unbewusst sind sie dem heutigen, wissenschaftsgläubigen Menschen oft geworden.

## Über das Warum und das Wozu unserer Existenz

Bevor wir uns nun der Deutung religiöser Texte zuwenden und mit dem Alten Testament beginnen, erscheint es mir wichtig, zunächst grundlegende Schwierigkeiten aufzuzeigen, die sich ergeben, wenn wir mit wissenschaftlichen Methoden versuchen wollen, dem *Inhalt* und der *Bedeutung* solcher Texte gerecht zu werden.

Die wissenschaftliche Methode ist dieser Zielsetzung nicht angemessen, weil mit der Frage nach dem „Wie" – dem wesentlichen Schwerpunkt wissenschaftlicher Forschung – die Be*deut*-ung dieser Texte nicht erschlossen werden kann.

Religion muss nach dem *Warum* und dem *Wozu* von Mensch und Welt fragen, weil der Mensch ein Wesen ist, das nach *Sinn* verlangt. Diese Fragen stellt die Wissenschaft bewusst nicht, und das ist – wie bereits erwähnt – bezogen auf ihre selbst gewählte Methode auch in Ordnung, in ihrer Ordnung. Es wäre daher stets sinnvoll, für jedes Forschungsgebiet soweit wie möglich auch die jeweils adäquate Methode zu verwenden, um möglichst effektive Aussagen und Ergebnisse zu erzielen.

Wählen wir nur ein ganz einfaches Beispiel: Wenn wir versuchen wollen, ein Gemälde auf dessen *Inhalt* und *Aussage* hin mit der naturwissenschaftlichen Methode zu untersuchen, so wird dieses

Vorhaben scheitern, weil diese Methode darauf gar nicht abzielt. Diese Methode fragt nicht nach dem Sinn, sondern primär nach dem „Wie" ist das Gemälde beschaffen? Doch diese Frage steht in unserem Fall nicht im Vordergrund, sondern viel wesentlicher ist uns die Frage: *Warum* und *wozu* hat der Künstler das Gemälde überhaupt gemalt, welchen *Inhalt* will er damit *ausdrücken*?

Wissenschaft analysiert primär Formen und nicht *Inhalte*, weil ihre Methode auf diese Zielsetzung hin ausgerichtet ist. Sie kann uns darüber hinausgehend noch über die historischen Zusammenhänge, über den Stil einer bestimmten Epoche, über die Biographie des Künstlers und dergleichen Wertvolles erhellen; wenig bzw. gar nichts werden wir allerdings über die inneren Beweggründe und Motive desselben erfahren, die gerade zu diesem Kunstwerk geführt haben; ebenso wenig darüber, welcher *Inhalt* darin zum Ausdruck gebracht werden soll.

Um einer Antwort auf diese Frage näher zu kommen, ist es notwendig, den *inhaltlichen* Faden zu suchen, der dieser Form zugrunde liegt. Der Künstler könnte denselben Inhalt auch über eine Statue, über ein Buch oder über irgendeine andere Form ausdrücken. Formen sind austauschbar, d.h. ein und derselbe Inhalt kann über verschiedenste Formen zum Ausdruck gebracht werden.

Wenn wir diese Zusammenhänge auf die religiöse Ebene übertragen, so ergibt sich analog die gleiche Problematik, und vielleicht kann an diesem Beispiel sichtbar werden, dass die wissenschaftliche Methode prinzipiell nicht geeignet ist, über den *Inhalt* und die *Bedeutung* religiöser Texte sinnvolle Auskünfte zu geben. Auch hier beschränken sich ihre Möglichkeiten auf die Untersuchung des „Wie", also beispielsweise des historischen Rahmens, in dem der Text entstanden ist oder auf die verwendete Sprache, auf die Biographie des Autors, auf das geschichtliche Umfeld aus dem diese Schriften stammen und dergleichen mehr. Und dennoch versucht die wissenschaftliche Theologie auf diesem ihrem Wege gültige Aussagen über die *Bedeutung des Inhaltes* dieser Schriften zu machen. Wie soll das gelingen?

Für uns ist der historische Rahmen bestenfalls interessante Begleitung, das Schriftstück selbst nur materieller *Träger* des Inhaltes – nicht mehr und auch nicht weniger.

Auch die verschiedenen Religionen und Konfessionen sind formale Träger eines bestimmten Inhaltes und darum unterscheiden sie sich auch oft sehr stark.

Nach dem *Gesetz* von Inhalt und Form sucht sich der jeweilige Inhalt eine ihm entsprechende Form und dann streiten sich die verschiedenen exoterischen Formen bzw. Konfessionen darum, welche Form die wahre bzw. richtige ist, und jede glaubt *sie* besitze die allein gültige Form. Nachdem die Wissenschaft primär *Formen* erforscht und *nicht* Inhalte, kann sie über die Wahrheit der entsprechenden *Inhalte* wenig oder nichts aussagen. Einzig *wesentlich* ist aber der *Inhalt* und der ist in den verschiedenen Hochreligionen der so genannte *esoterische Kern, der im Wesentlichen immer der Gleiche ist.*

Der *Inhalt* dieser Texte ist *primär* – und das will die wissenschaftliche Theologie nicht zur Kenntnis nehmen – ein *mythologischer* und kein historischer, und daher sind Intellekt und Ratio nicht gerade die geeignetsten Instrumente, um die *Bedeutung* religiöser Texte zu erhellen. Offensichtlich fehlt der Wissenschaft heute auch das Verständnis für den Mythos, was in unserer von der Wissenschaft dominierten Gesellschaft schon darin sichtbar wird, wenn von („nur") Mythos gesprochen wird.

Aus diesem Grunde ist die radikale Entmythologisierung der heiligen Schriften ein großes Unglück gewesen, das in der „historisch-kritischen Methode" gipfelte. Hier sollte sich die wissenschaftliche Theologie auf den für ihre Methode geeigneten Rahmen beschränken, der im historischen wie auch im archäologischen Bereich liegt, aber sie sollte besser darauf verzichten, aus diesen Forschungsergebnissen ein *religiöses Weltbild* abzuleiten, aufgrund der dieser Methode eigenen *Einseitigkeit*. Nachdem die *Theo-logie* die Wissenschaft bzw. die Lehre von Gott ist, diese aber heute – wie schon mehrmals angesprochen – *einseitig* geworden ist, weil sie ihren Forschungsschwerpunkt auf die *Materie* legt, kann sie dem *Inhalt* nicht gerecht werden, da dieser *immaterieller* Natur ist.

Die für den Menschen so wichtigen Fragen nach seinem *woher* (komme ich?) und *wozu* (bin ich auf dieser Welt?) und *wohin* (zielt dies alles?) kann, wenn überhaupt, nur die Religion sinnvoll beantworten, und das auch nur in dem Maße, als sie selbst in ihrer jeweiligen Form noch um die tieferen Zusammenhänge des menschlichen Daseins weiß.

Offensichtlich kennt die heutige Kirche selbst diese Zusammenhänge nicht mehr in ausreichendem Maße, nachdem sie sich von ihren einstigen Wurzeln – die *esoterische* waren – abgetrennt hat.

Das ist auch der Grund für ihr seichtes und damit problematisches heutiges Weltbild, das nicht mehr über die Krisen des Menschseins hinüberträgt, weil ein unter Sündenstrafen angedrohter Glaube eben nicht tragfähig ist, sondern nur ein Glaube, der auch *auf Erkenntnis der Zusammenhänge beruht*.

## Der wahre Kern jeder Hochreligion

Als wesentlich erscheint es mir zu betonen, dass alle drei Offenbarungsreligionen – Judentum, Christentum und Islam – einen *esoterischen* Kern besitzen.

Im Judentum ist es die *Thora,* sowie die jüdische Geheimlehre mit ihrem Mittelpunkt, der *Kabbalah*, im Christentum waren es die *Mystiker* und andere *esoterische* Strömungen, im Islam ist es der *Sufismus*, der den *esoterischen* Kern dieser Religion bildet.

Um die wesentlichen Gemeinsamkeiten in den verschiedenen Religionen herauszuarbeiten, hat die vergleichende Religionswissenschaft wertvolle Arbeit geleistet.

Eine wesentliche Gemeinsamkeit, die sich bei der vergleichenden Religionswissenschaft herauskristallisiert – wenn wir den *esoterischen Kern* aller Hochreligionen zum Vergleich heranziehen –, ist, dass eine im Wesentlichen immer *gleich blei-*

*bende Kernaussage* verkündet wird. Es ist die schon oben angesprochene große Klammer, welche die drei wichtigsten Fragen des Menschen umschließt: *wo komme ich her?- was soll ich hier? – wohin gehe ich?*

Drei essentielle Fragen, um die sich Religion im Wesentlichen dreht und damit Religion zum wichtigsten Thema des Menschen macht.

Wenn wir uns aber speziell in der westlichen, von der Wissenschaft dominierten Welt umsehen, dann können wir uns des Eindrucks nicht erwehren, dass dies so nicht (mehr) der Fall zu sein scheint, wir mehr in einer areligiösen Zeit leben. Das Fehlen von tragfähigen religiösen Strukturen tritt eklatant in Erscheinung.

Entgegen dem geforderten Ernst im Umgang mit dem Thema Religion im Sinne von *Religio* – was da meint „*Rück*-verbindung" zum göttlichen Urgrund – beherrscht eine von einer spirituell seicht gewordenen Kirche sehr stark vereinfachte und damit verniedlichte Religionspraxis das Geschehen.

Auf diese Art entsteht ein naiver Kinderglaube, mit dem die Kinder wenn sie älter geworden sind, nichts mehr anfangen können, und Religion in der Folge sehr oft als unwichtig verwerfen.

So wird ein echtes Interesse für das so wichtige Thema Religion oft schon früh verloren, was für die persönliche Entwicklung des jungen Menschen schwerwiegende Folgen haben kann. Aufgrund dieses spirituellen Defizites unter welchem viele Gläubige heute leiden, verlassen immer mehr Menschen diese Kirche, um z.B. bei den östlichen Religionen Zuflucht zu suchen.

Leider kommen bei diesen Bemühungen viele vom Regen in die Traufe, speziell dann, wenn sie sich fragwürdigen religiösen Gemeinschaften oder gar Sekten zuwenden. Ernsthaft Suchenden bleibt nichts anderes übrig, als selbstverantwortlich auf die Suche zu gehen im religiösen Bereich, und sich selbst den Quellen zuzuwenden, aus denen noch die „Lebenswasser" fließen, die geeignet sind, dem Menschen den Weg zum Heil zu zeigen, fernab von Kirchen-*politik*.

Hier gibt es keine Rezepte und so liegt es wie auch in anderen Lebensbereichen am Einzelnen, zum Selbstversorger zu werden.

Mit diesen Quellen sind Heilige Schriften – in unserem Kulturkreis also die *Bibel*, das *Alte* und das Neue Testament gemeint. Wenn wir die *esoterische* Bedeutung dieser Heiligen Schriften – v.a. was das Alte Testament betrifft – erfahren wollen, sollten wir beachten, dass diese in der heutigen Fassung vorliegenden Texte durch Übersetzungen in andere Sprachen und die Transferierung in andere Kulturkreise, manchmal nur mehr bedingt dafür geeignet sind, ihre wahre Bedeutung preiszugeben. Darin liegt freilich eine gewisse Problematik.

Nach esoterischer Auffassung bestehen bei jedem heiligen Text verschiedene Bedeutungsebenen – in der Regel mindestens *drei* – entsprechend der Gliederung des Menschen in: Körper – Seele – Geist. Es gibt somit die *„Körperebene"* eines Textes, also die konkrete Schilderung der (angeblich) historisch stattgefundenen Ereignisse, dann die *seelische* d.h. mythologische Ebene, die für den Menschen die Wichtigste ist, – auch dann, wenn heutige Theologie und Kirche dies bestreiten. Das Weihnachtsfest zum Beispiel müssen wir von der historischen Ebene – d.h. im Sinne einer Erinnerung an das damalige Geschehen – in die *Gegenwart* holen, weil nur Gegenwart *wirklich* ist. Wenn die Geburt des Lichtes nicht *in uns* geschieht, bleibt es eine Gedenkfeier an ein Ereignis, das vor 2000 Jahren stattgefunden hat, und aufgrund dieser historischen Distanz nicht *in uns* wirklich werden kann. Daher ist der Mythos wahrer, als jede historische Analyse, weil er zeit-*los* ist und schließlich die *geistige*, die kosmische Ebene, die wesentliche Inhalte der Lehre dadurch unterstreicht, dass diese zum Lauf der Gestirne – meist Sonne und Mond – in Beziehung gesetzt werden.

Die Zahl *drei* spielt in allen biblischen Berichten eine entscheidende Rolle, ob wir dabei an die *Drei*faltigkeit denken oder an die *drei* Kreuze auf Golgotha. Wir sollten niemals annehmen, dass solche Parallelen zufällig sind; dieses *Gesetz der Drei* zieht sich vielmehr durch die ganze Bibel.

Der „Körper" der heiligen Texte ist heute so genau bekannt, sorgfältig durchanalysiert von „historisch-kritischen" Experten, dass wir sicher annehmen dürfen, dass diese Texte nach allen Regeln dieser Wissenschaft erforscht worden sind.

Da wurden Analysen und Expertisen über verschiedene Verfasser, über die Herkunft der Texte, über das Alter der Texte, über Widersprüche usw. durchgeführt, die sicher mit großer Sorgfalt angestellt wurden, aber bezogen auf den *Inhalt* – gemessen an dem Aufwand der hier getrieben wurde – relativ wenig gebracht haben.

Es gehört – wie schon mehrfach erwähnt – zum Wesen der wissenschaftlichen Methode, peinlich genaue Analysen anzustellen ohne dabei zu einer letztlich befriedigenden Synthese zu gelangen weil man „den Wald vor lauter Bäumen nicht mehr sieht".

Die beiden anderen aber wesentlich wichtigeren Ebenen, nämlich die *seelisch-mythologische* Ebene sowie die *geistig-kosmische* Ebene, bleiben dabei auf der Strecke. Wenn man sich dabei auf Geschichtsforschung beschränken würde, dann wäre dagegen auch nichts einzuwenden.

Nach diesen grundsätzlichen Bemerkungen zu den Schwierigkeiten, die sich bei der Deutung religiöser Schriften ergeben, möchte ich nun versuchen, den Schwerpunkt meiner Ausführungen auf die *inhaltliche* Ebene zu verlegen und mich auf die Auslegung der für uns wichtigsten religiösen Überlieferungen – Altes- und Neues Testament – konzentrieren. Dabei soll die historische Ebene nicht ignoriert werden; diese Ebene wird aber – wie mehrfach erwähnt – von Theologie und Kirche ausführlich bearbeitet. Für mich hat *die seelische d.h. die mythologische, sowie die geistig-kosmische Ebene Priorität.*

# VI  Das Alte Testament

Vieles im Alten Testament, beispielsweise Altersangaben, Generationslisten usw. hört sich historisch an ist es aber in Wahrheit nicht. Wozu also aufwendige wissenschaftliche Analysen über diese heiligen Texte anstellen? Es handelt sich im Wesentlichen um großartige Mythen, in die an manchen Stellen geschichtliche Ereignisse mit eingewoben sind, lediglich um die entsprechenden *Inhalte* besser transportieren zu können.

Die wissenschaftliche Theologie prüft oft mit großem Fleiß und Akribie, ob sich die historischen Angaben mit der Geschichte decken, ob sie auch historisch bewiesen werden können. Es stellt sich die Frage, wozu dieser Aufwand, wenn es sich im Wesentlichen doch um Mythen handelt, Mythen in einem *recht* verstandenen Sinne.

Es ist an mehreren Stellen schon angeklungen, dass der Mythos letztlich wahrer ist und uns viel mehr Wesentliches erzählen kann als die genauesten wissenschaftlichen Analysen.

Zugegeben, die historischen Anteile der Texte sind in vielen Fällen interessant, doch haben sie im Grunde so wenig mit der inneren Wahrheit dieser Überlieferungen zu tun, dass man diesen großen Aufwand auch lassen könnte. Es handelt sich im Wesentlichen – auch wenn die Theologie dies vehement bestreitet – um *mythologische Bilder*. Wäre dem nicht so, könnten wir die ganze Bibel genauso gut vergessen oder sie bestenfalls als ein bloßes Erbauungsbuch betrachten.

Dass die kritische Bibelforschung wertvolle Arbeit in Bezug auf geschichtliche Fakten, Quellen, Autoren und andere wichtige Begleitumstände geleistet hat, soll mit diesen Ausführungen nicht in Frage gestellt werden. Viel Wertvolles und Interessantes ist dabei zweifellos zusammengetragen worden, und auch die sicher gewissenhafte Arbeit soll nicht gering geschätzt werden – und doch: Es kann nicht oft genug betont werden: Das, worum es in diesen Überlieferungen wirklich geht, kommt bei einer derartigen Vorgehensweise nicht in den Blick. Was diese Texte uns *heute* lebenden Menschen wirklich *bedeuten* können, kommt bei dieser Herangehensweise nicht zum Tragen. Es sind Jahrtausende vergangen seit dem diese heiligen Texte verfasst worden sind, und aus diesem Grunde sind sie für unser Leben unverbindlich geworden, wenn wir sie vorwiegend historisch betrachten.

Das ändert sich erst dann grundlegend, wenn wir sie als das betrachten, was sie wirklich sind, nämlich: *wahre Bilder!*

Über das Wesen des Mythos ist in vorangegangenen Kapiteln schon ausführlich gesprochen worden. Was in diesem Zusammenhang zu betonen ist, ist der Umstand, dass wir diese Berichte in die *Gegenwart* bringen müssen, wenn sie *jetzt* für unser Leben *wirksam* werden sollen.

Wir müssen uns selbst in diesen Schilderungen finden können, müssen selbst die Wahrheit dieser Bilder erfahren können. Der geniale Schlüssel dazu ist allein die mythologische Betrachtung, weil es sich zum Einen um wahre Mythen handelt und zum Andern unsere *Seele*, die ja in der *Gegenwart* lebt, mit geschichtlichen „Tatsachenberichten" nichts anfangen kann. Wenn wir diese Berichte nicht als *archetypische Bilder* verstehen, welche *zeitlos* gültig sind, bleibt uns nur der blinde Glaube, der aber dann, wenn wir in existenzielle Krisen geraten, nicht tragfähig ist. Anbefohlener Glaube hat letztlich keine Tragfähigkeit; tragfähig sind nur Erfahrungen, die wohl einen Glauben voraussetzen, einen Glauben aber, der auf *Erkenntnis* beruhen muss.

Die Bibel – sowohl das Alte wie das Neue Testament – berichtet nicht vorwiegend über historische Geschehnisse, sondern beschreibt, was das Alte Testament betrifft, zunächst die Entstehung der Schöpfung und den Auszug aus Ägypten. Sie schildert in großartiger Weise einen wahren, großen *Mythos*.

Es geht nicht darum, „wann" und „wie" die Schöpfung entstanden ist, sondern *warum* und *wozu* sie stattgefunden hat. Über das „Wann" und „Wie" spekuliert die Wissenschaft und stellt verschiedene Theorien auf, die wohl interessant sein mögen, über den Sinn des Ganzen aber keine Auskunft geben können.

Bei der Betrachtung des Alten Testamentes sollten wir erkennen – und auch anerkennen –, dass dieses ein im Wesentlichen abgeschlossenes Ganzes darstellt und in erster Linie das heilige Buch der Juden ist.

So, wie das Christentum mit dem Alten Testament umgeht, könnte man zu der irrigen Ansicht gelangen, dass es sich dabei lediglich um eine Art „Vorspann" zum Neuen Testament handelt. Dem ist aber mit nichten so. Vielmehr sollte im Verlauf einer *esoterischen* Exegese des Alten Testamentes sichtbar werden, dass – wie bei anderen Hochreligionen auch – „lediglich" die *eine, große, gemeinsame Kernaussage* – von der oben schon die Rede war – zur Darstellung gelangt, bezogen auf eine bestimmte Zeitepoche und Kultur.

Um dieses *eine große Muster* auch im Alten Testament erkennen zu können, muss man sich schon die Mühe machen, beide Testamente zu vergleichen, um diese *inhaltliche* Gemeinsamkeit zu sehen. Davon abgesehen ist es aber für das Volk der Juden bestimmt.

Diese Eigenständigkeit wird ja auch dadurch deutlich unterstrichen, dass die Juden das Neue Testament mit Vorbehalt betrachten – zumindest Jesus nicht als den Messias anerkennen.

Von allen Büchern des Alten Testamentes sind es die 5 Bücher Mose, der sogenannte Pentateuch, die *Thora* der Juden, und davon die ersten beiden Bücher – Genesis und Exodus –, welche für unsere Betrachtung den ergiebigsten Teil darstellen.

Die zentrale Gestalt des Pentateuch ist *Moses*, der um die Zeit von 1250 v.Chr. gelebt hat, und dem auch die Autorenschaft dieses großen Werkes zugeschrieben wird. Ob diese Behauptung nun historisch nachweisbar ist oder nicht, ist – anders als für die Wissenschaft – für eine mythologische und damit auf das Wesentliche zielende Betrachtung von geringer Bedeutung.

Moses gilt innerhalb der esoterischen Tradition als großer Eingeweihter. Eingeweiht wurde er in Heliopolis – ebenso wie Plato – und sein Einweihungsname war Osasis. Aufgrund eines angeblich von ihm begangenen Mordes, muss er aus Ägypten fliehen und begibt sich in die Wüste, um dort einem anderen

Eingeweihten – mit Namen Yetro – zu begegnen, bei dem er ein zweites Mal eingeweiht wird, zuletzt am Berge Horeb und Sinai.

Aus astrologischer Sicht ist für jeden „Weltenmonat" – der ungefähr 2000 Jahre umfasst – ein eigener geistiger Führer vorgesehen; und Moses war dafür ausersehen, das Volk aus dem Tierkreiszeichen Stier, das für die ägyptische Kultur bestimmend war, herauszuführen und ins Tierkreiszeichen Widder überzuleiten, in die Welt des Judentums.

So bekommt aus dieser Sicht auch die Geschichte von der Anbetung des goldenen Kalbes seinen tieferen Sinn, wenn sie nicht als Götzendienst verstanden wird sondern als vorübergehender Rückfall, d.h. als Regression, des Volkes in die Stierzeit.

Aufschlussreich an den 5 Büchern Mose ist auch der Umstand, dass wir wieder das Zahlenverhältnis von 1 : 4 finden, wenn wir die 1 für die Genesis einsetzen und die 4 für die der Genesis folgenden Bücher dazu in Beziehung setzen. Diese 4 Bücher – Exodus, Levitikus, Numeri, Deuteronomium – behandeln letztlich den Auszug aus Ägypten, den Weg ins gelobte Land.

Ganz wesentlich dabei ist, dass *Ägypten* für die Welt der *Polarität* steht. Das gelobte Land, das das Ziel dieser Wanderung des auserwählten Volkes ist, symbolisiert die *Ein*-heit.

Es sollte an dieser Stelle schon klar werden, dass dieser Mythos für den Menschen an sich, also für jeden Menschen gültig ist, weil es darin im Wesentlichen darum geht, die Polarität der Welt zu überwinden, zu verlassen, um ins gelobte Land der Einheit – sprich zu Gott – zurückzukehren.

Es geht also bei den 5 Büchern Mose wieder nicht um einen historischen Tatsachenbericht, sondern einzig und allein um die Beschreibung des einen, *archetypischen* Weges des Menschen, den Weg von der Polarität zur *Einheit*. Daher auch der 4x größere Aufwand – dargestellt in den der Genesis folgenden 4 Büchern – der für die Beschreibung dieses schwierigen Weges betrieben wird.

Wenn wir das Alte Testament wirklich tiefer verstehen wollen, dann kann uns ein Autor des Westens – Friedrich Weinreb mit seinem Buch:"*Schöpfung im Wort*"- die wesentlichen Zusammenhänge der *Bibel* in einem Maße erhellen, wie wir sie in den verschiedenen Übersetzungen nicht mehr finden.

Im Vorwort heißt es da: „Dieses alte Wissen basiert – wie jedes Wissen in jeder Zeit das anstrebt – auf der Erkenntnis vom Sinn des Lebens. Nähert man sich beim Studium dieses alten Wissens dem Bereich, wo es um ein Durchdringen bis zu den tiefsten Ursachen des Wesens dieser Welt, des Wesens von Leben und Tod geht, wandelt sich der Charakter dieses Wissens. Von allgemeinen Formulierungen, die sich aus mechanischen, materiellen und äußerlichen Zusammenhängen ergeben, wird man dorthin geführt, wo die einmalige Persönlichkeit des mit diesem Wissen konfrontierten Menschen, seine Gedanken und seine Sehnsucht für sein Begriffs- und Fassungsvermögen bestimmend werden. Die Annäherung an das Wesentliche in der Welt steht im Zusammenhang mit dem Wesentlichen des Menschen und bekommt dadurch einen sehr persönlichen Charakter. Jeder Mensch gibt seiner Weltauffassung auf andere Art Ausdruck. […] Angesichts des immer weiter voranschreitenden Verlusts des Wissens vom Wie und Warum des Lebens, wodurch man steuerlos wird und sich im Grunde unbefriedigt und unglücklich fühlt, glaubte ich, eine solche Zeit rechtfertige es, auf die Existenz dieses Reservoirs an Wissen und Weisheit hinzuweisen. Dieses alte Wissen bietet feste Maßstäbe, kennt keine Undeutlichkeiten und Spekulationen. Es gibt Gewißheiten im Leben, schenkt Einsicht in den Sinn des Daseins und es ist logisch, systematisch, allumfassend. Daher genügt es auch dem berechtigten Anspruch intellektueller Annehmbarkeit. Es wird zweifellos den ehrlich die Wahrheit suchenden modernen Menschen ansprechen. Zugleich bietet dieses Wissen klare menschliche Normen anstelle eines kalten Weltbilds mechanischer Unendlichkeit in Zeit und Raum, das den Menschen als lebendige Persönlichkeit bedrückt und die menschlichen Maßstäbe relativiert. Außerdem wird sich dieses Wissen als eine Fortsetzung des verloren gegangenen alten Weges des religiösen Menschen erweisen, jenes Weges, von dem der Mensch trotz aller sein Denken beherrschenden Fortschrittsgläubigkeit noch intuitiv weiß und den er – wie er still und unausgesprochen hofft – irgendwann wiederfinden wird. Es ist der Weg, den der Mensch durch zunehmende Verflachung, Verschwommenheit und Scheinheiligkeit verloren hat, und den er durch Konstruktionen von vielerlei Theorien in Bereichen wie Philosophie, Metaphysik, Theologie, Ethik und Geschichte neu zu entdecken hofft, wobei ihn die hoffnungslose Vergeblichkeit solchen Unterfangens immer mutloser und skeptischer macht. Es ist dies auch der Weg, den er durch Experimentieren mit oder Forcieren von verschiedenen Systemen in Politik und Gesellschaft erfolglos wiederzufinden hofft – Versuche, die daher nur in tödlichem Pessimismus, Zynismus und Opportunismus enden können. Was damit erreicht wurde, war die Tatsache, daß das Streben, das Wesen der Dinge neu zu erkennen, ein mitleidloses, hartes, naturwissenschaftliches Weltbild mit statischen, auf dem Gesetz der großen Zahlen basierenden Normen hervorbrachte, und eben nicht das gesuchte, alles umfassende und alles durchdringende Menschliche.

Das Bedürfnis, sich zu betäuben, sich zu zerstreuen, das Bedürfnis nach Spielen – was immer, in welcher Art es sich auch äußert, auf ein Ausschließen der Realität hinausläuft, auf die Schaffung einer Scheinwelt – sind die äußerlichen Merkmale des Aufgebens der Hoffnung, den Weg des religiösen Menschen wiederzufinden. Auch das Sich-klammern an jede exoterische, das wahre Menschliche vernebelnde „geistige" Strömung, wenn sie nur den Eindruck erweckt, mit der Vermittlung von Glauben und Vertrauen zu tun zu haben, mit Welten jenseits der sinnlichen Wahrnehmung, wenn sie nur vorgibt, umfassend zu sein und aus anderen Sphären zu kommen, ist ein Anzeichen für menschliche Bedürfnisse und menschliches Suchen; vor allem aber ist es auch ein Hinweis auf beängstigende menschliche Einsamkeit und tiefes Leid.

Diese Zeit des tragischen Pessimismus verlangt nach der Wiederherstellung von Gewißheiten, um die herum es wieder sinnvoll ist, ein neues Leben und eine andere Welt aufzubauen.

Aus diesem Grunde war ich der Meinung, es sei nicht nur gerechtfertigt, sondern sogar notwendig, einen Zipfel des Schleiers zu lüften und so auf die Existenz dieser unbekannten Welt hinzuweisen, die seit Anbeginn der Menschheit die Gewißheit des Lebens enthält". [0]

Nach diesem ziemlich ausführlich geratenen Hinweis auf diesen Autor – Friedrich Weinreb – der aus den Quellen der in hebräischer Sprache verfassten *Urfassung* des Alten Testamentes schöpft, nun weiter zu seiner esoterischen Deutung dieses großen Mythos – „Altes Testament":

„Das in der Bibel gebräuchliche Wort für *Ägypten,* wo man Knecht ist, heißt „*Mitsrajim*", 40-90-200-10-40, Totalwert 380. Das Wort ist ein sehr typisches Wort; es gibt eine „Doppelheit" an. Der Wortausgang „*ajim*" bezeichnet eine *Zwei-heit*. Mitsrajim ist daher die Doppelheit von „*Mitsr*", worin der Stamm des Wortes „tsr" enthalten liegt, der sowohl mit *Form*, als auch mit *Leid* und Unterdrückung zu tun hat. Mitsrajim bezeichnet daher „die Form der Doppelheit", „das Leid in der Zweiheit", „die *Unterdrückung in der Zweiheit*". Damit zeigt aber dieser Name auch schon, was Ägypten ist. Es ist die Kristallisation dessen, was Zweiheit, Gefangenschaft in der Zeit bedeutet, aus der man nicht weiß, wie man herauskommen kann.

*Kanaan*, das gelobte (versprochene) Land, das Ziel des Zuges durch die Wüste, ist hebr. „*Kanaan*", 20-50-70-50, Totalwert 190. Wir sehen, daß hier das Verhältnis Ägypten zu Kanaan 380:190 ist, also genau 2:1. Dort, in Kanaan, soll die Ein-heit wieder erreicht werden, jene Einheit, welche man kannte, bevor man nach Ägypten kam" [1]

*Ägypten = 380*     *Kanaan = 190*
*Polarität*     *Ein-heit*

Schon aus diesem Zahlenschlüssel wird ersichtlich, dass der Weg des Menschen aus der Polarität herausführt, um mit *Erkenntnis* versehen, wieder zurück zur Einheit, zu Gott, zum Vater zu gelangen.

Weinreb weiter: „Der Zug durch die Wüste scheint unendlich lang zu sein. Er dauert ja auch 40 Jahre, eigentlich „ewig", in diesem siebenten Tag. So unendlich lange schien auch die Knechtschaft in Ägypten, 400 Jahre. Wieder fanden wir die 40 und die 400.

Aber wie wir gesehen haben, geht der Zug durch die Wüste von der „Zwei" zur „Eins", von der 380 von Ägypten in die 190 von Kanaan. Wieder kann man die Frage stellen: Wer konnte diese Worte so sinnvoll machen, daß das Verhältnis ihrer Totalwerte genau 2:1 ist?

Als der Auszug aus Ägypten stattfindet, ist *Mose* 80 Jahre alt. Der Zug durch die Wüste dauert 40 Jahre. Der Leiter, Mose, tritt von seinen 80 Jahren in die nächsten 40, geht von der 2 zur 1. Mose selbst erreicht aber das gelobte Land nicht. Für ihn erfüllt sich alles auf diesem Weg von der 2 zur 1" [2]

Hieraus und an vielen anderen Beispielen kann ersehen werden, wie essentiell wichtig diese *Zahlenschlüssel* für ein Verständnis der Bibel sind! Sie sind viel mehr, als heutige Bibelwissenschaft ihnen an Bedeutung zumisst.

Mose ist also beim Auszug – wie wir gesehen haben – 80 Jahre alt, der Zug durch die Wüste dauert 40 Jahre, d.h. er stirbt mit 120 Jahren. Die ersten 40 Jahre seines Lebens verbringt er in Ägypten und wird dort zum ersten Mal eingeweiht. Die zweiten 40 Jahre verbringt er in Kadesch, einer Mysteriumstätte in der Wüste, bei seinem Schwiegervater Yetro, dem Priester von Midian. Von ihm erhält er seine zweite Einweihung in eine arabische Linie. Die dritten 40 Jahre seines Lebens, gelten der Führung des auserwählten Volkes ins gelobte Land. Seine letzte Einweihung erhält er am Berge Horeb und Sinai.

Es handelt sich bei solchen Zahlenangaben fast immer um *symbolische Schlüssel* und nicht um historische Zeiträume. Wenn sie sich manchmal mit der Geschichte decken, dann sind das interessante Begleitumstände, die aber nicht als Beweis für die Wahrheit dieser Texte zu verstehen sind.

Das auserwählte Volk *Israel* steht in diesem Text für die *Seele* des Menschen, während Ägypten die *Form in der Zwei-heit,* die Gefangenschaft des Menschen in der *Polarität* „seit" dem Sündenfall symbolisiert.

Man kann nur ehrfürchtig vor diesem großen Werk stehen, wenn, ja *wenn* man es in diesem Sinne betrachtet – Geschichtsbücher gibt es durchaus bessere.

Die Israeliten werden in Ägypten in den Dienst der materiellen Welt genommen, d.h. die Bewusstseinskräfte (Israel) müssen der materiellen Welt (Ägypten) dienen, sind in ihr gefangen.

Dieses Muster zeigt sich auch heute an vielen genialen Menschen, die sich im Dienst der Wissenschaft befinden und sich damit der *materiellen* Welt mit Haut und Haaren verschrieben haben.

Es werden streng genommen dabei Geisteskräfte für die materielle Welt verschwendet, anstatt sie in den Dienst der Bewusstseinserweiterung zu stellen. Sie werden vergeudet für die Ausbeutung der Welt bzw. für die Rüstungsindustrie, um nur zwei Beispiele für viele andere sinnlose Zwecke anzuführen. Wir sind von den materiellen Formen dieser Welt derart in den Bann gezogen, dass wir nicht gewahr werden, dass diese polare Welt letztlich eine Scheinwelt ist. Nur der irgendwann mit Sicherheit – individuell wie kollektiv – auftretende Leidensdruck lässt uns von Zeit zu Zeit ein wenig innehalten, um Raum dafür zu schaffen, uns auf das Wesentliche zu besinnen. Es ist immer unser *Ego,* das die Polarität unseres Bewusstseins aufrechterhält, um einerseits den Erkenntnisweg im Sinne des Erkennenden und dem Erkannten gehen zu können, das andererseits aber in den Dienst der Seele gestellt werden soll und *nicht* egoistisch missbraucht werden darf.

Das Ich, im Sinne dieses Egos repräsentiert immer den falschen König, ob dieser Nimroth, Pharao, Herodes oder sonst wie heißt. Er muss immer Angst vor dem Auftreten des *wahren* Königs haben, der das *Selbst* im Menschen repräsentiert, den göttlichen Funken, der gemeint ist, wenn es heißt: *„Lasset uns Menschen machen, nach unserem Bild und Gleichnis".*

Eine Gestalt, die im Christentum exemplarisch für den falschen König steht, ist Herodes, der aus Angst vor dem wahren König einen Kindermord in Bethlehem anordnen muss, um nicht gestürzt zu werden.

Wie wir an diesen mythologischen Erzählungen erkennen können, geht es dabei immer – wie in anderen Religionen und Kulturen auch, wenn wir sie mythologisch betrachten – um die Beschreibung archetypischer Strukturen und an den wesentlichen Stellen niemals um historische Tatsachenberichte. Es ist auch nicht verwunderlich, dass dieses Ich im Sinne des *Ego* in seinem Kampf um die Vormachtstellung nicht davor zurückschreckt, esoterische Lehren, die diese Zusammenhänge zwischen Ich und Selbst zum Inhalt haben, solange umzudeuten, bis sie geeignet erscheinen, wieder in den Dienst des Egos gestellt zu werden.

Es geht, wie wir sehen können, *immer um die eine Kernaussage*, um den Weg des Menschen vom Ich zum *Selbst*, von der Polarität zur *Ein*-heit, um den Weg des Menschen Jesus zu *Christus*, dem *Gott*, welche Bilder dafür auch immer verwendet werden.

Die Wanderung des auserwählten Volkes führt durch die Wüste – das Trockenland – ein ebenfalls sehr stimmiges Bild dafür, wie beschwerlich dieser Weg vom Ich zum Selbst, also von der Polarität zur Ein-heit (des Bewusstseins) ist. Ein gültiges Bild für die Situation des Menschen gibt Exodus 16/2: *„Die ganze Gemeinde der Israeliten murrte in der Wüste gegen Mose und Aron. Die Israeliten sagten zu ihnen: Wären wir doch in Ägypten durch die Hand des Herrn gestorben, als wir an den Fleischtöpfen saßen und Brot genug zu essen hatten. Ihr habt uns nur deshalb in die Wüste geführt, um alle, die hier versammelt sind, an Hunger sterben zu lassen"*.

Es ist dies die schon oben angedeutete Stelle, in der das Volk schon auf dem Weg ins gelobte Land vorübergehend zurückfällt in die Regression und sich wieder nach dem Bereich des Stieres, d.h. Ägyptens zurücksehnt – und das goldene Kalb (Stier) anbetet –, weil ihm die Anstrengungen des Weges zu viel zu werden scheinen.

In der Gefangenschaft unserer Seele im Körper, in der Materie, in der Polarität der Welt – für die Ägypten steht – leiden wir in vielfältiger Form und sehnen uns nach dem gelobten Land, dem Glück, dem Paradies, der Ein-heit. Wird uns ein Weg zur Befreiung gezeigt – der immer ein *esoterischer* ist –, dann wird uns sehr schnell bewusst, dass dieser nicht mit Honiglecken verbunden ist, wie uns fälschlicherweise von pseudoesoterischen Richtungen in Aussicht gestellt wird. Immer geht es bei dem einen, echten esoterischen Weg wie er uns im Bild des auserwählten Volkes – zu dem wir *alle* ohne Ausnahme gehören – vermittelt wird um eine Wüstenwanderung, allerdings mit dem unschätzbaren Vorzug, dass dieser Weg auch wirklich, wie bei den Israeliten, ins gelobte Land führt.

Einen wichtigen Aspekt sollten wir in diesem Zusammenhang noch beachten: nämlich jenen, dass dieses Ich, das Ego, – also unsere Persönlichkeit – bevor es endgültig geopfert werden kann, um unsere *Seele* aus der Gefangenschaft in der polaren Welt zu befreien, erst einmal vorhanden sein muss. Dies darf nicht übersehen werden, denn wir können nur etwas opfern, was wir haben.

Zunächst geht es im Leben des Menschen also um die Bewältigung des Lebens in der polaren Welt und nicht um Weltflucht, was ein gefährliches Missverständnis esoterischer Lehren bedeuten würde.

Zur Bewältigung des menschlichen Daseins in der polaren Welt bedarf es somit zunächst dieses Ichs auch wenn von vornherein feststeht, dass es am Ende des Weges – der ein sehr langer Weg über viele Inkarnationen ist – wieder geopfert werden muss, um uns mit Gott, von dem uns *allein dieses Ego trennt*, wieder vereinen zu können.

Dieser Zusammenhang wird auch sehr deutlich an der Person dieses Mose sichtbar, der der Führer des auserwählten Volkes werden soll und zunächst am Hofe des Pharaos aufwächst, sich dort bewähren muss, und sich sogar soweit in die Polarität verwickelt, dass er zum Mörder wird.

*Das Licht wird in der Finsternis gefunden, und nicht im Licht!*

Wichtig ist auch hier wieder die Symbolik und nicht die historische Schilderung des Geschehens.

Beim Alten Testament handelt es sich – wie schon mehrmals angeklungen ist – um ein geschlossenes und vollständiges Ganzes, das also aufgrund seiner Vollständigkeit nicht etwa der Erfüllung durch das Neue Testament bedarf.

Das Neue Testament stellt wieder eine neue Schicht mit neuen Bildern, mit einer neuen Sprache auf eine neue Zeit bezogen dar, aber es wird, was das *Wesentliche* betrifft, nichts anderes verkündet, als die *eine, gleiche Kernaussage,* weil es nichts anderes zu verkünden gibt.

Wenn im Alten Testament der Vateraspekt im Vordergrund steht und ein im Wesentlichen auf Abhängigkeit beruhendes Vater-Kind-Verhältnis geschildert wird, so rückt Gott im Neuen Testament durch seine Menschwerdung dem Menschen näher, um letztlich, wenn der Mensch in seinem Bewusstsein dafür reif ist, *in den Menschen selbst* verlagert zu werden, als der *göttliche Funke,* von dem immer wieder die Rede ist.

In der Form, in der beide Testamente geschrieben sind, erscheinen sie in geschichtlicher Reihenfolge, dürfen aber wegen ihrer inhaltlichen Nähe zueinander nicht historisch verstanden bzw. missverstanden werden, weil es sich letztlich in beiden Testamenten um einen großartigen, *zeitlosen Mythos* handelt.

Nur der Mythos ist letztlich in der Lage, religiöse Wahrheit über alle Zeiten hinweg zu transportieren, und das in der einzigen Form, die der menschlichen Seele gemäß ist, in Bildern, und nicht in analysierbaren historischen „Tatsachen". Die menschliche *Seele* ist der „Ort", aus deren tiefsten Schichten der Mythos als *religiöser Archetyp* entspringt, weshalb er allein die einzige Sprache verwendet, die der menschlichen Seele angemessen ist. Diese mythologischen Bilder erzählen uns immer wieder die Geschichte von der Wahrheit, auch wenn der Kopf – vor allem der wissenschaftsgläubige – in vielen Fällen nichts mehr damit anfangen kann.

Die biblische Geschichte des Alten Testamentes ist eine große Einweihungsgeschichte – so wie das Neue Testament auch – und ganz in der esoterischen Tradition verankert. Es sind die großen religiösen Gestalten aller Zeiten, die dafür Sorge tragen, dass dieses Wissen nicht verloren geht, sondern immer weiter tradiert wird.

Was die Autorenschaft des Pentateuch betrifft, so scheiden sich – wie oben schon angedeutet – die Geister. Mag die historisch-kritische Theologie auch noch so viele verschiedene Quellen ausfindig gemacht haben, die „berechtigte" Zweifel nahelegen, Moses als Autor zu betrachten, so ist dies völlig unwichtig und irrelevant gemessen an dem *Inhalt*, der hier übermittelt wird.

Wie an vielen anderen Beispielen sichtbar, ist die wissenschaftliche Methode die ungeeignetste, die Wahrheit religiöser Texte an den Tag zu bringen, weil es der falsche Ansatz ist, am „Körper" dieser Texte hängen zu bleiben.

Die esoterische Philosophie weiß und geht – wie schon mehrfach erwähnt – mit Recht davon aus, dass es in *Wirklichkeit* keinen Zufall gibt! Zufall wird aber gerade bei solchen historisch-kritischen Analysen unterstellt, indem erklärt wird, dass da eben verschiedene Texte, Autoren und Quellen zusammengetragen worden sind, bis schlussendlich *„zufällig"* irgendwann dieser wunderbare und großartige Endtext vorgelegen ist.

> „Der Zufall ist das sanfte Ruhekissen jener, die das Göttliche, Sinnvolle und den Kreaturen ein Ziel Zuweisende aus dem Kosmos ausscheiden möchten, zugunsten der öden Fabel, das All sei jenseits jeder Sinnverwirklichung ganz nebenher und absolut von selber zustande gekommen".
>
> *Herbert Fritsche*

Wer sich eingehend mit den heiligen Schriften auseinandersetzt, der kommt letztendlich zu dem Schluss, dass, wie immer auch die äußeren Umstände gewesen sein mögen, das vorliegende

Endergebnis nicht vom Menschen allein zustande gebracht werden konnte.

Gerade das Alte Testament ist entsprechend der Tatsache, dass es in hebräischer Sprache verfasst ist und in dieser Sprache jeder Buchstabe einen fest zugeordneten *Zahlenwert* repräsentiert, ein regelrechtes Formelwerk. Aus diesem Grunde wurde auch bei entsprechenden Abschriften sehr streng darauf geachtet, dass hierbei keine Fehler gemacht wurden, dass also „kein Jota fehlen durfte". Diesen Aufwand hätte man sich aber sparen können, wenn diese Gelehrten davon ausgegangen wären, dass es sich dabei um ein Sammelsurium von zufällig zusammengetragenen Elementen handeln würde.

Daher ist es auch verständlich, dass bei späteren Übersetzungen dieser heiligen Schriften, bei denen diese Zahlenzuordnungen zu den einzelnen Buchstaben nicht berücksichtigt worden sind, diese mehr oder weniger fehlerhaft sein mussten, was die wesentliche Aussage dieser Schriften angeht, weil dann dies und jenes in diese Texte hineininterpretiert wurde, was den Sinn der Aussagen betreffend, ursprünglich nicht drinnen stand.

In mythologischen Kulturen waren es immer Schöpfungsberichte, die die zentrale Mitte dieser Kulturen ausmachten, weil in ihnen die Welt als der *formale Ausdruck* der Gottheit gesehen wurde. Ein linearer Zeitablauf wurde diesen Berichten dabei nie zugrunde gelegt, weil es eben gerade nicht darum geht – wie schon weiter oben betont wurde – „wie" und „wann" die Schöpfung begonnen hat – das gehört zum Hauptinteresse der wissenschaftlichen Forschung –, sondern *warum* und *wozu* sie stattgefunden hat. Es muss schon sehr verwundern, wie sich die Kirche auf die wissenschaftliche Ebene herabziehen ließ, auf der es immer und immer wieder nur darum geht, *wie* diese Welt entstanden ist und *wie* sie funktioniert.

Die Kirche wäre für das *Warum* und *Wozu* zuständig gewesen, das „*Wie*" hätte sie ruhig der Wissenschaft überlassen können, für die die Frage nach dem *Warum* und *Wozu* von ganz untergeordneter Bedeutung ist. Hier wäre eine schwerpunktmäßige

Aufgaben-Verteilung sinnvoller gewesen, was das *Wie,* das *Warum* und das *Wozu* betrifft. Das *Wie* der Wissenschaft, das *Warum* und *Wozu* der Religion. Sich aber mit einem Mythos, der „nur" nach dem *Warum* und *Wozu* fragt, in einen Streit über das *Wie,* das zur Wissenschaft gehört, einzulassen, konnte nicht gut ausgehen für die Kirche.

Im *Schöpfungs*bericht der Bibel wird *erzählt,* (er-*zählen* hat mit *Zahl* zu tun!) wie aus dem zeitlosen Sein der Gottheit durch *Teilen,* was ja *schöpfen* bedeutet, scheinbar Vielheit entsteht.

Der Mythos entspringt – wie schon angedeutet wurde – tiefsten archetypischen Schichten der menschlichen *Seele* und daher der *Wirklichkeit,* weil auch die Seele zum Bereich der Wirklichkeit gehört. Geschichtliche Tatsachen sind nicht mehr wirklich, weil sie der Vergangenheit angehören und Vergangenheit etwas Totes ist, das nur in der Erinnerung besteht. Aus diesem Grunde ist auch unser „Ich" nicht wirklich, weil es sich letztlich nur aus Erinnerungen zusammensetzt. Es ist die *Erinnerungsspur* von unserer Kindheit bis ins Jetzt, aus der sich unser „Ich", unser „Ego" konstituiert. *Wirklich ist nur die Gegenwart.* Wir können *nicht* mehr *wirklich* in die Vergangenheit eintreten und in die Zukunft noch nicht. Wenn wir in der Zukunft angelangt sind, dann ist wieder – *Jetzt! Ewigkeit ist jetzt,* weil damit *Zeitlosigkeit* gemeint ist. *Ewigkeit* hat im Gegensatz zur Zeit keinen Anfang und auch kein Ende.

Der *Mythos* ist darum in einem Maße *wahr,* wie es geschichtliche Tatsachen niemals sein können, weil er die Zeit aus seinen Schilderungen heraus nimmt und nur so tut, als würde er in einem geschichtlichen Sinne berichten, aber in Wirklichkeit immer *Gegenwärtiges* meint, weil er Archetypisches erzählt und *Archetypisches zeitlos gültig ist.* Er ist damit im Gegensatz zur Geschichte etwas *Lebendiges,* während Geschichte dem Reich des Todes angehört, im Sinne von: Es *war* einmal!

In Genesis 19/23 können wir lesen: „*Als die Sonne über dem Land aufgegangen und Lot in Zoar angekommen war, ließ der Herr auf Sodom und Gomorra Schwefel und Feuer regnen, vom*

*Herrn, vom Himmel herab. Er vernichtete von Grund auf jene Städte und die ganze Gegend, auch alle Einwohner der Städte und alles, was auf den Feldern wuchs. Als Lots Frau zurückblickte, wurde sie zu einer Salzsäule".*

Wenn wir uns an die Vergangenheit binden, wenn wir zurückblicken, dann erstarren wir, weil *Leben* nur in der *Gegenwart* möglich ist.

An diesem Beispiel können wir ersehen, wie präzise die Bibel psychologische Zusammenhänge zu beschreiben in der Lage ist. Unsere Identifikation und unser Verhaftetsein mit und in der Vergangenheit, hindert uns daran, unseren Weg zu gehen.

Thorwald Dethlefsen in seinem Buch „Gut und Böse": „Ob wir nun die Bilder des Mythos verstehen oder nicht verstehen, das ist von vornherein eine Frage, die uns gar nicht beschäftigen darf. Das einzige, was wir erkennen und wissen müssen, ist, daß der Mythos die Wahrheit besitzt. Nur meine Eitelkeit kann mich veranlassen, mich dagegen zu verschließen, so daß ich eben die Wahrheit nicht begreifen kann. Sei es drum. Das ist eine Demütigung, aber nicht mehr. Doch gefährlich wäre es, mit dem Hochmut des Toren gegenüber der Wahrheit zu glauben, daß am Ende die Bilder des Mythos zweifelhaft wären. Rascher als er denkt, würde er dahin geführt werden, wo er erkennen müßte, daß sein eigenes Schicksal sich mit den Bildern des Mythos deckt und daß der ganze Mythos Wahrheit ist."[3]

Ich habe weiter oben schon anzudeuten versucht, worum es im *esoterischen Kern* aller Religionen immer wieder geht. Es geht um die Verkündigung *eines immer gleichen Musters, einer immer gleich bleibenden Wahrheit*. Darin gleichen sich alle Religionen des Ostens wie des Westens. Worin sie sich unterscheiden, ist die Verpackung, sind formale Aspekte. Bezogen auf verschiedene Kulturkreise und Zeitepochen wird die immer gleiche Wahrheit – lediglich formal unterschiedlich – erzählt. Differenzen, ja sogar Kriege werden immer wieder nur dieser formalen Unterschiede wegen ausgetragen.

Diesen *esoterischen, immer gleichbleibenden, wahren inne-*

*ren Kern* mit immer neuen Impulsen zu bereichern, sowie ihn dem – der jeweiligen Zeit*qualität* entsprechenden – menschlichen Bewusstsein anzupassen, dafür sind die großen religiösen Führer und Wesenheiten zuständig. Dabei treten jeweils bestimmte Aspekte der *einen* Wahrheit in den Vordergrund der Bearbeitung.

Vor diesem Hintergrund des Alten Testamentes möchte ich nun versuchen, in ähnlicher Weise die wesentlichen Inhalte auch des Neuen Testamentes darzustellen, welches seinerseits wieder auf das *eine Muster* zielt, um das es *im esoterischen Kern* aller Hochreligionen geht.

# VII Christentum – Kirche – Neues Testament

Wenn wir über das **Christentum** sprechen wollen, dann ist es notwendig, uns auch kurz mit der Geschichte der christlichen Kirchen auseinander zu setzen und hier vor allem mit der Katholischen Kirche, weil sei innerhalb des Christentums mit Abstand die meisten Anhänger hat.

Aufgrund der vorliegenden Texte, die von der einschlägigen Forschung sicher so gründlich wie möglich überprüft worden sind, können wir berechtigterweise annehmen, dass dieser Jesus von Nazareth historisch wirklich gelebt hat.

Die Kirche baut nun auch ausschließlich auf diesen historischen Menschen Jesus ihre ganze Verkündigung auf, was nicht unproblematisch ist, wenn wir bedenken, dass für den Fall, dass irgendwann doch noch ein Forscher auftauchen sollte, der stichhaltig nachweisen könnte, dass Jesus nicht wirklich gelebt hat, dies für diese Kirche eine Katastrophe bedeuten würde.

Dem wäre nicht so, wenn sie ihre Lehre nicht nur auf eine historische Person gründen würde, sondern auf den – auch in anderen Hochreligionen vorhandenen – gleichbleibenden inneren Kern, der ein *esoterischer* ist.

Bleiben wir bei den Anfängen der christlichen Lehre, dann können wir feststellen, dass auch das Christentum diesen inneren, also esoterischen Kern aufweist, weil grundsätzlich jede Religion zweifach eingesetzt wird, esoterisch und exoterisch.

Dieser esoterische Impuls währt in der Regel an die 400 Jahre, um dann nach und nach in eine exoterische Form überzugehen, im Fall des Christentums in unsere heutigen christlichen Kirchen.

## Zur Geschichte der christlichen Kirchen

Mit der „konstantinischen Wende" (ab 313) wurde das verfolgte Christentum über Nacht zur staatstragenden Religion, wobei den Bischöfen im Protokoll Ministerehren zugestanden wurden.

Beim 5. Ökumenischen Konzil von 553 – dem bereits 2. in Konstantinopel stattfindenden – ließ Justinian die Lehren des Origenes (nicht nur seine) verdammen. Dieser war genau 300 Jahre vorher gestorben (253), nachdem er sich mit dem kirchlichen Machtmenschen Demetrius, seines Zeichens Bischof von Alexandrien, überworfen hatte. Darin zeichnet sich schon die beginnende Abhängigkeit der Kirche von der staatlichen Macht ab, die zu verheerenden Folgen für die christliche Lehre geführt hat.

Mit der Verketzerung des Clemens von Alexandrien und seines großen Schülers Origenes – zwei der größten Lehrer der Kirchengeschichte – kam es zu einem großen Bruch mit der bisherigen Tradition und dieser Bruch besteht auch heute noch. Herrschte vorher noch ein griechischer Geist – die Texte der Evangelien waren vorwiegend in griechischer Sprache abgefasst und damit noch mit der Mysterientradition verbunden –, so änderte sich diese Situation grundlegend, als die griechische Sprache durch die lateinische verdrängt wurde und damit ein nüchterner, juridischer Geist seinen Einzug halten konnte.

Fand in der griechischen Epoche noch echte Einweihung in die Mysterien statt, d.h. Initiation – ein wesentlicher Bestandteil echter Religiosität –, so änderte sich nach Origenes die Situation grundlegend. Er lehrte noch im griechischen Geist, war auch noch ein Vertreter der Reinkarnationslehre, welche offensichtlich im Urchristentum selbstverständlicher Bestandteil des Christentums war. Mit dem Konzil von Konstantinopel im Jahre 553 endete diese Tradition, in der diese Lehre noch vertreten wurde. Kaiser Justinian setzte sich dabei gegen den Willen des Papstes durch und so wurden die Anhänger dieser Lehre mit dem Bann belegt.

Zum Thema Reinkarnation lehrte Origenes: „Die Seele, welche von Natur aus immateriell und unsichtbar ist, kann in der materiellen Welt nicht existieren, ohne einen Körper zu haben, welcher der Natur der Umgebung angepaßt ist; dementsprechend legt sie zu gegebener Zeit den Körper ab, den sie bis dahin brauchte, der aber dem veränderten Zustand nicht mehr entspricht, und tauscht ihn gegen einen anderen ein". [0]

Schon vor dem Konzil von Konstantinopel führte das ständige Anwachsen der Macht des Bischofs von Rom zum Papsttum, welches mit der Bezeichnung „papa" 502 amtlich bestätigt wurde. Parallel dazu vergrößerte sich die Macht des Papstes durch großen Landbesitz in Italien (Patrimonium Petri) und dieser Landbesitz nahm in der Folge durch Schenkungen laufend zu. Weiters verstanden es die Nachfolger Petri, sich landesherrliche Rechte zu verschaffen, um sich mit weltlichen Fürsten gleichstellen zu können. Welche Kluft tut sich hier zwischen den Absichten der Nachfolger und des Gründers des Christentums Jesus von Nazareth auf, der immer wieder betont hat: *„Mein Reich ist nicht von dieser Welt".*

Selbst die Gleichstellung der „Nachfolger Petri" mit weltlichen Herrschern war diesen der Machtgier verfallenen kirchlichen „Würdenträgern" noch zu wenig, sie strebten danach, den weltlichen Machthabern übergeordnet zu werden, ein Umstand der sich schon bei der Kaiserkrönung Karls des Großen im Jahre 800 durch Papst Leo III. abzuzeichnen begann.

Um die Jahrtausendwende kam es dann zu Bestrebungen von esoterisch ausgerichteten Männern und Frauen, denen die ständige Verweltlichung der christlichen Lehre durch die sich immer mehr in weltliche Macht verwickelnde Kirche, große Sorgen bereitete, dieser Entwicklung entgegen zu wirken. Um der Verfolgung durch die schon mächtig gewordene Kirche zu entgehen, wurden die von esoterischem Geist durchdrungenen Werke, die nun entstanden, symbolisch so verschlüsselt, dass sie der Aufmerksamkeit der Kirche entgingen. Parsifal und andere Sagen waren zu dem Zwecke geschaffen worden, den christlichen Einweihungsweg des Menschen auf ungefährliche Art und Weise darzustellen. Es entstand das Gralsrittertum bzw. Gralschristentum mit den damit verbundenen Bestrebungen, die christliche Lehre wieder zu erneuern.

Schließlich erfolgte im Jahre 1054 der endgültige Bruch zwischen der griechischen Kirche im Osten, und der lateinischen Kirche im Westen, der bis heute nicht überwunden werden konnte.

Zwischen dem 11. und dem 14. Jhdt. setzte eine regelrechte Blütezeit des Christentums ein, in der die christliche Lehre das ganze Abendland beherrschte. Es war die Zeit der großen Dombauten, der großen Dichtungen und der Philosophie. Zur größten politischen Machtentfaltung des Papsttums kam es unter Gregor VII. und Innozenz III., welche auch die oberste Schiedsgerichtsbarkeit in weltlichen Angelegenheiten für sich beanspruchten.

Trotz – oder gerade deswegen – steuerte zu Beginn des 14.Jhdt. das Papsttum seinem Verfall entgegen. Dieser hatte sich schon in der babylonischen Gefangenschaft der Päpste in Avignon offen kundgetan, um schließlich in Rom selbst unter Alexander VI. (1491 – 1502) in einem Herabsinken zu sittlicher Verkommenheit zu gipfeln.

Die Zeit um 1500 war von besonderer Bedeutung in der Geschichte des Christentums, weil sich in dieser Zeit die große Glaubensspaltung, die Reformation anbahnte, angeführt von Martin Luther, geistig verwandt mit Calvin und Zwingli. Kernpunkt des Widerstandes war der noch heute bestehende Machtanspruch der Kirche, zur alleinigen Mittlerin zwischen Gott und Mensch berufen zu sein.

Die Reformatoren stellten diesem Machtanspruch ihre eigene Anschauung zu diesem Thema entgegen, indem sie lehrten, dass der einzelne Mensch nur Gott gegenüber verantwortlich sei und nicht einer konkreten Kirche. Auch das von der Kirche beanspruchte Recht auf Sündenvergebung wurde von der Reformation bestritten, da sie die Auffassung vertrat, dass nur Gott dem Menschen seine Sünden vergeben könne.

Wenn die Reformation auch große Erfolge verzeichnen konnte, so führte der wieder mächtiger werdende Katholizismus, der von Ignatius von Loyola gegründete Jesuitenorden sowie das Konzil von Trient (1545 – 1563) zu einer neuen Form der kirchlichen Lehre und im Gefolge zur Gegenreformation.

Der 30-jährige Krieg 1618 ist ein Musterbeispiel dafür, wohin der Streit um die „Verpackung" einer Lehre führen kann, wenn der innere Kern einer Religion – der immer ein *esoterischer* ist – verloren geht.

Seitdem nun die Naturwissenschaft auf den Plan getreten war und übernatürliche Eingriffe Gottes in Frage zu stellen begann, kam es automatisch zu einer Verunsicherung der Gläubigen, die zu einem gewissen Abbau der bestehenden Gegensätze zwischen den Konfessionen beitrug. Ein Übriges tat die Aufklärung, deren mit ihr verbundener Rationalismus dann zu Beginn des 19.Jhdt. wieder in Frage gestellt wurde.

Des Weiteren kam es zur Wiederbelebung des 1773 aufgelösten Jesuitenordens im Jahre 1814 und schließlich auf dem Vatikanischen Konzil von 1870 zur Verkündigung des Dogmas von der „Unfehlbarkeit des Papstes".

Zu einem Ausverkauf religiöser Wahrheiten an die Wissenschaft führte auch die Bereitschaft der so genannten „liberalen Theologie", einen Ausgleich zwischen christlicher Lehre auf der einen Seite und dem wissenschaftlichen Denken auf der anderen anzustreben.

Ein anderer Versuch, die sich mehrende Diskrepanz zwischen dogmatischer Lehre und Wissenschaft zu eliminieren, war das Bemühen der so genannten „dialektischen Theologie", die Widersprüche zwischen der kritischen Forschung einerseits und der göttlichen Offenbarung andererseits in einem gehorsamen Glauben zu überwinden beziehungsweise zu vereinen.

Die mönchische Askese wurde als ideales Mittel propagiert, einen Ausgleich zwischen der von Satan beherrschten Welt und der damit verbundenen scheinbaren Ausweglosigkeit des Menschen zu schaffen.

Dieser Prozess einer „Entzauberung der Welt" – wie es Max Weber nannte, fällt mit der Säkularisierung zusammen. Diese Säkularisierung vollzog sich etappenweise und führte im weiteren Verlauf zu einer allmählichen Schwerpunktverschiebung (der Aufmerksamkeit) in Richtung Diesseits, sodass die Hoffnung auf ein ewiges Leben immer mehr an Attraktivität bei den Gläubigen einbüßte.

Diese schwerpunktmäßige Verschiebung und das sich Verwickeln der Kirche in die irdische Welt mit all ihren Gelüsten, Verführungen und Machtstrukturen ist ein Grundzug der ganzen Kirchengeschichte, obwohl gerade diese Kirche immer vorgab, der Glaube an Gott und die Erreichung des „ewigen Lebens", wäre das Wichtigere.

Die Kirche hat ihre Verbindung zu ihrem Gründer, Jesus dem Christos, der reine Esoterik lehrte – „das Himmelreich ist *in euch*" – weitgehend verloren und lehrt heute einerseits einen Glauben für Kinder und andererseits in ihrer wissenschaftlich gewordenen Theologie mit ihrer historisch kritischen Methodik einen „Glauben", der vom Baum der Erkenntnis stammt und *nicht* vom Baum des *Lebens*.

## Die Kirche und das weibliche Prinzip

Ein Grundzug des Umgangs der Kirche mit der von „Satan beherrschten", weil *materi*ellen und damit zum *weiblichen* Prinzip gehörenden Welt, ist gekennzeichnet durch Verdrängung und Bekämpfung dieses weiblichen Poles mit all den sich daraus ergebenden Problemen und Schwierigkeiten.

Die katholische Kirche konnte sich offensichtlich erst unter dem Druck der Volksfrömmigkeit dazu durchringen, auch dem weiblichen Prinzip entsprechenden Raum zuzugestehen, als mit dem Dogma von der Aufnahme Mariens in den Himmel – spät aber doch – der weibliche Pol gewürdigt wurde. Aber diesem Weiblichen durfte wiederum nichts Dunkles anhaften und so wurde Maria mit ausschließlich edlen und guten Eigenschaften – auch wieder per Dogma – ausgestattet. Dagegen wäre prinzipiell nichts einzuwenden, wenn sich nicht das *Verdrängen* des Gegenpoles durch die Geschichte der Kirche ziehen würde. Ironie des Schick-sals (salus = Heil), also das zum Heil der *Seele* Geschickte. Diese in ihren Lehraussagen vor lauter „Gutsein, Tugend, Moral und Frömmigkeit" triefende Kirche, wurde selbst das Opfer des Verdrängten, indem sie der Gegenpol gehörig heimsuchte in Form von Kreuzzügen, Hexenverbrennungen (Bekämpfung des Weiblichen), der „heiligen" Inquisition und anderer Verirrungen mehr.

Was immer noch bis heute fehlt, ist eine ehrliche und gründliche Aufarbeitung dieser Themen von Seite der Kirche selbst. Der Kern des Problems besteht in der Nichtbeachtung der Wirksamkeit des Polaritäts- und Resonanzgesetzes – deren Begründung im Kapitel über das esoterische Weltbild eingehend abgehandelt wurde – was für das falsche Gottesbild von Theologie und Kirche und in der Folge für den problematischen und unglückseligen Umgang mit dem Bösen die Grundlage bildet. Der Beleg für diese Behauptungen ist im weitgehenden Fehlen eines solch unglücklichen Umgangs mit dem Bösen in den östlichen Religionen zu suchen und zu finden. Die östlichen Traditionen sind wesentlich neutraler und sinnvoller damit umgegangen.

Dazu Rüdiger Dahlke in seinem gemeinsam mit Margit Dahlke 1990 herausgegebenen Buch „Okkultismus": „Im religiösen Denken der Hindus ist Shiva als dem in der Welt der Zweiheit und Gegensätzlichkeit vorherrschenden Gott sogar besondere Beachtung und Ehrfurcht sicher. Tatsächlich findet man in Indien kaum dem Schöpfergott Brahma geweihte Tempel und nur wenige für Vishnu, den Erhalter. Eine unübersehbare Fülle aber ehrt Shiva, den Zerstörer und Herrn der Gegensätze. Diese Verehrung des weiblich-mütterlichen Prinzips der Zweiheit spiegelt sich auch in der tiefen Verehrung der eng mit Shiva verbundenen großen Göttin Kali. Überall im Lande wird ihr geopfert. Sie ist es, die als Mutter des Lebens die eigentlich wertvollen Gaben erhält. Der Taoismus macht das Ganze noch anschaulicher in seiner Philosophie von den Gegensätzen Yin und Yang, weiblich und männlich." [1]

Und weiter: „Den Taoisten liegt es noch ferner als den Hindus, das göttliche Prinzip, die Einheit, in die Welt der Gegensätze herabzuziehen. Das Tao steht wie Brahma über allem, weit darunter inszenieren Yin und Yang die Welt der Menschen, die eine Welt der Zweiheit und Gegensätzlichkeit ist." [2]

Die innere Nähe der östlichen Weisheitslehren sowie deren Gemeinsamkeiten zur esoterischen Tradition des Westens stehen außer Frage. Dem Christentum wurde allerdings der psychologische Mechanismus der *Projektion* zum Verhängnis. *Der Geist ist willig, aber das Fleisch ist schwach.* Wenn wir nur die gröbsten Verfehlungen dieser Kirche im Verlauf ihrer 2000-jährigen Geschichte betrachten, so bietet sich ein trauriges Bild.

Tatsachen wie Kreuzzüge, Ausrottung Andersgläubiger mit Mitteln der Gewalt, Inquisition, Folter und Verbannung, um Zwangsbekehrungen zu erzwingen, können nicht einfach negiert werden.

Dahlke weiter: „Die Inquisition schließlich wurde sehr schnell zu einem Kreuzzug gegen das weibliche Prinzip schlechthin. Der Teufel wurde auf dem Wege der Projektion aus dem eigenen unterdrückten Triebleben auf alles Weibliche projiziert und darin bekämpft. Nach der damaligen Einschätzung, wie sie 1484 in der Hexenbulle von Innozenz III. (innocens = lat. unschuldig!) und 1487 im Hexenhammer der beiden deutschen Dominikaner Sprenger und Insistoris festgeschrieben wurde, wäre der überwiegende Teil der modernen Frauen heutiger Industriegesellschaften als Hexen zu bezeichnen und zu verbrennen."[3]

Diese historisch nachweisbaren Fakten belegen auf eindringliche Weise, wie weit exoterische Religionsformen sich verirren können, wenn sie sich von ihren esoterischen Wurzeln entfernen.

Dahlke: „Zwischen dem 15. und 18. Jahrhundert wurden viele Frauen als Hexen verbrannt, ertränkt oder geviertelt. An den Foltermethoden und Hinrichtungsprozeduren der Inquisition wird der Projektionscharakter dieses kollektiven männlichen Verfolgungswahns überdeutlich. Verklemmte Priester, die ganz offenbar mit dem hohen zölibatären Anspruch nicht fertig wurden, untersuchten splitternackte Frauen auf Teufelsmale, stachen sie in Leberflecken und Muttermale, zum höheren Zwecke von Hexenprüfungen und zum niederen ihrer sadistischen Triebbefriedigung. Daß sich die Inquisition gegen das Weibliche an sich richtete, offenbart sich in den zynischen „Prozessen" und anschließenden Hinrichtungen, die eher an Ausrottung und nicht im geringsten an Gerechtigkeit orientiert waren. Gefesselte Frauen wurden „probeweise" ins Wasser geworfen. Gingen sie nicht unter, war das ein Zeichen ihres Bundes mit dem Teufel, und sie wurden hingerichtet. Gingen sie aber unter, war das ein Zeichen der Unschuld; tot waren sie in jedem Fall." [4]

Es geht hier primär nicht darum, die Kirche zu verurteilen, sondern darum aufzuzeigen, was Sache ist. Die Kirche dadurch zu schonen, dass diese dunklen Kapitel verniedlicht oder verschwiegen werden, kann nicht Aufgabe einer kritischen Analyse sein. Effektiver wäre es natürlich, wenn die Kirche selbst sich ihrer Vergangenheit besinnen und nach den psychologischen Wurzeln dieser traurigen Fehlentwicklungen forschen würde, doch das ist letztlich ihre eigene Verantwortung. Verdrängung ist auf jeden Fall die ungeeignetste Art, mit solchen Problemen umzugehen.

Dahlke weiter: „All die eigenen „teuflischen" Instinkte wurden verdrängt und nach außen projiziert, man selbst konnte sich dann weiterhin licht und rein fühlen. Das eigene Problem, die dunklen Triebe in diesem Fall, bekämpfte man dann umso heftiger im Außen. Wie gut dieser Mechanismus bis heute funktioniert, zeigt ein geschichtlicher Überblick. Vor gut 200 Jahren, anno 1775 wurde in Kempten im Allgäu die letzte Hexe auf deutschem Boden offiziell verbrannt. Die Inquisitionsrichter hatten nach ausführlicher „Befragung" herausgefunden, daß sie auf der falschen Seite des damaligen Rechtes stand. 1989 werden ganz in der Nähe, in Memmingen, wieder Frauen vor Gericht wegen illegaler Abtreibungen verhört. Einer der Richter, der sich durch besondere Härte auszeichnete, soll kurze Zeit vorher seine eigene Partnerin zur Abtreibung genötigt haben. Das wäre ein klassisches Beispiel für Projektion: Nicht man selbst ist böse, sondern die anderen, und bei ihnen werden die eigenen „Sünden" dann entsprechend bekämpft. Auch dieser moderne Richter dürfte mit ähnlich gutem Gewissen und innerer Überzeugung vorgegangen sein wie jene früheren Richter der Inquisition. Der eigene Schatten arbeitet unbewußt, aber nichtsdestoweniger äußerst wirksam. Er ist die

Triebfeder, wenn Menschen Sündenböcke kreieren und diese dann stellvertretend opfern. Man versucht das Böse aus der Welt zu schaffen und übersieht geflissentlich, was es mit einem selbst zu tun hat." [5]

Das Zynische an diesen Gräueltaten, ist das zugrundeliegende Motiv: „Im Namen Gottes, im Namen des Glaubens". Auf einen solchen Glauben hätte die Welt sehr wohl verzichten können – ein grundlegendes Missverständnis lässt sich aber leicht festmachen: Es ist die *falsch verstandene* Lehre! Dass diese dem „Teufel" unterstellte Welt eine *materielle* und damit dem weiblichen Pol zuzuordnende ist, ist richtig. Das weibliche *Prinzip* aber an der konkreten Frau festzumachen, ist eine verhängnisvolle Fehlinterpretation der christlichen Lehre mit all den daraus folgenden verheerenden Konsequenzen.

*Der Mensch an sich ist männlich und weiblich zugleich;* es gibt männliche Eigenschaften und weibliche Eigenschaften. Das männliche *Prinzip* ist aktiv, zeugend, das weibliche Prinzip dagegen passiv, aufnehmend, empfangend. Das Urprinzip darf aber nicht automatisch auf den konkreten Mann oder die konkrete Frau übertragen werden. Der Körper des Menschen ist in der Regel vorwiegend entweder weiblich oder männlich gestaltet, was nicht heißt, dass auch die zugehörige Seele nur weiblich oder nur männlich angelegt ist. Archetypisch ist die Seele weiblich, aber sie hat sowohl weibliche als auch männliche Anteile. In der Archetypenlehre C.G. Jungs finden wir dafür die Bezeichnungen Anima und Animus. Astrologisch betrachtet wird ersichtlich, dass sowohl Männer seelisch sehr weiblich angelegt sein können als auch umgekehrt Frauen überwiegend männliche Anteile in ihrer Seele aufweisen können. Es ist naheliegend, dass ein Mensch, der in einen weiblichen Körper inkarniert ist, vorerst gefordert ist, seine archetypisch weiblichen Fähigkeiten zu entfalten, was natürlich auch für den Mann analog gilt. In der Esoterik ist „Gleichberechtigung" kein Thema, weil hier nicht gewertet wird. Die Wertung bringt die Probleme und diese Probleme entspringen falschen Weltbildern. Falsche Weltbilder aber haben – wie schon mehrfach erwähnt – wiederum falsche Gottesbilder zur Grundlage.

Gott ist männlich und weiblich *zugleich,* gut und böse *zugleich,* Licht und Finsternis *zugleich,* aber – wie weiter oben schon ausgeführt – *in absoluter Balance, Ununterscheidbarkeit und Ausgewogenheit,* was die *Ein-heit* ausmacht, sie gerade definiert, symbolisiert durch die Zahl 1. Aus diesem Grunde *ist Er das absolut Gute.* Da er *zeugender Geist* ist, wird er im herkömmlichen Sinne als *männlich* gedacht, obwohl er – wie schon betont – männlich und weiblich *zugleich* ist. Denn wäre er nur männlich, dann wäre er einseitig, halb, unvollkommen und damit nicht Gott!

*Gott ist Ganzheit!*

Seine weibliche Hälfte, seine Braut ist *Sophia*, die *Weisheit* Gottes. Daher trifft es das Wesen Gottes besser, wenn wir nicht von „dem" Gott sprechen, sondern von der *Gott-heit!* Die *mater*-ielle ( *mater* = Mutter) Schöpfung gehört zum weiblichen Prinzip, symbolisiert durch die Zahl **2**, wie aus dem Schöpfungsbericht klar hervor geht. Schöpfen heißt *teilen*, d.h. die *Ein-heit* wird im Bewusstsein des Menschen – und nur darin – nach dem Sündenfall *um der Erkenntnis willen* in ihre Gegenpole aufgeteilt, auf*gespalten,* und *darin* liegt das Böse, die Sünde, der Teufel – alles synonyme Begriffe für Polarität – begründet. Das Böse im obigen, *metaphysischen* Sinne auf die konkrete Frau zu projizieren und es an ihr stellvertretend zu bekämpfen, dieser verhängnisvolle Irrtum blieb christlicher Theologie und christlichen Kirchen vorbehalten, mit all den bekannten und verheerenden Folgen, die wir aus der Kirchengeschichte kennen.

Gott bleibt auch nach der Schöpfung was er ist, nämlich *Ein-heit*!

Das ist das Wesen des Sündenfalles, was im Kapitel über das esoterische Weltbild ausführlich erörtert wurde. Die Probleme wurzeln im falschen Verständnis dieser wesentlichen Zusammenhänge durch christliche Theologie und Kirchen, die diese rein *metaphysischen* Begriffe mit Wertung und einer fadenscheinigen Moral versehen haben.

Die aus diesem Missverständnis entsprungene *Überbewertung des männlichen Pols.* wurde in der Folge auch von der Gesellschaft übernommen und ist bis heute noch nicht überwunden. Wenn wir die Geschichte der christlichen Kirchen vorurteilsfrei betrachten, wird die Herrschaft des Patriarchats unübersehbar.

Dahlke im Buch „Okkultismus": „Den Gläubigen wird die Hälfte der Wirklichkeit, nämlich der weibliche Pol vorenthalten, was z.B. an der traditionell geringen Gewichtung der Weiblichkeit in der christlichen Religion wie auch Gesellschaft deutlich wird," [...]

„Wie die Bibel lehrt, ist der Teufel der Herrscher über die materielle Welt. Diese steht ihrerseits im Gegensatz zur geistigen Welt, in der eindeutig Gott allein herrscht. Wie uns das Wort Materie enthüllt, in dem das lateinische „Mater" (= Mutter) steckt, handelt es sich hier um den weiblichen Bereich. Die Zwei ist die weibliche Zahl und bezeichnet nicht zufällig unsere Welt der polaren Gegensätze. Ohne Gegenpol können wir uns von den Dingen, die letztlich alle die urweibliche Mutter Erde hervorbringt, kein Bild machen." [6]

Wieder wird das Fehlen einer ganzheitlichen Betrachtung unserer Welt sowie unserer menschlichen Existenz in ihr deutlich, wenn die Grundlage dieser Schöpfung, nämlich die *Spaltung* der Ein-heit in ihre *scheinbaren* Gegensätze – die im Bewusstsein des Menschen nach dem Sündenfall besteht – nicht mehr gesehen wird und aus Angst vor dem weiblichen Prinzip die Flucht in den männlichen Pol angetreten wird.

Noch einmal Dahlke: „Frühere Bestrebungen, den weiblichen Pol der Wirklichkeit aus seiner teuflischen Isolation zu befreien, waren ausnahmslos blutig niedergeschlagen worden. Die in den frühen christlichen Jahrhunderten starke Bewegung der Gnosis wurde von den ersten Amtschristen bereits blutig ausgemerzt. Die Katharer mit ihrem reinen urchristlichen Glauben, der der

Liebe den ersten Platz sicherte und das weibliche Prinzip verehrte, gingen in einem Blutbad unter. Daß die Katharer, die auch sprachlich zum Urbegriff aller Ketzerei gegen die römisch-katholische Obrigkeitskirche wurden, weibliche Priesterinnen hatten, mußte dem herrschenden Papst als besonderer Greuel erscheinen. Nur wenig später wurde der Templerorden der zu jener Zeit neben dem Papsttum die größte religiöse und weltliche Macht darstellte, bis zu seinen Wurzeln ausgetilgt". [7]

## Die Kirche und das Böse

Die Entstellung des Gottesbildes durch die heutige Theologie und Kirche, schuf zwei „Götter" einen guten und einen bösen. Das geschah dadurch, dass Gott in die *Polarität* gezogen wurde, indem man IHN einseitig mit dem „Guten" identifizierte als Gegenpol zum „Bösen", dem Teufel. Da aber der Teufel der legitime Herr über die materielle Welt ist, die zum weiblichen Pol gehört und in der Folge „verteufelt" bzw. bekämpft werden musste, wurde alles Weibliche – projiziert auf die Frau – in diesen Bekämpfungswahn mit hineingezogen. Dort liegen die Wurzeln für den Widerspruch, dass einerseits die weibliche Materie überbewertet und ver-*herr*-licht wurde und gleichzeitig als „böse" verteufelt werden musste.

Dieser andauernde *Kampf der Kirche gegen das Böse* zieht sich wie ein roter Faden durch ihre Geschichte. Dass dieser Kampf aber aussichtslos und nicht zu gewinnen ist, das ist dieser Kirche auch heute noch nicht klar geworden, weil sie schon so früh einem Gottesbild aufgesessen ist, das nicht der Wahrheit und Wirklichkeit entspricht.

Immer wieder und allerorts werden die Folgen der Nichtbeachtung des Polaritätsgesetzes und die sich daraus ergebenden Probleme der Kirche im Umgang mit Sünde und Schuld – und damit mit dem Bösen – deutlich sichtbar.

Rüdiger Dahlke: „Papst Johannes Paul II. hat noch bei seinem Amtsantritt gesagt: „Der Teufel hat sich durch eine Lücke in den

Vatikan einschleichen können". Vor Pilgern stellte er fest: „Natürlich kann der Teufel Besitz vom Menschen ergreifen". Wäre dem aus Sicht der katholischen Kirche nicht so, bräuchte es keinen Exorzismus und man könnte das Rituale Romanum aus dem Jahre 1616, das diesen regelt, außer Kraft setzen." [8]

Der Teufel, heißt es, steckt im Detail und darum ist es notwendig, sich mit diesen grundlegenden Bedingungen der menschlichen Existenz sehr genau und gründlich auseinander zu setzen, weil man sonst sehr schnell Gefahr läuft, wichtige und wesentliche Aspekte zu übersehen.

So sehr die christlichen Kirchen auch Nächstenliebe und Toleranz predigen und deren Wichtigkeit betonen, so sehr hat es an vielen Stellen ihrer Geschichte daran gemangelt.

Dahlke: „Die schnelle Tendenz der Kirche, die fragliche oder eindeutige Parteinahme für die Gegenseite mit Ausgrenzung und, solange es in ihrer Macht stand, sogar mit Ausmerzung zu ahnden, erstaunt wenig, wenn man sie mit „gesundem Menschenverstand" betrachtet. Auch jeder Industriekonzern „denkt" und „handelt" ähnlich. Wer nicht für ihn ist, wird als Gegner behandelt und möglichst an die Wand gedrückt.

Aus der Politik kennen wir dieses Vorgehen: die Menschen werden in Anhänger und Gegner geteilt und entsprechend behandelt. Auch die Religionen „primitiver" Stammesgesellschaften funktionieren nach diesem Prinzip. Die Welt ist in Gut und Böse aufgeteilt. Man selbst und die eigenen Götter gehören zur guten Seite, und diese hat nicht nur das Recht, sondern sogar die Verpflichtung, die anderen Bösen mitsamt ihren ebenso gearteten Göttern auszurotten.

Bei der christlichen Kirche erstaunt dieselbe Haltung nur gemessen am eigenen hohen Anspruch. Von der „Heiligen Römischen Kirche" ist etwa bei Katholiken die Rede. „Heilig" kommt aber von „heil" und das meint „ganz" und vollkommen und damit letztlich „alles enthaltend". Wie aber kann etwas ganz sein, wenn es dauernd andere und anderes ausschließt und bekämpft?

War nicht auch die christliche Kirche ursprünglich wie andere

Hochreligionen von einem *all-einigen* Gott ausgegangen, der alles geschaffen hat und ohne den nichts in dieser Schöpfung ist? Der folglich auch keines unter seinen eigenen Werken ausschließen und bekämpfen müßte. Denn wenn Gott die ganze Schöpfung und alles in ihr geschaffen hat, spiegelt er sich auch in seiner ganzen Schöpfung, und nichts kann außerhalb von ihm sein.

Ganz ähnlich haben es auch christliche Mystiker immer wieder erlebt und beschrieben. Folglich muß aber auch der Teufel von Gott selbst geschaffen und gewollt sein. An diesem entscheidenden Punkt nun beginnen die seltsamsten Verrenkungen christlicher Theologie. Widerwillig wird noch zugestanden, daß Gott den Satan wohl geschaffen haben müsse, gewollt habe er ihn und das Böse aber gewiß nicht. In der Not des argumentativen Engpasses wird der eben noch allgewaltige und allwissende Gott nun ein wenig zurückgenommen und auf die Bedürfnisse des theologischen Alltags zurechtgestutzt. Er hat zwar alles geschaffen, aber nicht gewußt, zu welchen Bosheiten sich die von ihm geschaffenen Geschöpfe hinreißen lassen könnten. Andererseits will man theologischerseits aber auch nicht den Makel auf Gott sitzen lassen, er sei alles andere als allwissend, habe sich einen Fehler oder auch nur eine Unaufmerksamkeit zu schulden kommen lassen. So versucht man durch einen Trick, Gott von der Verantwortung für das Böse reinzuwaschen. Trotz aller Sternstunden theologischer Bibelexegese bleibt das Dilemma doch bestehen: man will gleichzeitig einen all-einigen all-wissenden Gott, der alles geschaffen hat, und einen Lieben Gott, der nur das Gute will und das Böse ablehnt. Auch ohne Theologiestudium ist die Unvereinbarkeit dieser beiden Wünsche leicht zu erkennen. Christliche Theologie hat nun einen „Kompromiß" gefunden, über dessen Redlichkeit sich streiten läßt. Einerseits gibt sie den Anspruch auf einen allgegenwärtigen Gott nicht auf, andererseits lehrt sie im Religionsunterricht den Lieben Gott, der nur das Gute liebt." [9]

„Ich bin ein Teil von jener Kraft, die stets des Böse will und stets das Gute schafft", lässt Goethe seinen Mephisto sagen und er spricht damit die Wahrheit aus; denn: Wie sollten wir mit einem polaren Bewusstsein, das wir durch den Sündenfall erworben haben, das Gute erkennen können, ohne den notwendigen Hintergrund des Bösen?

Gott braucht diese *scheinbare,* majatische, materielle Schöpfung, die ja auf der Zahl *zwei* aufbaut – diese *Zwei* die die *Polarität,* also den *Teufel* meint –, um sich in dieser *Spiegelung,* in diesem *„Traum"* als Gott, als die *einzige Wirk-lichkeit* – im Gegensatz zur Unwirklichkeit des Teufels –, erkennen zu können. Analog dazu braucht der Mensch die Vorstellung eines Teufels, um Gott erkennen zu können.

Diese dunkle Seite Gottes ist *in* IHM als Latenz, als Potenz wohl angelegt, aber in *absoluter Balance, in absoluter Ausgewogenheit und Un-unterscheidbarkeit* zu seiner lichten Seite – wie schon mehrmals erwähnt.

Es ist diese *absolute Balance,* diese *absolute Un*-unterscheidbarkeit zwischen der dunklen und der lichten Seite *in* Gott, die IHN vom menschlichen Bewusstsein nach dem Sündenfall, *radikal* unterscheidet.

Erst durch den Sündenfall des Menschen, wird diese dunkle Seite Gottes *für den Menschen* als materielle Schöpfung mittels seiner *5 Sinne* sichtbar, besitzt aber im Gegensatz zu Gott als *Ein*-heit, keine objektive Wirklichkeit, so, wie auch der *Teufel* im Gegensatz zu Gott *un*-wirklich ist. Analog dazu ist auch der *Schatten* im Gegensatz zum Licht *un*-wirklich, weil er lediglich die *Abwesenheit* von Licht bedeutet, wie wir schon gesehen haben. Diese Verwechslung von *Wirklichkeit* und Schein führte zu einer Gleichberechtigung des Teufels mit Gott, und damit zu einer ungebührlichen Überbewertung der *materiellen* Welt, die paradoxerweise gleichzeitig als Herrschaftsbereich des *Satans* verteufelt werden musste.

Es liegt nicht in unserem Ermessen, nicht in unserer Macht, das „Gute" zu tun und damit Gott zu dienen, oder das „Böse" zu tun und damit dem Teufel zu dienen, sondern wir sollten uns immer ehrlich fragen: Was dient unserer *Ent-*wicklung bzw. was führt uns weiter in die Ver-wicklung?

Bei Thorwald Dethlefsen in seinem schon mehrfach zitierten Buch „Gut und Böse" finden wir folgende Stelle: „Das mißverstandene Christentum hat den Menschen auf eine Bahn verlockt oder verführt, auf der es angeblich möglich sein soll, so zu leben, daß man nur am Guten, am Schönen, am Lichten, am Reinen, am Wahren partizipiert und die andere Hälfte des Daseins, die nächtige Hälfte des Bösen, vollkommen vermeidet.

Dem stehen die Wirklichkeit und die Wahrheit gegenüber. Die Wirklichkeit und die Wahrheit sagen uns, daß jeder, *jeder*, an die dunklen Mächte opfern muß. Und bei einer etwas gründlicheren und tieferen Einsicht wissen wir auch, daß nur dem Sturz in die Tiefe und in die Nacht der wirkliche Aufschwung zur Höhe und das Wissen um das Licht abgerungen werden kann und daß niemals aus der blassen, asthenischen Region des Mittelmäßigen das wirklich Leuchtende, Zündende, Genialische erwächst, sondern immer nur aus dem Einsatz in der äußersten Gefahr.

Wer es nicht glaubt, lese die Apokalypse des Johannes und versuche sich vorzustellen, es wäre nicht nur eine mehr oder weniger erschreckend-amüsant-sensationelle Lektüre, sondern die dort geschilderten Dinge würden Wirklichkeit werden; und er prüfe sich darauf, wo er sich jeweils bei den dort geschilderten einzelnen Szenen befände. Er würde sehr rasch erkennen, daß im letzten Buch der Bibel der ganze Zauber der abendländischen Verführungskunst eines tugendhaften Weges mit einem Handstreich weggewischt wird." [11] Und weiter: „Vergessen wir doch nie, in welcher Weise der Zentralheros des Abendlandes, *Jesus von Nazareth,* an der Dunkelheit des Daseins teilnehmen mußte! Man darf solche Dinge nicht übersehen wie diese, daß er sich in seinen Kreis den Judas und den Petrus ruft.

Selbstverständlich hat das theologische Denken uns so verbildet, daß wir diesen Jesus von Nazareth als *„deus ex machina"* über allen Dingen schwebend sehen, wie er aus seiner großen geistigen Erkenntnis heraus die Dinge ordnet. Vergessen wir nie, daß das Johannes-Evangelium in seinem Anfang den Satz enthält: „Und der Logos ist Fleisch geworden". Die Christenheit hat ja ihren Meister mit dem Logos identifiziert. Und wenn man das tut, dann muß man doch eine solche Aussage ernst nehmen, die bedeutet, daß dieser Logos nicht etwa nur in seinem geistigen Himmel schwebte und von da aus die Schicksale seines vor den Menschen dargelebten Lebens dirigierte, sondern daß er in einer Vollgültigkeit sich diesem Leben unterzog – wie wir alle – und daß neben dieser Geistigkeit eine durchaus voll entwickelte Seelenhaftigkeit da war und eine ebenso voll entwickelte Körperlichkeit. Mag die Geistigkeit noch so entwickelt gewesen sein, so göttlich, wie man sich nur immer denken mag nach der abendländischen Theologie, im Seelenraum des Menschen war die Zuneigung zu Judas, die Zuneigung zu Petrus, die Zuneigung zu Thomas da. Ohne das geht es nicht." [12]

## Wissenschaftliche Theologie und Metaphysik

Im Unterschied zu manch anderen Religionen besteht das Christentum mehr als diese aus vielen verschiedenen geistigen Strömungen. Unsere westliche Theologie setzt sich im Grunde aus zwei verschiedenen Erkenntnisarten zusammen: aus Metaphysik auf der einen und wissenschaftlicher Theologie auf der anderen Seite. Mit Hilfe dieser beiden gegensätzlichen Erkenntnismodi wird nun an *mythologische Bilder* herangegangen, was sowohl bei der Erforschung des Alten wie des Neuen Testaments beobachtet werden kann. Das Fatale daran ist der Umstand, dass man damit vergeblich versucht bzw. es heute offensichtlich nicht einmal mehr für wesentlich erachtet, der im *Mythos* transportierten Wahrheit gerecht zu werden.

Was zu bearbeiten versucht wird, *ist der Mythos*, weil beide Testamente im Wesentlichen auf jüdischer *Mythologie* aufbauen, sie zur Grundlage haben, und nicht historische Tatsachenberichte darstellen. Man kann aus mythologischen Wahrheiten aber keine wissenschaftlichen Tatsachen machen, ohne die *Wahrheit* zu verfälschen!

Im Grunde sind also beide Erkenntnisarten – sowohl Metaphysik als auch wissenschaftliche Theologie – ungeeignet, *Wirklichkeit* zu beschreiben, weil diese sich jeder Beschreibung entzieht. Metaphysik liegt ja hinter der für unsere Sinne erfassbaren Welt und stellt somit den Gegenpol für diese dar, ist aber mit unseren Sinnen gerade nicht erfassbar. Wissenschaftliche The*ologie* versucht entsprechend ihrem Namen mit Hilfe der Logik Wirklichkeit zu *beschreiben* auf der Grundlage von unbeweisbaren Spekulationen. Es liegt im Wesen der Wissenschaft begründet, dass sie darauf ausgerichtet ist, positive Feststellungen von Tatsachen zu machen, was automatisch den Schwerpunkt der wissenschaftlichen Forschung auf *Totes* lenkt, weil Tatsachen sich zwangsläufig auf Vergangenheit beziehen, die im Gegensatz zur *Gegenwart* nicht wirklich ist. Tatsachen sind gewordene, geschaffene Sachen, die wohl in der damaligen Gegenwart entstanden sind, aber ihr Werden, ihr Entstehen – das nur in der Gegenwart, d.h. von Augenblick zu Augenblick geschehen kann –, schon hinter sich haben. In der Vergangenheit kann nichts mehr *geschehen* und in der Zukunft noch nicht.

Ihrem linearen Denkansatz entsprechend, wird Vergangenes auf Zukunft projiziert. Aus diesem Grunde ist es zumindest nachvollziehbar, dass sich der Arbeitsschwerpunkt heutiger Theologie auf *Historie* bezieht. Ganz im Gegensatz dazu steht nun die Erkenntnisart der Metaphysik, weil diese sich auf eine Wirklichkeit bezieht, die *vor* allen Tatsachen besteht, auf das, was hinter der Physis liegt. So zeichnet Metaphysik etwas Unmittelbares aus im Gegensatz zur Wissenschaft, bei der es um Vergangenes, eben um Tatsachen geht.

Trifft die Wissenschaft positive Feststellungen von Dingen, die schon in die Existenz getreten sind, geht es im Gegensatz dazu bei der Metaphysik darum, Wirklichkeit zu beschreiben, *bevor* diese in die positive Existenz getreten ist. „Existere" bedeutet ja „heraustreten" und somit kann die metaphysische Wirklichkeit im

Gegensatz zu den positiven Feststellungen der Wissenschaft nur *negativ* beschrieben werden, d.h., es werden Aussagen darüber gemacht, *was nicht ist,* was nicht bzw. noch nicht in die positive Existenz getreten ist.

Lassen sie mich dies am Wesen der Zeit erläutern: „Gibt" es auf der positiven Tatsachenebene so etwas wie Zeit, so herrscht auf der Ebene der Metaphysik Zeit*losigkeit,* d.h. *Ewigkeit,* was absolut nichts mit Dauer, auch nicht mit „ewig langer Dauer" zu tun hat, sondern gerade die *Abwesenheit* von Zeit meint.

Vor diesem Hintergrund führt sich auch der kirchenchristliche Begriff vom „Ewigen Leben" im Sinne von ewiger Dauer ad absurdum, weil Ewigkeit nicht in der Zeit und damit nicht nach dem Tod beginnen kann. Wir betreten nach unserem Ableben natürlich den Bereich der Ewigkeit, weil wir mit unserm Tod den Bereich der Zeit verlassen, aber wir verlassen auch im Diesseits den Bereich der Zeit und betreten den Bereich der Ewigkeit, wenn es uns gelingt, in der Gegenwart, im Augenblick zu leben, *weil Gegenwart der Ewigkeit angehört.*

Beginnen und enden kann etwas nur in der Zeit, aber gerade diese gibt es in der Ewigkeit nicht. Es gibt in Wirklichkeit nur *„ewiges Jetzt"* und Zeit gehört zu Maya.

*Wirklichkeit* im Sinne der Metaphysik ist die so genannte *Nicht-Etwas-Heit* – wie sie in der jüdischen Geheimlehre, der Kabbalah genannt wird –, die nicht in die positive Existenz tritt. Die positive Existenz, also die Etwas-Heit, ist der Bereich von Maya, die Welt der mayatischen Formen, also die Welt unserer *5 Sinne,* die Welt der Polarität mit allen scheinbaren Gegensätzen von Gut und Böse, Licht und Schatten, positiv und negativ usw.

Die Welt der *Wirklichkeit* ist die Welt *GOTTES,* der Bereich der *Ein*-heit, wo es keine Unterscheidungsmöglichkeit gibt. Aus der Sicht des Menschen betrachtet die Welt *vor* dem Sündenfall, das Tao der Chinesen, das Nirwana der Buddhisten, das Netti-Netti der Inder usw.

Will nun christliche Theologie über die *Wirklichkeit,* also über *Gott* reden – und das tut sie ja ausgiebig und wissenschaftlich mit

Hilfe positiver Feststellungen von Tatsachen – so gerät sie damit in ein ausweglosses Dilemma, weil Gott gerade *keine* Tatsache ist und im Gegensatz zur Zeit *ewig ist!* Da der Mythos die Zeit, die Geschichtlichkeit, die Historie aus den Erzählungen herausnimmt, sie lediglich als Vehikel benützt, um *archetypische* Wahrheit zu transportieren, aber diese gerade nicht historisch meint, ist er der Wahrheit und *erfahrbarer* Wirklichkeit näher als es Tatsachenberichte je sein können und darüber hinaus jenseits aller rationalen Spekulationen.

Wenn nun die Theologie mit ihrem wissenschaftlichen Instrumentarium an die Erforschung des Mythos herangeht, also positive Feststellungen macht, kann sie dem Mythos, der jenseits der wissenschaftlichen Ebene liegt, niemals gerecht werden. Es entstehen durch dieses wissenschaftliche Vorgehen der christlichen Theologie unlösbare Widersprüche, die so weit gehen, dass Gott als Tatsache angesehen wird, als existente „Person", die der Welt „objektiv" gegenüber steht. Wenn die christliche Theologie unbedingt einen „persönlichen Gott" postulieren will, dann könnte dies nur der Mensch selber sein, weil er sowohl die Bedingung der Abgegrenztheit – die zum Begriff der Person gehört – als auch die der Göttlichkeit erfüllt, weil er ja einen *göttlichen Kern* in sich trägt.

Diese Zusammenhänge sind sehr schwer zu beschreiben, weil Gott als der *All*-eine, der *All*-umfassende nicht seiner Schöpfung gegenüberstehen kann, wenn Er der *Alles*-umfassende ist. Die materielle Schöpfung kann aber auch nicht *in* Gott sein, weil er reiner *Geist* ist und es sich daher zwingend um eine *geistige* Schöpfung handeln muss!

Da nun die materielle Schöpfung – wie wir gesehen haben – weder in Gott noch außerhalb von Ihm sein kann, bleibt nur eine Lösung offen: Diese *materielle* Schöpfung existiert *in Wirklichkeit nicht*, sie ist wie die Weisen lehren, ein Kunstprodukt des menschlichen Bewusstseins, *basierend auf unseren 5 Sinnen!*

## Das *Wesen* Gottes aus heutiger theologischer Sicht

Die Frage nach Gott – für mich die zentrale Frage des Menschseins auch wenn es heute in unserer säkularisierten Welt vordergründig vielleicht anders aussehen mag – ist und bleibt die *wesentliche* Frage. Da der Mensch ein „Sinnwesen" ist und daher nach Sinn in seinem Leben verlangt, versucht er auf individuell verschiedene Weise eine Antwort auf diese Frage zu finden.

Die entsprechenden Antworten fallen je nach persönlichen Ansichten, und den verschiedenen Kulturkreisen in vielfältigster Form aus. Nachdem unsere christlichen Kirchen offensichtlich nicht mehr in der Lage sind, gültige und tragfähige Antworten zu geben, versuchen die Menschen Zuflucht bei anderen, vorwiegend östlichen Religionen und Konfessionen zu finden und kommen nicht selten – wie schon einmal angesprochen – vom Regen in die Traufe.

Helmuth von Glasenapp, ein bedeutender und angesehener Vertreter der vergleichenden Religionswissenschaft, schreibt in seinem Buch „Die fünf Weltreligionen" über das Christentum: „Von der Gottesidee anderer Religionen unterscheidet sich die des Christentums vor allem dadurch, daß nach ihr in Gott drei Personen sind: Vater, Sohn und Heiliger Geist (zuerst Matth. 28,19). Unter einer Person wird dabei eine Wesenheit verstanden, welche für sich gesondert existiert und Herr ihrer Handlungen ist. Die Lehre von der Dreifaltigkeit besagt daher, daß zwar Vater, Sohn und Heiliger Geist eine und dieselbe göttliche Natur oder Substanz haben, daß sie aber in anderer Hinsicht „voneinander unterschieden sind und für sich bestehend und mit Selbstbestimmung tätig auftreten". Der Sohn ist vom Vater verschieden, weil er von ihm nicht in der Zeit, sondern von Ewigkeit her erzeugt ist, der Heilige Geist wieder ist vom Vater und vom Sohne verschieden, weil er sowohl vom Vater wie vom Sohne ausströmt, und zwar so, daß beide obwohl verschiedene Personen ihn durch eine und dieselbe Tätigkeit hervorbringen, „denn alles, was der Vater besitzt, besitzt auch der Sohn". Der Heilige Geist, das übernatürliche

Prinzip alles höheren göttlichen Lebens in den Gläubigen, die Gottesmacht, die den Glauben erweckt, von Sünde reinigt und mit sittlichen Kräften erfüllt, wird ausdrücklich als eine Person gedacht und im Anschluß an Matth. 3,16 Luk. 3,22 unter dem Bild einer Taube mit Heiligenschein dargestellt." [13]

Mir erscheint dieses Gottesbild des Christentums im Sinne der heutigen katholischen Theologie zu *konstruiert*, von zu viel Unterscheidung, Gesondertsein und vom Begriff einer *Person* bestimmt, dass mir nur die Option des einfach „Glaubenmüssens" übrigbleiben würde und ich auf Erkenntnis bewusst verzichten müsste.

Das steht aber in Widerspruch selbst zu solchen großen Kirchenvätern wie Clemens von Alexandrien und Origenes, welche ausdrücklich die Wichtigkeit der Erkenntnis betonen, wie wir bei Gerhard Wehr, dem Autor des Buches" Esoterisches Christentum" unter anderem lesen können: „Durchdrungen von der Einsicht, die Origenes mit seinem Vorgänger Clemens teilt, daß der Glaube erst durch die christliche Gnosis zu seiner Vollendung gelange, bekräftigt er sein eigenes Verständnis von Theologie." [14]

Was den Begriff der Dreifaltigkeit betrifft, so wäre hier die Wichtigkeit der Zahlensymbolik zu berücksichtigen, denn, wie Thorwald Dethlefsen schreibt: „Der Begriff Gott ist eine Bezeichnung für jene Einheit, die den Menschen zwar nicht zugänglich ist, aber zwingend aus der Erfahrung der Polarität ableitbar ist. Wenn der Mensch sich als ein polares Wesen mit einem beschränkten Bewusstsein erkennt, folgt aufgrund des Polaritätsgesetzes die Tatsache, daß es zur Polarität eine Einheit geben muß; wenn man eine Zweiheit vorfindet, so muß diese zwangsläufig aus einer Einheit hervorgegangen sein. Ohne Einheit auch keine Polarität. Ohne Schöpfer keine Schöpfung, ohne Vater kein Kind.

So, wie man aus der Existenz eines Kindes mit Sicherheit auf die Existenz eines Vaters schließen kann, so kann man aus der Existenz der polaren Welt mit gleicher Sicherheit auf die Existenz eines unpolaren, alleinigen Schöpfers schließen. Diese ursprüngliche, uns unzugängliche Einheit nennen wir Gott. Aus der Definition folgt, daß jede Vorstellung, die wir uns über diesen Gott machen, zwangsläufig falsch sein muß. Denn jede menschliche Vorstellung ist polar und kann niemals etwas Unpolares adäquat ausdrücken. Vergleiche das erste Gebot: Du sollst Dir kein Bildnis noch Gleichnis machen.

Die Zahl 1 kann niemals in sich selbst verwirklicht, sondern nur durch ihre Ausdehnung wahrgenommen werden. So wird auch Gott erst durch seine Schöpfung begreifbar. Die Zahl 1 lässt sich nicht vermehren noch verändern, denn $1 \times 1 = 1$ und $1:1 = 1$. Die 1 enthält in sich alle Möglichkeiten, in ihr sind alle weiteren Zahlen latent verborgen. Ebenso bleibt aber die 1 in allen weiteren Zahlen immer erhalten, wenn diese in die Erscheinung treten.

All das gilt auch für die Gottheit: In ihr ist alles enthalten, aber sie bleibt auch in der Schöpfung immer enthalten. Es kann nichts außerhalb von Ihm geben. Er kann durch nichts vermehrt noch vermindert werden. Er ist unteilbar. Die 1 ist in jeder anderen Zahl enthalten, enthält aber selbst keine andere Zahl; Gott umfaßt das Universum, aber das Universum umfaßt ihn nicht. Sprechen wir vom alleinigen Gott, so muß er alles umfassen, was wirklich existiert. Es kann nichts außerhalb von ihm existieren, sonst wäre er nicht der Alleinige. Er muß räumlich und zeitlich unendlich sein, denn Endlichkeit und Beschränkung, Anfang und Ende sind Begriffe der Polarität. Alle Formen aber unterliegen den Bedingungen von Zeit und Raum, sind endlich und begrenzt. Gott aber ist unendlicher, lebender, reiner Geist.

Im Zustand dieser Einheit aber gibt es keine Erkenntnis, denn Erkenntnis ist gebunden an Subjekt und Objekt, benötigt Polarität. In menschlicher Sprache ausgedrückt, könnte man daher sagen, daß in dem Moment, in dem sich die Gottheit ihrer selbst bewußt werden will, sich selbst erkennen will, der Prozeß der Schöpfung einsetzt. Die 1 kann sich selbst nicht als 1 wahrnehmen, solange es nichts gibt, was nicht 1 ist. Die aktive 1 muß einen Gegenpol aus sich herausstellen, der ihr als Spiegel dient.

So wird die 2 geboren, als weibliche, passive, reflektierende Zahl. Die Spaltung ist geschehen, die Grundlage der polaren, gegensätzlichen Welt ist geschaffen. Aus der 2 entsteht nun aber auch zwangsläufig die 3, jener 3. Punkt, der die Spannung der beiden Gegenpole aufhebt, sie neutralisiert. Die 3 ist das Resultat der zeugungsfähigen Polarität und vereinigt die aus der 1 hervorgegangene Zweiheit zu einer neuen, höheren Einheit, der Dreieinigkeit.

Eliphas Levi drückt dies in den Worten aus: „Wäre Gott nur *Einer*, dann wäre er niemals Schöpfer oder Vater, wäre er *Zwei*, dann gäbe es im Unendlichen einen Antagonismus oder eine Trennung, und das bedeutete auch für alle übrigen Dinge Trennung oder Tod. Deshalb ist er *Drei*, damit er die unendliche Menge der Wesen und Zahlen aus sich selbst und nach seinem Bilde erschaffen kann".

Die 3 repräsentiert also die vollkommene Schöpfung, die jedoch noch nicht in den materiellen Bereich eingetreten ist. Dieses Mysterium der Dreieinigkeit versuchen alle Religionen entsprechend auszudrücken: Vater, Sohn und Heiliger Geist; Brahma, Vishnu und Shiva; Isis Osiris und Horus." [15]

## Die Schöpfung aus Sicht heutiger christlicher Theologie und Kirche

Hören wir dazu noch einmal den vergleichenden Religionswissenschaftler, nämlich Helmuth von Glasenapp zu obigem Thema: „Die Vorstellung, daß der Kosmos ohne jede mitwirkende äußere Ursache allein durch einen Willensakt Gottes ins Dasein gerufen wurde, unterscheidet das Christentum nicht nur von allen östlichen Systemen, sondern auch von denen der griechischen Philosophie. Durch die christliche Lehre wird Gott gegenüber der Welt und den Geschöpfen in nicht mehr überbietbarer Steigerung zu höchster Autorität erhoben und zwischen ihm und allem Kreatürlichen eine unüberbrückbare Kluft aufgerichtet; Gott ist von seinen Geschöpfen nicht graduell, sondern essentiell verschieden. Weil Gott so hoch über allen Geschöpfen steht und sie völlig von ihm abhängen, ist sein Wille das allein Entscheidende, seinen Geboten hat das Universum zu gehorchen, zu seiner Ehre, zu seinem Ruhme geschieht alles. Die demütige Unterwerfung unter Gott ist deshalb der schönste Schmuck des Christen, und das Gefühl der Ohnmacht gegenüber ihm ist in erster Linie das Thema vieler christlicher Dichter.

Die Welt ist in der Zeit geschaffen worden, d.h., vor Erschaffung der Welt existierte Gott ohne diese (Joh. 17,5). Den Moment der Weltschöpfung, und damit den Anfang der Zeit, die durch eine regelmäßige Aufeinanderfolge von Veränderungen bedingt ist, haben viele christliche Theologen zu berechnen versucht, die Ergebnisse dieser Bemühungen schwanken.

Jedenfalls aber ist für die christliche Lehre im Gegensatz zu der der Inder und Chinesen die Vorstellung von einem absoluten Weltanfang und einem einmaligen Ablauf des Weltprozesses bezeichnend. Nur vereinzelt haben Mystiker diese kurzfristige Anschauung in eine solche von einer periodischen Welterneuerung umzudeuten versucht.

Da Gott absolut frei ist, kann er die Welt weder aus einer inneren noch aus einer äußeren Notwendigkeit, sondern nur aus freier Wahl geschaffen haben, „aus Liebe zu seiner unendlichen Vollkommenheit, die er in den erschaffenen Wesen kundgeben will". (Wilmers, S. 262). Seine eigene Ehre ist also der letzte Zweck der göttlichen Tätigkeit. „Alles hat Gott seinetwegen gemacht, auch den Gottlosen zum bösen Tage (des Gerichts)" (Sprüche Salomos 16,4). Denn auch die Bestrafung der Verdammten dient der Verherrlichung Gottes, indem sie seine Allmacht und Vollkommenheit offenbart." [16]

Wie bei der Darstellung des *Wesens* Gottes aus heutiger – wissenschaftlich gewordener – Sicht christlicher Theologie kann ich mich dem Eindruck nicht entziehen, dass es sich dabei wieder um eine abstrakte, intellektuelle *Konstruktion* eines Gottesbildes handelt, das für den Menschen nicht erfahrbar ist. Ganz in Gegensatz zu den christlichen *Mystikern,* bei denen die *innere Erfahrung* das Wesentliche war, ähnlich wie bei den östlichen Religionen.

## Die Schöpfung aus wissenschaftlicher Sicht

Die Antithese der Wissenschaft zu allen religiösen Begründungen der Schöpfung unterstellt die reine Zufallstheorie. Ihr zufolge ist die Schöpfung zufällig durch den so genannten „Urknall" entstanden, bei dem extrem verdichtete Materie irgendwann zufällig explodiert ist. Wie daraus ein auf *Gesetzmäßigkeit* beruhender Kosmos entstehen konnte, diese Antwort muss die Wissenschaft schuldig bleiben. Dass diese Gesetzmäßigkeit nicht erst beim Urknall entstanden sein kann, sondern dem Geschehen des Urknalls *immanent* gewesen sein muss, wird wohl eingeräumt, da sie sonst nicht in Erscheinung treten hätte können, aber eine Erklärung bleibt die Wissenschaft wie oben angedeutet schuldig. Gesetzmäßigkeit und Zufall schließen einander aber gegenseitig aus, außer man postuliert eine *Gesetzmäßigkeit* des Zufalls. Wie schon einmal angesprochen, verlangt Gesetzmäßigkeit nach einem Gesetz*geber*, der bei diesem Konzept fehlt, außer man gesteht diese Fähigkeit dem Zufall zu. Für mich ist die Urknalltheorie nicht befriedigend, was nicht besagen soll, dass sie nicht stimmt. Für die primäre Zielsetzung des wissenschaftlichen Forschens, nämlich die Frage: „wie" ist die Welt beschaffen? und wie funktioniert sie? und was kann man damit machen? ist es irrelevant, was *vor* dem Urknall war! Für den religiös ausgerichteten Menschen ist die Frage nach dem *Warum?* und dem *Wozu?* der Schöpfung aber die wesentliche Frage.

Obwohl die Urknalltheorie durchaus stimmig erscheinen mag, dürfen wir dabei nicht übersehen, dass es bei allen Erklärungsversuchen zur Entstehung der *materiellen* Welt letztlich um eine *illusionäre* Welt geht, die aber ungeachtet dessen für unsere Sinneswahrnehmung *real* ist! Hier sei nochmals auf die Aussage des bekannten Quantenphysikers Hans-Peter Dürr verwiesen, der in seinem Buch „Geist, Kosmos und Physik" nach fünfzig Jahren Forschung bekennt: *„Es gibt keine Materie".*

Bei Rüdiger Dahlke lesen wir: „Materie ist in Wirklichkeit eine Reihe von *unscharfen Mustern.* Die Suche nach dem allerletzten

Material, aus dem das Universum besteht, endet mit der Entdeckung, daß es so etwas gar nicht gibt. Falls es irgendeinen allerletzten „Stoff" gibt, aus dem das Universum besteht, so ist es reine Energie, aber subatomare Teilchen bestehen nicht aus Energie, sie *sind* Energie", sagt der Physiker Zukav. Damit ist letztlich alle Materie, der weibliche Grundstoff der Schöpfung, als Illusion, als Spiegel der männlichen Energie, durchschaut, so wie ja auch das Leuchten des Mondes (des weiblichen Ursymbols) nur Illusion und Spiegel des wirklichen Strahlens der Sonne (des männlichen Ursymbols) ist. Für uns ist das Leuchten des Mondes aber trotzdem „Wirklichkeit", nicht die letzte, aber doch unsere." [17]

Diese „Wirklichkeit" unter Anführungszeichen, möchte ich als *Realität* bezeichnen, da sie eine *er-wirkte* Welt darstellt.

Auch was die von unseren Sinnen wahrgenommene „Festigkeit" der Materie betrifft, lohnt es sich, uns von der Quantenphysik ein wenig ernüchtern zu lassen: Fritjof Capra schreibt in seinem Buch „Das Tao der Physik": „Die Quantentheorie zeigte, daß alle diese erstaunlichen Eigenschaften der Atome von dem Wellencharakter der Elektronen herrühren. Die Festigkeit der Materie ist die Folge eines typischen „Quanten-Effekts", der mit der Doppelnatur „Welle-Teilchen" in der Materie zusammenhängt, einer Eigenschaft des Subatomaren, für die es im Makrokosmos keine Analogie gibt. Wenn immer ein Teilchen nur einen kleinen Raum zur Verfügung hat, reagiert es auf diese Begrenzung mit Bewegung, und je kleiner der Raum ist, desto schneller bewegt sich das Teilchen darin. Im Atom gibt es zwei entgegengesetzte Kräfte. Einerseits zieht der Kern die Elektronen durch elektrische Anziehung so dicht wie möglich an sich heran, andererseits reagieren die Elektronen auf ihre räumliche Beschränkung damit, daß sie herumwirbeln; und je dichter sie an den Kern herangezogen werden, desto größer ist ihre Geschwindigkeit. Es ergeben sich dabei Geschwindigkeiten von ca. 900 km pro Sekunde! Diese hohen Geschwindigkeiten lassen das Atom als starre Kugel erscheinen, genau wie ein schnelllaufender Propeller als Scheibe erscheint. Es ist sehr schwirig, Atome zu komprimieren, und somit geben sie der Materie das vertraute feste Aussehen. [..] Materie ist also leerer Raum mit winzigen, weit voneinander entfernten Teilchen konzentrierter Masse. Im weiten Raum zwischen den massiven und heftig „kochenden" Kernen bewegen sich die Elektronen. Sie stellen nur einen winzigen Bruchteil der gesamten Masse dar, verursachen jedoch die Festigkeit der Materie und liefern die notwendigen Bindeglieder zum Aufbau der Molekülstrukturen. Sie sind an chemischen Reaktionen beteiligt und verantwortlich für die chemischen Eigenschaften der Materie." [21]

Aus dieser Beschreibung kann auch geschlossen werden, wie subjektiv unsere Sinneswahrnehmung in Wirklichkeit ist, und wie recht die östlichen Weisheitslehren haben, wenn sie das materielle, stoffliche Universum als Sinnestäuschung, als Illusion, als Maya bezeichnen.

Die Esoterik postuliert eine *geistige* Schöpfung, die *für den Menschen nach dem Sündenfall* vermittels seiner 5 Sinne – wie schon mehrmals angesprochen – scheinbar zu Materie verdichtet wird und in der Folge als materielle Welt er-*scheint*, aber *objektiv und unabhängig* von unserer Sinneswahrnehmung, in dieser uns so sehr vertrauten Form, *nicht wirklich existiert*. Diese These deckt sich nicht zufällig mit den Weisheitslehren aller Völker, Zeiten und Kulturen die einhellig die Überzeugung vertreten, dass dieses stoffliche Universum lediglich eine Projektion des menschlichen *Bewusstseins* ist, d.h. dem Bereich von *Maya* angehört. *Wirklich ist nur eine geistige Schöpfung,* „materiell" wird diese Schöpfung erst auf Basis unserer *5 Sinne!*

Noch nie in der Menschheitsgeschichte wurde angenommen, die Materie sei das Primäre gewesen und aus dieser Materie sei wieder aus „Zufall und Notwendigkeit" über sehr lange Zeiträume Geist bzw. Bewusstsein entstanden; und doch sind heute viele Wissenschaftler und Wissenschaftsgläubige von dieser These überzeugt.

Dazu der französische Physiker Jean E. Charon in seinem Buch: „Der Geist der Materie": „Die extremste Haltung aber ist die der Marxisten, die so weit gehen, die sowohl logisch als auch experimentell beweisbare Evidenz zu leugnen, daß unser einzig unbestreitbarer Beweis für die Existenz der Welt unsere geistige Erfassung dieser Welt ist (wie schon Berkeley betont hatte), und stattdessen behaupten, daß wir die Welt wahrnehmen, weil sie existiert. Nur fragt man sich, wie diese Marxisten, die doch so viel von „wissenschaftlicher" Beweisführung halten, *den wissenschaftlichen Beweis* für die Behauptung erbringen wollen, da doch jede unserer Erfahrungen über die Außenwelt sich in Form von Gedanken, das heißt in geistiger Form manifestiert?

„Im Anfang war die Materie", ist das Glaubensbekenntnis aller Positivisten, während der Geist bestenfalls als ein Produkt der Materie, ohne unabhängige Eigenexistenz, angesehen wird. Unter diesem Gesichtspunkt muß, wie schon Auguste Comte bemerkte, die Metaphysik auf „Betrachtungen über die materialistischen Wissenschaften" reduziert – oder ganz abgeschafft werden. Die Geschichte der Menschheit lehrt uns jedoch, daß allen Dogmen immer nur provisorische Gültigkeit beschieden war". [22]

Betrachten wir zum besseren Verständnis die Thematik an einem ganz einfachen Beispiel wie dem Bau eines Hauses. Überall wohin wir blicken, *ist der Geist das Primäre*. Zuerst muss eine Idee (Geist) da sein, diese Idee verdichtet sich im Bewusstsein des Menschen zu bestimmten Vorstellungen, wie dieses Haus aussehen soll wenn es fertig ist. Die nächste Phase ist die Planung, also die weitere Verdichtung und Konkretisierung der Idee in Richtung Form, und erst wenn diese Phase abgeschlossen ist, wird diese Form mit „Materie" ausgefüllt. Noch niemals in der Menschheitsgeschichte ist ein Haus zufällig allein aus der bereitliegenden Materie entstanden. Selbst wenn wir postulieren, dass dieser *Geist*, diese Intelligenz der Materie immanent ist, führt dies lediglich zu sinnloser Wortklauberei, weil damit nur eines gewonnen wäre, nämlich diese Intelligenz nicht Gott nennen zu müssen, nach dem bekannten Motto: „weil nicht sein kann, was nicht sein darf".

Selbst um solche Gedankenkonstrukte, wie wir sie in der positivistischen Wissenschaft finden, formulieren zu können, bedarf es des *Geistes*, den die Materie aber nur dann hervorbringen kann, wenn er dieser Materie *immanent* ist in dem Sinne, dass Materie <u>*verdichteter Geist,* d.h. *der Geist das Primäre ist!*</u> Ist der *Geist* der Materie aber *nicht* immanent, dann kann sie ihn auch nicht hervorbringen, so, wie die Naturgesetze dem Urknall immanent gewesen sein müssen, und nicht erst im Nachhinein entstanden sein können.

So wie aus Wasser Eis oder Dampf entstehen kann, weil sowohl das Eis wie auch der Dampf aus Wasser bestehen, so kann sowohl Eis als auch Dampf nicht unabhängig von Wasser rein zufällig entstehen, auch wenn wir äonenlange Zeiträume zugrunde legen würden. Doch es gibt auch andere Stimmen aus dem Bereich der Wissenschaft. Eine solche Stimme ist – wie wir oben schon gesehen haben – die des französischen theoretischen Physikers Jean E. Charon, der in seinem Buch: „Der Geist der Materie" die „Allgemeine Relativitätstheorie" Einsteins durch seine „Komplexe Relativitätstheorie" erweitert und nachweist, dass das Elektron der Träger des *Geistes* ist!

Charon: „Doch die traditionelle Kosmologie befaßt sich ausschließlich mit der Materie und hat sich für die Geschichte des Geistes daher nie direkt interessiert. Allerdings ist das Abenteuer des Geistes eng verknüpft mit dem der Materie, da die den Geist tragenden Elektronen selbst aus Materie bestehen. [...] Wenn uns beispielsweise die biblische Genesis berichtet, daß „im Anfang das Licht geschaffen wurde", so finden wir darin eine erstaunliche Ähnlichkeit mit dem, was die Kosmologen uns heute, gestützt auf die Allgemeine Relativitätstheorie, über diesen „Anfang" des Universums bestätigen: das Universum sei in jener fernsten Vergangenheit von sehr heißer elektromagnetischer Strahlung erfüllt gewesen, was im Klartext bedeutet, daß es von Licht erfüllt war. Wie aus der Bibel, so erfahren wir also auch von den Astrophysikern, daß die Materie erst nach der Erschaffung des Lichtes entstanden ist. [...] Man nimmt allgemein an, daß der Raum unseres Universums „zu Beginn" noch keine Materie enthielt. Diese hätte sich allerdings bereits in den ersten Augenblicken danach aus der Photonenstrahlung zu bilden begonnen. So wären als erstes die

Neutronen, Neutrinos und geladenen Elektronen und etwas später die Protonen entstanden. Aus Protonen und Elektronen setzten sich die ersten Wasserstoff-Atome zusammen. Das Wasserstoffgas bildete zunächst eine riesige einheitliche Wolke, die sich später in Milliarden kleinerer Wolken aufspaltete, welche die Grundlage unserer heutigen Galaxien bildeten. Dieses früheste Stadium der Galaxienentwicklung nennt man Protogalaxien. Jede dieser Protogalaxien zerbrach unter Einwirkung der gravitativen Kräfte ihrerseits in Milliarden von Teilstücken, die als die Urform unserer Sterne angesehen werden. Hierauf zog sich die kugelförmige Wasserstoffwolke des solcherart entstandenen Protosterns unter dem Druck der Gravitation immer stärker zusammen, wodurch sich gleichzeitig die Temperatur in seinem Inneren mehr und mehr erhöhte, bis sie schließlich hoch genug angestiegen war, um im Herzen des Protosterns die ersten thermonuklearen Reaktionen zwischen den Wasserstoffatomen auszulösen. Von da an „entzündet" sich der Protostern: ein Stern ist geboren. Bei den sehr hohen Temperaturen im Zentrum des Sterns begannen sich dann die verschiedenen chemischen Elemente auszuformen. Sie sind alle schwerer als Wasserstoff, entsprechen also einer Zunahme der Komplexität der Elementarmaterie. Nach und nach wurden alle chemischen Elemente, die bei der im Sterninneren herrschenden Temperatur nicht „brennbar" waren, nach außen geschleudert, wo sie eine ausgedehnte, konzentrisch um den Stern gelagerte Wolke bildeten. Unter der Wirkung der Gravitation teilte sich im Lauf der Zeit nun auch diese Wolke chemischer Elemente in kugelförmige Einzelwolken, aus denen die jeden Stern umgebenden Planeten wurden. Auf manchen dieser Planeten aber schritt die Evolution fort, und es entstand das Reich der Pflanzen, dann das der Tiere und schließlich das des Menschen". [23]

Soweit die Entstehungsgeschichte unserer Welt aus der Sicht des französischen Physikers Jean E. Charon.

Ich bin kein Physiker – kann daher weder die Richtigkeit noch das Gegenteil beweisen –, aber obige Schilderung über den Anfang der Schöpfung steht nicht in Widerspruch zur biblischen Schöpfungsgeschichte, sondern führt in den Worten der Physik dasselbe aus, was die Bibel uns in Bildern berichtet, wenn wir sie als einen großen, wahren Mythos begreifen, und sie nicht als historischen Tatsachenbericht missverstehen.

Ob wir den der Materie immanenten *Geist* nun „Gott" nennen, „höchste Intelligenz" oder „göttliches Prinzip" – wie es die östlichen Weisheitslehren formulieren –, ist letztlich nicht entscheidend.

Um das Wesentliche noch einmal zusammen zu fassen: Die Wissenschaft fragt primär nach dem „Wie", wie und wann ist diese Welt entstanden, die Esoterik fragt primär nach dem *„Warum"* und dem *„Wozu*. Beides ist legitim, wenn wir aber nach dem Sinn fragen, – und das ist dem Menschen wesentlicher –, dann dürfen wir das *„Warum"* und *„Wozu"* nicht einfach beiseite schieben!

Wenn auch die Physik im Sinne Charons behauptet, dass vor der Materie das Licht war, dann muss es eine Intelligenz geben, die das Licht geschaffen hat. Diese Intelligenz nennen die Religionen Gott. Licht ist elektromagnetische Strahlung, d.h. Schwingung. Schwingung ist rhythmischer Wechsel zweier Pole. Daher liegt dieser Schöpfung *Polarität* zugrunde, was auch aus dem Schöpfungsbericht der Bibel klar hervorgeht, da dieser mit einer großen „Zwei" beginnt. Diesen Zusammenhang bezeichnet die Esoterik als *Polarität*, was bei der Ableitung des Schöpfungsberichtes schon ausführlich dargestellt wurde.

Auch *Sprache ist Schwingung*; und daher heißt es im Schöpfungsbericht der Bibel sinngemäß, dass Gott *sprach*, es werde *Licht!*

*Im Anfang war das Wort, und das Wort war bei Gott, und das Wort war Gott.*
*Im Anfang war es bei Gott.*
*Alles ist durch das Wort geworden, und ohne das Wort wurde nichts was geworden ist.*
*In ihm war das Leben, und das Leben war das Licht der Menschen.*
*Und das Licht leuchtet in der Finsternis, und die Finsternis hat es nicht erfaßt.*
*Johannes 1 – 1- 5*

Das *Licht* war *vor* der Materie und *Gott* war „vor" dem Licht bzw. *ist das eine, ungebrochene Licht,* während das für uns sichtbare Licht einen Ausschnitt aus dem Gesamtspektrum darstellt und als Schwingung im sogenannten Welle-Teilchen-Dualismus definiert wird.

Materie „gibt" es erst dann, „existiert" erst dann, wenn ein *Bewusstsein* sie als solche wahrnimmt – ein Bewusstsein *nach* dem Sündenfall.

Natürlich gibt es für diese Behauptungen keinen wissenschaftlichen „Beweis", weil solche Beweise letztlich einem Menschen nicht von außen aufgezwungen werden können, wenn sein Bewusstsein sie noch nicht fassen kann. Jeder Beweis kann sich nur *in uns selber* verwirklichen, wenn sich unser Bewusstsein soweit entwickelt hat, dass es die zu beweisenden Zusammenhänge begreifen kann.

Es gilt nicht, diese von unseren Sinnen (für)wahr-genommene materielle Welt gering zu schätzen, denn sie ist für unsere 5 Sinne *subjektiv real* vorhanden, geschaffen zu dem Zweck, dass der Mensch sich entlang dieser vollkommenen Welt zur eigenen Vollkommenheit entwickelt. *„Seid vollkommen, wie euer Vater im Himmel vollkommen ist",* sagt Jesus sinngemäß.

*Nach* dem Gang (über viele Inkarnationen) durch die Polarität, die, wie wir wissen durch den Sündenfall im Bewusstsein des Menschen entstanden ist, *bewusst* geworden, *vollkommen* geworden, kann der Mensch – entsprechend dem Gleichnis vom verlorenen Sohn – wieder zum Vater, d.h. zu Gott zurückkehren, um sich mit Ihm zu *vereinen!*

Zum Thema *Reinkarnation* möchte ich noch eine weitere interessante *Analogie* aus dem Bereich der Physik anführen. Bei Charon lesen wir: „Das Endziel der Evolution des Psychismus ist also ein Zustand, in dem das Universum vom Volk der denkenden Elektronen – oder Äonen – bewohnt ist, die jedes ein Mikrouniversum einschließen, dessen Negentropie sich über die gesamte Lebenszeit des Universums der Materie hinweg unaufhörlich erhöht hat.

Können wir zu erkennen oder vielmehr zu erraten versuchen, wie sich der Psychismus zwischen dem jetzigen und dem Endzustand des Universums entwickeln wird? [...] Wir haben bestimmte Gesetzmäßigkeiten entdeckt, denen dieser Negentropieanstieg unterworfen ist, wie zum Beispiel das Gesetz, dem zufolge die einzelnen „Maschinen" als Bausteine nur Elektronen von ähnlich hohen Negentropie-Niveau verwenden können. Dies zieht die „Reinkarnation" der Elektronen in vielen aufeinanderfolgenden Existenzen von beschränkter Lebenszeit nach sich, die ihrerseits nichts anderes als Äonengemeinschaften sind; Gemeinschaften, die fähig sind, unter den günstigsten Bedingungen Erkenntnis und Liebe auszutauschen. Jede „Maschine" – möge sie in der Sprache der Menschen nun Mineral, Pflanze, Tier oder Mensch heißen – bildet eine solche Äonengemeinschaft. [...] Innerhalb der vielen aufeinanderfolgenden Leben, in das jedes einzelne Äon im Lauf der Zeit Eingang findet, erhöht es also seine Negentropie von Mal zu Mal ein wenig mehr. Der geistige Fortschritt vollzieht sich auf der Gesamt- und der Individualebene gleichzeitig; nie jedoch kann es im Zuge einer solchen Gesamtanhebung des geistigen Niveaus zu einer „Vermischung" der einzelnen Erfahrungen und Errungenschaften kommen, denn jedes Äon hat seine *persönliche* geistige Geschichte und bleibt „es selbst", mit seiner eigenen Vergangenheit und seiner eigenen Erinnerung, die es von allen anderen unterscheidet. Und dennoch erreicht es eine Beschleunigung seines geistigen Fortschritts nur dadurch, daß es seine „Persönlichkeit" mit der der anderen immer inniger vereint. Erst in dieser Vereinigung wird das Äon wahrhaft es selbst. In vorbildlicher Weise scheint es dem Volk der Äonen gelungen zu sein, das zu erreichen, wonach wir so oft vergeblich suchen: „die Einheit in der Vielfalt". [...] Aus dem Gesagten läßt sich schließen, daß in den Reinkarnationstheorien viel Wahrheit und tiefer Sinn liegen. [...] Während die Nullwertigkeit der Energie der Teilchenmaterie sich zu Beginn als vollständige *Abwesenheit* irgendwelcher Teilchen (wie Elektronen, Neutronen usw.) manifestierte, ist die Energie der Teilchenmaterie im Endzustand des Universums nur *algebraisch* gleich Null, da zu diesem Zeitpunkt der Raum des Universums *von Elektron-Positron-Paaren erfüllt sein wird,* die bekanntlich durch gleiche Massen, aber *entgegengesetzte Vorzeichen* definiert werden. Anders ausgedrückt, wird diese Endphase ein *differenzierter* Zustand sein, denn inzwischen wissen wir, daß diese Elektron-Positron-Paare die Träger des *Geistes* sind, und daß jedes Elektron und jedes Positron einen Raum enthält, in den seine individuelle Geschichte eingeprägt ist; eine Geschichte, die in dieser unzerstörbaren Form der Erinnerung noch am Ende aller Zeiten, wenn die Kontraktionsphase des Universums endgültig abgeschlossen ist, immer noch gegenwärtig sein wird. Damit aber werden letztlich auch unsere individuell menschlichen „Ichs" über das Ende der Welt hinaus fortbestehen". [24]

*Evolution* bedeutet stetige Entwicklung wohin wir auch blicken. Letztlich verkünden auch die esoterischen Weisheitslehren aller Völker, Zeiten und Kulturen *Ähnliches* in wahren mythologischen Bildern. Diese Schöpfung kann nicht zufällig und dadurch sinnlos sein – das wäre eine absurde Idee. Über die Wahrheit der verschiedenen wissenschaftlichen *Theorien* mögen sich die Wissenschaftler streiten.

Doch wie Jesus schon vor 2000 Jahren gesagt hat: *„An ihren Früchten sollt ihr sie erkennen"!*

Auch Gott „braucht" diese Schöpfung, – wie bereits mehrfach erwähnt – um sich über den Umweg der *Projektion* im Spiegel dieser Schöpfung als Gott erkennen zu können als die einzige *Wirklichkeit* die es gibt!

Gott kann aber keine Person sein die der Welt gegenübersteht, sondern Er ist allen „Subjekten und Dingen" innewohnend, was nicht mit Pantheismus verwechselt werden darf. Gott ist nicht die Summe aller Dinge, Er ist nicht die Natur, sondern Er *drückt sich* über seine Schöpfung *aus!* Die „materielle Welt" ist *Ausdruck* der Gottheit, *Kontaktstelle* und *Symbol* zu dieser *einen* und *einzigen Wirklichkeit!*

## Weltverbesserung – Nächstenliebe – Sozialarbeit

Christliche Theologie und Kirche machen aus polaren Gegensätzen – die *in* sich immer *eins* sind – einen unversöhnlichen *Dualismus*. Diese dualistische Sicht von Theologie und Kirche überträgt sich auf die ganze Gesellschaft, gleichgültig, wie weit sich der Einzelne noch bewusst mit dieser Kirche identifiziert oder nicht.

Wir haben sie gewissermaßen mit der „Muttermilch" in uns aufgenommen.

Überall ertönt der Ruf, der Mensch müsse das Böse bekämpfen und aus der Welt schaffen, es fragt sich nur wohin? Es gibt leider keine Deponie dafür. Auch der Versuch, Hunger, Elend und Leid *allein mit funktionalen Maßnahmen* eliminieren zu wollen, gelingt nicht. Wir gleichen in diesem sehr wohl ehrlichen Bemühen „Sisyphos", wenn wir nicht parallel zu diesen Anstrengungen im Außen auch im Bewusstsein selbst den not-wendigen *Ausgleich* herzustellen in der Lage sind.

Der Umstand, dass funktionale Maßnahmen *allein* immer wieder zum Scheitern führen, wird nicht zur Kenntnis genommen, es wird weiter Welt „verbessert" und dabei übersehen, dass Luzifer, also der Teufel der legitime Herr dieser Welt ist, auch dann, wenn es ihn in *Wirklichkeit* nicht gibt. Er „sitzt" allein *in unserem gespaltenen Bewusstsein* nach dem Sündenfall, er repräsentiert das uns darin *Fehlende, Verdrängte, Unbewusste*, also unseren *Schatten*.

Aus der polaren Welt ein irdisches Paradies machen zu wollen, lässt schon sehr viel Unkenntnis über die wahre Situation des Menschen sichtbar werden. Ein Pol *allein* – und sei er noch so edel – ist innerhalb der Polarität auf Dauer nicht zu haben!

Die Polarität, die Sünde, die materielle Welt zu überwinden, das ergibt Sinn, denn: *„Siehe ich habe die Welt überwunden"*, sagt Jesus, aber nicht durch Kampf gegen das Böse, sondern durch dessen Integration, d.h. durch *Liebe*. Liebe ist ein großes Wort und erhebt einen großen Anspruch, den größten, den man an den Menschen richten kann und meint nicht den süßen Abglanz davon, den wir *Ver*-liebtheit nennen.

*Lieben* heißt *sich öffnen* für all das bisher Abgelehnte, Unbewusste und Verdrängte, das uns nach der Gesetzmäßigkeit der Wiederkehr des Verdrängten solange im Außen als unangenehmes Schicksal, als Krankheit, als Er-*eig*-nis begegnen muss, bis wir es mühsam und in kleinen Schritten integriert haben. Es sind die „Feinde" in unserem Inneren, die uns stellvertretend im Außen begegnen und die Jesus meint, wenn er uns auffordert: *„Liebet eure Feinde".*

*„Liebe deinen Nächsten wie dich selbst",* steht wohl wörtlich so im Neuen Testament, und dieser Satz hat in einem richtig verstandenen Sinne auch einen hohen Stellenwert, denn er zeigt uns, dass diese Liebe erst möglich wird, wenn es uns gelingt, *uns selbst zu lieben.* Dazu gehören alle unsere Fehler und Schwächen, unser *Schatten,* den uns der Nächste *spiegelt.* Und dieser Schatten muss im Laufe unserer Entwicklung in kleinen Schritten integriert, d.h. *geliebt* und *verwirklicht,* d.h. aus seinem Schattendasein erlöst werden. Wodurch? – Durch Bewusstwerdung wird Schatten durchlichtet; geschieht dies nicht, dann verwirklicht er sich unbewusst über den Umweg des Schick-sals, was zwangsläufig Leid bedeutet.

Das Unbewusste, das ja unseren Schatten ausmacht, muss nach und nach in Bewusstheit verwandelt werden. Dasjenige, was ich bei mir selbst bejahen kann, das kann ich auch beim Nächsten bejahen – das heißt *lieben.* Daraus können wir ersehen, dass diese Aufforderung Jesu gar nicht so einfach zu erfüllen ist, wie es oft hingestellt wird, wonach es genügen müsste, uns willentlich dazu durchzuringen, den Nächsten einfach zu lieben. Ohne die oben angesprochenen Voraussetzungen bleiben solche Anstrengungen meist in guten Vorsätzen stecken und Vor-sätze sind – wie ein Sprichwort sagt – oft nicht mehr als die Pflastersteine zur „Hölle".

*Liebe deinen Nächsten wie dich selbst* wird nur vor dem Hintergrund des Projektionsmechanismus verstehbar, weil unser Nächster nur in dem Maße geliebt werden kann, in dem wir fähig sind, uns selbst zu lieben.

Auch die angebliche Friedfertigkeit dieses Jesus von Nazareth, steht in Widerspruch zu seinen oft harten Aussagen wie: *„Ich bin nicht gekommen, den Frieden zu bringen, sondern das Schwert"*, oder: *„Laß die Toten ihre Toten begraben, du aber folge mir nach"*!

Diese sehr tief reichenden Aussagen Jesu werden von der Kirche nur zu oft verniedlicht und vereinfacht, wie überhaupt die ganze Jesusgestalt verniedlicht wird, wobei er selbst jedoch oft sehr hart und konsequent aufgetreten ist und dabei seine Worte alles andere als sanft und lieblich ausgefallen sind.

Gleichzeitig ist die Kirche aber nicht immer „sanft" und „lieblich" mit den Menschen umgegangen, auch wenn ihre Worte dies irrtümlich erwarten ließen. Sie hat den Menschen oft in ein sehr enges und sehr hartes geistiges Korsett gepresst und ihm unter Androhung von „ewigen Sündenstrafen" einen „Glauben" abgerungen, der keiner war.

„Die Menschen haben ihre Körper und Seelen einer unbarmherzigen Norm unterworfen und ihre Gefühle in ein enges Gefängnis gesperrt! Wenn sich einer aus ihrer Gemeinschaft löst und ihre Gesetze ablehnt, nennen sie ihn einen gefährlichen Rebellen, der die Verbannung verdient. Wer die Verbannung aber nicht der Versklavung vorzieht, verdient die Freiheit nicht".

*KHALIL GIBRAN*

Wir sehen also, wie ernst es die Bibel mit dem Menschen meint! Die Welt der Polarität, d.h. unsere materielle Welt ist teuflisch, weil sie dem legitimen Herrn dieser Welt, dem Teufel im oben abgehandelten Sinne untersteht. Daran gibt es nichts herum zu deuteln und die esoterische Philosophie, die Philosophia perennis, zeigt die Landkarte des einzuschlagenden Weges, um diese Welt im Sinne der *Polarität* zu überwinden.

In diesem Sinne, ist auch alles diabolisch, was die Polarität nährt und an sie bindet. Wir sind durch unsere Sinneswahrnehmung derart an das Kreuz der polaren Welt genagelt und damit in ihr gefangen, dass wir diese Welt für „wirklich" und damit für sehr verbesserungswürdig erachten, weil wir versäumen, unsere

Projektion dann und wann zurückzunehmen, um zu realisieren, dass nicht die Welt verbessert werden muss, sondern unsere *subjektive* Ansicht über diese Welt. Die Welt an sich ist, wie sie ist, *vollkommen,* was in hohem Maße verbesserungswürdig ist, das ist allein unsere *un*-vollkommene Sicht aus dem *subjektiven* Betrachtungswinkel unseres *Egos!*

Der Mensch und die Welt sind letztlich ein und dasselbe, weil diese Welt unsere eigene *Projektion* darstellt; was wir *in* dieser Welt finden, das finden wir mit Sicherheit auch *in* uns.

Diese Welt im Sinne Jesu zu überwinden kann nur bedeuten, sie im Sinne der Polarität – als die sie uns nach dem Sündenfall *erscheint* – zu überwinden, indem wir diese scheinbaren Gegensätze durchschauen und in kleinen Schritten *in uns* integrieren, d.h. lieben lernen, was in einem einzigen Leben nicht gelingen kann.

Mikrokosmos Mensch = Makrokosmos Welt!

Diese Welt ist eine *Spiegelung* unseres Bewusstseins, und so, wie ein Spiegel uns auch unangenehme Seiten unseres Körpers unverblümt vor Augen führt, so zeigt der Seelenspiegel „Umwelt" auch unangenehme Seiten unserer Seelenlandschaft, die uns nicht bzw. noch nicht bewusst sind, d.h. es wird auch unser Schatten in diesem Spiegel sichtbar. Wir neigen allzu schnell dazu, die hässlichen Dinge unserer Welt so weit wie möglich von uns abzurücken und zu behaupten, dass dieselben nichts mit uns zu tun hätten.

Nun zu einigen konkreten in unserem täglichen Leben sichtbaren Auswirkungen des bisher Erörterten, wenn es auf der metaphysischen Ebene nicht wirklich verstanden wurde, was ich meine.

„Wir projizieren unser Sosein nach außen und glauben dann an die Eigenständigkeit unserer Projektion. Dann versäumen wir, die Projektion zurückzunehmen – so beginnt das Zeitalter der Sozialarbeit, in dem jeder dem anderen hilft und keiner sich selbst."[18]

Damit soll, um Missverständnissen vorzubeugen, grundsätzlich nichts gegen Sozialarbeit gesagt werden – ganz im Gegenteil. Jemandem *vorübergehend* über eine schwere Krise hinwegzuhelfen, ist etwas anderes, als den Sinn der Religion *ausschließlich* in falsch verstandener Nächstenliebe zu sehen, nur weil man das Wesen von Religion nicht mehr versteht. Auch ist dabei zu bedenken, wie weit der jeweilige „Hilflose" dabei in seiner Entwicklung und in seiner Selbstverantwortung eingeschränkt wird.

Dieses Konzept des meist unreflektierten Helfens geht – wie so vieles andere auch – von einem falsch verstandenen Christentum durch die heutigen Kirchen aus, dessen Maxime darin besteht, das Böse überall wo man dessen ansichtig wird, aus der Welt zu schaffen bzw. es zu bekämpfen. Um es nochmals zu wiederholen: Hilfe ist letztlich nur als *Hilfe zur Selbsthilfe* sinnvoll, abgesehen davon, dass wir natürlich Menschen, die sich in einer akuten Krise bzw. Notlage befinden, *solange* helfen müssen, bis sie selber wieder in der Lage sind, für sich zu sorgen. Jeder Helfer muss also für sich selbst entscheiden, wie weit seine Hilfe im obigen Sinne angebracht ist. Der Staat und hier in erster Linie der Sozialstaat, verschwendet nur allzu oft die sowieso knappen Gelder durch Helfen nach dem „*Gießkannenprinzip*", d.h. es müsste gezielter geholfen werden, damit die vorhandenen Mittel auch dort landen, wo sie den wirklich Bedürftigen zugutekommen. Aus einer missverstandenen Nächstenliebe eine entwicklungshemmende Haltung im Sinne von „Helfen um des Helfens willen" einzunehmen, geht am Wesen von richtig verstandener Religion jedenfalls vorbei. Unsere Welt ist keine heile Welt und es wird auch keine heile Welt daraus, wenn wir uns noch so ehrlich bemühen durch „so genannte gute Werke" das Böse aus der Welt schaffen zu wollen.

Diese Welt ist nicht zufällig so „schwierig", so „schlecht" und so „böse", weil wir so wenig Gutes tun, sondern weil wir die *gesetzmäßigen Zusammenhänge*, die unsere Existenz bestimmen, aus den Augen verloren haben.

# Weg und Ausweg

Die Wurzel all dieser Missverständnisse, die in Theologie und Kirche von heute die seltsamsten Stilblüten treiben, liegt, und das kann nicht oft genug wiederholt werden, im verlorengegangenen Wissen über die dieser Schöpfung zugrundeliegenden *Gesetzmäßigkeiten* – allen voran das *Gesetz der Polarität* und das *Gesetz der Resonanz*!

Dazu Dethlefsen: „Das Böse ist ein Kunstprodukt unseres polaren Bewußtseins, ähnlich wie Zeit und Raum, und dient als Dünger der Wahrnehmung des Guten, ist der Mutterschoß des Lichtes. Das Böse ist deshalb gar nicht das Gegenteil vom Guten, sondern die Polarität als solches ist das Böse, ist die Sünde, weil die Welt der Zweiheit keinen Endpunkt hat und somit keine eigene Existenz besitzt. Sie führt in die *Ver-zwei-flung*, die wiederum nur der Umkehr und der *Ein-sicht* dient, daß der Mensch seine Erlösung nur in der Ein-heit finden kann. Die gleiche Gesetzmäßigkeit gilt auch für unser Bewußtsein. *Bewußt* nennen wir all jene Eigenschaften und Aspekte eines Menschen, die im Lichte seiner Bewußtheit liegen und die er daher sehen kann. Der Schatten ist jener Bereich, der nicht vom Licht des Bewußtseins erhellt wird und somit dunkel, das heißt *unbewußt* ist. Doch die dunklen Aspekte erscheinen ebenfalls nur so lange böse und Angst erregend, wie sie im Dunkeln liegen. Bereits das *Anschauen* der Schatteninhalte bringt Licht in das Dunkel und genügt, um Unbewusstes bewusst zu machen. *Etwas anschauen* ist die große Zauberformel auf dem Weg der Selbsterkenntnis. Das Anschauen wandelt die Qualität des Angeschauten, da es Licht, d.h. Bewußtheit ins Dunkel bringt. Die Menschen möchten immer die Dinge ändern und begreifen daher schwer, daß das einzige, was vom Menschen gefordert ist, die Fähigkeit des Anschauens ist. Das höchste Ziel des Menschen – nennen wir es Weisheit oder Erleuchtung – besteht in der Fähigkeit, *alles* anschauen zu können und zu erkennen, daß es gut ist, wie es ist. Dies meint wahre Selbsterkenntnis. Solange einen Menschen noch irgendetwas stört und solange er noch irgendetwas für veränderungswürdig hält, hat er Selbsterkenntnis noch nicht erreicht. Wir müssen lernen, die Dinge und Ereignisse dieser Welt anschauen zu lernen, ohne daß unser Ego uns sofort in Abneigung oder Zuneigung verwickelt; wir müssen lernen, mit ruhigem Gemüt all die vielfältigen Spiele von Maya zu betrachten. Deshalb heißt es in einem entsprechenden Zen-Text, daß die geringste Vorstellung von Gut oder Böse unseren Geist in Verwirrung bringt. Jede Wertung bindet uns an die Welt der Formen und führt zum Haften. Solange wir haften, sind wir vom Leid nicht erlösbar, solange bleiben wir sündig, unheil, krank. Solange bleibt auch unsere Sehnsucht nach einer besseren Welt und der Versuch, die Welt zu verändern. Und schon ist der Mensch wieder verfangen in der Illusion der Spiegelung, denn er glaubt an die Unvollkommenheit der Welt und bemerkt nicht, daß nur sein Blick unvollkommen ist, der ihn hindert, die Ganzheit zu sehen." [20]

Das sind Forderungen an uns, die uns auf unserem Weg erwarten, wenn wir Esoterik ernst nehmen wollen! Dass uns dies nur mühsam und in kleinen Schritten gelingen kann, sollte uns nicht davon abschrecken, es dennoch bewusst zu wagen, weil es letztlich keine Alternative für diesen einen, esoterischen Weg gibt, was wir auch unschwer am Beispiel des Lebens Jesu – unseres wahren *Erlösers* in einem richtig verstandenen Sinne – erkennen können.

## Jesus der Christus

Im Einführungsgebet zur Kreuzverehrung, im Missale Romanum, heißt es: „Der du das Heil der Menschheit an den Baum des Kreuzes gebunden hast, *auf daß, woher der Tod kam,* (Erkenntnisbaum) *alles Leben erstehen möge,* (Kreuzesbaum) auf daß der durch den Baum (Erkenntnisbaum) Siegreiche (Schlange, Teufel), auch von dem Baum (Kreuzesbaum), besiegt würde durch Christus unseren Herrn"! Papst Paul VI.

Die Abwärtsbewegung der Schlange vom Baum der Erkenntnis,

brachte das Gift der Sünde in die Welt (Sündenfall), diese Abwärtsbewegung, die Ver-wicklung, kann nur durch eine entsprechende Aufwärtsbewegung d.h. durch *Ent*-wicklung über den Kreuzesbaum ausbalanciert werden. In alten mythologischen Bildern gibt es die am Kreuzesbaum hochkriechende Schlange – Christus verkörpernd.

Durch den ersten Adam, kam die Sünde in die Welt, durch den zweiten Adam – nämlich Christus – wird das erste Geschehen überwunden. Wir können auch an diesem Bild erkennen, dass sowohl die vom Erkenntnisbaum abwärts kriechende Schlange als auch die am Kreuzesbaum sich aufwärts windende Schlange – dem Polaritätsgesetz entsprechend – letztlich die gleiche Schlange ist, nämlich Christus, der Logos. Darum haben – wie wir weiter oben gesehen haben – die hebräischen Namen für Schlange und Messias den gleichen *Zahlenwert!* Solch tiefe Zusammenhänge, kommen durch eine historisch-kritische Bibelauslegung niemals ins Bild – nur nebenbei bemerkt.

Der Mythos allein weiß um das Wesentliche: Alles beginnt im Paradies (der Un-bewusstheit) und führt über das Kreuz der Polarität zur *Bewusstheit*.

Der Ausweg aus der Polarität liegt im Schnittpunkt der beiden Kreuzesbalken, wo auch die Quintessenz *allein* zu finden ist. Aus diesem Grunde kann auch das erlösende Blut Christi nur aus der fünften Wunde fließen und nicht aus den, der entfalteten Polarität entsprechenden vier Nagelwunden. Durch die Vereinigung von Lebensbaum und Erkenntnisbaum in dem *einen* Holz des Kreuzes wird letztlich die Polarität, d.h. die Sünde überwunden.

Die Schlangensymbolik finden wir – da sich letztlich alle Hochreligionen in ihrem esoterischen Kern gleichen – auch im Osten in der Kundalini. Auch dort geht es um eine Abwärtsbewegung, die durch eine entsprechende Aufwärtsbewegung ausgeglichen wird. Nicht nur bei Adam finden wir eine Umkehrung des Anfangsgeschehens, sondern auch bei Eva. Es geht dabei um die Umkehrung von Evas Namen in das *Ave* der Maria. Die Polarität besteht darin, dass Eva die Frucht des Todes gebar durch das Essen vom Erkenntnisbaum, und Maria die Frucht des *Lebens*, also *Jesus*, der uns den Weg zurück in die *Einheit* gelehrt hat.

Wir müssen, wenn uns diese religiösen Bilder heute noch etwas sagen sollen, die historische Betrachtung aufgeben, wir müssen, dem Mythos entsprechend, die Zeit aus diesen Überlieferungen herausnehmen, um zu sehen, dass es sich dabei vom *Inhalt* aus gesehen um parallele Schilderungen handelt, die *das eine immer gleiche Muster* in der Zeit ausbreiten, abgestimmt auf die jeweilige Epoche und Kultur.

So handelt es sich also beim Tode Jesu letztlich um ein großes *archetypisches Einweihungsritual*, um *sein* großes Werk und nicht um eine durch unglückliche Umstände bedingte Hinrichtung eines Gotteslästerers, die eventuell hätte vermieden werden können, wenn da nicht „zufällig" der „böse" Judas bzw. die „bösen" Juden gewesen wären.

Damit soll nicht unterstellt werden, dass Jesus nicht eines qualvollen Kreuzestodes gestorben wäre, obwohl es auch Theorien gibt, die das in Frage stellen, aber letztlich gibt es weder für die wirkliche Kreuzigung schlüssige Beweise noch für das Gegenteil. Es soll mit dem Hinweis auf den rituellen Charakter dieses Geschehens der tiefere Sinn transparent gemacht, und nicht der Unsinn eines zufälligen Sterbens betont werden. So wie an anderen Stellen schon ausgeführt wurde, dass es in *Wirklichkeit* keinen Zufall gibt, so ergibt eine Sicht aus dem Betrachtungswinkel des Zufalls im Zusammenhang mit dem Leiden und Sterben Jesu ebenso keinen Sinn!

Auch die Frage, warum Gott – sein Vater – so unbarmherzig mit seinem Sohn verfahren ist, ist falsch gestellt, weil wir damit das Ereignis nur *konkret* zu verstehen versuchen und nicht das *Archetypische* dieses Geschehens in den Brennpunkt unserer Betrachtung rücken.

Gott ist größer als anthropomorphe Vorstellungen Ihm gerecht zu werden vermögen, die obendrein aus der Postulierung eines „persönlichen" Gottes entspringen, und damit an der *metaphysischen Wirklichkeit* Gottes vorbeizielen. Was historisch wirklich in Zusammenhang mit seiner Geburt und seinem Tod geschehen ist, weiß letztlich niemand, und daher ist es auch bedenklich, Sinn und Bedeutung betreffend die Erlösung des Menschen allein daran festzumachen. Was wesentlich an seiner Lehre ist, das ist und bleibt das Bild, – die Polarität, die durch das Ego aufgespannt wird zu überwinden; und was der Mensch von heute in diesem Sinne unabhängig davon, wie weit die historischen Berichte stimmen oder nicht, damit anfangen kann, darum geht es.

Zwingend an der Kreuzigung ist die Symbolik, ist der Mythos, weil das Symbol des Kreuzes keine Erfindung des Christentums ist, sondern ein *archetypisches* Symbol darstellt.

So wie die Wahrheit des Alten Testamentes nicht an die Geschichtlichkeit gebunden ist, so ist sie es auch nicht beim Neuen Testament.

Es gibt eine inhaltlich der Kreuzigung Jesu entsprechende Stelle auch im Alten Testament, nämlich das Isaakopfer, nachzulesen auch bei Josef Bin Gorion in seinem Buch: „Die Sagen der Juden". Beide Geschehnisse fallen zeitlich auf Frühlingsäquinox, d.h. auf die Tag- und Nachtgleiche bei 0° Widder des astrologischen Tierkreises, womit auch die kosmische Signatur, also die geistige Ebene der Texte gegeben ist.

*„Da machte sich Abraham auf in der Frühe, nahm den Ismael, den Elieser und seinen Sohn Isaak und sattelte den Esel. Dies war der Esel, das Junge der Eselin, die in der Dämmerung des sechsten Tages erschaffen worden war, dies war der Esel, auf dem späterhin Mose ritt, als er nach Ägypten kam; dies war der Esel, auf dem dereinst Messias, der Sohn Davids, seinen Einzug halten wird, wie es heißt: Freue dich, du Tochter Zions, jauchze, Tochter Jerusalems. Siehe, dein König kommt zu dir, ein Gerechter und ein Helfer; arm ist er und reitet auf einem Esel und auf einem jungen Füllen der Eselin".[..] Als Abraham und Isaak an die Opferstätte kamen, wies der Herr mit seinem Finger darauf hin und sprach: Dies ist die Stätte. Dies war der Altar, darauf Kain und Abel geopfert hatten, dies war der Altar, darauf Noah und seine Söhne geopfert hatten. Und Abraham baute den Altar auf,*

*darauf die ersten schon geopfert hatten. Abraham band Isaak die Hände zusammen und Füße und legte ihn auf den Altar; er bereitete das Feuer und das Holz und legte den Isaak oben auf das Holz. Er stemmte sich mit dem Ellenbogen und mit beiden Knien an ihn und reckte seine Hand aus und nahm das Messer, wie ein Hohepriester, der seine Gabe darbringt. Und Gott saß da und sah den Vater, der seinen Sohn band, und den Sohn, der gebunden wurde, und die Heerscharen schrien und weinten. Sie sprachen: Herr der Welt! Allgütiger und Barmherziger wirst du genannt, denn du erbarmst dich über deine Geschöpfe. So erbarme dich auch Isaaks, der ein Mensch und ein Menschensohn ist und wie ein Vieh gefesselt daliegt. Es wird erzählt: Als das Schwert an Isaaks Hals kam, flog seine Seele von ihm. Da aber der Herr seine Stimme zwischen den Cherubim erschallen ließ: Lege deine Hand nicht an den Knaben – kam die Seele wieder in Isaaks Leib. Abraham band ihn los, und er stellte sich auf seine Füße. Da erfuhr Isaak, daß es ein Auferstehen der Toten gibt, daß alle Toten dereinst aufleben werden. In dieser Stunde tat er seinen Mund auf und sprach: Gelobt sei der Herr, der die Toten erweckt".* [25]

Inhaltlich ist die Parallelität zur Kreuzigung Christi unübersehbar, wenngleich natürlich damit kein historisches Geschehen geschildert wird, sondern ein wahrer Mythos.

Auch der Esel ist natürlich überall derselbe Esel, weil es um die Parallelität der Erzählungen geht, also um *das eine Muster*, das der Mythos zum Ausdruck bringt, wenn die Zeitlinearität aus solchen Berichten herausgenommen wird. Es geht dabei immer um das *Archetypische* und nicht um historische Tatsachen. Der Esel ist außerdem seit alters her ein Symbol für das „Ich". Wenn Jesus auf einem Esel in Jerusalem einzieht, soll damit zum Ausdruck gebracht werden, dass er Herr über sein Ich, d.h. über sein *Ego* ist.

Wenn wir das Leben Jesu – soweit wir es aus historischer Sicht kennen – betrachten, so fällt auf, dass er nicht mit großem Gepränge sein Erdendasein begonnen hat, sondern mit seiner Geburt in einem Stall eine zur damaligen Zeit eher unauffällige Rolle zu erfüllen gedachte. Entgegen den heute im Umlauf befindlichen Bildern dieses Jesus, ist die esoterische Tradition dementsprechend der Ansicht, dass er eher unbekannt geblieben ist und keine allzu großen Menschenmassen hinter ihm hergezogen sind.

Er hat 72 Menschen – Männer und Frauen – in die esoterischen Geheimnisse eingeweiht und seine 12 Apostel waren unabhängig vom engeren Kreis offensichtlich dafür ausersehen, für die exoterische Verbreitung seiner Lehre zu sorgen. Von diesen 72 Eingeweihten – 72 ist eine heilige Zahl – wissen wir historisch heute offiziell nichts, was nicht verwunderlich ist, da es sich um den inneren Kreis handelte und seine Lehre – wie es damals üblich war – im Wesentlichen immer nur von Mund zu Ohr weitergegeben wurde.

Wenn wir in ähnlicher Art und Weise, wie wir dies beim Alten Testament getan haben, versuchen, wesentliche Aussagen des Neuen Testamentes ein wenig näher zu betrachten, so ist es zunächst die neue Sprache, nämlich die griechische, die uns hier begegnet. Leider endet der griechische Bereich im Wesentlichen bei Clemens von Alexandrien und seinem Schüler Origenes. Was dann kommt, ist die lateinische Epoche, die in der Folge immer weiter weg vom esoterischen Christentum führt.

Nun, zentraler Mittelpunkt des Neuen Testamentes ist Jesus Christus, wobei es wichtig ist, zwischen beiden Namen – was ihre Bedeutung betrifft – zu unterscheiden, weil Jesus der Name eines Menschen ist und Christus einen Titel darstellt, einen erreichten Bewusstseinszustand symbolisiert und auch der „Gesalbte" bedeutet.

Das Historische an der Gestalt Jesu ist seine, mit hoher Wahrscheinlichkeit von der Forschung nachgewiesene irdische Existenz, während Christus überhaupt nichts mit der Geschichte zu tun hat.

Die Wahrheit hängt an den mythologischen Bildern und sonst nirgends und daher ist und bleibt der Mythos der einzige sinnvolle Zugang zu dieser Wahrheit.

Gott ist kein Zauberer, der die Naturgesetze nach Belieben aufhebt und Offenbarungen im Außen geschehen lässt, die den

Menschen zwingen, an ihn zu glauben, sondern er wählt andauernd den Weg über die menschliche Seele und verankert in ihr seine Wahrheit, weil er in ihr anwesend ist wie in allem seiner Schöpfung.

Die Formen dieser Schöpfung stellen somit den einzig möglichen Zugang zum Numinosen dar, sind Brücken, sind *Symbole,* die uns mit dem Göttlichen verbinden.

*Symballein* bedeutet im Griechischen *zusammen*werfen, d.h. *verbinden*, im Gegensatz zu *dia*ballein, was *auseinander*werfen, d.h. *spalten* meint, und vom Diabolos – also dem *Teufel* abgeleitet ist –, was zur Domäne der Wissenschaft gehört. Symbole verbinden also verschiedene Bereiche wie z.B. Körper und Geist, Welt und Göttliches, Inhalt und Form usw. *Alles* in der Welt ist letztlich Symbol für die dahinter liegende *Wirklichkeit*, drückt einen dahinter liegenden Inhalt aus.

Die ständig sich wiederholende Frage des wissenschaftlich denkenden Menschen zielt immer darauf: *wann, wo und wie war das damals,* was uns in den religiösen Erzählungen berichtet wird, und *wo* ist der wissenschaftliche Beweis? Solches Fragen muss immer zu Enttäuschungen führen, weil es gerade im religiösen Bereich keinen wissenschaftlichen Beweis gibt – nicht geben kann.

Wissenschaft will sich immer auf eindeutige Tatsachen beziehen, doch diese gehören zum mayatischen Bereich und nicht zur metaphysischen Wirklichkeit, wo es keine positiven, eindeutigen Feststellungen gibt, sondern „nur" den Bereich der *inneren Erfahrung.*

Der so hochgeschätzte und immer wieder geforderte wissenschaftliche Beweis kann sowieso nicht unabhängig vom Menschen erbracht werden, ihm nicht aufgezwungen werden. Der Beweis, dass 2x2 = 4 ist, findet auch nicht ausschließlich über einen Außenvorgang statt, sondern *im Bewusstsein des Menschen*, falls dieses in der Lage ist, das *Prinzip* des Multiplizierens zu begreifen. Dieses Begreifen ist, bezogen auf die Tatsache, dass 2x2 = 4 ist, einem 3-jährigen Kind in der Regel noch nicht möglich, weil sein Bewusstsein es noch nicht fassen kann. Wenn das Bewusstsein für bestimmte Erkenntnisprozesse – sei es jene des Multiplizierens oder beliebig Anderem – noch nicht reif ist, nützen alle Beweise von außen gar nichts. Daher ist der Mensch aufgefordert, sein Bewusstsein durch ständiges Lernen zu erweitern.

Was bleibt historisch im Sinne eines wissenschaftlichen Beweises letztlich von diesem Jesus und seinen Aussagen wirklich übrig? Wie war das damals wirklich? Wenn wir ehrlich sind, dann müssen wir eingestehen, dass wir es nicht wissen und dass *allein historisch* betrachtet das ganze Christentum auf schwachen Beinen steht. Allein das archetypische Bild ist das Wesentliche und nicht die historischen Fakten.

Wichtig ist mir noch, den Ritus, das *Ritual* zu erwähnen, welche leider im Gefolge der spirituellen Verarmung unserer Kirchen, stark gelitten haben.

Gerade in der Katholischen Kirche besaß die Magie einen hohen Stellenwert – ein Umstand, den man heute in kirchlichen Kreisen gar nicht mehr erwähnen darf, ohne gleich mit Misstrauen betrachtet zu werden. Gerade der Verlust des Verständnisses für magische Rituale ist mit ein Grund für ihren spirituellen Niedergang. Natürlich handelt es sich dabei, was bei der heiligen Messe geschieht bzw. geschehen sollte im *Wesentlichen* um Magie im richtig verstandenen Sinne. Der Priester ist kein Zauberer, der konkreten Wein in konkretes Blut verwandeln könnte, sondern das Wesentliche, das bei dieser Wandlung geschieht, besteht darin, dass durch dieses *magische Ritual* – wenn es gültig vollzogen wird – der irdische Wein *auf der geistigen Ebene* – und nur dort – *wirklich* in das „Blut" Christi verwandelt wird! Viele können an diese wirkliche Verwandlung nicht glauben, weil der Wein für unsere Sinne Wein bleibt, dabei aber übersehen wird, auf welcher *Ebene* sich diese Wandlung vollzieht. Das ist ja gerade unser Problem, dass alles mit unseren 5 Sinnen betrachtet und beurteilt und damit missverstanden wird, wenn wir die verschiedenen Ebenen verwechseln, was ich oben schon bei der Deutung der heiligen Schriften erwähnt habe. Es gibt bei allem Geschehen immer mindestens *drei* Ebenen, die es zu unterscheiden gilt, entsprechend der Dreiteilung des Menschen in *Körper*, *Seele* und *Geist*.

Aus der Sicht des Christentums teilt sich die Geschichte in zwei Hälften. Zur einen Hälfte gehört das Alte Testament mit der Erschaffung der Welt und des Menschen bis zum Sündenfall, der einen Erlöser not-*wendig* machte, der in Jesus Christus erschienen ist und damit die zweite Hälfte, also das Neue Testament einleitet.

Dieser Einschnitt schlägt sich auch in einer neuen Zeitrechnung entsprechend nieder, sodass wir nun eine Zeit *vor* und eine *nach* Christi Geburt haben. Wichtig wäre aber, dieses Geschehen auf unseren Kulturkreis zu beschränken, und nicht zu versuchen – wie dies leider geschehen ist, es in einem unbegründeten Alleinvertretungsanspruch der ganzen Welt überzustülpen – und sei es mit Gewalt.

Der Buddhist, der Hinduist, der Jude, der Moslem usw. wird davon nicht in dem Ausmaß betroffen, wie es die Kirche vorgibt, weil er ein Recht auf *seine* Religion hat, die auf seinen Kulturkreis bezogen ist.

Es war und ist ein Übel der Geschichte, dass das Christentum davon ausging und dies noch immer tut, dass es für das Seelenheil der Anhänger anderer Religionen unbedingt notwendig wäre, sich auch zum Christentum zu bekehren. Das stimmt einfach nicht; hier erfolgt ein Übergriff, der nicht gerechtfertigt ist.

Es gibt keine Religion in ihrer *exoterischen* Form, die objektiv für alle gültig wäre. Allgemein gültig und der Wahrheit am nächsten *ist allein der esoterische Kern* einer Religion, und der ist *inhaltlich* in jeder anderen Hochreligion der gleiche.

## Selbsterlösung oder Fremderlösung?

So, wie uns die *historische* Betrachtung der Bibel gerade nicht die wesentlichen Aussagen enthüllt, so kann uns – und das ist von enormer Bedeutung – der *historische* Jesus nicht stellvertretend erlösen, ohne dass wir *jetzt,* also in der *Gegenwart,* seinem Beispiel nachfolgen.

Wie sollte uns ein Mensch mit Namen Jesus, der vor 2000 Jahren *sein* Erlösungswerk vollbracht hat, heute erlösen können, wenn wir selbst nicht bereit sind, zu versuchen, seinen Weg zu gehen, den er uns in *muster-gültiger* Weise, d.h. in *archetypischer* Weise vorgelebt hat.

*Was heilt und erlöst, ist der Christus,* nicht der Jesus, der vor 2000 Jahren gelebt hat. Der Christus ist in jedem Menschen, sowie auch der 1. Adam in jedem Menschen ist, weil Adam der *Archetyp* des Menschen ist. Dieser 1.Adam brachte die Sünde in die Welt und damit in jeden Menschen – das meint die Erbsünde – und der 2. Adam, nämlich *Christus* und nicht der historische Jesus, kann uns von der Sünde erlösen, *wenn*: wenn wir diesem Jesus *jetzt in der Gegenwart* nachfolgen im Sinne seiner Aufforderung: *„Folget mir nach"!*

Dieser Christus *in* uns, der göttliche Funke, das *Selbst,* ist lebendig; der historische Jesus ist vor 2000 Jahren gestorben. So wie die Sünde durch einen *nicht*-historischen Menschen namens Adam in die Welt und damit in jeden Menschen kam (Erbsünde), kann auch der Mensch nur durch eine *nicht*-historische Wesenheit, nämlich Christus, der in jedem Menschen anwesend ist, erlöst werden! Diese Erlösung muss aber von *innen heraus* ihren Ausgang nehmen und kann nicht durch einen Außenvorgang nach dem Motto „Der Papa wird´s schon richten" erfolgen.

Wenn wir den von der Kirche gelehrten Weg der Fremderlösung ein wenig tiefsinniger betrachten, dann sollte klar werden, dass dieser sich nicht mit der viel strapazierten Gerechtigkeit Gottes vereinen lässt.

Es ist richtig, dass die Esoterik im Gegensatz zum kirchenchristlichen Fremderlösungsweg auf Selbsterlösung setzt. Der wesentliche Unterschied besteht aber darin, dass es darum geht, dass diese Selbsterlösung nicht über funktionale Maßnahmen, nicht über Materie, sondern nur über *inhaltliche* Lösungen erfolgen kann; ein Vorgang, der damit in Einklang mit der Lehre Jesu steht: *„Das Himmelreich ist in euch"!*

Dieser Ausspruch Jesu zielt ja gerade auf den *Innenweg,* und dieser Innenweg *ist der Weg der Esoterik!*

Dazu im krassen Gegensatz steht der Selbsterlösungsweg der Wissenschaft. Die im Gefolge dieser Wissenschaft entstandenen Denkmodelle – Sozialismus und Kommunismus – führen zum Scheitern. Das gemeinsame Kennzeichen solcher Versuche ist das Delegieren von Eigenverantwortung an den Staat oder andere Institutionen, doch eine solche Haltung ist extrem entwicklungsfeindlich!

Die Wissenschaft versucht – *allein mit funktionalen Maßnahmen* –, für unser *Ego* unangenehme Bestandteile der Schöpfung, wie z.B. Krankheit und Leid und sonstige Übel aus der Welt zu schaffen, indem sie diese *einseitig bekämpft* und glaubt, durch Ausrottung solcher Übel die Welt in ein irdisches Paradies verwandeln zu können, wenn man ihr dazu nur genügend Zeit und Geld zur Verfügung stellt. Hier ergibt sich eine Analogie zum Turmbau von Babel, bei dem die Menschheit genauso vergeblich versucht hat, mit Hilfe eines *materiellen* Turmes, den Himmel zu erreichen.

Wie sich doch die Bilder gleichen!

Würde sich der Vorwurf von Theologie und Kirche betreffend der Thematik „Selbsterlösung" an die reduktionistische, materialistische Wissenschaft richten und nicht an die Esoterik, dann wäre er gerechtfertigt; so aber trifft er geradezu ins Leere. Wenn sich nun Theologie und Kirche sosehr auf die *Geschichtlichkeit* des Erlösers Jesus Christus und damit auf die *Vergangenheit* seines Erlösungswerkes berufen, dann berufen sie sich – wie wir gesehen haben – auf etwas *Totes*. Erlösung kann nur in der *Gegenwart* geschehen, im Menschen selbst durch Bewusstwerdung seines *Christus*-bewusstseins und nicht seines Jesus-bewusstseins. Jesus ist ein Name für einen Menschen, Christus dagegen ein Titel, der einen erreichten *göttlichen* Bewusstseinszustand bezeichnet. Auch der Mensch ist berufen, diesen Bewusstseinszustand zu erreichen. *„Seid vollkommen, wie euer Vater im Himmel vollkom-*

*men ist"*, sagt Jesus. Aus diesem Grunde kann gerade der historische Mensch Jesus nicht erlösen. Er hat diese Erlösung – wie bereits mehrfach erwähnt – auch nicht in der Geschichte ein für allemal für uns gewirkt, sondern er hat uns *das eine, immer gleichbleibende Muster muster-gültig* vorgelebt und uns den Weg gezeigt! Darin besteht das Wesen der Erlösung!

„*Ich bin der Weg, die Wahrheit und das Leben"*, sagt er folgerichtig. Diesen Weg *gehen* muss jeder Mensch für sich allein. An dieser Stelle kann wieder deutlich werden, dass der Vorwurf von kirchenchristlicher Seite in Richtung Esoterik gerade die trifft, die ihn erheben.

Wer macht sich hier etwas bequem? Die christliche Theologie und Kirche, die das Gehen des Weges, das zum Schwierigsten gehört, das vom Menschen gefordert werden kann, an einen historischen Menschen namens Jesus delegieren will, oder die Esoterik, die das Gehen dieses Weges vom Menschen selbst verlangt, nach dem Vorbild dieses Jesus von Nazareth, der dies mit den Worten verlangt hat: „*Folget mir nach"*!

## Das Kirchenjahr

Wenn wir das Christentum in seiner wahren Bedeutung besser verstehen wollen, dann kann uns dabei vielleicht das Kirchenjahr einen großen Dienst erweisen, weil es sich dabei um den Nachvollzug des Lebens Jesu handelt und wir dadurch mit dem eigentlichen Heilsgeschehen besser in Kontakt kommen können.

Dieses Kirchenjahr beginnt – wie wir alle wissen – mit Advent und setzt sich fort über Weihnachten, Drei Könige, Maria Lichtmess, Ostern, Christi Himmelfahrt, Pfingsten usw.

So heißen auch bestimmte Festtage nur deshalb so, weil sie an *festen* Tagen des Kirchenjahres gefeiert werden, die sich am Sonnenrhythmus orientieren – im Gegensatz zu den beweglichen Festtagen, die sich nach dem Mondrhythmus (aus)richten. Hier ist noch die kosmische Signatur des ganzen Heilsgeschehens erkennbar, das Eingebettetsein des Menschen in eine feststehende Ordnung, eben eine kosmische Ordnung.

Auch was die Inhalte der einzelnen Feste betrifft gibt es eine gewisse Polarisierung dahingehend, dass sich die Leidensfeste nach dem Mondkalender richten, im Gegensatz zu den der Verherrlichung Christi dienenden Feste, die dem Sonnenkalender entsprechen.

Darum wird Weihnachten, dem Sonnenrhythmus entsprechend, immer am 24. Dezember gefeiert, also um die Zeit der Wintersonnenwende – bei der das Licht wieder geboren wird – und Ostern – als das große Leidensfest – am ersten Sonntag nach Frühlingsvollmond. Wichtig ist vielleicht noch zu betonen, dass, wenn uns das Christentum heute noch etwas zu sagen haben soll, wir die geschichtliche Distanz als Erstes fallen lassen müssen, sonst werden aus den einzelnen Festen des Kirchenjahres reine Gedenkfeiern, die uns eigentlich nicht mehr berühren.

Wie immer, geht es auch hier ganz zentral um den Umstand, dass wir die Zeitdimension aus der Lehre heraus nehmen müssen, um den Gedanken der Erlösungsmöglichkeit für uns heute lebende Menschen durch das vor 2000 Jahren stattgefunde Werk Jesu wieder herzustellen. Wir müssen dieses Geschehen in die *Gegenwart* hereinnehmen, wenn es heilwirksam werden soll.

Jesus hat durch sein Leben und seinen Tod – wie schon mehrmals angesprochen – die Voraussetzung für die Erlösung des Menschen geschaffen. Das ist richtig, aber er hat ebenso betont: „Folget mir nach"!

Nur in dieser Nachfolge, in der der Mensch den von Jesus vorgelebten Weg selbst nachvollzieht, kann er erlöst werden, und das ist mit Selbsterlösung, wie sie die Esoterik lehrt, gemeint und nichts anderes.

Würde die Kirche mit ihrer „Erlösungsautomatik" recht haben, dann würde diese nicht nur die Erlösung des Menschen an sich betreffen, sondern es müsste 2000 Jahre nach dem Tode Jesu schon ganz anders aussehen auf dieser Welt. Denn die Realität lässt von dieser „Erlösung" – wenn wir ehrlich sind – nicht viel erkennen.

Vielleicht ist es notwendig, auch das Thema *Mitleid* anzusprechen. Mitleid heißt *mit*-leiden, das tun wir doch in keiner Weise, auch wenn wir noch so fromm und traurig zu Ostern der Leiden Jesu *gedenken*. Es wird nicht mehr als ein Gedenken, es ändert sich an unserer innerseelischen Wirklichkeit nichts, es bringt uns entwicklungsmäßig keinen Schritt weiter; auch dann nicht, wenn wir dieses Gedenken jedes Jahr zu Ostern wiederholen.

Wir werden dadurch auch nicht heiler oder heiliger, höchstens scheinheiliger. Die Nachfolge Jesu ist gefordert und diese betrifft das ganze Leben und nicht nur die paar Ostertage im Jahr. Echte Nachfolge unterscheidet sich radikal von falschem Gedenken.

Im 1. Petrusbrief 2/21, steht sinngemäß: *„Denn dazu seid ihr berufen, hat doch auch Christus für euch gelitten und euch ein Vorbild hinterlassen, damit ihr in seine Fußstapfen tretet"*!

Origenes beruft sich auf das Lukasevangelium wenn er sagt: *„Denn, auch was nützt es dir, daß Christus einstens im Fleische kam, wenn er nicht auch in deiner Seele kommt. Beten wir, daß seine Ankunft sich täglich in uns vollziehe, sodaß wir sagen können, ich lebe, aber nicht mehr ich, es lebt Christus in mir. Und wenn Christus in Paulus lebte und nicht in mir, was nützt mir das"*? [26]

Und bei Angelus Silesius im „Cherubinischen Wandersmann" heißt es: *„Wäre Christus tausendmal in Bethlehem geboren und nicht in dir, du bliebest doch ewiglich verloren; das Kreuz von Golgotha kann dich nicht von dem Bösen, wenn es nicht auch in dir wird aufgerichtet, erlösen"*.

Durch eine historische Betrachtung wird das Ganze unverbindlich! Was berührt uns denn heute noch ein Geschehnis, das vor 2000 Jahren stattgefunden hat? Viel mehr als „Betroffenheit" kann dabei nicht aufkommen, wobei Betroffenheit – wenn sie uns nicht wirklich trifft – für die Erlösung nicht ausreicht – es ist vielleicht „Berührtheit".

Ungeachtet aller theologischen und kirchlichen Umdeutung

wesentlicher religiöser Zusammenhänge bewahrt die Esoterik dieses uralte Wissen über die Jahrtausende; Theologie und Kirche scheinen dieses Wissen leider verloren zu haben.

Das Kirchenjahr beginnt mit dem Advent, der Zeit des Wartens auf das in Erscheinung-Treten des Lichtes, die Vorbereitung auf die Weih-nacht wie auch dem Warten auf das zweite Kommen Christi am Ende der Zeit.

Eine Analogie zu dieser Zeit des Wartens auf Erlösung bildet im Alten Testament die Zeit des Wartens auf die Befreiung aus der Gefangenschaft in Ägypten. Es ist in beiden Fällen die Gefangenschaft der Seele in der Welt der *Polarität,* die im Alten Testament durch Ägypten repräsentiert wird. Das hebräische Wort für Ägypten heißt *Mitsrajim* – was bei der Deutung des Alten Testamentes schon angesprochen wurde – und steht für das Leiden in der *Zweiheit*. Es ist auch die Zeit der Suche des Menschen und um diese Suche in Gang zu setzen, bedarf es eines Leidensdruckes, denn, solange es dem Menschen gut geht, sucht er nicht; und selbst dann sucht er oft an der falschen Stelle und Suche verwandelt sich in *Sucht.*

Die biblische Gestalt, die in diese Zeit gehört, ist Johannes der Täufer. In Jesaia, 40/3 und in Johannes 1/23, also sowohl im Alten wie im Neuen Testament gibt es eine Stelle, wo es sinngemäß heißt: *„Ich bin die Stimme eines Rufenden in der Wüste, bereitet dem Herrn den Weg, machet in der Steppe eine ebene Bahn unserem Gott".* Er ruft auf zur Buße und zur Taufe, zur Vergebung der Sünden.

Nun, was meint Buße? Im Griechischen ist es die *meˊtanja,* die Metanoia – das bedeutet die *Umwendung* des Sinnes und nicht die in christlicher Lehre gängige und mit Moral verquickte „Sünden"-bereuung, schlechtes Gewissen und alles, was damit verbunden wird. Umkehr des Sinnes meint primär die Umpolung der Abwärtsbewegung der Ver-wicklung in die Aufwärtsbewegung der *Ent*-wicklung.

Johannes der Täufer ruft zur radikalen Umwendung auf, d.h., das, was bisher wichtig war, muss in Frage gestellt werden, weil

Gewohnheit immer ein großes Hindernis für jede Weiterentwicklung ist. Ein Grundzug echter Esoterik ist Konsequenz – und damit das Gegenteil fauler Kompromisse. Die Lauen sind es, von denen Jesus sagt, dass er sie ausspeien will aus seinem Munde. Das Christentum ist esoterisch verstanden eine harte Lehre. Sie beschreibt den Weg von der Polarität zur Einheit.

Gegen Ende des Advents tritt immer mehr Maria in den Mittelpunkt des Geschehens. Es ist dieses Ein-verstanden-sein, das *Eine* zu verstehen, dieses: *„Mir geschehe wie du gesagt hast"*, das uns aufhorchen lässt. In diesen Worten enthüllt sich das weibliche *Prinzip* in seiner ganzen Reinheit und Unverfälschtheit. Es enthüllt die Offenheit für die Geburt des Christus in ihr; und so ist Maria die *Seele* in jedem Menschen, die bereit ist, den Geistkeim zu empfangen.

Der Stammbaum Mariens – was ihre leibliche Abstammung betrifft – geht zurück auf Jesse, den Vater Davids, doch jenseits aller irdischen Verwandtschaftsbezüge weiß das Christentum von ihrer Verwandtschaft mit der *Sophia,* der *Weisheit* Gottes, der *Weiblichkeit* Gottes. Maria verkörpert in diesem Sinne eine weibliche Göttin, der im Osten der Shaktiaspekt entspricht. Sie ist Mutter und Braut zugleich.

Maria verkörpert somit das empfangende *Prinzip*, die prima Materia mit dem Wortstamm: *Maya, Mare, Mater, Materie,* – *Maria*, also das weibliche *Prinzip* schlechthin, in das sich der Geistkeim senkt. Zugleich ist sie Braut des Logos, des männlichen *Prinzips*.

In der Mythologie symbolisiert sie eine Mondgöttin und so gehören letztlich alle Gottesmütter zum Wortstamm: *Maya* oder *Maria*.

Sie ist *jungfräulich*, weil sie sich mit der *Gegenwart* identifiziert und nicht mit der Vergangenheit befleckt – *in diesem Sinne ist sie unbefleckt.* Ihre Himmelfahrt bringt zum Ausdruck, dass sie wie Jesus aus diesem Bereich stammt und mit der göttlichen Sophia verwandt ist.

Wenn wir uns nun vergegenwärtigen, dass die Theologie 600

Jahre gegen diese hohe Stellung Mariens gekämpft hat, so enthüllt diese Haltung der Kirche einmal mehr ihr gestörtes Verhältnis zur Weiblichkeit. Erst mit dem Dogma der „Unbefleckten Empfängnis Mariens" ist anerkannt worden, dass sie ohne Erbsünde empfangen worden ist.

Wichtig ist, dass keine *Ebenen* verwechselt werden dürfen, denn diese Jungfräulichkeit betrifft nicht den körperlichen Aspekt und es sollten mit ihm nicht zwingend biologische Gesetzmäßigkeiten außer Kraft gesetzt werden. Auf der für diese Zusammenhänge *allein entscheidenden geistigen Ebene ist Jesus unbefleckt empfangen worden*! Für den *Körper* Jesu war Josef der Zimmermann – der Erbauer der *Formen*, wie er genannt wird – zuständig.

Viele Probleme sind nur dadurch entstanden, dass sich die Kirche auf das wissenschaftliche Denksystem eingelassen hat und es zu einer so unseligen Vermengung von zwei an sich unvereinbaren Weltbildern gekommen ist. Die Theologie hat in der Folge nun versucht, mit den Kategorien des wissenschaftlichen Denkens „logische Auswege" aus dieser grundsätzlichen Unvereinbarkeit *mythologischen* und wissenschaftlichen Denkens zu suchen. Es ist das *einseitig* auf Intellekt und Ratio aufbauende wissenschaftliche Weltbild, das in Frage gestellt werden soll.

Um den Bezug zum Kirchenjahr wieder aufzunehmen: Gerade die Zeit des Advents, die Zeit des Umdenkens wäre die Zeit der radikalen Umwendung des Sinnes, die Zeit des Wartens und des Hoffens. Es ist das Warten auf die Weih-nacht, die Zeit der Geburt Gottes *im* Menschen, unter den Menschen, der Geburt Gottes als *Mensch*.

So schön, freudig und friedlich wir uns Weihnachten auch vorstellen, so sollte nicht übersehen werden, dass die Menschwerdung Gottes seinen „Tod" als Gott bedeutet.

Dieses Geschehen kehrt sich zu Ostern wieder um, wenn Jesus als Mensch stirbt, um als Gott wieder geboren zu werden – in seiner Auferstehung. Dass dabei der Schwerpunkt der Betrachtung wieder nicht im historischen gesucht werden darf, sondern wieder ein *archetypisches* Geschehen im Vordergrund steht, dürfte nach den bisherigen Ausführungen immer klarer werden.

Es wird im Neuen Testament nicht allein der Weg und das Schicksal Jesu beschrieben, sondern an seinem Beispiel *der archetypische Weg des Menschen an sich* zur Darstellung gebracht. Analog zur Befreiung der Israeliten aus der Gefangenschaft in Ägypten – das wie schon erwähnt für Polarität steht – geht es bei der Auferstehung um die Rückkehr der *Seele* in die *Einheit*.

Die Kirche zerreißt nun diesen *archetypischen* Zusammenhang, indem sie diesen Vorgang allein am historischen Jesus festmacht. Dadurch macht sie dieses archetypische Heilsgeschehen zu einem für den Menschen unverbindlichen historischen Geschehen, zu einer Gedenkfeier. Es geht aber bei diesen religiösen Bildern vielmehr darum, uns unseren *inneren* Werdegang – auf dem Umweg über diese Projektion – als Spiegelbild vor Augen zu führen. Nur aus dieser Betrachtungsweise ist ihre Wahrheit abzuleiten. Unwiderlegbare Wahrheit werden diese Bilder nur dann, wenn wir sie als *archetypische* Bilder der menschlichen *Situation* in dieser Welt begreifen.

Entsprechend dem Gleichnis vom verlorenen Sohn muss unser *Ego* letztlich scheitern, um freiwillig und mit *Bewusstheit* ausgestattet – die es über den Erkenntnisweg der Polarität zu erwerben gilt –, in Folge zum *Selbst*, zum Vater zurückzukehren.

Sowohl der Sündenfall selbst, als auch sein Sinn und Zweck, wird uns in diesen Bildern in unübertrefflicher Weise und Klarheit vor Augen geführt, wenn wir sie als *archetypische* Bilder verstehen und nicht als historische Tatsachenberichte missverstehen.

Der Mensch ist göttlicher Abstammung und hat seine Göttlichkeit vergessen. In östlicher Terminologie ausgedrückt heißt dies: *Purusha* – der göttliche Kern im Menschen schläft und träumt, dass da die Vielheit der Dinge sei, die Maya vor unserem inneren Auge aufspannt. Diesen Traum zu durchschauen, ist unsere Aufgabe, was der Buddhismus *Erwachen* nennt, weil nur das Erwachen aus einem Traum uns erhellen kann, dass wir geträumt haben.

Es ist unser Ich im Sinne des *Egos*, das diese Illusion von *polarer Welt* erzeugt. Daher bleibt als letzte Konsequenz, nachdem wir den Erkenntnisweg hinter uns gebracht haben – wozu wir dieses Ich aber brauchen –, *es* am Ende unseres Weges wieder zu opfern, weil es die *einzige* Instanz in uns ist, die uns von Gott *trennt*.

Christi Gekreuzigt-Sein, sein Tod sowie seine Auferstehung – die nicht als Totenerweckung missverstanden werden darf –, zeigen uns nichts anderes, als die *archetypische* Situation des Menschen. Dies zu begreifen, ist der Schlüssel zum wahren Verständnis aller religiösen Bilder und Erzählungen. Denn: Was sollen wir mit religiösen heiligen Schriften anfangen, wenn wir sie in eine unverbindliche historische Distanz rücken? Sie gehen uns dann nichts mehr an, berühren unser Menschsein nicht mehr. Wir brauchen uns nicht mehr zu fragen, woher so viel religiöses Desinteresse gekommen ist.

Der Grund liegt allein im obig beschriebenen Zusammenhang. Daraus mag ersichtlich werden, welch hohe Bedeutung, welch große Wichtigkeit richtig verstandene *Religion* für den Menschen hat, weil richtig verstandene Religion *alleine* in der Lage ist, dem Menschen die Wahrheit über seine wirkliche Situation in dieser Welt zu erhellen.

Es ist bezeichnend für das Johannesevangelium, dass es in der kürzest möglichen Form das Wesentliche zum Ausdruck bringt: *„Das Licht kam in die Finsternis, doch die Finsternis hat es nicht erfaßt"*. Das ist die esoterische, auf den Kern reduzierte Fassung, die bei den Synoptikern eine je verschiedene Ausformung erfährt.

Gott wird Mensch – heißt psychologisch: das Selbst wird zum *Ich*.

Wenn wir nur die verschiedenen Gestalten der Weihnachtsgeschichte näher betrachten, so wird klar, dass *Maria* die bereite, offene *Seele* des Menschen repräsentiert, ohne deren Offenheit, Weihnachten nicht stattfinden kann. Josef hingegen ist der irdische Schöpfer der Formen – er ist bezeichnenderweise

Zimmermann – er ist zuständig für die Zeugung des *irdischen* Körpers Jesu, was, wie oben schon ausgeführt, in keinerlei Widerspruch zur *göttlichen Zeugung* und der *Vaterschaft Gottes* steht, wenn wir die verschiedenen *Ebenen* und deren Zuständigkeiten nicht verwechseln! Für das Leben, für das Bewusstsein, für die *Seele* Jesu ist natürlich *Gott der Vater,* was durch die wiederholten Aussagen Jesu deut-lich wird, wenn er von *Gott* immer von *seinem Vater* spricht.

Den geschlossenen Herbergen in der Weihnachtsgeschichte entsprechen unsere geschlossenen *Ego*strukturen als äußere Spiegelung unserer innerseelischen Situation. In diesem Sinne entspricht das Haus an sich der Egostruktur. Die Herbergen als intakte Häuser sind dementsprechend geschlossen, sodass die Lichtgeburt in ihnen nicht stattfinden kann. Dazu bedarf es eines nicht intakten Hauses, eines Stalles also, und so ist es natürlich kein Zufall, dass sich die Geburt des göttlichen Kindes in einem Stall ereignet, unter der Erde, zur finstersten Zeit des Jahres, um Mitternacht und zur Zeit der Wintersonnenwende, in der die Sonne ihren tiefsten Stand im Jahreslauf erreicht.

*Das Licht wird in der Finsternis geboren und gefunden und nicht im Licht!*

Das Licht kam in die Finsternis, was sich darin ausdrückt, dass sich der göttliche Kern des Menschen in einen finsteren *irdischen* Leib inkarnierte, dass es sich also um die Lichtgeburt *im* Menschen handeln muss.

Von Meister Ekkehard stammt die Aussage: „Der Vater spricht das Wort in die Seele und wenn der Sohn geboren ist, wird jede Seele Maria".

Für Astrologie-Kundige: Im astrologischen Tierkreis findet Weihnachten, das Fest der Licht*geburt* – *astronomisch* dem tiefsten Stand der Sonne im Jahreslauf entsprechend – zur Zeit der Wintersonnen*wende* statt, also um *0° Steinbock.* Es ist die Zeit, in der der Tag am kürzesten und die Nacht – die Dunkelheit – am längsten ist. Zu Ostern steht dieselbe Sonne als Symbol des *Lichtes, astronomisch* auf *0° Widder* im Tierkreis, also im Winkel von *90°* zur Geburtssituation. Sie kommt damit auf den Kreuz-ungspunkt ihrer eigenen Geburt. Daran können wir erkennen, wie sinnvoll und symbolträchtig diese Geschichten gestaltet sind, wenn wir sie tiefergehend betrachten und nicht bei einer oberflächlichen, historischen Betrachtung stecken bleiben.

Das ist die *kosmische* Signatur, die dritte, also die *geistige* Ebene der Texte. Sie bringt damit das Gesetz der *Analogie* zum Ausdruck: *„Wie oben, so unten"*, in der christlichen Fassung: *„Wie im Himmel, also auch auf Erden".*

Ostern ist somit der zwingende Gegensatz zu Weihnachten, an dem *Gott* mit seiner Menschwerdung in der Form *„erstirbt".* Zu Ostern wird dieses Geschehen wieder ausgeglichen, indem Jesus als *Mensch* gekreuzigt wird und *stirbt,* um als *Gott* in seiner Auferstehung wieder *geboren* zu werden, und sich damit aus der Gefangenschaft des Körpers befreit.

*Ostern ist somit der zentrale Mittelpunkt des ganzen Heilsgeschehens*, weil es letztlich darum geht, dass sich das *Selbst* des Menschen wieder aus der Gefangenschaft des Ichs *befreit*, um ins Haus des Vaters, also zu *Gott* zurückzukehren.

Zwischen diesen beiden Eckpunkten des Kirchenjahres – also zwischen Geburt und Tod – liegt die Zeit der Passion Jesu mit ihrer extremen Verdichtung des Geschehens in der Karwoche. Diese ist die wichtigste Zeit im Kirchenjahr und in ihrem Zentrum steht die Kreuzigung. Die Sonne als Symbol des *Lichtes,* des *Christus,* ist auf ihren *Kreuz*ungspunkt gekommen, wobei dieses Kreuz – wie schon einmal erwähnt – ein *archetypisches Symbol* ist und nicht auf das Christentum beschränkt werden kann.

Es steht für *entfaltete* Polarität d.h. für die Vierheit (2x2 = 4) – die Zahl für *Materie,* an die der Mensch über seine Wahrnehmung durch *seine Sinne* geheftet ist, und der er, solange er in dieser Sinnestäuschung gefangen ist, nicht entrinnen kann, im Sinne des Erkennenden und des *Erkannten* – *das* letztlich *eins* mit dem Erkennenden ist.

In allen Mythen wird *dieses eine Muster* zum Ausdruck gebracht, sowohl bei Odin, bei Prometheus und natürlich auch bei Jesus.

Immer geht es um das eine Bild – um den am Baum der Erkenntnis gefesselten oder genagelten Menschen. So sind die 4 Nagelwunden und die eine Seitenwunde Jesu Repräsentanten der 5 Sinne des Menschen, da es diese 5 Sinne sind, die jene von uns wahr- (als für wahr) genommene Welt *in uns* entstehen lassen.

4 Nagelwunden, den 4 Elementen entsprechend und 1 Seitenwunde – also wieder das Verhältnis 4:1, das uns schon mehrmals begegnet ist. Die 1 symbolisiert dabei den *Schnittpunkt* der beiden, der Polarität entsprechenden Kreuzesbalken, die *Quintessenz* also, wo sich die entfaltete Polarität aufhebt. Diese *5. Wunde* Jesu entspricht seiner *Seitenwunde*, und nur aus dieser kann das *erlösende* Blut fließen.

Historisch betrachtet ist diese Seitenwunde in ihrer Bedeutung umstritten, umso bedeutender ist sie im mythologischen Sinne. Geschlagen wurde diese Wunde von Longinus mit der Lanze, die später beim Gralsmythos wieder eine Rolle spielt. Diesem Mythos entsprechend wird das kostbare Blut, das aus der Seitenwunde Jesu fließt, in einer Schale aufgefangen, die aus einem Stein aus der Krone Luzifers gefertigt ist, den dieser bei seinem Sturz verloren hat. In diesem *Bild* kann wiederum die inhaltliche Nähe zwischen Christus und Luzifer deutlich werden.

So, wie das Karfreitagsgeschehen den Leidensaspekt, den leidenden Menschen symbolisiert, so kommt im Geschehen der Osternacht der Neubeginn, ja eine neue „Weltenschöpfung" zum Ausdruck. Wir befinden uns zu Ostern auf 0° Widder im astrologischen Tierkreis, auf Frühlingsäquinox, also der Tag und Nachtgleiche. Auch im kosmischen Geschehen, also auf der *Geistebene*, kommt inhaltlich sehr klar zum Ausdruck, dass es sich in erster Linie um ein *archetypisches* Geschehen handelt und nicht um ein historisches.

Auferstehung, Neubeginn und Neuschöpfung stehen in unmittelbarer Beziehung zueinander, der *Symbolik* des Tierkreiszeichens *Widder* entsprechend. Analog zur Licht*geburt* zu Weihnachten tritt nun in der Auferstehung das Licht auf einer anderen Ebene wieder in Erscheinung, das in der Grabesnacht vorübergehend verloschen zu sein schien. Auch in der äußeren Natur ist dieser neue Aufbruch der Kräfte sehr stimmig nachvollziehbar.

*Auferstehung* ist primär das Eingehen in den Bereich der *Einheit*, also die Überwindung der *Polarität*, der Tod des Ichs und die Geburt des *Selbst* im Menschen – am Ende unseres langen Weges über viele Inkarnationen. Im Auferstehungsgeschehen kommt im Wesentlichen die Überwindung der Grabesnacht, die die materielle Welt symbolisiert, zum Ausdruck. Jesus ist gestorben – *auferstanden ist der Christus!* Da aber Christus in jedem Menschen ist, kann auch der Mensch *zu Christus auferstehen!*

Im Kirchenjahr folgen nun auf die 40 Tage des Fastens und des Leidens 40 Tage der Freude und des Jubels bis zum Fest von Christi Himmelfahrt.

Sehen wir in Weihnachten, in der Menschwerdung Gottes seinen „Herabstieg" in die Welt der Formen, so erkennen wir in der Himmelfahrt die *Rückkehr* zu Gott, also wieder in jenen Bereich, woher er zu Weihnachten gekommen ist. Jesus soll also mit diesem Fest von der Erde in den Himmel entlassen werden. Er verlässt mit dieser „Himmelfahrt" wieder den irdischen Bereich und nach dieser Himmelfahrt gibt es diesen irdischen Jesus nicht mehr. Er ist zu *Christus* geworden!

Auch die Ausgießung des heiligen Geistes, was ja *Pfingsten* ausmacht, ist unabdingbare Voraussetzung dafür, das ganze Heilsgeschehen *geistig*, d.h. in einem esoterischen Sinne zu verstehen und es gerade nicht historisch misszuverstehen. Historisch und konkret betrachtet bringt uns das Ganze gar nichts, wie wir weiter oben schon gesehen haben. Nur wenn wir das ganze Heilsgeschehen in einem *geistigen* Sinne betrachten und verstehen können, dann kann es für uns trächtig, nämlich heilsträchtig werden.

*Nur in der Seele des Menschen kann dieses große Heilsgeschehen heilsam werden*, weil die Seele jenseits von Zeit und Raum in der *Gegenwart* lebt und wirkliches Leben nur in der Gegenwart möglich ist. In der Vergangenheit können wir nicht mehr leben und in der Zukunft noch nicht.

Die menschliche Seele lebt in der *Zeitlosigkeit* und gehört damit dem Bereich der *Ewigkeit* an, in der es nur *Gegenwart* gibt, *ewiges Hier und Jetzt!* Aus diesem Grunde erzählt uns der *Mythos* die Geschichte von der *Wahrheit* und benützt als notwendiges Vehikel historische Ereignisse, um immer und allgemein gültige, d.h. *archetypische* Strukturen vermitteln zu können.

*Mythos ist, Geschichte war!*

Historische Tatsachen können wohl als „Rohstoff" für mythologische Erzählungen verwendet werden, was umgekehrt nicht möglich ist.

## Die Karwoche

Die Karwoche beinhaltet in kurzer und verdichteter Form das Leben Jesu in den 3 Jahren seiner öffentlichen Tätigkeit.

Sie beginnt am Palmsonntag mit dem Einzug Jesu in Jerusalem. Er reitet sinniger Weise auf einem Esel – seit alters her ein Symbol für das Ich, wie wir weiter oben schon gesehen haben – in Jerusalem ein. Dieses Bild soll zum Ausdruck bringen, dass das *Ich* im Sinne des Egos unter Kontrolle gebracht werden muss. Die Juden möchten ihn zu einem *irdischen* König machen, doch Jesus widersteht dieser Versuchung, weil sein Reich – wie er immer wieder betont – „*nicht* von dieser Welt ist" und er *Herr* über sein Ego ist! Würde Jesus der Versuchung erliegen, sich zu einem irdischen König ausrufen zu lassen, dann würde er sein großes Werk verfehlen. Es geht ja gerade darum, das Ich, das Ego – also unsere *Persönlichkeit* – in den *Dienst* der Seele zu stellen. Unsere *Seele* hat weder „Hände noch Füße" und daher bedarf es einer *reifen* Persönlichkeit, um in der *irdischen* Welt im

Sinne der Seele wirksam werden zu können, d.h. ihre Anliegen zu realisieren.

Zu Ostern nach seiner Auferstehung zieht Jesus als *Christus,* als der *wahre König* ins *himmlische* Jerusalem ein, doch dafür interessiert sich bezeichnenderweise das Volk nicht mehr. Das Volk wollte Jesus – wie schon erwähnt – zu einem irdischen König machen.

Zwischen diesen beiden Sonntagen, dem Palmsonntag und dem Ostersonntag, liegt das Geschehen der Karwoche.

Am zweiten Tag der Woche, am *Montag*, dem Mond, also dem weiblichen Prinzip zugeordneten Tag, geschieht etwas sehr Aussagekräftiges. Die Verfluchung des Feigenbaumes, der ebenfalls dem Mond zugeordnet ist. Als Jesus mit seinen Jüngern an diesem Feigenbaum vorbeikommt, verflucht er ihn – oberflächlich betrachtet eine eher merkwürdige Handlung –, auf dass er in Ewigkeit keine Früchte mehr tragen möge. Das Erstaunen der Jünger am nächsten Tag, als sie wieder an diesem Feigenbaum vorbeikommen, ist dementsprechend groß, da sie ihn „tatsächlich" verdorrt vorfinden. Historisch betrachtet ergibt das Ganze keinen Sinn, da mit diesem Feigenbaum natürlich der *Erkenntnisbaum* der Sündenfallgeschichte gemeint ist.

Der Erkenntnisbaum des Paradieses war offensichtlich ein Feigenbaum und kein Apfelbaum, was aus dem Bericht deutlich hervorgeht. Es wird erzählt, dass sich die ersten Menschen nach dem Essen von diesem Baum ihre Blöße mit Feigenblättern bedeckten, mit Blättern desselben Baumes, von dem sie verbotenerweise gegessen hatten, was sie seelisch nackt machte. Zudem ereignet sich diese Geschichte an einem Montag, also an einem dem Mond zugeordneten Tag und der Mond steht mythologisch und astrologisch für Erkenntnis im Sinne einer *Reflexion* des Lichtes der Sonne.

Jesus will damit dem Prozess der Polarität ein Ende setzen – aber gerade kein zeitliches – indem er sagt, dass dieser

Baum *in Ewigkeit* keine Früchte mehr tragen soll. Würden wir diese Geschichte historisch deuten, dann dürfte es nach dieser Verfluchung des Feigen- sprich des Erkenntnisbaumes durch Jesus, die Sünde, die Polarität nicht mehr geben, und der Mensch wäre sozusagen erlöst durch dieses „Wunder" Jesu. Dass dem nicht so ist, können wir tagtäglich, individuell wie kollektiv jederzeit und allerorts beobachten. Allein aus dieser Feigenbaumgeschichte mag deutlich werden, wie solche Aussagen in aller Regel gemeint sind. Die Bibel ist wie immer sehr konsequent in ihren Aussagen und die entsprechende *Symbolik* wird dabei rigoros durchgezogen.

Am *Dienstag*, seit alters her dem Kriegsgott Mars zugeordnet, finden dementsprechend viele Auseinandersetzungen statt; ein von Zorn und Aggression gekennzeichnetes Ereignis ist die Tempelreinigung, bei der Jesus gar nicht zimperlich mit den Händlern umgeht, die im Tempelhof ihre Geschäfte abwickeln. Er fordert mit seinem Verhalten die Juden geradezu heraus gegen ihn einzuschreiten, um die römische Besatzung zu beruhigen und von einer Schändung des Tempels abzuhalten. Jesus dokumentiert mit diesem entschiedenen Handeln seine tiefe Abneigung gegen faule Kompromisse; Kompromisse sind keine echte Gegensatzvereinigung, sondern meist faule Arrangements. Die Welt liebt Kompromisse, was meistens dabei herauskommt, zeigt die Politik dieser Welt, wobei meist das „kleinere" Übel durch Mehrheitsbeschlüsse gewählt wird, was nichts daran ändert, dass es doch ein Übel bleibt.

In der Esoterik gibt es aus diesem Grunde keine Kompromisse. *„Deine Rede sei ja oder nein, aber diese Lauen, möchte ich ausspeien aus meinem Munde"*, sagt Jesus sinngemäß. Jesus spricht der Konfliktbereitschaft das Wort und nicht der Konfliktvermeidung. Entwicklung geschieht gerade dort, wo der Mut aufgebracht wird, in Konflikte hineinzugehen und Entscheidungen herbeizuführen. *„Ich bin nicht gekommen, den Frieden zu bringen, sondern das Schwert"* (der Ent-scheidung), sagt derselbe Jesus an anderer Stelle. Erst nachdem sich der Mensch dem Konflikt gestellt hat und durch ihn hindurchgegangen ist, kann sich wahrer und echter Friede einstellen.

Der *Mittwoch,* der Tag der Wochenmitte, ist dementsprechend dem Merkur, dem Vermittler zugeordnet. Es geht um Austausch, um Kommunikation und Ritual, wie wir am Beispiel der Salbung der Füße Jesu mit wertvollem Olivenöl durch Maria Magdalena unschwer erkennen können. Hier stellt sich Jesus eindeutig hinter das Ritual und nicht hinter Sozialhilfe, wie sie Judas reklamiert: „Man hätte das wertvolle Olivenöl verkaufen und den Erlös unter die Armen verteilen können". Diese Haltung besteht auch bei der heutigen Kirche in ihrer *Über*betonung der sozialen Komponente auf Kosten echten Rituals. Jesus ist auch hier sehr hart in seiner Formulierung: *„Arme habt ihr alle Tage, mich aber habt ihr nur heute",* ist seine Antwort auf diese caritativen Einwände des Judas.

Das Ritual der Fußwaschung am nächsten Tag, dem Grün*donnerstag,* will einerseits den echten Demutsaspekt, den Aspekt des Dienens betonen bei dem es darum geht, dass das Ich sich letztlich beugen muss vor dem Selbst und andererseits soll damit zum Ausdruck kommen, dass mit dem Ritual der Fußwaschung der Kontakt mit der Erde, mit dem irdischen Bereich, der durch die Füße hergestellt wird, gelöst werden muss. Das Abendmahl das an diesem Tage im Kreis seiner Jünger stattfindet, soll uns das Zerstückelungsmotiv nahe bringen. Der Mensch muss Gott „aufessen", sich Gott einverleiben, um sich mit ihm zu vereinen. Über diesen seinen Teil bekommt der Mensch Anteil an der Gottheit – pars pro toto – jeder Teil enthält das Ganze, aber das Ganze ist mehr als die Summe seiner Teile. Auch im Mythos des Osiris können wir schon dieses Zerstückelungsmotiv erkennen wie auch noch heute beim Brotbrechen der Hostie in der Eucharistiefeier.

Schon die Schöpfung enthält das Zerstückelungsmotiv, wenn Gott in die Vielheit der Welt „zerteilt" wird. Diese „zerstückelte Welt" muss nun wieder Teil für Teil, Aspekt für Aspekt, einverleibt werden, aufgegessen werden, was mit Bhoga = Weltessen in der indischen Kultur bezeichnet wird. *Integration* dieser zerstückelten, zerteilten Welt durch schrittweises „Aufessen" bzw. Hereinlassen in unser Bewusstsein auf dem Weg unserer Entwicklung meint dasselbe, wenn es darum geht, wieder Ganzheit herzustellen.

Nun wir sind beim Gründonnerstag, dem Tag des Jupiter, an dem Jesus in seiner Priesterfunktion auftritt. In der folgenden Nacht darf niemand den geschützten Bereich des Hauses verlassen, weil in dieser Nacht der Würgengel umgeht. Judas verlässt – wie wir wissen – das Haus und fällt dem Würgengel zum Opfer, indem er sich erhängt. Auch Jesus geht hinaus und begegnet dem Würgengel. Es ist die Nacht, da er mit dem Tode rang, ein Tod der ihn zu früh ereilen könnte, noch bevor er sein großes Werk vollbringen konnte. Dieses „zu früh" steht hier im Vordergrund und Jesus ringt buchstäblich mit diesem Tod, sodass er Blut schwitzt, wie es heißt. Jesus muss über diesen Tod siegen, weil er den bewussten Tod am Kreuz vereiteln würde.

Was beim Kar-*freitags*geschehen auffällt, ist die Thematik der Dreigliedrigkeit. Jesus muss sich drei Prozessen unterziehen: unter Kaiphas, Herodes und Pilatus. Diese Dreigliedrigkeit zieht sich – wie schon einmal angesprochen – durch bis zu den drei Kreuzen. Die darauf folgende Geißelung ist auf der einen Seite Ausdruck für das Leid *des Menschen,* auf der anderen Seite Zeichen für ein hierbei stattfindendes Einweihungsritual, stammend aus der Mysterientradition.

    Der Ausruf des Pilatus: „Seht, welch ein Mensch", ist nicht ganz richtig übersetzt denn es muss vielmehr heißen: „Seht, *den* Menschen", weil damit nicht Jesus allein gemeint ist, sondern *der Archetyp Mensch schlechthin!*

Die Kreuzigung Jesu ist gekennzeichnet durch seine 7 Kreuzesworte, die sich verteilt in den Evangelien finden.

Das 1. Kreuzeswort: *Mein Gott, mein Gott, warum hast du mich verlassen,* ist sehr schwer, es richtig zu verstehen. Es stammt aus dem 22. Psalm und entspringt der Mysterientradition. In dieser gibt es nämlich auch die gegensätzliche Bedeutung: *Mein Gott, mein Gott, wie hast du mich verherrlicht,* womit der kirchen-christlichen Deutung in Richtung eines gescheiterten und an der Liebe Gottes zweifelnden Jesus widersprochen wird!

Das 2. Kreuzeswort: *Vater, vergib ihnen, denn sie wissen nicht, was sie tun,* ist primär an die erstarrten, orthodoxen Kaiphasmen-schen gerichtet, mit denen sich Jesus auf diese Weise aussöhnt. Auch der linke Schächer vertritt diese Denkrichtung indem er Jesus verhöhnt und ihn auffordert: „Wenn du Gottes Sohn bist, dann steig herab vom Kreuz."

Das 3. Kreuzeswort: *Wahrlich, wahrlich ich sage dir, heute noch wirst du mit mir im Paradiese sein,* ist an den rechten Schächer gerichtet, womit er sich mit dem Herodesprinzip aussöhnt, also eine echte Gegensatzvereinigung von links und rechts, mit dem linken und dem rechten Schächer auf seiner Seite. Sein Kreuz steht sinngemäß in der Mitte, er ist der Mercurius, der Mittler, und so könnte deutlich werden, dass es immer und überall um diese eine *Mitte* geht, die nur durch eine Vereinigung der Gegensätze zu erreichen ist.

Das 4. Kreuzeswort: *Vater, in deine Hände empfehle ich meinen Geist,* meint primär die Aufgabe des Ichs im Sinne des *Egos,* die als letztes Ziel eines echten esoterischen Weges immer gefordert ist.
    Dieses 4. Kreuzeswort steht sinngemäß in der Mitte dieser 7 Sätze. Es ist Ausdruck dafür, dass es letztlich immer darum geht, das für den Anfang des Weges noch notwendige Ich am Ende des Weges zu opfern, um zum *Selbst* werden zu können.
    Das totale *Ein*-verstandensein mit allem, was ist, d.h. das *Eine,* um das es immer geht, letztlich zu begreifen, um *Eins* mit Gott, das heißt, wieder Gott werden zu können.

Im 5. Kreuzeswort: *Frau, siehe deinen Sohn* und: *Sohn siehe deine Mutter,* erfahren wir von der Einsetzung des Johannes als Sohn der Mutter Maria bzw. Mariens als Mutter dieses Sohnes, also eine Gegensatzvereinigung jenseits von allen irdischen wie biologischen Verwandtschaftsbezügen.

Das 6. Kreuzeswort: *Mich dürstet,* ist von dem fürs Erste unverständlichen Umstand gekennzeichnet, dass Jesus nicht Wasser gereicht wird, sondern Essig. Dies ist kein Zufall, sondern hat seine tiefere, alchemistische Bedeutung darin, dass Essig den unteren, den irdischen, den fixen Merkur des Pflanzenreiches symbolisiert im Gegensatz zum Alkohol, der für den flüchtigen, den oberen, den geistigen Merkuraspekt des Pflanzenreiches steht. Jesus als Repräsentant des *geistigen* Merkurprinzips empfängt hier eine Kommunion mit entgegengesetzten Vorzeichen. Er empfängt als Ausgleich dieser Polarität natürlich den fixen, irdischen Merkur, den Essig, um diese Polarität zwischen oben = geistig, und unten = irdisch, auszugleichen.

Das Wesen der *Gegensatzvereinigung* wird hier wieder konsequent durchgezogen und wird nur verständlich, wenn wir diese Ereignisse einer esoterischen Betrachtung unterziehen und nicht allein einer historischen.

Schließlich finden wir im 7. Kreuzeswort: *Te Telestai, – es ist vollbracht,* wieder einen Terminus aus der Mysterientradition. Wie wir hier klar erkennen können, geht es auch bei der Kreuzigung Jesu letztlich und *wesentlich* um ein großes *Ein*-weihungsritual, um das Opus magnum, um *sein* großes Werk! Hier hat jedes Wort seinen ihm zugeteilten Platz, nichts ist dem Zufall überlassen und die dazugehörige Symbolik wird konsequent durchgezogen. Damit soll nicht die Härte und die Tragik dieses Ereignisses in Frage gestellt oder abgeschwächt, sondern im Gegenteil, das Wesentliche dieses Geschehens transparent gemacht werden.

*Te Telestai: Die Weihen sind vollendet,* heißt dieses Wort aus der griechischen Mysterientradition und es ist unhaltbar anzunehmen, dass gerade diese Worte Jesus sozusagen „zufällig" in den Mund gelegt werden und bei einem derart spektakulären Ereignis wie einer Kreuzigung an den dafür vorgesehenen Stellen „zufällig" wieder auftauchen.

Vor diesem Hintergrund wird nun auch die Kreuzsymbolik verständlich. Es geht um Gegensatzver-*ein*-igung! Im Mittelpunkt des Kreuzes finden wir die *Quintessenz*, nur in diesem Punkt kann Befreiung aus der Polarität erreicht werden!

Daher geht es bei Jesus und somit bei jedem Menschen darum, dass wir durch *das Kreuz* der Polarität *hindurch* müssen, weil es *Befreiung* aus der Polarität und deren *Überwindung nur in diesem Schnittpunkt geben kann*! Nur in diesem Schnittpunkt ist die Spannung der Gegensätze aufgehoben!

Der Weg führt durch die Polarität dieser materiellen Welt hindurch, die durch das Kreuz symbolisiert wird, und wie Jesus es uns *muster-gültig* gezeigt hat, nicht am Kreuz und nicht am Leid – das untrennbar mit der Polarität verbunden ist – vorbei!

Der Ausgang liegt – wie wir gesehen haben – im Schnittpunkt des Kreuzes, also mitten in dieser Welt! Das Oben muss mit dem Unten, links mit rechts vereint werden. Das Kreuz ist das *archetypische* Symbol für diese entfaltete Polarität d.h. die Vierheit. Die Zahl 4 steht für die Materie, an die der Mensch durch seine *5 Sinne* genagelt ist.

Nur wenn wir diese religiösen Überlieferungen als *archetypische Bilder* sehen und begreifen lernen, werden sie *wahr* und *heilskräftig*; allein als historische Schilderungen sind sie für uns unverbindlich.

Aus einer esoterischen Betrachtungsweise des ganzen Heilsgeschehens kann auch ein Ausspruch Buddhas vielleicht besser verstanden werden, wenn er sagt: „Leben ist Leiden".

Es soll damit nicht dem Pessimismus das Wort geredet werden, sondern einem sinnvollen Realismus. Dass die Möglichkeit der Befreiung besteht, hat uns ja dieser Jesus Christus gezeigt und vorgelebt. Wenn aber eine für religiöse Zusammenhänge

„einäugig" gewordene wissenschaftliche Theologie und Kirche uns fälschlicherweise verspricht, dass Jesus die Erlösung für uns stellvertretend schon geleistet hat, dann ist das ein falscher Trost und eigentlich unverantwortlich.

## Die Petruskirche und Johannes

Wir sollten auch nicht übersehen, dass bei diesem Opus magnum, diesem großen Werk Jesu nur 1 Jünger anwesend war, nämlich *Johannes*. Er war der Einzige unter den 12 Jüngern, der in die esoterischen Geheimnisse dieses Geschehens eingeweiht war.

So wie die übrigen 11 Jünger beim entscheidenden Geschehen der Kreuzigung nicht dabei waren, so war auch die Kirche nicht dabei, obwohl sie sich auf diese Jünger – vor allem auf Petrus beruft –, als dessen Nachfolgerin sie sich ja bezeichnet. Doch gerade dieser Petrus hat seinen Herrn und Meister nicht verstanden, sondern ihn verleugnet; wie soll dann diese Kirche als seine Nachfolgerin diesen Jesus verstehen?

Die Kirche kennt daher die inneren d.h. die esoterischen Zusammenhänge der Lehre Jesu offensichtlich nicht, weil sie so wie Petrus beim entscheidenden Geschehen nicht dabei war – wohl aber *Johannes!*

> Johannes war dabei, er war eingeweiht, er steht für das *esoterische Christentum!*

Zwei Männer sollten in diesem Zusammenhang noch erwähnt werden: Nikodemus als Vertreter des Pharisäerordens und Josef von Arimathia, der Ausgangspunkt werden sollte für das Gralschristentum, einem *esoterischen* Christentum.

Aufgabe des exoterischen Kreises einer Lehre, den die Kirchen verkörpern bzw. verkörpern sollten, ist es, die esoterische Lehre soweit dies möglich und sinnvoll ist, in religiöse Formen zu verpacken und diese dem gläubigen Volk weiterzugeben. Die Kirche aber hat sich in weltliche Machtstrukturen verwickelt, ist Opfer der polaren Welt – von Maya – und später Opfer des wissenschaftlichen Weltbildes geworden, das sich seinerseits ja der materiellen, mayatischen Welt verpflichtet fühlt. Die Kirche steht heute in einem *geistigen* Sinne mit leeren Händen da. Da in dieser Welt alles seinen Sinn hat, auch dann, wenn unser Ego ihn nicht begreifen kann, hat auch diese Kirche ihren tieferen Sinn und gehört unabhängig davon, wie gut oder schlecht sie ihren Auftrag erfüllt hat, in den großen Plan, den wir letztlich nicht kennen, womit es also niemandem zusteht, über diese Kirche zu richten. Dasselbe gilt für die Wissenschaft, auch wenn es oft haarsträubend ist, was sie macht.

Es ist notwendig, uns selbst unsere eigenen Gedanken über Kirche und Wissenschaft zu machen, darüber zu reflektieren, um zu mehr Klarheit über das Wesen des Christentums zu gelangen.

Es gibt dem Polaritätsgesetz entsprechend in der Regel immer zwei Richtungen in jeder Hochreligion – die esoterische und die exoterische Strömung.

Auch Buddha hat sowohl einen esoterischen wie einen exoterischen Buddhismus begründet. Moses ist neben dem offiziellen Judentum auch für die jüdische Geheimlehre, die Kabbalah zuständig, und so ist es auch im Islam usw.

Die Schlüsselfigur, an der wir sowohl das Wesen der Kirche als auch ihr Schicksal ablesen können, ist Petrus. Die Kirche ist sozusagen die vergrößerte „Petrusstruktur". In diesem Zusammenhang gibt es im Neuen Testament einige Stellen, die uns über Wesen und Charakter des Petrus und in der Folge über die Kirche nähere Auskunft geben können.

In Bezug auf Treue und Verlässlichkeit ist dieser Petrus – wenn wir von seinem Versagen beim Geschehen der Karwoche absehen, in dem er Jesus dreimal (!) verleugnet hat –, ja ein Vorbild, wenn wir in Matth. 16/15 lesen: Da sagte er zu ihnen: *Ihr aber, für wen haltet ihr mich?* Simon Petrus antwortete: *Du bist der Messias, der Sohn des lebendigen Gottes!* Jesus sagte zu ihm: *Selig bist du, Simon Barjona; denn nicht Fleisch und Blut haben dir das offenbart, sondern mein Vater, im Himmel. Ich aber sage dir: Du bist Petrus, und auf diesen Felsen werde ich meine Kirche bauen, und die Mächte der Unterwelt werden sie nicht überwältigen. Ich werde dir die Schlüssel des Himmelreiches geben; was du auf Erden binden wirst, das wird auch im Himmel gebunden sein, und was du auf Erden lösen wirst, das wird auch im Himmel gelöst sein.* Dann befahl er den Jüngern, niemand zu sagen, dass er der Messias sei.

Das ist offensichtlich jene Stelle im Neuen Testament, auf die sich die Kirche beruft, was ihre *Sukzession* betrifft. Auch wenn sie – wie wir am Beispiel des Petrus sehen – die christliche Lehre in wesentlichen Bereichen im Verlauf ihrer Geschichte offensichtlich missverstanden hat und damit von der Wahrheit abgewichen ist, so ist sie doch die legitime Nachfolgerin dieses Petrus und somit haben Rituale, die von dafür geweihten Menschen – *wenn sie gültig vollzogen werden* – ihre Wirksamkeit und eine entsprechende Verbindlichkeit.

Fels ist feste Materie und offensichtlich wollte Jesus seine Kirche auf sicherem Grund errichten und dafür eignet sich Petrus, wenn es um das Konkrete geht, auch um das konkrete Schriftverständnis, vorzüglich. Wenn es hingegen um metaphysische Zusammenhänge geht, wird es schwierig. Er ist abhängig von der konkreten Form und damit auch von der leiblichen Anwesenheit Jesu. Es fehlt ihm an echtem Glauben, er muss das, woran er glaubt, angreifen können und wenn das möglich ist, ist er auch bereit, dafür in den Tod zu gehen.

In Luk. 22/31, sagt Jesus zu Petrus: *Simon, Simon, der Satan hat verlangt, daß er euch wie Weizen sieben darf. Ich aber habe für dich gebetet, daß dein Glaube nicht erlischt. Und wenn du dich wieder bekehrt hast, dann stärke deine Brüder!* Darauf sagte Petrus zu ihm: *Herr, ich bin bereit, mit dir sogar ins Gefängnis und in den Tod zu gehen.* Jesus erwiderte: *Ich sage dir, Petrus, ehe heute der Hahn kräht, wirst du dreimal leugnen, mich zu kennen.*

In Joh. 13/36 heißt es: Simon Petrus sagte zu ihm: *Herr wohin willst du gehen?* Jesus antwortete: *Wohin ich gehe, dorthin kannst du mir jetzt nicht folgen. Du wirst mir aber später folgen.* Petrus sagte zu ihm: *Herr, warum kann ich dir jetzt nicht folgen? Mein Leben will ich für dich hingeben.* Jesus entgegnete: *Du willst für mich dein Leben hingeben? Amen, amen, das sage ich dir. Noch bevor der Hahn kräht, wirst du mich dreimal verleugnen.*

Das Krähen des Hahnes verkündet den Anbruch eines neuen Morgens und steht für erwachen. Noch bevor dieses Erwachen kommt, wird Petrus ihn dreimal verleugnen. Petrus will Jesus immer wieder seine Treue bekunden und ist sogar bereit für ihn zu kämpfen, wie wir bei der Gefangennahme Jesu sehen können. Diese Beispiele sollen ein Bild dafür abgeben, wie wir dieselben Eigenschaften in der Petruskirche wiederfinden können. Die Petruskirche verkörpert – wie oben schon angesprochen – die vergrößerte Charakterstruktur des Petrus. Wenn wir Petrus verstehen, dann können wir auch diese Kirche verstehen. Wir finden in der Kirche seine Eigenschaften wieder: Treu und zuverlässig, gebunden an die konkrete historische Person Jesus, den sie mit Waffengewalt verteidigt, wenn wir nur an die Kreuzzüge denken. Petrus will, wie seine Kirche auch, diesen Jesus nicht entlassen, er will ihn lieber hier haben als im Himmel, wo er aber hingehört. So wie Petrus denkt auch die Kirche – konkret, menschlich aber *nicht* göttlich. Noch ehe der Hahn kräht, das heißt, noch ehe das neue Zeitalter beginnt, hat Petrus den Herrn dreimal geleugnet. Auch die Kirche verleugnet Christus, doch offensichtlich ist Jesus das voll bewusst, als er Petrus einsetzt. Petrus beteuert auch immer wieder, dass er Jesus liebt.

In Joh. 21/15 heißt es entsprechend: Als sie gegessen hatten, sagte Jesus zu Simon Petrus: *Simon, Sohn des Johannes, liebst du mich mehr als diese?* Er antwortete ihm: *Ja, Herr, du weißt, daß ich dich liebe.* Jesus sagte zu ihm. *Weide meine Lämmer!* Zum zweitenmal fragte er ihn: *Simon, Sohn des Johannes, liebst du mich?* Er antwortete ihm: *Ja, Herr, du weißt, daß ich dich liebe.* Jesus sagte zu ihm: *Weide meine Schafe.* Zum drittenmal fragte er ihn: *Simon, Sohn des Johannes, liebst du mich?* Da wurde Petrus traurig, weil Jesus in zum drittenmal gefragt hatte: *Hast du mich lieb?* Er gab ihm zu Antwort: *Herr du weißt alles; du weißt, daß ich dich liebhabe.* Jesus sagte zu ihm: *Weide meine Schafe!*

In Joh. 21/ 18 heißt es: *Amen, amen, das sage ich dir. Als du noch jung warst, hast du dich selbst gegürtet und konntest gehen, wohin du wolltest. Wenn du aber alt geworden bist, wirst du deine Hände ausstrecken, und ein anderer wird dich gürten und dich führen, wohin du nicht willst.* Das sagte Jesus, um anzudeuten, durch welchen Tod er Gott verherrlichen würde. Nach diesen Worten sagte er zu ihm: *Folge mir nach!*

Petrus wandte sich um und sah, wie der Jünger, den Jesus liebt (diesem) folgte. Es war der Jünger, der sich bei jenem Mahl an die Brust Jesu gelehnt und ihn gefragt hatte: *Herr, wer ist es, der dich verraten wird?*

Als Petrus diesen Jünger sah, fragte er Jesus: *Herr, was wird denn mit ihm?* Jesus antwortete ihm: *Wenn ich will, daß er bis zu meinem Kommen bleibt, was geht das dich an? Du aber folge mir nach.* Da verbreitete sich unter den Brüdern die Meinung: Jener Jünger stirbt nicht. Doch Jesus hatte zu Petrus nicht gesagt: Er stirbt nicht, sondern: *Wenn ich will, daß er bis zu meinem Kommen bleibt, was geht das dich an?*

Diese dreimalige Frage Jesu an Petrus, ob er ihn liebe, mutet fürs Erste eigenartig an. Das Problem besteht darin, das Wort „Liebe" sinngemäß richtig ins Deutsche zu übersetzen, weil es im Griechischen eine dreifache Differenzierung für das Wort Liebe gibt: *eros* – für erotische Liebe, *fi´lia* – für die Freundesliebe bzw. Freundschaft und schließlich *agapi* – für die Gottesliebe. Jesus will offensichtlich mit *agapi* geliebt werden und Petrus antwortet immer wieder mit *fi´lia*.

Ganz anders bei Johannes, von dem es heißt, dass er Jesus mit *agapi* liebt!

Trotz dieses Missverständnisses bekommt Petrus den Auftrag: *Weide meine Lämmer.*

Petrus fehlt offensichtlich dieser Zugang zur rein geistigen Ebene.

Um die Bedeutung dieser Bibelstelle für die Kirche noch einmal zu verdeutlichen:

Joh. 21/18: *Amen, amen, das sage ich dir: Als du noch jung warst, hast du dich selbst gegürtet und konntest gehen, wohin du wolltest. Wenn du aber alt geworden bist, wirst du deine Hände ausstrecken, und ein anderer wird dich gürten und dich führen, wohin du nicht willst.*

Auf die Kirche übertragen bedeutet dies, dass sie, als sie jung war, die Dinge noch in der Hand hatte und ihr Leben und Wirken nach eigenen Vorstellungen und aus eigener Kraft gestalten konnte. Wenn sie aber alt geworden ist – und an diesem Punkt ist diese Kirche offensichtlich – was ihre heutige *geistige* Verfassung betrifft – angelangt. Die 2000 Jahre, die ihr gegeben wurden, nähern sich ihrem Ende. Wir stehen wieder vor einem *neuen* Äon. Wenn sie aber alt geworden ist, wird sie ihre Hände ausstrecken und ein anderer wird sie gürten und führen, wohin sie nicht will.

Dieser *andere* – von dem hier die Rede ist –, wird *Johannes* sein!

## Kirche am Scheideweg

Ob die Kirche dies wahrhaben will oder nicht, wir befinden uns in dieser Phase. Es gibt viele äußere Anzeichen dafür; von den Skandalen in hohen kirchlichen Kreisen, über Mitgliederschwund bis hin zu den finanziellen Katastrophen des Vatikans und was am schlimmsten ist – ihrer spirituellen Verflachung –, all dies spricht eine deutliche Sprache. Einst kräftig und mächtig bietet sie heute ein Bild der Ohnmacht.

Haben wir in Matth. 16/15 die Einsetzung des Petrus als Fels für die Petruskirche der vergangenen 2000 Jahre, so haben wir in Joh. 21/20-23 die Einsetzung des *Johanneischen Christentums* für die nächsten 2000 Jahre. Petrus will das natürlich nicht, daher seine Frage: *Herr, was wird denn mit ihm?* Jesus sagte zu ihm: *Wenn ich will, daß er bis zu meinem Kommen bleibt, was geht das dich an?*

Johannes wird bleiben, er wird die Tradition der *esoterischen Lehre* weiterführen, wie er sie bis jetzt –, unabhängig von allen äußeren Umständen – weitergeführt hat. Er ist der Garant für die *Wahrheit* des Christentums in einem *esoterischen* Sinne, weil er ein Eingeweihter ist.

Das *Esoterische Christentum* stellt eine eigene Strömung innerhalb der Tradition dar. Die Kirche dagegen ist bzw. war zuständig für den exoterischen Pol des Christentums, hat sich in Macht und Polarität verwickelt und ist zum Politikum geworden. Sie hat ihren Auftrag so gut sie konnte erfüllt und es steht uns Sterblichen nicht zu, über sie zu urteilen, denn kein anderer als *Jesus Christus* selbst – der ihre Schwächen in der Person des Petrus sicher vorausgesehen hat und ihn trotzdem eingesetzt hat – ist dafür zuständig, über sie zu richten!

Es geht auch in diesem Buch *nicht* darum, über die Kirche zu richten, sondern um eine entsprechende Analyse, um *die Kehrseite der Medaille* sichtbar zu machen und zu versuchen, die Wurzeln ihrer unübersehbaren heutigen Krise aufzuzeigen. Die Kirche steht offensichtlich an diesem Scheideweg, sich auf ihre *esoterischen* Wurzeln zu besinnen von denen sie vor 2000 Jahren ihren Ausgang genommen hat, oder in der Bedeutungslosigkeit zu versinken. Ob sie dazu bereit und fähig ist, ihren bisherigen Weg zu verlassen und *Johannes* zu folgen, wird die Zukunft zeigen.

## VIII  Esoterisches Christentum

Neben dem exoterischen Christentum gibt es seit Anbeginn – bis zum Ende der Tage – das *esoterische* Christentum, ein *spirituell* verstandenes Christentum, das um die *innere* Wahrheit dieser großen Lehre schon immer wusste. Das exoterische Christentum war offensichtlich dazu bestimmt, die notwendige Vorbereitung für das Hervortreten des *esoterischen* Christentums zu leisten.

Deshalb wird nicht gleich alles „esoterisch" werden, aber der Impuls wird und muss gesetzt werden, um das Christentum als Ganzes im *Sinne Jesu* weiterzuführen. Drei Indizien sind es im Wesentlichen, die eine solche Entwicklung, wie ich sie angedeutet habe, nahelegen:

An erster Stelle sind die oben angesprochenen entsprechenden Stellen im Neuen Testament, speziell im Johannesevangelium, zu nennen.

Zweitens die nicht zu übersehenden äußeren Anzeichen in dieser Kirche, die zumindest auf eine schwere innere Krise hindeuten,

und drittens ist es die kosmische Signatur, die auf ein absehbares Ende der Petruskirche – in ihrer heutigen Form – schließen lassen.

Seit alters her kennt die astrologische Tradition die Lehre von den Weltzeitaltern. Diese Lehre finden wir schon bei Plato und deshalb spricht man auch vom großen platonischen Weltenjahr. Ein solches Weltenjahr umfasst astronomisch 25920 Jahre und entspricht der Zeit, die der „Frühlingspunkt" im astrologischen Tierkreis rückwärts wandernd für einen Umlauf durch den ganzen Tierkreis benötigt.

Den 12 Tierkreiszeichen entsprechend dauert die Durchwanderung eines Tierkreiszeichens also 2160 Jahre, was einem so genannten „Weltenmonat" entspricht. In Gang gehalten wird diese Wanderung des Frühlingspunktes durch die Präzession der Erdachse.

Da eine astrologische Interpretation dieses Phänomens den Rahmen dieses Buches sprengen würde und mir konkrete Prognosen fernliegen, möge der Hinweis genügen, dass ein Weltenmonat, also ein Äon, die religiöse *Symbolik* für diese 2160 Jahre prägt.

Dieser Wechsel in der Symbolik ist im geschichtlichen Rückblick auf vergangene religiöse Epochen sehr schön nachvollziehbar, wenn man den entsprechenden Blick dafür entwickelt hat.

Im vorliegenden Fall geht es also um den Wechsel von der Symbolik des *Fische*zeichens, das dem Christentum der letzten 2000 Jahre seinen Stempel aufgedrückt hat, zum Tierkreiszeichen *Wassermann.* Die Fische-Symbolik ist ja im Christentum nicht zu übersehen. Was das inhaltlich bedeutet, soll nicht Gegenstand dieses Buches sein, wichtig dabei ist nur der Umstand, dass wir uns zurzeit in einem solchen Übergang befinden.

Die Kirche wäre vielleicht gut beraten, wenn sie ihre Abneigung gegen Esoterik auf den Bereich beschränken würde, der im Kapitel *„Pseudoesoterik"* schon angesprochen wurde. Vielleicht könnte sie ihren Kampf gegen die Esoterik, der schon mit der „Konstantinischen Wende" begonnen hat und den sie heute noch weiterführt, in ein sinnvolleres *Mit* der Esoterik verwandeln und sich wieder den Quellen zuwenden, von denen sie vor 2000 Jahren ihren Ausgang genommen hat.

Diese esoterische Strömung ist nie wirklich abgerissen und man muss sich heute fragen, wie diese Kirche sich zu den großen Kirchenvätern – die in gar nicht geringer Zahl *Esoteriker* waren –, heute stellt. Esoterik und damit „Esoteriker". gab es zu allen Zeiten in der Geschichte, angefangen in der Antike über das Mittelalter bis heute.

Ein kompetenter Autor in diesem Bereich – und in meinem Buch schon zitierter – ist Gerhard Wehr, der in seinem Buch: „Esoterisches Christentum" unter anderem ausführt: „Esoterik ist in den letzten Jahren ins Gerede gekommen. Dabei entsteht nicht selten der Eindruck, als handle es sich um ein fragwürdiges Sammelsurium kurios-geheimnisvoller Theorien und Praktiken. Wenige, die das Modewort im Munde führen, machen sich klar, aus welchen geistesgeschichtlichen Wurzeln Esoterik eigentlich hervor gewachsen ist. Wenige wissen, inwiefern das Esoterische seit je auch in der Tradition des westlichen Christentums beheimatet ist. [...] Erinnert sei an Kant, der einerseits von Philosophie nach ihrem „Schulbegriff" sprach und der andererseits davon eine Philosophie nach ihrem „Weltbegriff" abhob. Der Sache nach ist einmal der mehr esoterische, das andere Mal der exoterische Aspekt zur Geltung gebracht. Sehen wir uns nach einem Beispiel aus der vorsokratischen Philosophie um, so kann auf Pythagoras und auf seine Philosophenschule im süditalienischen Kroton verwiesen werden. Als Esoteriker lassen sich die Jünger des Pythagoras insofern ansprechen, als sie einen inneren Kreis bildeten, eine Mysteriengemeinschaft mit straffer Disziplin, spirituell und ethisch ausgerichtet. Dadurch hoben sich die Pythagoräer von ihrer Umgebung ab. Platon, der in mehrfacher Hinsicht durch den Weisen von Kroton gelernt hat, setzte dem Philosophen des 6. Vorchristlichen Jahrhunderts in seinem *Staat* ein Denkmal, indem er schrieb: „Pythagoras selbst genoß aufgrund seiner Lebensführung die größte Verehrung, und auch seine Nachfahren, die noch jetzt von Pythagoreischer Lebensordnung sprechen, erscheinen irgendwo als etwas Besonderes unter den übrigen Menschen." [1]

An anderer Stelle lesen wir: „Echte Esoterik als Inbegriff einer inneren Erfahrung, der Erkenntnis und der zur Reife hinführenden Verwandlung, ist von jeder vordergründigen Pseudo-Esoterik abgrundtief geschieden, auch wenn sich deren Animateure geheimnistuerisch gebärden, indem sie angeblich „erstmals" den Schleier des Geheimnisses lüften und streng gehütetes Okkultwissen geschäftstüchtig verhökern." [2]

Das ist gemeint, was ich an anderer Stelle dieses Buches als „Esoboom" und „Esowelle" bezeichnet habe. Leider werden Inhalte dieser seichten Welle sehr oft mit wahrer Esoterik verwechselt, was zu großen Missverständnissen geführt hat und immer noch führt!

Wehr weiter: „So sei vorweg eines festgehalten: Heute ist es nicht weniger schwierig als zu Zeiten der antiken Philosophen, auf die esoterische Dimension der Wirklichkeit hinzuweisen. Seit

Ende der siebziger Jahre hat sich eine Welle der Pseudo-Esoterik ausgebreitet: Es wurde zum Beispiel der irritierende Eindruck erweckt, „Esoterik" sei schlechthin all das, was in den okkulten Formenkreis hineingehört, selbst mit Einschluß parapsychischer Erscheinungen und allerlei nicht selten fragwürdiger Praktiken bis hin zu den Abartigkeiten das Satanismus. Dem ist durch den Aufweis der Fakten zu widersprechen." [3]

Und weiter: „Ehe wir uns nun einzelnen Epochen christlicher Esoterik zuwenden, ist ergänzend auf den Anteil der jüdischen Überlieferung hinzuweisen. So bedeutsam der griechische Beitrag für die Bildung des abendländischen Geistes ist, ohne den Einfluß altisraelischer und *jüdischer Spiritualität* können die beiden nachchristlichen Jahrtausende in der westlichen Welt nicht gedacht werden. Ein reicher Symbolbestand, der dem christlichen Mystiker (im weitesten Sinne des Wortes verstanden) geläufig ist, gründet letztlich im Alten Testament. Man denke nur an den „Baum des Lebens", an die Geheimnisse des „Thronwagens" beim Propheten Hesekiel (Ezechiel), an Priestertum und Tempeldienst. Und nachdem ein großer Bereich des Esoterischen dem großen Thema „Geist und Buchstabe" gewidmet ist, der Hermeneutik (wieder taucht „Hermes" auf), gilt es, den tieferen Schriftsinn zu entbinden, der sich im Wort und Gleichnisbild der „Schrift" eingetragen hat. Nicht die auf den Buchstaben schwörende Schriftgelehrsamkeit mit ihren historisch-kritischen Methoden ist gemeint, vielmehr geht es um das Ergriffenwerden von der spirituellen *Dýnamis,* eine Unterscheidung, die bereits in den Evangelien beim Gegenüber von Jesus und den „Schriftgelehrten" getroffen wird (z.B. Mt 7/ 29) [..] So sind es hauptsächlich zwei Geistesströmungen, die, sich wechselseitig vermischend, die abendländische Kultur durchziehen und reich befruchtet haben: die *griechisch-hellenistische* und die *hebräisch-jüdische* Spiritualität. Von hier aus kann die Annäherung an die spezifisch christliche Esoterik versucht werden." [4]

Wie ich weiter oben schon ausgeführt habe, wurzelt die Kirche in der Esoterik des Anfangs und es mutet zumindest eigenartig an, wenn die heutige Kirche von Esoterik nichts hören will, ja sie sogar bekämpft! Weiß die heutige Kirche nicht mehr um ihren Ursprung?

Gerhard Wehr dazu: „Die Anfänge der christlichen Esoterik fallen mit dem Ursprung des Christentums zusammen. Ohne das esoterische Christentum ist der Anfang der christlichen Kirche gar nicht zu denken." [5]

Und: „Wenn Repräsentanten der urchristlichen Esoterik namhaft gemacht werden sollen, die nicht nur durch bloße Namensnennung oder nur durch eine markante Einzelschilderung als Teilhaber am Christus-Mysterium ausgewiesen sind, dann müssen wir vor allem zwei nennen: Johannes, den Evangelisten, und den Apostel Paulus. Andere, wenig Genannte, sind eher mit einem Schleier des Geheimnisses überzogen: so etwa Nikodemus, der „Meister in Israel", der „bei der Nacht" zu Jesus kommt, um von ihm Antwort auf die Frage nach der Neugeburt des Menschen zu erhalten; sodann der von Christus „erweckte" Lazarus, ferner Simon von Kyrene, der das Kreuz Jesu zum Hügel Golgatha trug, oder Joseph von Arimathia, der mit der Grablegung betraut wurde und dessen Name in den Zusammenhängen der esoterischen Gralserzählungen wieder auftaucht; nicht zuletzt der nur ein einziges Mal erwähnte Dionysios vom Areopag in Athen, auf den sich viele Jahrhunderte hindurch Mystiker und Hüter eines esoterischen Christentum berufen haben." [6]

Es ist anzunehmen, dass so manche „Fachleute" und Amtsträger der Kirche sich nicht darüber im Klaren sind, wie nah sich Esoterik und Exoterik in exponierten Personen, die das abendländische Christentum geprägt haben und denen es auf den ersten Blick nicht anzusehen ist, sind. Es bleibt unverständlich, wie sehr die heutige Kirche sich mit „Händen und Füßen" gegen alles „Esoterische" wehrt. Kann sie denn nicht mehr zwischen „echt" und „pseudo" unterscheiden?

Dazu wieder Gerhard Wehr: „Immerhin waren es Esoteriker aus den gnostischen Schulen des frühen zweiten Jahrhunderts, die auch der kirchlichen Auslegung einen Anstoß zur Beschäftigung mit dem Johannesevangelium gegeben haben. Es ist wiederum kein Zufall, daß der große Alexandriner Origenes, selbst ein Esoteriker und als solcher von der kirchlichen Orthodoxie immer mit einer gewissen Skepsis betrachtet, als erster der Kirchenväter an einem Johanneskommentar arbeitete. Unter allen heiligen Schriften und Evangelien hielt er das des Johannes für das „vornehmste." [7]

Und so erweist sich dieses Evangelium als ein abstraktes, komponiertes Werk, das am allerwenigsten von den 4 Evangelien von irgendwelchen historischen Geschehnissen berichtet – ganz im Gegensatz zum Lukasevangelium in dem dieser Aspekt am meisten von allen Evangelien vorherrscht. Trotz der im Rahmen dieses Buches gebotenen räumlichen Beschränkung – was den geschichtlichen Nachweis einer von Anfang an durchgehenden Strömung eines esoterischen Christentums anlangt – zeigt sich schon an Hand der wenigen aus Gerhard Wehrs dafür kompetenten Buch „Esoterisches Christentum" ausgewählten Zitate ein durchgehender „roter Faden", der diesen Tatbestand eindrücklich belegt. Ich werde versuchen, diesem roten Faden zu folgen und als nächstes drei große Lehrer christlicher Esoterik kurz zu Wort kommen lassen, um jeden Zweifel an der Wirklichkeit dieser durchgehenden esoterischen Tradition zu zerstreuen.

Diese drei über jede Kritik erhabenen Kirchenväter sind: Clemens von Alexandrien, sein großer Schüler Origenes und Dionysius Areopagita.

Gerhard Wehr im oben angeführten Buch „Esoterisches Christentum": „Wer, wie es geschah, Bischofslisten erfand, für deren historische Glaubwürdigkeit im Blick auf eine angebliche apostolische Bevollmächtigung (Sukzession) keinerlei Dokumente vorlagen, nur um die behauptete Rechtgläubigkeit zu „beweisen" und angebliche Häretiker ins Unrecht zu setzen, der mußte an rechtgläubigen Kirchenvätern ein entsprechendes Interesse haben".

*Clemens von Alexandrien:*
„Fragt man daher, wie es mit dem Kirchenvater-Prädikat bei *Clemens von Alexandrien* bestellt sei, so bleibt dessen kirchliche Autorität in der Schwebe, wenngleich seine Gelehrsamkeit kaum bestritten werden kann. Berthold Altaner tituliert ihn als den „ersten christlichen Gelehrten" – *Origenes*, dem wohl bedeutendsten unter den Theologen der griechisch sprechenden Christenheit, blieb der Ehrentitel eines Kirchenvaters grundsätzlich vorenthalten, obwohl doch keiner seiner ernstzunehmenden Kritiker ihm die höchsten Respektbezeugungen versagen konnte. Mehr als das: Es gibt in der (katholischen) Kirche keinen Denker, der so unsichtbar- allgegenwärtig geblieben wäre wie Origenes." [8]

„Clemens, den wir uns als einen freien Lehrer und Vortragenden vorzustellen haben, will als ein rechtgläubiger Christ gelten. So fühlt er sich auch. Für ihn scheint es das Problem einer Alternative, etwa rechtgläubige Katholizität oder gnostisches Erkenntnischristentum, noch nicht zu geben. Noch ist der Katechumene einer, der sich anschickt, sich auf die christliche Einweihung (Initiation) vorzubereiten, das heißt: in der heiligen Taufe die spirituelle Erleuchtung zu empfangen, Christus als das „Licht der Welt". Gerade dieses Herzstück christlicher Esoterik muß dem einstigen Schüler griechischer Philosophie und Bildung, dem (wie angenommen) Initiierten von Eleusis zum lebenswendenden Erlebnis geworden sein".[..] Die umfänglichste der uns überkommenen Schriften des Alexandriners, die „Teppiche" (*Stromateis*), ist nicht der einzige, freilich wichtige Hinweis darauf, daß wir es mit einem christlichen Esoteriker zu tun haben, der mehr weiß, mehr erfahren hat, als was er darin in rasch wechselnder Themenführung – daher die Bezeichnung „Teppiche" – niedergeschrieben hat." [9]

*Origenes:*
„Es trifft gewiß zu: es ist nahezu unmöglich, Origenes' Bedeutung in der Geschichte des christlichen Denkens zu überschätzen. Dennoch scheint er uns Heutigen fremd und fern gerückt zu sein. Das kann nicht allein von der Tatsache abgeleitet werden,

daß dieser Größte unter den morgenländischen Vätern von der kirchlichen Theologie der Häresie verdächtigt wurde, und daß wesentliche Stücke seines Werkes dem Anáthema der Kirche verfielen. Man sagt, ein ungünstiger Stern sei über ihm und seinem Tun gestanden. Und der katholische Kirchenhistoriker Hans Baus muß zugeben: „Der Großteil seiner schriftstellerischen Produktion ist untergegangen, weil die heftigsten Fehden, die um seine Orthodoxie entbrannten, zu seiner Verurteilung durch die Synode von Konstantinopel führten. Damit war sein Andenken und die Lektüre seiner Werke für lange Zeit geächtet." [10]

„Und fast eineinhalb Jahrtausende, bevor der Angelus Silesius Johannes Scheffler seinen bekannten Zweizeiler von der Christgeburt in der Menschenseele niederschrieb, notiert Origenes in seiner Homilie zum Lukasevangelium: „Denn was nützt es dir, daß Christus einstens im Fleische kam, wenn er nicht auch in deine Seele kommt. Beten wir, daß seine Ankunft sich täglich *in uns* vollziehe, so daß wir (mit Paulus) sagen können: Ich lebe, aber nicht mehr ich, es lebt Christus in mir. – Und wenn Christus in Paulus lebte und nicht in mir, was nützt mir das?" [11]

„Durchdrungen von der Einsicht, die Origenes mit seinem Vorgänger Clemens teilt, daß der Glaube erst durch die christliche Gnosis zu seiner Vollendung gelange, bekräftigt er sein eigenes Verständnis von Theologie. Sie müsse ein Hymnus, ein Lobgesang sein: „Wie wenn unser Auge das Werk eines Künstlers erblickt. Der Geist sogleich entbrennt zu wissen, wie und auf welche Weise und wozu das Ding gemacht ist, so und noch weit mehr entbrennt unser Geist in einer unaussprechlichen Sehnsucht, den Grund der Werke Gottes, die wir erblicken, zu erkennen. Diese Sehnsucht, diese Liebe ist uns zweifellos, wie wir glauben, von Gott eingepflanzt, und wie das Auge naturgemäß das Licht und die Schau sucht, wie unser Leib seinem Wesen gemäß Speise und Trank verlangt, so trägt unser Geist in sich eine eigentümliche und naturhafte Sehnsucht, die Wahrheit Gottes und die Urgründe der Dinge zu erkennen. Wir haben aber diese Sehnsucht von Gott nicht dazu erhalten, daß sie niemals erfüllt werden könnte oder sollte, denn sonst wäre vom Schöpfer Gott die Liebe zur Wahrheit vergeblich eingepflanzt worden." [12]

Erst ein durch *Erkenntnis* abgesicherter Glaube kann sich als tragfähig erweisen in allen Schwierigkeiten und Krisen des menschlichen Daseins und kein unter der Androhung von Höllenstrafen „erzwungener".

Was heutige, wissenschaftlich gewordene Theologie und Kirche in vielen Fällen lehrt, mag für Kinder bis zu einem gewissen Alter noch wirksam sein, wird aber von denselben Kindern sobald sie erwachsen geworden sind, immer weniger geglaubt. Dennoch wird aus scheinbarem Mangel an Alternativen dieser Kinderglaube in vielen Fällen ins Erwachsenenleben „hinübergerettet" und was bleibt, ist ein mit der menschlichen Vernunft unvereinbarer „Glaube", der diese Bezeichnung im Grunde gar nicht verdient.

Religion ist eine viel zu ernste und wichtige Sache, als dass sie einfach über unmündige Kinder gestülpt werden dürfte. Mit solchen sicher gut gemeinten religiösen – besser ausgedrückt – konfessionellen Vorschriften, Geboten und Verboten auf der Grundlage einer fadenscheinigen Moral – die manchmal die Verkünder solch gut gemeinter Regeln und Konventionen selber nicht einlösen können – wird dann nur zu oft die unverfälschte erste Natur des Kindes verstümmelt und dadurch möglicherweise die Grundlage für spätere Neurosen gelegt.

> „Moral ist die Weisheit der Erfahrung, der Erinnerung, die uns nicht sagen kann, wie wir leben sollen, sondern wie wir weiter tot bleiben können!"
> *ALAN WATTS*

Zum Thema Schriftverständnis sagt Origenes: „Man muß die göttliche Schrift geistig und geistlich verstehen, denn die materielle Kenntnis, die sich nur auf die geschichtlichen Vorgänge bezieht, ist nicht wahr. Wenn du versuchst, den göttlichen Sinn auf den rein äußerlich betrachteten Wortlaut herabzuziehen, so wird er keinen

Grund finden, sich niederzulassen und wird in seine heimische Wohnstatt zurückkehren, welche die ihm gemäße Schau ist." [13]


*Dionysius Areopagita:*

Wieder Gerhard Wehr: „Durch das ganze Mittelalter hindurch repräsentierte Dionysius Areopagita eine besondere Form christlicher Esoterik, durch die Philosophen und Theologen, Kirchenmänner und Ketzer, also auch der Häresie Verdächtigte nachhaltig beeinflußt wurden. Vor allem war der Areopagite spiritueller Lehrer und Meister der vom Feuer der Mystik „Entflammten." [14]

„Doctor hierarchicus" wurde Dionysius Areopagita im Mittelalter genannt. Esoterisches Gut konnte unter Berufung auf ihn jene impulsierende und erweckende Funktion erfüllen, von der immer wieder die Rede ist. An der Spitze derer, die die hierarchisch aufgetürmte Welt der jenseitigen Reiche geschaut haben und ihrem Schauen auch eine angemessene Sprachform zu geben vermochten, steht Dante Alighieri (1265-1321), der in seiner Göttlichen Komödie (Divina Commedia) dem Areopagiten als seinem Mystagogen im 28. Gesang einen Denkstein gesetzt hat:

> Um die Betrachtung dieser Ordnungen
> bemühte Dionysius sich so heiß,
> daß er, wie ich, sie euch bezeichnen könnte.
> Gregorius zwar entfernte sich von ihm,
> und mußte, als er hier im Himmel dann
> die Augen auftat, lachen über sich.
> Daß so geheime Wahrheit euch auf Erden
> ein Mensch verkündete, soll dich nicht wundern,
> denn ihm enthüllt' es einer, der's geschaut hat (Paulus)
>  mit mancher andern Wahrheit dieser Höhen." [15]

*Zwischen Antike und Mittelalter:*

Wehr weiter: „Auf vielfältige Weise ist der Strom abendländischer Esoterik – der allgemeinen Kulturentwicklung folgend – weitergeflossen: vom Osten nach dem Westen, vom Süden nach dem Norden. Träger dieser Strömung war in erster Linie die Christenheit, die am Ausgang der Antike die germanische und keltische Welt erreichte und kulturell durchdrang. Das geschah im Zuge einer machtvollen extraversiven Bewegung. Seit den Tagen Kaiser Konstantins (gest. 337) und der in den nachfolgenden Jahrhunderten sich konstituierenden Staatskirche hatte die Esoterik naturgemäß einen schweren Stand. Daß sie überlebte, ist in hohem Maße dem christlichen Mönchtum zu verdanken."[16]

Diese Feindseligkeit der Kirche gegenüber der Esoterik, zieht sich durch ihre ganze Geschichte bis heute, und doch: Will diese Kirche in einer *sinnvolleren* Form weiter bestehen, wird ihr letztlich nichts anderes übrig bleiben, als ihren Kampf *gegen* die Esoterik in ein *Mit* der Esoterik zu transformieren, weil nichts und niemand auf die Dauer gegen den Strom schwimmen kann.

Wir haben also gesehen, dass sich dieser Strom aus esoterischem Gedankengut ohne Unterbrechung hindurchzieht und nicht endet, sondern weiterfließt durch das ganze Mittelalter hindurch, über Gralschristentum, über Katharer und Templer bis hin zur Renaissance, in der es zur Wiedergeburt der Hermetik kam. Von hier fließt dieser Strom christlicher Esoterik weiter über Jakob Böhme (1575-1624), Rosenkreuzerisches Christentum, Freimaurerei, Friedrich Oetinger, Emanuel Swedenborg bis zu Johann Wolfgang von Goethe.

Wenn wir heute nach Spuren christlicher Esoterik suchen und dazu noch einmal Gerhard Wehr bemühen wollen, so können wir lesen: „Wer auf der Schwelle zum dritten nachchristlichen Jahrtausend nach aktuellen Darstellungsformen der Esoterik fragt, der steht – wie eingangs angedeutet – vor einem überaus breiten Angebot, das mit dem Skepsis verursachenden Etikett „Esoterik" versehen ist. Die Skepsis ergibt sich bereits aus der unüberschaubaren Masse von Artikeln, Büchern, Tagungen und Schulungsmöglichkeiten unterschiedlicher Couleur, ganz zu schweigen von dem bisweilen anzutreffenden geringen spirituellen Niveau. Es wird dadurch bedingt, dass einerseits der Gesamtumfang okkultistischer und „grenzwissenschaftlicher" bzw. parapsychologischer Gegenstände mit dieser Bezeichnung versehen wird. Schon das schafft Unsicherheit. Andererseits ist die Zahl derer, die sich als Sachkenner anbieten, sehr viel größer als die zu fordernde Kompetenz. [..] Wer nicht einmal einen einzigen Zugangsweg *erlebend* und *erkennend* gegangen ist, von dem ist auch eine Ein*führung* in „die" Esoterik nicht zu erwarten. Entsprechendes gilt natürlich von den in der Regel kirchlich verordneten Be- und Verurteilern, die meinen, ihr theologisches Rüstzeug reiche schon aus, um etwa eine zeitgenössische Geistesbewegung als „moderne Gnosis" abkanzeln zu dürfen.[..] Doch damit sind nur einige wenige Gesichtspunkte genannt, die im Zusammenhang mit heutiger Esoterik zu beherzigen sind. Erstaunlich ist – und das kennzeichnet die Situation – daß dergleichen keineswegs als selbstverständlich vorausgesetzt werden kann, heute im Zeitalter „esoterischer" Inflation bzw. einer inflationär gewordenen „Esoterik." [18]

Bliebe, – was Esoterisches Christentum heute betrifft – noch nachzutragen: Christliche Esoterik in der Anthroposophie *Rudolf Steiners*, *Valentin Tomberg* und die großen Arcana des Tarot, *Carl Gustav Jung*. Noch viele Hin- und Aufweise könnten zu diesem Thema angeführt werden, noch andere Autoren erwähnt werden. Ich habe in dem oben angeführten Buch „Esoterisches Christentum" von Gerhard Wehr genügend Hinweise und entsprechende Kompetenz gefunden, die genügen sollten, das Thema esoterisches Christentum ausreichend zu belegen, wobei ich mit meiner Auswahl keinerlei Wertung verbinden möchte.

# IX Nachwort

Mit diesen Ausführungen sollte auch der Kirche *die Kehrseite der Medaille* vor Augen geführt werden. Ob es ihr gelingt, von ihrem hohen Roß herabzusteigen und zu ihren Quellen – *die esoterische sind* – zurückzufinden, kann niemand wissen. Ob die so oft von dieser Kirche angekündigten Reformen irgendwann Wirklichkeit werden, ist ebenso ungewiss wie die Art und Weise, wie diese ausfallen werden. Meiner Meinung nach – das dürfte aus diesen Ausführungen hervorgehen –, hat sie noch nicht erkannt, worin die Gründe ihrer heutigen schweren Krise liegen. Auch nehme ich nicht an, dass diese Kirche, die ja auf ihre wissenschaftliche Theologie setzt – auch wenn diese von der Wahrheit des Christentums weit abgekommen ist –, sich von den Ausführungen eines „Laien" irgendwie berühren lässt. Ich habe nicht das geringste Interesse an irgendeiner Mission; auch nicht die geringsten Ambitionen, diese Kirche zu verurteilen!

Das wesentliche *Anliegen* dieses Buches ist eine *Analyse* und keine Streitschrift, es wäre aber zu wünschen, dass die Verantwortlichen in dieser Kirche erkennen und anerkennen würden, dass diese hohe Lehre des *Christentums* nur durch die *Integration* der *wahren Esoterik* im obigen Sinne, also durch ein *esoterisches* Christentum weiterbestehen kann, weil es von Jesus selbst in diesem zweifachen Sinne – esoterisch und exoterisch – eingesetzt wurde! Exoterisch ist es Petrus, esoterisch Johannes, die offensichtlich für die jeweilige Anwaltschaft ausersehen wurden.

Zu meinem Anliegen gehört es auch, die Auswirkungen und Konsequenzen des *einseitigen, reduktionistischen, naturwissenschaftlichen* Weltbildes auf die verschiedenen Lebensbereiche des Menschen – in diesem Fall in Bezug auf die Religion – aufzuzeigen! Dass die für die jeweiligen Bereiche zuständigen Fachleute – was ihr „Handwerk" betrifft – ein spezialisierteres Wissen haben als ich, ist auch mir klar. Das schützt sie aber gerade nicht vor der so oft eklatant in Erscheinung tretenden „Betriebsblindheit" in ihrem jeweiligen Bereich. Meine Kritik in dieser Analyse gilt nicht den Menschen, die in diesen Bereichen tätig sind – das steht mir auch gar nicht zu –, sondern den *Weltbildern,* die sie vertreten!

Was die Krise der katholischen Kirche betrifft, wird es nicht genügen, „*alten Wein in neue Schläuche zu füllen*", denn, der „Wein des Anfangs" ist offensichtlich alt und dünn geworden, nachdem sie ihre *esoterischen* Quellen nach und nach zugeschüttet hat. Ihr „Wein" kann den heutigen Menschen nicht mehr be-*geist*-ern.

Wo *neuer* Wein zu finden ist, das kann uns Joh. 21/18 zeigen: *Amen, amen, das sage ich dir: Als du noch jung warst, hast du dich selbst gegürtet und konntest gehen, wohin du wolltest. Wenn du aber alt geworden bist, wirst du deine Hände ausstrecken, und ein anderer wird dich gürten und dich führen, wohin du nicht willst.*

Petrus wandte sich um und sah, wie der Jünger, den Jesus liebt (diesem) folgte. Es war der Jünger, der sich bei jenem Mahl an die Brust Jesu gelehnt und ihn gefragt hatte: *Herr, wer ist es, der dich verraten wird?*

Als Petrus diesen Jünger sah, fragte er Jesus: *Herr, was wird denn mit ihm? Jesus antwortete ihm: Wenn ich will, daß er bis zu meinem Kommen bleibt, was geht das dich an?*

> Johannes wird bleiben, er ist der Garant für das wahre, esoterische Christentum!

Somit möchte ich mich nur noch bei den geschätzten Leserinnen und Lesern bedanken, die mir bis hierher gefolgt sind! Vielleicht konnte ich ein wenig zur Erhellung dieses ganzen Fragenkomplexes beitragen.

Nach dem Dank an die Leserin und den Leser möchte ich mich noch bei meiner Frau Anna bedanken für die Geduld und Unterstützung die sie in den Jahren meiner Schreibarbeit – sowohl an der Erstausgabe als auch an dieser neuen Auflage – aufgebracht hat und auf so manche Gemeinsamkeiten verzichten musste.

Bedanken will ich mich nicht zuletzt aber bei meiner Tochter Barbara, die mich zu dieser zweiten, erweiterten und verbesserten Neuauflage motiviert und mich sehr wirksam bei der Neuformulierung des Textes unterstützt hat, ohne in den Inhalt einzugreifen. Möge dieses gemeinsame Werk den Weg zu jenen Leserinnen und Lesern finden, denen die behandelten Themen und Fragen ebenso am Herzen liegen, wie mir.

*Wolfsbach im Jänner 2016*

# X  Anhang

*Ein Epilog über die „Ersten Dinge".*

Nachdem Adam das Ende seiner Irrtümer und Leiden erreicht hatte, fand er nach der Stelle zurück, wo einst der Garten Eden geblüht. Eine unkrautüberwucherte Wildnis bot sich seinem Blick, aber in der Mitte erhoben sich wie vor Zeiten der Baum der Erkenntnis und der Baum des Lebens. Adam, von den Schwielen der Arbeit bedeckt, von den Striemen des Leids verwundet, von den Runzeln des Denkens entstellt, hatte als Begleiter einen weißgewandeten Mann mit hellem Bart und Haupthaar, milden blauen Augen und edlen vergeistigten Händen. Vor deren stillem Wink wich der Cherub mit dem Schwert zurück und machte Adam Platz. Mit teilnehmendem Blick nahm der Begleiter Adams Worte auf, der ihn, einige Schritte von den Bäumen entfernt, selber schweren Herzens verabschiedete.

„Ich danke dir, Lieber, daß du mich hast erlösen wollen, indem du für mich dein Blut gabest. Wohl hast du mir lange Zeit in meinen Qualen Trost gewährt durch die Versicherung, daß Gott nicht Gott des Zornes, sondern der Gnade ist. Wenn ich meine Fehler selber erkenne und bereue, so versicherst du, wird er mit mir nicht allzu strenge ins Gericht gehen. Oh, ich erkenne und bereue meine Fehler nur zu gut, aber was hilft mir Gottes Verzeihung? Ich bleibe doch das erbärmliche Wesen, das ich bin, wenn auch von Gottes Liebe durch deinen Fürspruch geduldet. Ich weiß, Gott wird es mit mir nicht so genau nehmen; wie aber, wenn ich es nun selber mit mir endlich einmal genau nehme? Darum bin ich an diese Stelle zurückgekehrt, wo ich zum ersten Mal leichtfertig gewesen bin. Gott hat es verboten, von dem Baum der Erkenntnis zu essen. Mir verschlug es nichts. Es waren so viele andere fruchtreiche Bäume da, auf den einen konnte ich wohl verzichten. Aber das Weib war klüger als ich. Sie merkte bald, daß gerade die Frucht des verbotenen Baumes das Geheimnis der Welt verlieh, ohne dessen Wissen wir nicht viel mehr als Tiere oder Kinder sind. Sie redete mit der Schlange und brachte mir die Frucht. Ich Narr aber aß, ohne selbst mit der Schlange gesprochen zu haben. Nun wurden freilich unsere Augen aufgetan, und wir wußten, was gut und böse ist. Damit aber begann auch unser Leid, dessen du dich schließlich voll Erbarmen angenommen hast. Waren wir bisher wie Tiere oder Kinder gewesen, so hatten wir uns doch glücklich in unserer Unwissenheit gefühlt. Wir taten, was uns beliebte, und Gott war es zufrieden. Als wir aber wider Gottes Willen erfuhren, was gut und böse ist, da gewahrten wir auch, daß gut und böse in uns selber zu gleichen Teilen liegen. Um nun Gott mit unserem Verbrechen zu versöhnen, hätten wir wissend das Gute tun, das Böse lassen müssen. So sagte Moses, den er uns sandte. Aber wie konnten wir dessen gutes Gesetz erfüllen, waren wir doch selber zur Hälfte böse? Sollten wir nur mit der guten Hälfte leben? Wir haben es versucht, aber die andere Hälfte ließ ihrer nicht spotten. Immer wieder brach sie hervor. Liebten wir das Gute, so schlich sich zugleich der Haß ein in unsere Seelen, indem er sich gegen die wandte, die wir für die Feinde des Guten hielten. Grausam entlud sich oft unser Zorn gegen sie. Und war es wirklich immer das Gute, das wir gegen sie verfochten? War das Gute nicht nur zu oft unsere allerpersönlichste Sache geworden und so verquickt mit unserer Eigenliebe, Eitelkeit und Hoffnung auf Lohn, daß es ganz und gar durchdrungen von unserer bösen Hälfte wurde? Oft genug stürzten wir uns lieber gleich ins Böse, alle Guten in verstockten Zorn hassend; aber siehe da, nun brach heimlich das Gute in uns hervor in der Liebe zu den Gesellen unserer Sünden, zu den Weibern, die wir uns anfangs nur aus Gier willens gemacht hatten, vielleicht nur zu einem Hund, der uns auf dem Weg des Verbrechens begleitete; und so böse einer war, niemals wollte er, daß auch seine Kinder so würden wie er. So haben wir uns durch die Jahrtausende geschleppt, wissend, was gut und böse ist, aber unfähig, uns für das eine oder das andere zu entschließen. Da erbarmte sich Gott. Er erkannte, daß wir nicht fähig waren, das Gesetz Moses zu erfüllen und sandte dich, seinen eingeborenen

Sohn, mit der neuen Botschaft, daß der Glaube an ihn, und der daraus erfließende ehrliche Wille zur Erfüllung des Gesetzes genüge, und, was unseren Werken an eigener Vollendung fehlte, uns zugemessen würde aus der Fülle deiner Vollkommenheit.

So haben wir nun wieder Jahrtausende gelebt. Wir sind trauriger, aber nicht vollkommener geworden. Wir sind für das Gute entschieden, können aber das Böse trotzdem nicht lassen. Jedes einzelne Leben ist ein Mißglücken, kann von vornherein gar nicht gelingen, aber am traurigen Ende wird uns dann gnädig verziehen. Nein, das ist nicht länger zu ertragen. Wozu immer wieder von neuem diese sinnlose Qual durchmachen? Der Fehler muß am Anfang liegen. Zu ihm will ich zurück und neu beginnen, nachdem ich selber mit der Schlange gesprochen."

Schweigend, ohne Tadel und ohne Billigung, verschwand Adams Begleiter über den Feldern; Adam aber wandte sich zu dem abendlich dämmernden Baum der Erkenntnis. In seinen Zweigen raschelte es wie vor Jahrtausenden, die klugen Augen der Schlange blitzten hervor. „Ei Adam", rief sie aus, „hast du endlich den Weg zu mir zurückgefunden? Lange fürwahr hast du dir Zeit genommen. Welche Werke hast du doch inzwischen ausgeführt! Die ganze Natur hast du dir dienstbar gemacht! Bis zu ihren letzten Gründen wolltest du Wissensdurstiger vordringen, nichts mehr glauben, was du nicht selber gesehen, selber getastet, und doch ist alles umsonst gewesen, solange dir nicht einfiel, woran du zuerst hättest denken müssen, daß all dein stolzes Leben auf einem Hörensagen von deinem Weibe beruht. Eva fühlte sofort, wo sie sich Rats holen sollte, aber ihr Geist ist leichtfertig und begnügt sich mit der Oberfläche der Dinge und dem Ungefähr des Sinnes. Immerhin hat sie mit mir gesprochen und du nicht. Dadurch blieb sie dir durch die Jahrhunderte ein Geheimnis, halb ein himmlisches, halb ein höllisches.

So stolz du warst in deinem Tun und Denken, so sehr du sie oft knechtetest oder verachtetest, weil sie dir in Tat und Gedanke nicht gewachsen war, unweigerlich kehrtest du zu ihr zurück, fielst vor ihr nieder und verlangtest von ihr Trost in deinem Leid.

Und Eva lächelte, lächelte, lächelte ihr Geheimnis durch die Jahrhunderte und verriet dir nichts. Sie wußte mehr als du, denn sie hat mit der Schlange geredet, ehe sie vom Apfel aß, aber sie konnte nicht sagen, was sie wußte. Du hingegen kannst alles sagen, was du dir an massenhaftem und doch geringfügigem Wissen mühsam erworben hast, und Eva lächelt darüber, denn das, was es zu wissen gilt, das gerade weißt du nicht, und hättest doch von mir alles erfahren können, wenn du damals wie sie unter den Baum getreten wärest."

„Und was hättest du mir gesagt?" rief Adam in höchster Erregung aus. „Oder ist es etwa zu spät, wenn ich dich jetzt danach frage?"

„Es ist niemals zu spät, törichter Adam", sagte die Schlange. „Es stand dir frei, jeden Augenblick zu mir zurückzukehren. Nun hast du es endlich getan nach Jahrtausenden, aber was bedeuten Jahrtausende in der Ewigkeit?"

„Wie hätte ich denn den Weg zu dir finden sollen?

Sperrte uns nicht der Cherub mit dem Schwert die Rückkehr? Erst als es mir gelang, den milden traurigen Mann, der sich meiner erbarmt hat, als Begleiter zu gewinnen, mußte mir der Engel ausweichen."

„Wohlgesprochen, Adam. Hättest du aber damals, als dich der Engel vertrieb, den Blick einen Augenblick umgewendet, so wärest du unter dem Baum des Lebens einen anderen Engel gewahr geworden, den schönsten von allen, den man Luzifer oder den herabgefallenen Morgenstern heißt, weil er, ebenso wie jener traurige Mann, auf die Erde gekommen ist, aber nicht aus Liebe zu den Menschen, sondern aus Trotz gegen Gott. Weil du ihn nicht erkanntest, vermochte dich jener andere nicht zu erlösen. Wohl lehrte jener dich das Gute lieben und auch bisweilen tun, aber blind fielst du immer wieder in das Böse zurück. Wie, wenn du nun in diesem den Lehrer fändest, der dir auch über das Böse die Augen öffnete? Nur weil du blind bist, mußt du dem Bösen immer wieder knechtisch verfallen. Wenn dir aber die Augen aufgehen, wer weiß, vielleicht muß es dir dienen. Das ist das Geheimnis, welches in dem Lächeln der Eva liegt, das sie aber selbst niemals auszusprechen vermag. Nun aber tue, was du damals versäumtest, Adam: kehre dich um."

Und Adam tat, was ihm die Schlange geheißen. Unter dem Baum des Lebens aber, aus dessen grünem Gelock rote und goldene Früchte leuchteten, stand ein nackter Engel von vollendeter Schönheit, aber mit so grausamem Lächeln und so kalt blitzenden Augen, daß Adam sich erschreckt wieder umwenden mußte.

„Was entsetzt du dich so, du Furchtsamer?" spottete die Schlange. „Sollte dir der Engel so unbekannt sein?"

„Es ist der leibhaftige Böse", stammelte Adam, „ihm vermag ich nie und nimmer zu folgen."

„Und bist ihm doch immer wieder durch die Jahrhunderte nachgegangen, wenn jener milde Mann deine Leidenschaft nicht länger zu bändigen vermochte. Immer wieder verblendeten sie dich, führten dich ins Verderben, immer wieder erbarmte sich von neuem jener Milde, denn seine Liebe ist unerschöpflich, aber es hielt dich bei ihm immer nur gerade so lange, bis deine Wunden zur Not geheilt waren, und wiederum stürztest du, durch keine Narbe gewarnt, in das Welttreiben zurück, in das dich jener lockte. Wäre es nicht an der Zeit, ihm endlich mutig in sein grausam-schönes Antlitz zu blicken, ihm, wenn du willst, zu folgen und ebenso frei zu dem Milden umzukehren, wie dein Herz dich treibt."

„Ich kann nicht, ich kann nicht!" rief Adam, sich windend vor Angst. „Das Feuer seiner Augen ist eiskalt, es macht mein Blut gerinnen."

„Und doch mußt du es nun wagen, furchtlos hineinzublicken, Adam. Hast du ihn erst erkannt, dann bist du gerettet, er muß dir dienen."

„Wie", rief Adam aus, „dieser Fürchterliche mir dienen, mir, dem aus Erde Geschaffenen? Ist er denn nicht vom Himmel herabgestürzt und nun der Fürst der Hölle?"

„Diente dir nicht auch der andere, der für dich gestorben ist? Die schwerere Hälfte deiner Erdenaufgabe ist dir ja schon gelungen,

Adam. Du hast Gott in Jahrtausende langem Leid seine Liebe abgenötigt, sollte es nicht viel leichter sein, den, welchen du den Teufel nennst, in einem Augenblick in deinen Dienst zu zwingen? Kehr dich nochmals um und wage einen zweiten Blick."

Und wieder drehte sich Adam zum Baum es Lebens um, und vor dem, was er sah, wurde ihm zumute, als seien die Jahrtausende in die Ewigkeit zurückgenommen worden. Wiederum erblickte er Eva, sein Weib, nackt, wie sie einst unter dem Baum der Erkenntnis gestanden war. Nun aber stand sie unter dem Baum des Lebens und fand ihn lieblich und gut anzusehen und gut davon zu essen und meinte, daß es ein lustiger Baum wäre, weil er schön und stark machte. Sie vermochte aber nicht bis an seine Krone zu reichen. Da pflückte der schöne Engel eine goldene Frucht und reichte sie ihr mit grausamem Lächeln. Sie nahm von der Frucht und aß und reichte Adam auch davon, und er aß. Da wurden ihre Glieder leicht, und die Runzeln glätteten sich auf ihren Stirnen. Ihnen war wieder jung und heiter zumute wie einst, da sie eben aus der Hand Gottes hervorgegangen waren, nur wußten sie nun um ihre Seligkeit. Der Garten Eden aber blühte neu um sie auf, so schön, wie er einst gewesen. Und sie hörten die Stimme Gottes, der im Garten ging, als der Tag kühl geworden war, aber sie fürchteten sich nicht, und Adam rief:

„Herr, wo bist du? Warum hast du uns das angetan? Warum verbotest du uns den Baum der Erkenntnis des Guten und Bösen? Warum wolltest du nicht, daß wir vom Baum des Lebens essen und leben ewiglich?

Warum setztest du den Cherub mit dem flammenden Schwert vor den Garten Eden? Siehe, nun haben wir doch zurückgefunden. Der Cherub ist besiegt, die Frucht ist gepflückt."

Die Stimme des Herrn aber murmelte in den Wipfeln, und aus der Krone des Baumes der Erkenntnis flüsterte die Schlange: „Gott wollte, daß ihr nicht unwissende Kinder bliebet im Garten Eden. Ihr solltet freie Götter werden.

Wie aber konnte er euch aus seinem eigenen Schutz lösen, wenn ihr euch nicht selber befreitet? Darum gab er euch das Verbot, damit ihr euch empörtet und so zuerst euer Selbst spürtet. Oh, ihr verstandet ihn, als ihr von der Frucht aßet. Lange genug habt ihr nun im Schweiße eures Angesichtes euer Brot gegessen, in Schmerzen Kinder geboren. Lange genug habt ihr unter dem Kreuz um Gnade und Verzeihung gefleht für all die Verbrechen, die ihr im Gefühl eurer Sünde aufeinander gehäuft. So wisset denn: Ihr seid frei von Sünden. Die Kraft, die euch trieb, ihm zu trotzen, ist ebenso göttliche Kraft, die von ihm stammt, wie jene andere Kraft, die euch ihn einander zu lieben treibt bis zur Selbsthingabe. Nur in der Empörung war jene Kraft böse, in eurer Sündenangst war eure Liebe schlecht. Nun aber verliert Adam auch noch die letzte Angst wegen seiner Empörung, nachdem Gott sie selber gut heißt, als in seinem verborgenen Willen gelegen, wie denn geschrieben steht. „Wer überwindet, dem will ich zu essen geben von dem Holz des Lebens, das im Paradies Gottes ist." Nun ihr aber gegessen habt, ist euch offenbar, daß Gut und Böse keine Gewalten mehr sind, stärker als ihr selbst. In euch ist die Kraft und Schönheit des gefallenen Engels, sowie die Milde und Liebe des eingeborenen Sohnes. Nicht länger sollt einander hassen, noch euch selber kreuzigen. Liebet euch selbst wie euren Nächsten."

„Woran aber soll ich erkennen, daß du die Wahrheit sprichst?" fragte Adam sinnend. Die Schlange sprach. „Hat Adam nicht vom Baume des Lebens gegessen?"

Adam aber fühlte, daß er es war, der Lebendige, Allmächtige, der die Schlange so reden hieß. Einst hatte er durch ihren Mund sich selbst aus dem Paradies des Unwissens vertrieben, irrend das Gute und Böse gesucht, sich selbst voll Angst vor der eigenen Sünde das Gesetz Moses gegeben und durch die Liebe des Heilands mutig davon erlöst, und nun zuletzt hatte er wissend zum Leben zurückgefunden.

Und Adam rief zitternd. „Herr, wo bist du?"

Die Stimme des Herrn aber antwortete aus ihm selber: „Hier bin ich!"

Am nächsten Morgen machten sich Adam und sein Weib zum zweitenmal auf, um aus dem Paradies über die Erde zu wandeln und sie sich untertan zu machen, wie Gott verheißen hatte, aber sie fanden das Tor des Gartens nicht. Wohin sie auch ihre Füße setzten, vor ihrem Tritt erblühte der Garten Eden."

Oscar Schmitz – Brevier für Einsame

# Endnoten

## Einleitung
[1] Dahlke: Woran krankt die Welt? S 190ff

## I Das naturwissenschaftliche Weltbild
[1] Riedl: Zufall – Chaos – Sinn S 168
[2] Pietschmann: Das Ende des naturwissenschaftlichen Zeitalters S 17
[3] Pietschmann: Das Ende des naturwissenschaftlichen Zeitalters S 26
[4] Pietschmann: Das Ende des naturwissenschaftlichen Zeitalters S 27
[5] Pietschmann: Das Ende des naturwissenschaftlichen Zeitalters S 28
[6] Pietschmann: Das Ende des naturwissenschaftlichen Zeitalters S 29
[7] Pietschmann: Das Ende des naturwissenschaftlichen Zeitalters S 31
[8] Dossey: Die Medizin von Raum und Zeit S 329
[16] Charon: Der Geist der Materie S 20
[17] Charon: Der Geist der Materie S 22
[9] Dossey: Die Medizin von Raum und Zeit S 329
[10] Dossey: Die Medizin von Raum und Zeit S 330
[11] Dossey: Die Medizin von Raum und Zeit S 332
[12] Dossey: Die Medizin von Raum und Zeit S 332
[13] Dahlke: Der Mensch und die Welt sind eins S 86
[14] Dahlke: Der Mensch und die Welt sind eins S 87
[18] Dahlke: Der Mensch und die Welt sind eins S 88
[15] Dahlke: Der Mensch und die Welt sind eins S 88f

## II Konsequenzen des naturwissenschaftlichen Weltbildes
[51] Dürr: Geist, Kosmos und Physik S 44
[1] Wilber: Naturwissenschaft und Religion S 17
[2] Capra: Das Tao der Physik S 1f
[52] Capra: Das Tao der Physik S 3f
[3] Capra: Das Tao der Physik S 5
[4] Capra: Das Tao der Physik S 14
[5] Capra: Das Tao der Physik S 15
[6] Capra: Das Tao der Physik S 15f

[7] Capra: Das Tao der Physik S 20
[53] Capra: Das Tao der Physik S 21
[8] Capra: Das Tao der Physik S 21
[9] D.T. Suzuki: On Indian Mahayana Buddhism S.237
[10] D.T. Suzuki, Outlines of Mahayana Buddhism S 235
[11] Wilber: Naturwissenschaft und Religion S 37ff
[54] Wilber: Naturwissenschaft und Religion S 36
[12] Wilber: Naturwissenschaft und Religion S 25
[55] Dahlke: Woran krankt die Welt? S 93
[14] Wilber: Naturwissenschaft und Religion S 93ff
[56] Riedl: Zufall – Chaos – Sinn S 175
[57] Riedl: Zufall – Chaos – Sinn S 201
[21] Dahlke, Woran krankt die Welt? S 384f
[22] Dahlke, Woran krankt die Welt? S 319f
[25] Dahlke, Woran krankt die Welt? S 141f
[18] Dahlke, Woran krankt die Welt? S 246
[26] Dahlke, Der Mensch und die Welt sind Eins, S 344f
[27] Dahlke, Der Mensch und die Welt sind Eins S 8
[29] Blüher: Traktat über die Heilkunde S 123
[58] Dossey: Die Medizin von Raum und Zeit S 14
[30] Dossey: Die Medizin von Raum und Zeit S 14f
[31] Dossey: Die Medizin von Raum und Zeit S 15
[32] Meyer: Die Lebensschule S 40
[59] Dossey: Die Medizin von Raum und Zeit S 211
[60] Dossey: Die Medizin von Raum und Zeit S 10
[61] Dahlke: Woran krankt die Welt? S 329ff
[62] Dethlefsen: Schicksal als Chance S 152
[37] Wilber: Das Spektrum des Bewußtseins S 7
[38] Blüher: Traktat über die Heilkunde S 53f
[39] Blüher: Traktat über die Heilkunde S 55
[40] Blüher: Traktat über die Heilkunde S 53
[41] Blüher: Traktat über die Heilkunde S 58
[42] Blüher: Traktat über die Heilkunde S 60f
[43] Blüher: Traktat über die Heilkunde S 68
[44] Blüher: Traktat über die Heilkunde S 80

[45] Blüher: Traktat über die Heilkunde S 83
[46] Meyer: Befreiung vom Schicksalszwang, S 7f
[47] Meyer: Befreiung vom Schicksalszwang S 14
[48] Meyer: Befreiung vom Schicksalszwang S 15f
[49] Meyer: Psychosomatik und Astrologie, S 322
[50] Dahlke: Woran krankt die Welt? S 345f

### III Krankheit und Heilung aus biblischer Sicht

### IV Pseudoesoterik – New-Age – Positives Denken und Ähnliches
[1] Dahlke: Okkultismus S 81
[2] Dahlke: Okkultismus S 82
[3] Dahlke: Okkultismus S 84
[4] Dahlke: Okkultismus S 85

### V Das esoterische Weltbild
[1] Wilber: Naturwissenschaft und Religion S 21f
[2] Dethlefsen: Schicksal als Chance S 28ff
[3] Dossey: Die Medizin von Raum und Zeit S 63
[4] Dossey: Die Medizin von Raum und Zeit S 64
[5] Wilber: Das Spektrum des Bewußtsein S 119
[6] Weidelener: Die Götter in uns S 283f
[8] Weidelener: Die Götter in uns S 177
[9] Wilber. Naturwissenschaft und Religion S 135ff
[10] Wilber: Naturwissenschaft und Religion S 139ff
[11] Dahlke: Okkultismus S 26
[12] Dethlefsen: Ödipus der Rätsellöser S 65
[13] Dethlefsen: Ödipus der Rätsellöser S 66
[14] Dethlefsen: Ödipus der Rätsellöser S 67
[15] Dethlefsen: Ödipus der Rätsellöser S 81f
[16] Dethlefsen: Ödipus der Rätsellöser S 88f
[17] Dethlefsen: Gut und Böse S 148ff
[18] Dethlefsen: Gut und Böse S 131
[19] Gibran: Der Prophet S 49f

[20] Dethlefsen: Krankheit als Weg S 203ff
[21] Dahlke: Der Mensch und die Welt sind eins S 107

## VI Das Alte Testament
[0] Weinreb: Schöpfung im Wort S 13ff
[1] Weinreb: Der göttliche Bauplan der Welt S 105
[2] Weinreb: Der göttliche Bauplan der Welt S 106
[3] Dethlefsen: Gut und Böse S 82

## VII Christentum – Kirche – Neues Testament
[0] Dahlke: Okkultismus S 129
[1] Dahlke: Okkultismus S 30
[2] Dahlke: Okkultismus S 31
[3] Dahlke: Okkultismus S 32
[4] Dahlke: Okkultismus S 156
[5] Dahlke: Okkultismus S 33f
[6] Dahlke: Okkultismus S 29
[7] Dahlke: Okkultismus S 31f
[8] Dahlke: Okkultismus S 24
[9] Dahlke: Okkultismus S 25f
[11] Dethlefsen.: Gut und Böse S 66f
[12] Dethlefsen, Gut und Böse S 68f
[13] Glasenapp: Die fünf Weltreligionen S 287
[14] Wehr: Esoterisches Christentum S 111
[15] Dethlefsen: Schicksal als Chance S 176ff
[16] Glasenapp: Die fünf Weltreligionen S 288f
[17] Dahlke: Der Mensch und die Welt sind eins S 299f
[21] Capra: Das Tao der Physik S 73
[22] Capra: Das Tao der Physik S 27f
[23] Charon: Der Geist der Materie S 207
[24] Charon: Der Geist der Materie S 256
[18] Dethlefsen: Krankheit als Weg S 205
[20] Dethlefsen: Ausgewählte Texte S 73ff
[25] Gorion: Die Sagen der Juden S 298
[26] Zensho: Zen und die Wiedergeburt der Christlichen Mystik S 89

## VIII Esoterisches Christentum

[1] Wehr: Esoterisches Christentum S 9
[2] Wehr: Esoterisches Christentum S 13f
[3] Wehr: Esoterisches Christentum S 16
[4] Wehr: Esoterisches Christentum S 17
[5] Wehr: Esoterisches Christentum S 32
[6] Wehr: Esoterisches Christentum S 41
[7] Wehr: Esoterisches Christentum S 51
[8] Wehr: Esoterisches Christentum S 97f
[9] Wehr: Esoterisches Christentum S 101
[10] Wehr: Esoterisches Christentum S 108
[11] Wehr: Esoterisches Christentum S 110
[12] Wehr: Esoterisches Christentum S 111
[13] Wehr: Esoterisches Christentum S 116
[14] Wehr: Esoterisches Christentum S 116
[15] Wehr: Esoterisches Christentum S 124
[16] Wehr: Esoterisches Christentum S 126
[18] Wehr: Esoterisches Christentum S 29f

# Literaturverzeichnis

Blüher Hans: Traktat über die Heilkunde – Dreieich: Hesse & Becker 1985

Capra Fritjof: Das Tao der Physik – Droemersche Verlagsanstalt Th. Knaur Nachf., München 1983

Charon Jean E.: Der Geist der Materie – Ullstein Sachbuch, im Verlag Ullstein GmbH, Frankfurt/M – Berlin 1979

Dahlke Rüdiger: Der Mensch und die Welt sind eins – Heinrich Hugendubel Verlag, München 1987

Dahlke Margit und Rüdiger: Okkultismus – Copyright 1990 by Wilhelm Heyne Verlag GmbH & Co. KG, München

Dahlke Rüdiger: Woran krankt die Welt?- Riemann Verlag, München 2001

Dethlefsen Thorwald: Ausgewählte Texte – Wilhelm Goldmann Verlag, München, Verlagsgruppe Bertelsmann 1997

Dethlefsen Thorwald: Gut und Böse – Goldmann Verlag, Verlagsgruppe Bertelsmann 1989

Dethlefsen Thorwald: Krankheit als Weg – C. Bertelsmann Verlag GmbH, München 1995

Dethlefsen Thorwald: Ödipus der Rätsellöser – C. Bertelsmann Verlag GmbH, München 2000

Dethlefsen Thorwald: Schicksal als Chance – C. Bertelsmann Verlag GmbH, München 1979

Dossey Larry: Die Medizin von Raum und Zeit – Rowohlt Taschenbuch Verlag GmbH, Reinbek bei Hamburg 1987

Dürr Hans-Peter: Geist, Kosmos und Physik – Crotona Verlag 2012

Gibran Khalil: Der Prophet – Walter Verlag AG 2004

Glasenapp Helmuth: Die fünf Weltreligionen – Wilhelm Heyne Verlag München 1992

Gorion Josef-Bin: Die Sagen der Juden – Parkland Verlag 2002

Kopp Zensho W: Zen und die Wiedergeburt der christlichen Mystik – Kopp Verlag – Schirner TB 2004

Meyer Hermann: Befreiung vom Schicksalszwang – Edition Astrodata, Wettswil 1989
Meyer Hermann: Die Lebensschule – mvg-verlag im Verlag moderne industrie, München/Landsberg am Lech 1999
Meyer Hermann: Psychosomatik und Astrologie – Heinrich Hugendubel Verlag, München 1992
Pietschmann Herbert: Das Ende des naturwissenschaftlichen Zeitalters – Ullstein Sachbuch, im Verlag Ullstein GmbH, Frankfurt/M – Berlin – Wien 1983
Riedl Rupert: Zufall – Chaos – Sinn – Kreuz Verlag GmbH&Co. KG Stuttgart 1999
Schmitz Oscar: Brevier für Einsame – Georg Müller Verlag 1923
Suzuki D. T.: On Indian Mahayana Buddhism – Hrsg.: Edward Conze, Harper & Row New York 1968
Suzuki D.T.: Outlines of Mahayana Buddhism – Schocken Books New York 1963
Wehr Gerhard: Esoterisches Christentum – J. G. Cotta`sche Buchhandlung Nachf. Stuttgart 1995
Weidelener Herman: Die Götter in uns – Goldmann Verlag 1987
Weinreb Friedrich: Der göttliche Bauplan der Welt – Origo Verlag Bern 1978
Weinreb Friedrich: Schöpfung im Wort – Thaurus-Verlag 2002
Wilber Ken: Das Spektrum des Bewußtseins – Scherz Verlag, Bern-München-Wien 1989
Wilber Ken: Naturwissenschaft und Religion – Wolfgang Krüger Verlag, Frankfurt a.M. 1998